徽州民間規約文獻精編

會館、善堂、公所暨行業規約卷

卞利 編著

時代出版傳媒股份有限公司
安徽教育出版社
·合肥·

圖書在版編目(CIP)數據

徽州民間規約文獻精編. 會館、善堂、公所暨行業規約卷/卞利編著. — 合肥：安徽教育出版社,2020.12

ISBN 978-7-5336-9249-0

Ⅰ.①徽… Ⅱ.①卞… Ⅲ.①習慣法—匯編—徽州地區②鄉規民約—徽州地區 Ⅳ.①D927.543.215.9②B824

中國版本圖書館CIP數據核字(2020)第265783號

徽州民間規約文獻精編
會館、善堂、公所暨行業規約卷

HUIZHOU MINJIAN GUIYUE WENXIAN JINGBIAN

出 版 人：費世平
策劃編輯：夏業梅
項目統籌：李冰冰　陶忠娣　付　靜
本卷責任編輯：付　靜　孫婷婷　吉　利
裝幀設計：張鑫坤
責任印製：陳善軍

出版發行：時代出版傳媒股份有限公司　安徽教育出版社
地　　址：合肥市經開區繁華大道西路398號　郵編：230601
網　　址：http://www.ahep.com.cn
營銷電話：(0551)63683012,63683013
排　　版：安徽時代華印出版服務有限責任公司
印　　刷：安徽新華印刷股份有限公司

開　　本：710×1010　1/16
印　　張：22(本卷)
版　　次：2020年12月第1版　2020年12月第1次印刷
定　　價：590.00圓(四卷)

(如發現印裝質量問題,影響閱讀,請與本社營銷部聯繫調換)

總　序

"官有正條,各宜遵守;民有私約,各依規矩。"[1]在中國歷史上,先秦萌芽,秦漢、魏晉南北朝初步發展,隋唐定型,宋元至明清特別是明清時期達到鼎盛,近代新舊交替之際完成轉型的民間規約,廣泛地存在和深深地植根於中國傳統社會之中,并與國家法律及地方行政法規一道,相共與存,互相補充,彼此互動,維持着國家機器的正常運轉,以及社會、經濟、教育和文化等領域的有序運行。正如馬克斯·韋伯在《社會學的基本概念》一書中所云:"一種導引管理組織行動的秩序,可稱作'行政秩序'(Verwaltungsordnung)。而一種規範約束其他的社會行動,并保證行動者享有由此一規則所開啓的機會的秩序,則稱爲'規約式秩序'(Regulierungsordnung)。"[2]歷史上,中國民間規約所規範和約束的秩序,正是這種"規約式秩序"。

一、民間規約的概念及類型

何謂民間規約?民間規約的内涵與外延如何?從字面上來看,民間規約中的"民間",主要是相對於"官方"而言,但"民間"與"官方"兩者之間的界限往往并不十分清晰,有時甚至是非常模糊的。"規約"則是一種規範、規矩、規則、約定和約束。因此,我們可以對民間規約的内涵作如下表述:民間規約是指某一特定地域、組織或人群,依據當地風土民情、習慣與社會生産生活需要,共同商議制定,并由某一共同地域、組織或人群在一定時間和空間範圍内共同遵守的自我管理、自我服務、自我約束的規則或約定。嚴格來説,民間規約包含了"規"和"約"兩個部分,"規"指的是某一特定地域、組織

---

[1] 《清道光十八年仲秋月安徽省祁門縣灘下村永禁碑》,原碑立於安徽省祁門縣渚口鄉灘下村。

[2] [德]馬克斯·韋伯著,顧忠華譯:《社會學的基本概念》,桂林:廣西師範大學出版社,2005年,69頁。

或人群，在特定時間內共同發起、制定和遵守的約定俗成的規則或規範，其所維護和約束的是一定時間和空間範圍內組織與人群的整體利益和集體行爲，具有相對全局性、穩定性、原則性、規範性和嚴肅性等特點；"約"則是部分地域、組織、行業和人群爲某一特定事項而達成的某種群體性公共約定，其所維護的是某一特定時間內特定地域、組織暨特定人群的群體利益而非私人利益。在相對較爲統一的特定時間和空間範圍內，"約"是"規"的具體化，或者說，"約"是在"規"的指導下，因時、因地、因人、因事而制定和達成的一種約定或約束性規範。

需要特別指出的是，被某一特定組織或人群推舉或公認的精英人物個人所起草制定，并爲特定地域、組織和人群認同、接受與執行的規約，亦屬於民間規約的範疇。如宗族規約中的祖訓和家訓，主要是由宗族歷史發展長河中的精英人物在長期的社會生產與生活實踐中，通過自身經歷、經驗積纍和總結而形成的。如著名的《顏氏家訓》，即是由北齊文學家、教育家顏之推個人治家經驗積纍總結而成，并爲歷代顏氏家族成員所共同遵守的規訓。由於影響巨大，《顏氏家訓》後來甚至發展成爲全國各地各大家族效法和奉行的家族子女教育的典範，進而成爲家訓類規約的代表性作品。即使是民間創辦和運行的學校或書院等類規約，甚至是村莊的村規民約，亦有不少是由個人草擬、制定并實行的。其中，如明正德十二年（1517）著名心學家、甘泉學派的創始人湛若水（廣東增城人）爲其所創辦的大科書院而起草和制定的《大科書院訓規》[①]；清康熙年間，理學名臣、翰林院編修、兵部右侍郎、直隸巡撫李光地爲家鄉福建安溪縣湖頭村制定的村規民約——《同里公約》[②]等，都是由個人起草、制定和實施的民間規約的典型範本。

縱觀中國歷史上普遍存在并廣泛發揮作用的各類民間規約，儘管在時間、空間、載體、內容、性質和形式上有着豐富的內涵和複雜的類型，但從客觀科學的實際出發，我們更傾向於結合內容、性質和形式等因素，對各種複雜的民間規約予以類型上的劃分。

概括而言，歷史上的民間規約主要包括以下幾大常見類型：

一是村規民約，亦稱"鄉規民約"。在中國傳統的農耕社會，村規民約在衆多內容豐富、類型複雜的民間規約中佔據着主導性和支配性地位。村規

---

① ［明］湛若水：《湛甘泉先生文集》卷六《大科訓規》，清康熙二十年黃楷刻本。
② ［清］李光地：《榕村別集》卷五《同里公約》，清乾隆刻本。

民約是指在特定時間内的某一特定鄉村地域空間,按照當地的風土民情、習慣和社會生產與生活實際,由某一特定組織、人群共同商議制定,并爲某一特定組織或人群在一定時間内共同遵守的自我管理、自我服務、自我約束的共同規則與約定。民間規約由"村規"與"民約"兩部分組成。這裏的"民約"既不是"民間規約"的簡稱,也不是私人約定的"私約",而是公共的"規則"或"約定",即"公約"。根據這一界定,我們可以嘗試着將村規民約依次分爲綜合類、經濟類、教育類、環境生態類和其他類等多種類型,其具體内容涉及村規俗例、環境生態和森林保護、村莊動產和不動產管理、鄉村集市貿易、村莊各類事務、村民議事、村莊勸善和村莊防禦等各個方面。

二是宗族規約。宗族規約是指具有共同血緣關係的宗族組織或人群,在特定活動時間和空間範圍内,按照當地風俗習慣和本宗族生產與生活實際,由宗族内部精英人物或人群共同商議制定,并由該宗族組織或人群在一定時間與範圍内共同遵守的自我管理、自我服務和互相約束的共同規範與準則。在長期的歷史和社會實踐中,自秦漢、唐宋至民國時期,我國各地逐漸形成和發展了一整套包括祖訓、家訓、庭訓、誡訓、家規、族規、祠規、家法、家政乃至族譜編纂凡例等在内的地域特色鮮明的宗族規約。這種以民間成文法形式出現和存在的宗族規約,對聚族而居村莊中具有共同血緣關係的同姓宗族成員而言,具有很強的約束力、影響力和控制力。這正是所謂"規約者,約同堂之人也"①的實質所在。在長期的社會生產與生活實踐中,個別地域的宗族規約甚至被當地官府以鈐印許可的形式予以批准,并以地方官府告示的名義給予頒布和施行,成爲得到國家認可的準則與規範,宗族規約亦因此成爲國家法律和地方行政法規的一項重要的補充和延伸。② 從存在形態上看,宋明以降至民國時期的宗族規約,既有獨立成册(含刊行)的單行本家訓與族規、家法,如《顏氏家訓》《袁氏世範》《浦江鄭氏家範》《休寧茗洲吳氏家典》,也有收入各類譜牒中的祖訓、家訓、家規、祠規、族約等文獻,另外還有大量存在的各種宗族公約類散件文書。基於宗族規約數量龐大這一

---

① [明]黄玄豹重編,[清]黄景管參補、黄臣槐等校補:《潭渡孝里黄氏族譜》卷四《家訓·敦睦堂家規引》,清雍正九年校補刻本。
② 參見瞿同祖:《中國法律與中國社會》,北京:中華書局,1981年;[日]滋賀秀三著,張建國、李力譯:《中國家族法原理》,北京:法律出版社,2003年;朱勇:《清代宗族法研究》,長沙:湖南教育出版社,1987年;卞利:《國家與社會的衝突和整合:論明清民事法律規範的調整與農村基層社會的穩定》,北京:中國政法大學出版社,2008年。

事實,爲便於閱讀和理解,我們還可將宗族規約細分爲家(祖、箴、規和庭)訓、族(宗、家、祠)規、家法、家政、家範、家議,以及族(規、戒、議)約與合同文約等種類。不過,傳統中國鄉村社會大多呈聚族而居格局,宗族與村落往往具有相互重疊的特徵,"幾乎在中國的每一個地方,幾個緊密相連的村落構成鄉村社會的基本單位。氏族[書面語一般爲'世系'或'宗族'(lineage)]通常只是村落的一部分。但是,在福建和廣東兩省,宗族和村落明顯地重疊在一起,以致許多村落只有單個宗族,繼嗣(agnatic)和地方社區的重疊在這個國家的其他地區也已經發現,特別在中部的省份,但在中國的東南地區,這種情況似乎最爲明顯"①。因此,在單一大姓望族聚居的村落中,由族長、宗子或其他族内精英所發起和制定的宗族公約,事實上亦兼具村規民約的功能。或者說,鑒於這類宗族規約同村規民約具有重疊性特徵,故其本身亦可被納入村規民約的範疇。

　　三是會館、善堂、公所暨行業組織類規約。會館、善堂和公所是中國歷史上尤其是明清至民國時期,由同鄉商人、官員或同業人員組成的地緣性或業緣性組織。從行業的分類視角上看,其門類十分繁多,涵蓋的範圍極其廣泛,民間素有所謂"三百六十行"之説。對此,我們按照歷史上特別是宋明至民國時期各類會館、善堂、公所暨各大行業規約文獻留存的實際狀況,依次將其細分爲會館、善堂、公所、行業規約,官方和私人興辦的私塾、書院暨并非官方興辦的學校内部管理規約,以及農、工、商業管理規約等類型。不過,衆多行業規約中的農業類規約,個别内容又與村規民約互相交叉和重疊。

　　四是會社類規約。秦漢以來,作爲民間組織或團體的會社遍布於社會生産與社會生活的各個領域、各個方面,存在於社會的各個階層、各個角落,在維持各類會社組織的運轉、保護會首和會社成員的權益等方面,發揮了重要的規範、約束與指導作用。根據會社活動内容和性質,我們可將會社類規約細分爲政治型、經濟型、軍事型、文化娱樂型、慈善與公益型、宗教和民間信仰型共六種類型。

　　五是寺廟宫觀等宗教設施管理類規約。寺廟宫觀等宗教設施管理類規約,是指管理與處理本寺廟宫觀事務的規則和約定。這些規約文獻包括叢林規約、齋醮規約、祠廟規約、寺産規約、墳塋或墓塋規約、祭祀規約、請神規

---

①　[英]莫里斯·弗里德曼著,劉曉春譯:《中國東南的宗族組織》,上海:上海人民出版社,2000年,1頁。

約、朝拜規約、送神規約、禁忌規約、慈善規約、團合規約等,具有教派性、區域性、民間性等特點。東漢至民國時期的中國歷代各類宗教組織機構和設施,如佛教的寺廟庵院、道教的宮觀、伊斯蘭教的清真寺等,都曾專門制定内涵豐富的規約作爲管理與處理本寺廟宮觀事務的規範和準則,約束各類人群在寺廟宮觀及其内外設施的行爲。同一般的宗教戒律相比,儘管寺廟宮觀等宗教設施管理類規約亦有與之相同或相通的一面,并與宗教的清規戒律相互補充,但因寺廟宮觀等宗教設施管理類規約并不針對各類宗教教義和清規戒律本身,因此,兩者之間的區别和差异還是非常清晰的。

六是日常生活或社會生活類規約。之所以將日常生活或社會生活類規約從各類民間規約中單獨分離出來,主要是基於這類民間規約往往因與其他各類規約相互交叉而容易形成真空地帶,從而影響我們對民間規約的整體認知。因此,我們特地將難以歸屬但又司空見慣且數量巨豐的這類日常生活或社會生活中反復出現并廣泛發揮作用的規約獨立分類,主要是出於儘可能減少無法歸類的民間規約被遺漏的現象這一目的。就内容、形式和性質而論,日常生活或社會生活類規約内容堪稱豐富多彩,形式堪稱複雜多樣。這些規約在規範和約束特定地域、組織和人群的衣食住行、人生儀禮、民間救助、社會保障、宗教與民間信仰、祖先祭祀、人身與財産繼承以及移風易俗等方面發揮了巨大的積極作用。

民間規約是實現社會或組織秩序穩定,以及經濟、教育發展和文化認同的重要途徑,是傳統社會特別是基層社會治理、經濟活動管理和教育文化發展中不可或缺的重要規範之一。在中國傳統社會特別是在"禮法合治"的中華法系架構内,民間規約本身即具有"法"的性質和作用,這就是"因俗而治"的民間法。所謂"國重國法,所以懲刁頑;家尚家規,實以儆敗類。固以見國、家之一致,而知非有歧道也"①,就是這個道理。民間規約規範着被規約覆蓋的群體的思想言論、行爲理念及其社會經濟基本秩序。在國家與社會之間保持正常良性互動的條件下,良好而完備的民間規約有助於維繫基層社會秩序,有助於維護社會穩定,促進社會經濟的良性運行和健康發展,陳腐而落後的民間規約則只會起到相反的作用。同樣,在國家政治相對腐朽黑暗、國家與社會之間難以形成良性互動的背景下,處於相對權力真空中的

---

① [清]胡璟等纂修:《横岡胡氏支譜》卷下《家規》,清康熙四十三年刻本。

地方基層社會或組織單位，也常常會主動調整民間規約的某些內容，采取和緩與讓步的方式，儘可能減少同所在地方官府的對立與衝突，尋求各方利益的平衡，并最大限度地維護自身權益免遭侵害。

應當説，中國歷史上特別是宋明以來的民間規約，往往是在中央和地方官府的指導下制定和實施的，起到了對中央和地方官府的某些政策進行細化和分解的作用，而且能夠結合當地社會經濟或組織群體的具體實際，因人制宜、因事制宜、因地制宜和因時制宜地加以調整，以適應不斷發生變化的實際，這其實正是民間規約内涵的拓展與延伸。即如明代中葉以降全國各地所倡行的鄉約，其本身雖然是一種官方的行爲，但在具體執行和實施的過程中，許多地區的基層組織和民衆往往根據自身的實際，因地制宜地制定了一些更爲細化且更易於操作的鄉約條款，如明正德時期王陽明所倡行的南贛鄉約、隆慶年間祁門縣文堂陳氏鄉約、萬曆年間婺源縣沱川余氏鄉約和福建泉州府惠安鄉約等。儘管包括以上鄉約在内的全國各地鄉約在實施實踐中顯示出了各自不同的地域特點和社會文化差異，但結果却又出奇地保持一致，即都是通過鄉約的倡導和實施，把國家意志轉化爲鄉民的實踐，國家和鄉村社會亦藉此實現了良性的互動。這一社會實踐本身表明，民間規約有其自身的靈活性特徵。

還應指出的是，民間規約作爲基層社會治理和經濟、教育、文化等領域管理的一項非制度性設置，其本身帶有一定的自治性質。秦漢以來特別是宋明以降，在以皇權爲中心的高度專制主義中央集權統治下，基層社會特別是相對封閉的邊遠山區鄉村基層社會，基本上處於一種天高皇帝遠的權力真空狀態，專制政權難以將觸角伸展到這些地區，行使直接而具體的統治。加之歷史上特別是宋明以來中國絶大部分地區的鄉村社會呈現聚族而居的格局，血緣宗族往往與鄉村基層政權組織相互滲透，彼此配合，甚至互相重疊。因而，誠如上文所言，聚居於鄉村社會中的强宗大族所制定和施行的各類族規家法與宗族公約，明顯具有村規民約的性質與功能。包括鄉村在内的基層社會中，除了普遍存在的宗族組織以外，還有各種不同類型的會社等組織，其會社規約同樣也具有民間規約的性質和功能，它們在會社内部組織和成員中具有廣泛的認知與認同，對保障會社組織運行，保障會首與會社成員的權利、責任和義務等，具有重要的規範和約束作用。此外，由基層社會群體制定并經當地官府批准頒示的各類保護群體利益免受侵害的告示，無論就其所規範的範圍,還是就其所涉及的内容而言,都應被視爲當地基層組織和民衆主動邀請國家權力進入以增强其權威性與震懾性的民間規約範疇,是民間規約的不可或缺的重要組成部分。在這裏,官方文件與民間規約的界限十分模糊,甚至完全消失了。

我們還注意到,歷史上特别是宋明以來全國各地出現的以"合同"名義規範部分人群行爲的文本式規約,由於其涉及賦税徵收和徭役僉派,土地租佃,地(山)界劃分,山林、墳墓與水利保護,祖先祭祀,公益設施興建與管理,家産分析繼承,訴訟調解與息訟,以及公平交易秩序等各個層面,因此,這類合同議約無論在内容上還是形式上,都與我們今天見到和理解的當代商業類合同有着較大的差異。但它們具有協調個體(少數人)與整體關係,規範合同當事人雙方或多方權利、責任與義務的"民約"性質,顯然亦應被歸入民間規約的範疇來予以考察。

總之,中國歷史上特别是宋明以來民間規約的内涵相當豐富,類型極其廣泛。儘管我們將這一時期的民間規約按照内容和性質作如上分類,但并非所有民間規約都如上述分類那樣呈現出相對獨立性的特徵。恰恰相反,這些民間規約往往是你中有我、我中有你,表現爲相互交叉的綜合性特徵,尤其是非單一性民間規約更是如此。

二、民間規約的特點與功能

中國歷史上特别是宋明以來民間規約的内容非常豐富,類型極爲複雜,内涵與外延相當廣泛。但概括而言,它主要具有以下幾個基本特點與功能。

一是地域性。任何民間規約都是存在於某一特定地域并在這一地域空間的界限内發揮作用的。以村規民約爲例,清順治三年(1646)廣東廣州府批示南海縣佛山鄉爲嚴禁開涌、保護耕地和墳墓所制定和頒布的村規民約時,即明確規定了該件村規民約所適用的空間範圍,即"三山、嶺岡、羅播、田心、寺邊、張槎各處鄉民知悉,務要恪遵示禁,不許妄意變更,仍前私挖涌源,致潦水淹浸,傷害民生風水。如有故違,許各堡鄉民指名具呈赴府,以憑拿究重治,決不輕貸"[1]。即使是跨地域的會館、善堂、公所等同鄉或同行業組織的規約,儘管其所涉及的地域範圍較廣,但也只是局限於規約中所列舉的

---

[1] 《佛山忠義鄉志》卷十三《鄉禁志》,清道光十一年刻本。

地域和人群，并不涉及規約範圍以外的地區。顯然，地域性是歷史上民間規約顯著的基本特點之一。

二是時效性。任何民間規約從制定、頒發到施行，都具有非常明確的時間限制，即使相對較爲穩定，如村規民約、宗族規約和日常生活規約者，亦都有其自身的時效性要求，并在規定的有效時間内發揮作用。失去了時效性，民間規約便不再有任何約束力。清嘉慶二十三年（1818）松江府婁縣義園修訂的《規條》，在將旅櫬"前議三年爲期"改爲"自辛巳年起，公議一年爲限"①時，前一《規條》的規定便自動終止，不再發揮作用。有些民間規約爲了強調其時效性，甚至嚴格規定了規約的起始和終止時間。福建福州會館在清道光十二年（1832）就明確作出"本章程成立，兩館舊章皆作無效"②的規定。可以説，時效性是民間規約的又一顯著特徵。

三是靈活性與變通性。歷史上特別是宋明以來的民間規約并不是一成不變的，它往往會因人、因事、因時、因地而不斷地發生變化，并根據變化了的形勢適時進行調整，特別是因應形勢變化而不斷增訂的民間規約，其實正是民間規約區別於國家法律的一個顯著特點。可以説，對規約内容和形式的每一次修訂與增删，都是對此前規約的補充和完善，并以最新修訂增删的規約作爲依據。如廣州的粵秀書院規約，從清雍正十一年（1733）始至道光七年（1827）止，短短不到百年時間，該書院規約就"因時斟酌"③，"隨時少有增删"④，前後修訂近十次之多，每一次修訂和增删後的《現行規條》都會成爲該書院施行的最新規範。粵秀書院規約的頻繁調整與補充，真實地反映了民間規約的靈活性與變通性特徵。

四是權威性和震懾性。儘管歷史上特別是宋明以來的民間規約是某一特定地域、組織和人群爲自我管理、自我服務、自我約束而制定的民間規則和約定，但爲了強調其權威性和震懾性，民間規約的組織者、制定者和執行者，往往會藉助當地官府的力量，通過當地官府頒發告示等方式予以發布和執行。清康熙五十六年（1717），福建安溪人李光地在《還朝臨行公約》中，對自己在返鄉省親時爲家鄉湖頭村制定的村規民約——《同里公約》進行了補

---

① 《新安義園徵信録·規條》，清光緒刻本。
② ［民國］李景銘：《閩中會館志·福州會館規約》，載王日根、薛鵬志編《中國會館志資料集成》第1輯第4册，厦門：厦門大學出版社，2013年，75頁。
③ ［清］梁廷枏：《粵秀書院志》卷二《規則》，清道光二十七年刻本。
④ ［清］梁廷枏：《粵秀書院志》卷二《學規》，清道光二十七年刻本。

充,其中第一條即是利用自身人脈,藉助當地官府,使《同里公約》與官方權力互相"呼應",以增強其權威性和威懾力。該條原文如下:"諸鄉規,俱照去歲條約遵行。我已囑托當道,凡係人倫風俗之事,地方報聞,務求呼應作主。但恐我輩用心不公,處事不當,或心雖無私而氣不平,事雖不錯而施過甚,則亦於仁恕之理有乖,皆未足以服人心而取信於官長也。嗣後,舉行舊規,必酌其事之大小輕重,可就鄉約中完結者,請於尊長會鄉之耆老,到約完結。必須送官者,亦請尊長會鄉之耆老,僉名報縣懲治。如事關係甚大而有司呼應未靈者,鄉族長老僉名,修書入京,以便移會當道,最忌在斑白退縮,袖手緘喙,使二三乳臭聽匪類指使者把持鄉政。"①這種主動邀請地方甚至中央權力介入的方式,是歷史上特別是宋明以來包括村規民約在內的民間規約的一種常態形式。其實,會館、善堂、公所及各個行業的規約,不少以所在地方官府告示的名義來發布,其目的顯然是強化民間規約的合法性、權威性和震懾性。

歷史上特別是宋明以來,民間規約具有多方面的功能。概括而言,民間規約的基本功能主要還是爲了保障特定地域、組織和人群的切身權益,規範、約束其言行舉止,并進而維持既有的政治秩序、社會經濟秩序、倫理道德秩序和文化教育秩序。具體而言,這些功能主要表現在以下幾個方面。

第一是規範功能。規範特定地域、組織和人群行爲,協調個體與群體關係,這是民間規約最基本的功能,此正所謂"朝廷有律法,鄉黨有禁條"②,"朝廷有律例,商賈有規約"③是也。在遵守國家法律的前提下,每個地域的不同行業組織大都會制定和施行處理各種事務的規則與條約。但國家法律畢竟是宏觀的國家大法,而民間規約則是在某一特定地域、組織和人群內部制定和實施的具體規則和約定,是國家法律的補充和延伸。在"禮法合治"的中國傳統禮俗社會中,無論是村規民約、宗族規約、鄉約與會社規約,還是會館、善堂、公所暨行業規約及宗教和民間信仰規約,甚至各種合同文約,其本身都具有協調某一特定地域、組織和人群各種利益糾葛,進而發揮懲惡揚善、趨利避害、維護自身權益的功能,它們是個體行爲服從群體行爲的集中

---

① [清]李光地:《榕村別集》卷五《同里公約》,清乾隆刻本。
② 《清康熙十一年貴州從江侗族高增款碑》,載楊一凡、劉篤才編《中國古代民間規約》第三冊,北京:社會科學文獻出版社,2017年,3頁。
③ 《清光緒三十年湖南武岡書業條規》,載楊一凡、劉篤才編《中國古代民間規約》第二冊,北京:社會科學文獻出版社,2017年,127頁。

體現。只有將其言行舉止，權利、責任和義務以規約的方式予以明確規範并加以約束，才能真正維持特定地域、組織和人群的既定利益與秩序，才能實現國家與基層社會的良性互動。正如休寧縣《富溪程氏規訓叙》所云："家國一道也，國有法，家有規，均所以制治防危而不可廢焉。"①

第二是互助和救濟功能。從歷史上特別是宋明以來各類民間規約的豐富內容中，我們不難發現，互助與救濟始終在規約中占據着較大比重。且不説宗族規約和村規民約中的義田、義莊、膏火田的管理規約本身就是爲救助接濟本宗族生產與生活困難成員以及資助子弟讀書科第而設定，即使是會館、善堂、公所暨行業規約，其互助互濟功能也是顯而易見的，所謂"備棺施濟，原爲貧乏孤寡、無力措辦者而設"②。而清光緒二十年(1894)蘇州圓金業公所爲救助同業中年老貧苦無依者，還專門通過捐助設立專項救助資金，并制定規約，"循照舊章，同業中有年老無依者，仍由公所養贍，病則醫藥，故則殮埋，并將失業各夥設法安插"③。總之，"出入相友，守望相助，疾病相扶，患難相恤"④始終是民間規約恒久存在并保持活力的一項基本功能。

第三是獎勵和懲罰功能。歷史上特別是宋明以來的民間規約大都兼具獎勵和懲戒功能，對嚴格遵守規約內容，認真行使規約所賦予的權利，履行規約所規定的責任和義務者，各類民間規約的組織者一般都會設有專項獎勵條款，對其予以表彰和獎勵。清乾隆十四年(1749)、四十三年(1778)和嘉慶十四年(1809)，黟縣南屏葉氏宗族多次重申嚴禁賭博規約，對族內參與賭博的成員予以嚴懲，同時對舉報和訪拿者則承諾給予重獎，規定："族中邪僻之禁至詳，而所尤嚴者賭博。賭博之禁，業經百餘年，間有犯者，宗祠內板責三十。士庶老弱，概不少貸。許有志子弟訪獲，祠內給獎勵銀貳拾兩。"⑤對不履行甚至違反規約者，一些組織還制定了嚴厲的懲罰條款，如明嘉靖十六年(1537)休寧縣《率濱吟社條約》，即對怠懈違約者予以罰其繳納筆、墨、紙的處置，"作詩，每月一首，務宜會日完課。如怠懈者及失旨者，罰呈紙五十

---

① [清]程顯謨纂修：《富溪程氏祖訓家規封丘淵源合編》，清宣統三年抄本。
② 《上海同仁堂徵信錄》，清道光二十四年刊本。
③ 《清光緒二十年圓金業興復公所辦理善舉碑》，載蘇州博物館等編《明清蘇州工商業碑刻集》，南京：江蘇人民出版社，1981年，173頁。
④ [清]鄭道選修、鄭士滿纂：《錦營鄭氏宗譜》卷末《祖訓》，清道光元年敦倫堂木活字本。
⑤ [清]葉有廣等纂修：《黟縣南屏葉氏族譜》卷一《祖訓家風》，清嘉慶十七年木活字本。

張、堅筆四管、京墨二笏入社,以助謄録"①。至於宗族規約、村規民約和日常生活規約,以及會館、善堂、公所暨行業類規約,其獎懲制度規定得更加完善具體。獎懲功能,其實正是歷史上特別是宋明以來民間規約維繫特定地域、組織和人群的權利、責任和義務,進而維持基層社會秩序的最基本功能,是歷史上特別是宋明以來民間規約貫徹落實國家法律法規、維護基層社會與國家政權良性互動的重要方式之一。

總之,歷史上特別是宋明以來的民間規約內容豐富多彩,類型紛繁複雜,形式靈活多樣。其功能也是多方面、多層次的,它對維護既有的社會秩序,維繫國家與基層社會的良性互動關係,進而實現基層組織與社會的長治久安,起到了舉足輕重的作用。

三、民間規約與社會秩序

在對民間規約進行分類的同時,我們還要特別關注各類民間規約背後所隱藏和表達的社會信息,即規範組織與基層社會秩序,維護組織成員的權益,維持基層社會的穩定與經濟的發展。這既是民間規約應有之意,也是其制定者所要達到的目的和實現的願望。

明代中葉以降,隨着商品經濟的發展與社會的繁榮,民間規約亦呈現出日益增多和不斷細化的趨勢,小自個人和家庭,大到國家與社會,其觸角幾乎滲透到社會的各個角落和組織的各個層面。但無論內容、類型和形式如何複雜多樣,在維護社會經濟、倫理道德和日常生活秩序方面,民間規約的作用都是共同而相通的。

首先是維護社會的倫理道德秩序。歷史上特別是明清時期的民間規約,尤其是其中的村規民約和宗族規約,大多以明太祖的《聖諭六條》②和清聖祖的《聖諭十六條》③爲指導思想和最高準則,將維護社會的倫理道德秩

---

① [明]程應徵:《率濱社録》卷首,明嘉靖二十七年刻本。
② 《明太祖實録》卷二百五十五,洪武三十年九月辛亥條云:"上命户部下令,天下民每鄉里各置木鐸一,内選年老或瞽者,每月六次持鐸徇於道路,曰'孝順父母,尊敬長上,和睦鄉里,教訓子孫,各安生理,毋作非爲'。"
③ 《清聖祖實録》卷三十四、康熙九年九月癸巳條云,上諭禮部曰:"朕今欲法古帝王,尚德緩刑,化民成俗。舉凡敦孝弟以重人倫,篤宗族以昭雍睦,和鄉黨以息爭訟,重農桑以足衣食,尚節儉以惜財用,隆學校以端士習,黜異端以崇正學,講法律以儆愚頑,明禮讓以厚風俗,務本業以定民志,訓子弟以禁非爲,息誣告以全良善,誡窩逃以免株連,完錢糧以省催科,聯保甲以弭盜賊,解仇忿以重身命,以上諸條,作何訓迪勸導,及作何責成内外文武該管各官督率舉行。"

011

序,實現"父子有親,君臣有義,夫婦有別,長幼有序,朋友有信"作爲最終的目的。明嘉靖年間,浙江永嘉縣的項喬在《項氏家訓》中曰:"聖訓六句乃做人之大略,尤爲生員、爲人師友者所當講解體念。"①萬曆《休寧宣仁王氏譜》的《宗規》指出:"《聖諭》當遵:'孝順父母,尊敬長上,和睦鄉里,教訓子孫,各安生理,毋作非爲。'此六句,包盡作人道理。凡爲忠臣,爲孝子,爲順孫,爲聖世良民,皆由此出。一切賢愚,皆通此義。"②而明崇禎年間休寧縣葉氏宗族在"重倫理以教家"的《家規》條款中所規定的"父子親、夫婦順、長幼序、朋友信,此等人出而事君,必爲忠臣,爲良臣。總之,倫常原于天性,不事矯飾,本慈孝以爲親,率唱隨以爲順,根友恭以爲序,袪虛假以爲信。合親、順、序、信以事君,倫理重而家教立矣"③,則正是在貫徹明太祖《聖諭六條》的前提下,希冀以此來維繫宗族内部的倫理道德秩序。清光緒年間纂修、民國刊印的祁門《京兆金氏宗譜》,甚至索性將明太祖《聖諭六條》和清聖祖《聖諭十六條》的文字悉數錄載於族譜扉頁之後,并以套紅的龍紋方框予以刊刻。④ 可見,明清兩代最高統治者的《聖諭》顯然已成爲各地宗族制定宗族規約的最高指導。因此,在社會倫理道德秩序方面,歷史上特別是宋明以來的最高統治者和民間規約的制定者,其根本目標是完全一致的。

其次是維護社會的尊卑名分和等級秩序。"名分乃天序大秩,人所共由,尊卑之禮,秩然而不可紊者也。宗族原乎一本,理當和睦,五服雖盡,尊卑名分猶存,于禮不可干犯。行坐之際,亦當謹守,不可違越次序。"⑤作爲民間規約的重要内容和類型之一,歷史上特別是宋明以來的宗族規約多是在族長等族内精英人物的主持下制定的,并用以維繫宗族内部長幼、尊卑、上下、男女之等級秩序,從而達到"尊卑上下,秩然不紊;吉凶賓嘉,有典有則;視聽言動,蹈矩循規,則身修而家亦於是齊矣"⑥這一目的。爲此,不少宗族還在宗族規約中闡明維繫尊卑等級和名分制度的道理。"大抵宗法之立,無非尊祖睦族、勸誡子姓,共成羨族,各宜遵守。毋玩毋狎,則昭穆由此而序,名分由此而正,宗族由此而睦,孝悌由此而出,人才由此而盛,爭訟由此而

---

① [明]項喬:《項喬集》卷八《項氏家訓》,上海:上海社會科學院出版社,2006年,517頁。
② [明]王宗本纂修:《休寧宣仁王氏譜》卷六《譜祠·宗規》,明萬曆三十八年家刻本。
③ [明]葉文山等纂修:《休寧葉氏族譜》卷九《保世·家規》,明崇禎四年刻本。
④ [民國]金啟富、金啟璿纂修:《京兆金氏宗譜》卷首《聖諭》,民國十年刻本。
⑤ [明]周思松等纂修:《重修休邑城北周氏宗譜》卷九《家訓》,明萬曆二十四年刻本。
⑥ [清]舒安仁等纂修:《華陽舒氏統宗譜》卷一《庭訓八則》,清同治九年叙倫堂木活字本。

息,公道由此而明,私忿由此而釋。不惟光耀宗祖,且垂訓後世于無窮矣。"①在嚴格規範與遵守尊卑名分和等級秩序的條件下,歷史上特別是宋明以來的民間規約將每一個地域或組織的成員都納入到一定的社會組織體系中,并通過具體的規約條款,規範和約束該特定地域空間或組織人群的行爲舉止,從而使其保持井然有序的"禮法合治"局面。

再次是維護經濟秩序,規範生産、交易、分配和消費行爲。俗話説:無規矩不成方圓。無論是農業、手工業還是商業經濟,只有在生産、交易、分配和消費的每一個環節都進行科學的管理與規範,才能使其始終保持健康可持續發展狀態。中國傳統社會包括村規民約和行業規約等在内的各類民間規約,在規範與維護生産、交易和分配秩序中,發揮了毋庸低估的作用,成爲維護經濟健康發展的有力保障。明隆慶年間,祁門縣文堂村陳氏宗族的《文堂鄉約家法》就曾設置專門條款,對本村的山林生産進行了規範,規定:"本都遠近山場,載植松杉竹木,毋許盜砍盜賣,諸凡樵采人止取雜木。如違,鳴衆究治"②,從而爲該村的林業生産提供了强有力的保障。爲規範茶葉交易秩序,維護交易雙方的經濟利益,婺源縣洪村於清道光四年(1824)專門制定了本村的村規民約——《公議茶規》,并將其以刻碑勒石的形式予以公布施行,曰:"凡買松蘿茶客入村,任客投主人。祠(較)[校]秤,一字平稱。貨價高低,公品公買,務要前後如一。凡主家買賣,客毋得私情背賣。如有背賣者,查出,罰通宵戲一臺、銀伍兩入祠,決不徇情輕貸。倘有强横不遵者,仍要倍罰無異。"③清代嘉慶年間,漢口的新安會館(又稱"紫陽書院"),爲規範和維護買賣秩序,亦曾以公議條規的方式規定:"照墙新街及本馬頭,曾經請官示嚴禁,毋許擺攤、挑水。祠役隨時查察,毋得疏惰。"④正是憑藉"定法則,嚴約禁"⑤,依法守規經營,漢口徽商所主持的紫陽書院纔得以保持健康的運行和發展。而嘉慶年間歙縣棠樾鮑氏《體源户規條》對每年食糧分配的規範,則有力地保證了鮑氏宗族内部救濟與分配維持在公平合理的狀態。"一、穀係給本族鰥寡孤獨四窮之人,須合例者,不得徇情濫給。一、四窮及廢疾,與例

---

① [明]吴世禄、吴應試等輯:《商山吴氏宗法規條》,明萬曆抄本。
② [明]陳昭祥輯:《文堂鄉約家法》,明隆慶六年刻本。
③ 《清道光四年五月婺源縣洪村光裕堂公議茶碑》,原碑嵌於江西省婺源縣清華鎮洪村光裕堂東墻角。
④ [清]董桂敷:《漢口紫陽書院志略》卷八《雜志·舊規十六條》,清嘉慶十一年刻本。
⑤ [清]董桂敷:《漢口紫陽書院志略》卷首《增訂漢口紫陽書院志略序》,清嘉慶十一年刻本。

相符,應給穀者,執事之人知會督總,給與經摺,孤子注明年庚,以備查考,再行給穀,以專責成。一、四者之外,有自幼廢疾、不能受室、委實難於活命者,一例給發。一、鰥獨年至六十歲,給領食穀。後有願繼於爲子者,亦一體給領,全其宗祧。其子年至十八歲停止,其父母仍照例給發。"①這裏需要特別指出的是,中國傳統民間規約是在嚴格遵守國家法律即"遵國法"②的前提下,按照既定的規則與約定而制定和施行的,它嚴格地規範了經濟秩序,爲經濟發展保持活力與繁榮提供了保障。

最後,強調治生,要求組織成員各司其職,各謀其事,維護職業秩序。正如明萬曆時期休寧縣城北《周氏家訓》所云:"蓋士、農、工、商,各有本業。士者勤學好問,必至登名;農者力耕苦種,必至於積粟;工者專心藝術,必至於精巧;商者夙興經營,必至於盈資。各勤其職,理之正也。儉乃治家之本,一儉則勝於求人,其有布帛、菽粟,未常不是儉中蓄也。男子務生理,勤於外,婦人務紡績,勤於內。如此,未有不成家也。"③清道光懷寧縣《朱氏家訓》在《務本業》條款中指出:"最急惟治生,本業務爲主;富貴雖在天,大半由勤苦。讀書者奮芸窗,顯第榮宗祖;縱或終硯田,亦足給二翿。耕者力田疇,不可畏寒暑;早起夜眠遲,西成多稌黍。百工技藝精,器必不苦窳;農末兩相資,均堪游樂土。不農又不工,即當爲商賈;握算操奇贏,數口儘堪撫。"④中國傳統社會的四民觀,至宋明以降特別是明代中葉以後,隨着商品經濟的繁榮和社會的變遷與轉型,士農工商的傳統秩序被破壞。在部分地區,"商"甚至成爲首要的職業,所謂"古者四民异業,至於後世,而士與農、商常相混。今新安多大族,而其地在山谷之間,無平原曠野可爲耕田。故雖士大夫之家,皆以畜賈游於四方"⑤。但不管四民觀和士、農、工、商的傳統秩序如何變化,選擇一種適合自身發展的職業始終是人生的首要抉擇,重要的是各司其職,各謀其事。對此,一些宗族規約規定:"治家不可不立綱紀。所謂綱紀者,猶網之有綱也;所謂紀者,猶裘之有挈領也。治家無綱紀,則泛而無統,豈爲門户之福?改立主事者一人、副事者二人,束轄弟姪,令出入有常,各司其職,毋相

---

① [清]鮑琮纂修:《棠樾鮑氏宣忠堂支譜》卷十七《義田》,清嘉慶十年刻本。
② [明]鄭之珍、鄭之錫等纂修:《祁門清溪鄭氏家乘》卷四《規訓》,明萬曆十一年刻本。
③ [明]周思松等纂修:《重修休邑城北周氏宗譜》卷九《家訓》,明萬曆二十四年刻本。
④ [清]朱昌鳳等纂修:《朱氏宗譜》卷首《家訓》,清道光六年木活字本。
⑤ [明]歸有光:《震川先生集》卷十三《白庵程翁八十壽序》,上海:上海古籍出版社,2007年,319頁。

奪倫。"①除宗族規約對族内成員的治生及其職業進行規範和約束外,其他諸如會社、寺廟宫觀和日常生活類規約,也都要求其成員按照約定的事宜,各司其職,各謀其事,依法守規地履行其責任和義務,享受其權利,并不得違犯規約的規定。對違犯規約者,則進行嚴厲的懲罰,以維護既有的社會秩序。

總之,中國傳統民間規約涉及社會的各個組織、各個領域、各個層面,其對社會秩序的維護,主要體現在尊卑等級秩序、倫理道德秩序、經濟秩序、組織秩序、生産和日常生活秩序等方面。客觀地説,民間規約在上述各個領域,多能與當時的國家法律和地方法規緊密配合,在"遵國法"即不違犯國法的前提下,確實發揮了維護社會秩序的作用。所謂"家法治輕不治重,家法所以濟國法之所不及,極重至革出祠堂,永不歸宗而止。若罪不止此,即當鳴官究辦,不得僭用私刑"②。

但我們也注意到在中國傳統社會中,民間規約與國家法律之間并不總是互相配合、協調一致,并始終保持彼此之間的良性互動的。其矛盾、抵牾、對立甚至衝突之處往往在所難免,但"律設大法,理順人情,事貴因地制宜,難以拘泥成法"③。無論是國家法律、地方法規,還是官方規章條例,在不危及其根本與核心利益的前提下,通常多會對民間規約采取妥協與讓步的方式,對其予以接受和承認,從而使民間規約轉化爲官方意志。而民間規約爲取得權威性和震懾性地位,也經常會采取主動邀請國法或國家、地方權力介入的方式,來伸展自己的意志。兩者就是在這樣一種相互配合與彼此互動的情況下,共同支撑和維繫着歷史上特别是宋明以來的中國傳統社會秩序。

四、徽州傳統民間規約文書文獻的遺存

作爲中國歷史上特别是宋明以來傳統民間規約較爲發達和完備之區,徽州的民間規約在中國傳統民間規約發展史上占據着重要的地位。

徽州地處今安徽南部山區,與浙江和江西毗鄰。境内峰巒叠嶂,川流縱横,環繞四周的高山把徽州包裹成一個相對獨立而封閉的地理單元,使它成爲歷代兵燹鮮少波及的世外桃源。徽州歷史悠久,舊石器時代遺址業已存

---

① [清]胡廷瑞纂修:《武溪陳氏宗譜》卷一《家法三十三條》,清同治十二年敦厚堂刻本。
② [清]周善鼎等纂修:《仙石周氏宗譜》卷二《周氏宗譜家法》,清宣統三年善述堂木活字本。
③ [清]戴兆佳:《天台治略》卷六《告示·勸諭買産人户速循天台舊例了根找絶以斬葛藤以清案牘事》,清木活字本。

在，新石器時代遺址更是遍及境內各地。西周時期，徽州之地的先民們曾創造了燦爛的青銅文明。春秋、戰國時期，徽州曾先後隸屬吳、越和楚國。秦朝統一中國後，曾在這裏設立黟、歙二縣，統隸於鄣郡。東漢末年，生活在這裏的山越人，不斷在背後襲擊孫吳的軍隊，威脅了孫吳政權的統治。於是，孫吳先後派遣賀齊和諸葛恪平定山越，并析歙縣為始新、新定、黎陽、休陽四縣，連同已有的歙縣和黟縣合計六縣，專門設立新都郡，統轄上述六縣。新都郡的設置，是徽州地區擁有郡一級地方政權的開端。其後，為避嗣主孫休之名諱，休陽被改稱為海陽。

西晋初年，更新都郡為"新安郡"，改海陽縣為海寧縣、新定縣為遂安縣。南朝宋時省黎陽入海寧縣，新安郡僅領五縣。梁武帝大同中，析歙縣置良安縣，是為績溪建縣之始。

隋文帝統一中國後，開皇十一年(591)改新安郡為歙州，時州治在黟縣。更始新縣為新安縣，隸婺州。此時，歙州僅轄有黟、歙、海寧、良安四縣。隋煬帝大業初年，一度復歙州為新安郡，改海寧縣為休寧縣，并以其為新安郡治。義寧中，新安郡徙治歙縣。唐朝建立後，唐高祖武德元年(618)，例改郡為州，更郡太守為州刺史，新安郡復改為歙州，新安郡太守改稱歙州刺史。唐高宗永徽五年(654)，析歙縣地，置北野縣。唐玄宗開元二十八年(740)，析休寧縣，置婺源縣。唐代宗大曆元年(766)，以方清起義平，設歸德縣，析黟縣及饒州之浮梁縣，新置祁門縣。又以平定宣州旌德縣王萬敵起事，析歙縣之華陽鎮置績溪縣。大曆五年(770)，罷省北野、歸德二縣。至此，歙州總計統轄歙縣、黟縣、休寧、婺源、祁門和績溪六縣，直至南唐至北宋初年，歙州所轄六縣格局未有變動。

北宋徽宗宣和三年(1121)，以方臘起義平定改歙州為徽州，仍轄上述六縣。元世祖至元十四年(1277)，徽州納入元朝版圖，更名為徽州路，隸江浙行省管轄，徽州路所轄六縣未變。元成宗元貞元年(1295)，升婺源縣為婺源州，仍隸徽州路管轄。元順帝至正十七年(1357)，朱元璋部將鄧愈攻陷徽州，改徽州路為興安府。吳元年(1366)，改興安府為徽州府。明朝建立之初，降婺源州為縣，維持徽州府所轄六縣如故。從此，直到清政府被推翻的宣統三年(1911)，徽州府所轄的歙縣、休寧、婺源、祁門、黟縣和績溪六縣的行政格局基本沒有變化。

民國元年(1912)，罷徽州府，改原徽州府屬六縣直隸安徽省管轄。三年

(1914),徽州六縣屬蕪湖道管轄。十七年(1928),又罷除道的設置,徽州原屬六縣仍直隸安徽省統轄。二十一年(1932),試行首席縣長制,徽州首席縣長長駐歙縣。同年十月,廢止首席縣長制,改設行政督察專員公署,安徽全省共設立十個行政督察區,徽州原有六縣歸第十行政督察區統轄,行政督察專員公署駐休寧縣。二十三年(1934),婺源縣劃歸江西省。二十七年(1938),設立皖南行署,駐屯溪鎮。二十九年(1940)三月,撤銷第十行政督察區,歙縣、休寧、祁門、黟縣和績溪五縣隸皖南行署管轄。同年八月,原第十行政督察區改爲第七行政督察區,轄歙縣、休寧、祁門、黟縣、績溪和旌德六縣。三十四年(1945),撤銷皖南行署,歙縣、休寧、祁門、黟縣和績溪五縣仍隸第七行政督察區,行政督察專員公署駐地由休寧縣城遷至屯溪。三十六年(1947),婺源縣劃回安徽省,隸第七行政督察區管轄。1949年,第七行政督察區所轄六縣相繼解放,婺源再次劃歸江西省管轄,徽州原屬歙縣、休寧、祁門、黟縣和績溪五縣改隸新成立的皖南區人民行政公署徽州專區管轄。

縱觀千餘年來徽州行政區劃的建置沿革歷程,自東漢獻帝建安十三年(208)新都郡的設立,徽州六縣行政建制初具雛形,到唐代中葉前後婺源、祁門和績溪縣的正式設置,徽州六縣格局完全形成,再到北宋徽宗宣和三年(1121)更歙州爲徽州,徽州作爲一個完整的行政區域,始終未發生大的變動。這種相對穩定的行政區劃,爲徽州地區經濟發展、社會進步和文化認同提供了極爲優越的政治保障。徽州經濟能夠走出一條適宜自身發展的道路,徽州宗族組織的建構和對基層社會的有效控制,徽商能夠由血緣、地緣到業緣漸次積纍,形成"無徽不成鎮"的局面,徽州科第異常發達,以及新安理學、新安醫學、新安畫派等獨具特色的地域文化與文明形態的產生,除相對封閉的地理環境之外,大都得力於這一行政區域的持續穩定局面的維繫。

除春秋戰國時期外,中國歷史上還先後出現了三國兩晉南北朝、五代十國和宋金對峙的三個分裂割據時期。爲躲避兵燹,遠離戰火,從東漢末年開始,隨着中原地區社會動亂規模的不斷擴大,成千上萬的北方世家大族開始挈家帶口向江南地區進行大規模的遷徙,形成了中國歷史上一次空前的人口南遷高潮。誠如民國《歙縣志》所云:"邑中各姓,以程、汪爲最古,族亦最繁。忠壯、越國之遺澤長矣。其餘各大族,半皆由北遷南,略舉其時,則晉、宋兩南渡及唐末避黃巢之亂,此三期爲最盛。"①

據《新安名族志》和其他相關家譜資料統計,西晉"永嘉之亂"至東晉之初,由中原地區遷徙并定居於徽州地區的世家大族,主要有程、鮑、俞、余、黃、謝、詹、胡、鄭等九大姓氏。南朝時期,又相繼有閔、任二姓大族遷入徽州。這是徽州歷史上第一次大規模接納來自中原地區的移民。唐代"安史之亂"至黃巢農民大起義之後以迄五代十國分裂割據時期,又有陸、陳、葉、孫、洪、羅、舒、姚、張、趙、戴、康、施、馮、夏、李、朱、潘、劉、曹、畢、王、呂、江、許、廖、查、何、項、范、仰、凌、祝、梅、齊、盧、邵等近四十個大姓遷居徽州。這是歷史上第二次徙入徽州的移民,也是徽州歷史上接納北方人口規模最大的一次,它奠定了徽州族姓和人口的基本格局。

北宋和南宋政權鼎革之際,爲躲避兵鋒,柯、宋、周、阮、楊、饒、馬、滕、孔、徐、韓、蘇、臧、佘、莊、杜、葛、章、游、宗、石等二十餘個大姓遷徙至徽州。這是徽州歷史上第三次也是最後一次大規模接納移民的高潮時期。

除避亂南遷之族外,此時來到徽州的移民,還有爲官該地、愛其山水而舉家定居於此者,這就是許承堯所說的"又半皆官於此土,愛其山水清淑,遂久居之以長子孫焉"②。截至明末清初,徽州的人口主要由被征服的山越土著、北方遷徙而來的世家大族和仕宦徽州退休後定居於該地的官員及其親屬們這三大人群構成。此後,直到清代乾隆中葉,徽州地區的人口構成基本保持穩定。雖然在明清時期隨着徽商經營的成功,曾有不少外地游民和商人來到徽州,但對徽州人口的基本結構并未造成太大影響。

不過,值得一提的是,清代乾隆中葉以後,人多地少,安慶府懷寧、宿松、潛山、桐城、望江等縣以及江西北部與徽州接壤地區的流民,成群結隊進入徽州山區,搭棚居住,成爲棚民。他們在這裏開墾荒山,種植高產穩產的農作物苞蘆;開挖礦產,燒制石灰等原料。儘管在清代中央和地方官府驅逐棚民的運動中,一些棚民被迫離開徽州,但最終仍有大批棚民在徽州各地特別是大山深處生存了下來,這是徽州現有居民中的一個重要構成。

在三次中原地區移民的高峰時期,先後徙入徽州山區的世家大族有七十餘姓之衆。他們在徽州山區聚族而居,"鄉落皆聚族而居,多世族,世系數十代,尊卑長幼,猶秩秩然罔敢僭忒。尤重先塋,自唐宋以來,丘墓松楸,世

---

① [民國]石國柱、樓文釗修,許承堯纂:《歙縣志》卷一《輿地志·風土》,民國二十六年鉛印本。
② [民國]石國柱、樓文釗修,許承堯纂:《歙縣志》卷一《輿地志·風土》,民國二十六年鉛印本。

守勿懈,蓋自新安而外所未有也"①。在經過武力拓展勢力範圍,站穩腳跟之後,他們逐漸開始崇文重教,唐代以後特別是南宋以降,這些聚族而居的中原地區移民群體,通過讀書力學暨參加科舉考試等途徑躋身仕途,壯大自身和家族的實力,強化宗族控制,最終促成了宋元明清時期徽州社會穩定、經濟繁榮、教育發達、科舉勃興、文化昌盛和徽商突起等局面的形成。自南宋以後至明清時期(除元朝外),整個徽州社會蓬勃向上,充滿生機,"人情丕變,萬象更新"②,"郁郁乎盛矣"③。在"萬殊一本"和"尊祖敬宗"的名義下,徽州宗族不斷集中人力、物力和財力,纂修譜牒,創建祠堂,繕修祖墓,建構以血緣關係爲中心的宗族連接紐帶,前後纂修和刊刻的各類譜牒總數達萬餘種之多,僅保存至今的各類徽州譜牒猶有不下兩千種之巨。這些譜牒記錄和保存了大量包括祖訓、家訓、族規、祠規、家法,以及居家和人生儀禮、合同文約等在内的徽州宗族規約,特別是在其中不少譜牒缺乏族規家法的情況下,翔實而細緻的凡例在某種程度上也發揮了作爲該宗族或家族規約規範全體成員的功能。當然,這些宗族規約儘管有一些與國家法相矛盾或相抵觸的地方,但就總體而言,它們基本上是同國家法保持一致的,也就是說,它們是在"遵國法"的前提下,來行使對宗族組織暨宗族成員的控制權的。對此,光緒《續溪縣南關許余氏惇叙堂宗譜》曾就國法、家法與宗族規約之間的互動關係作了非常精彩而詳細的解讀和闡釋,云:"作奸犯科,國家有例,犯國法者,鳴官治之,非家法所當治也。家法衹以祖宗前杖責爲止,杖責以上非宗祠所可預聞。鄉蠻宗黨,往往有活埋、活葬慘情,妄謂家法爾爾。不思治人家法,自己已罹國法。即家法杖責、跪香、革逐,亦必悖倫逆理、盜賣祀產等情有關宗祠,乃可。非關宗祠者,宗祠爲之排解,不得妄施家法,開宗族以强欺弱之釁。尤有事關宗祠,非家法所能預定,又非家訓所能備載,不得不另立一則,以定準繩,謂爲規約。有背約者,闔族阻止之。阻之不可,再議擬家法以治之可耳!"④此外,在單一宗族聚居的城鄉社區特別是鄉村社區即村落,其宗族公約既是宗族規約的組成部分之一,又同村規民約之間存在互相交叉甚至完全重合的地方,但好在徽州知識和文化精英對此認識非常明

---

① [清]蔣燦纂修:《婺源縣志》卷二《疆域·風俗》,清康熙三十三年刻本。
② [清]佘華瑞纂:《巖鎮志草》貞集《迀談》,清雍正十二年纂,清乾隆刻本。
③ [明]張濤修、謝陛纂:《歙志》考卷五志六《風土》,明萬曆三十七年刻本。
④ [清]許文源等纂修:《續溪縣南關許余氏惇叙堂宗譜》卷十《規約》,清光緒十五年木活字本。

確，這在同時并存的家族或宗族的譜牒與村志中可以發現。

歷史上特別是宋明以來的徽州社會是一個典型的山區宗族社會，被譽爲"東南鄒魯"的"禮儀之邦"，在倡導家國一體、禮法合治，强調出入相友、過失相規、患難相恤、疾病相賙和守望相助等鄉村基層社會治理方面，徽州始終走在全國的前列。尤其是在鄉村社會包括宗族、鄉約和文人會社等組織相對健全的背景下，宋明以來徽州鄉村社會中遺存至今的一百餘萬件（册）包括鄉約，保甲規約，環境保護，封山育林規約，以及規範茶葉和木材等商品交易、子女與財產繼承以及經濟糾紛調處等各種不同類型的村規民約，在維繫徽州鄉村社會環境、經濟、社會與文化秩序，規範鄉民的思想、言論與行爲等方面，發揮着不可或缺的作用，這其實正是"以鄉民治鄉民""以良民治良民"的集中體現。從南宋度宗咸淳六年（1270）徽州提刑節度同知致仕臣邱龍友、臨安府錢塘縣知縣致仕臣王英杰奏請立社祈報以鄉約相規，到明嘉靖、隆慶、萬曆年間徽州各地鄉約的普遍建立，尤其是隆慶六年（1572）祁門縣《文堂鄉約家法》和萬曆末年婺源縣《沱川余氏鄉約》的頒行與實施，徽州縉紳和鄉民就是在不斷遵奉各級官府及其統治者倡導的鄉村治理理念和政策的前提下，將最高統治者的統治思想與鄉民的日常生產和生活實踐相結合，形成一種上下聯動、彼此互動的局面。與鄉約同時并存的，還有諸如奉憲禁示之類的單項村規民約，如封山育林公約、禁捕河魚和禁止墾山的保護生態環境類公約、禁賭禁烟等移風易俗類村規民約等，尤其是大量鄉民繼承糾紛調處的和息類規約以及賦役合同文約等，都對徽州鄉村社會秩序的維繫和社會穩定的維護起到了重要作用。作爲理學集大成者朱熹的故鄉，徽州不僅享有"文公闕里"的美稱，而且還有"東南鄒魯"之譽。在居家生活的規範和人生儀禮的實踐中，徽州各地的宗族和鄉村縉紳等精英甚至地方官府，向來皆以推廣和踐行《文公家禮》相標榜，不斷重申"我新安爲朱子桑梓之邦，則宜讀朱子之書，取朱子之教，秉朱子之禮，以鄒魯之風自待，而以鄒魯之風傳之子若孫也"①。"冠、婚、喪、祭，稱家有無，遵行《文公家禮》，毋得襲用僧道，有違祖訓。"②并爲此制定和實施了一整套相對完備的居家生活與人生儀禮的條例與規約，如明萬曆歙縣溪南江氏宗族《居家禮儀》、清康熙《茗洲吳氏家典》和民國歙縣桂林《洪氏宗族四禮》等，用於規範和約束鄉民

---

① ［清］吳翟纂修：《茗洲吳氏家典》卷首《序》，清雍正十一年紫陽書院刻本。
② ［民國］金啟富、金啟遜纂修：《京兆金氏宗譜》卷一《家規》，民國十年刻本。

的禮儀行爲。除了冠、婚、喪、祭等人生儀禮外,大量宗教和民間信仰規約的存在,也深刻反映了徽州人内心精神世界的豐富性和多樣性,而各類衣食住行規約的存在,也説明傳統的徽州生活處處都有自身遵依的規矩和方圓。

作爲一種基層社會非制度性組織設置,宋明以來至民國時期,徽州的會社組織極爲發達,不僅類型豐富,而且活動頻繁。每一個會和社都訂立有極爲詳盡的規條與約章,藉以規範和約束會社内所有成員的權利、責任和義務,并在這一規約的指導與監督下開展自身的活動。"向來恪守會規"成爲包括文人會社、公益慈善性會社、宗教信仰性會社、宗族祭祀性會社以及經濟金融性會社會首和會衆們恪守的基本準則。正是因爲有了規約的強有力規範和約束,會社在宋明以來的徽州社會纔能得以廣泛建立和存在,并充當着各自不同的社會角色,擁有較強的號召力和公信力。清乾隆《橙陽散志》曾就文會在鄉村社會中的作用留下這樣一段文字記録:"鄉有争競,始則鳴族,不能决則訴於文會,聽約束焉。再不决,然後訟於官,比經文會公論者,而官藉以得其款要過半矣。"①

唐宋以來,徽州由尚武風氣向崇文傳統轉化的一個重要標志,就是各級各類學校、書院的創立和科舉中第的勃興。徽州人重視讀書,渴望通過讀書躋身仕途,改變自身命運,實現光宗耀祖的目的。在徽州,有一句俗語叫"養子不讀書,不如養肥猪"。而在縱横交錯的深山中,雖"十户之村,不廢誦讀"②。以倡導講學論道、商榷學術、砥礪名節爲宗旨的書院,從宋明以來的徽州府(州)治到六縣,再到山林和鄉村,基本上都建立起了界别不一、層次不等的各類書院,成爲享譽全國的書院最盛之區。"海内書院最盛者四:東林、江右、關中、徽州,南北主盟,互相雄長。"③有關宋明至民國時期徽州的各級各類學校和書院規約衆多,且非常詳細專業,其中既有辦學的合同議約,也有學校和書院教學管理、經費籌措和使用等綜合性規約,還有各類專門的講會規約,諸如明正德七年(1512)徽州府《紫陽書院會規》、明崇禎二年(1629)休寧縣《還古書院規則》、清嘉慶十六年(1811)十一月黟縣《公議碧陽書院規條》、清同治元年(1862)三月祁門縣石溪康永清祠派下街二祠《立束

---

① [民國]許承堯:《歙事閑譚》卷十八《歙風俗禮教考》,合肥:黄山書社,2001年,602頁。
② [清]蔣燦纂修:《婺源縣志》卷二《疆域‧風俗》,清康熙三十三年刻本。
③ [清]丁廷楗、盧詢修,趙吉士纂:《徽州府志》卷十二《人物志‧儒碩傳》,清康熙三十八年萬青閣刻本。

心預儲塾學合約》等，這些規約在規範學校和書院教學及管理秩序，維護學校和書院的正常運行等方面，發揮了重要的保障作用。

最後，特别值得指出的是，南宋以來特别是明代中葉以降，作爲一個來自徽州六縣的地域性商人群體，徽商無論在從商人數、經營領域、活動範圍、資金籌措與規模，還是在投資取向和利潤轉移等方面，在中國衆多地域性商幫群體中都堪稱首屈一指。徽商賈而好儒，重視商業經營經驗的總結，并通過編纂商業書的形式，來傳授經營成功的訣竅，這其中既有綜合性的商業書如《生意規略》《商賈格言》和《士商拾要》等，也有特定行業專門領域經營的規則，如《布經》《典業須知》等，還有各類商業合同規約。這些商書及其經營管理的商業行業規約，確實爲保護徽商經營者的權益、維護他們的切身利益提供了有力的保障。而爲保障同鄉與同行在外經營者的利益，聚集在全國各大城鎮經營的徽商，往往創建會館、善堂義園和行業公所等組織，制定内容詳細具體的章程和規條等規約，并通過敦請當地官府批准頒給告示或執照等方式，使會館、善堂和公所等組織依法依規有序運行，進而保障同鄉或同行業者的共同利益。沿襲至近代，一批在外爲官和經營的徽州籍精英們，還通過組建同鄉會等方式，溝通所在地區同鄉的聯繫，并同徽州故里保持着密切的聯繫與交往。這些同鄉會的章程和各項專門的規約，也爲同鄉會的合法合規運轉提供了重要的保障。

五、本書編纂説明

歷史上特别是宋明以來的徽州地區民衆擁有强烈的法制觀念，爭强好訟、民俗健訟已成爲徽州的社會傳統。因此，爲規範組織和人群的利益，維持社會經濟和文化教育的秩序，保持社會有機體的良性運行和發展，尤其是爲了避免官司之訟，徽州本土暨徽州人活動的域外不同地域、不同組織和不同人群，常常能夠在嚴格遵守各個時代國家法律、地方法規的背景下，不斷結合自身所在地域、組織及人群的特點，制定各種不同類型、針對性和實用性很强的民間規約，藉以維護社會、經濟、教育、文化秩序，保障自身的合法權益。這些民間規約内涵豐富，類型廣泛，幾乎涵蓋傳統徽州社會生產與生活領域的各個方面。儘管這些民間規約因種種原因未能全部完整地保存下來，但值得欣慰的是，至今仍有百餘種徽州各類地方志書（含書院志）、兩千餘種譜牒，以及徽人文集、筆記，徽商會館、善堂、公所、橋梁徵信録和百餘萬件（册）原始契約文書、千餘通（處）碑銘等遺存，它們所記錄和承載的各類海量的民間規約，爲我們了解和研究歷史上徽州的社會、經濟、教育、文化、風土民俗以及各個不同時代徽州社會各階層人群的活動等，提供了極其珍貴的第一手資料。

本書正是在上述存世數量巨大的徽州文獻（含碑刻文獻）文書的基礎上，結合編者主持的2014年度國家社會科學基金重大項目《中國古代民間規約文獻集成》（批准號：14ZDB126）的開展，集中對其中所記錄的各類民間規約進行分類搜輯和整理，并從中精選二百二十萬字的民間規約，按照宗族規約，村規民約，會館、善堂、公所暨行業規約以及社會生活規約四個專題編纂而成的。承蒙安徽教育出版社原總編輯張丹飛、責任編輯夏業梅和綜合編輯部主任江舟三位女士的鼎力推薦與支持，2017年，本書被列爲該出版社的重點項目。2018年，該出版社又以本書爲題申報國家出版基金項目。2019年，經過專家的認真評審，本書被正式作爲國家出版基金項目予以資助。

現就本書不同卷次的編纂和安排說明如下。

《宗族規約卷》。徽州自唐宋以來即形成聚族而居的宗族社會，在"尊祖敬宗"和"萬殊一本"觀念與行爲的支配下，徽州各個大姓望族先後纂修了數以萬計的各類譜牒，其中既有單一血緣姓氏的家族支派或房派譜，也有跨地域聯宗的通譜或統譜，還有跨地域、跨血緣的地域性名族望族譜。這些譜牒中留存了數量繁多的各類宗族規約，堪稱徽州乃至中國宗族規約的寶庫，是中國古代民間規約中一枝耀眼的奇葩。此外，還有不少來自單行本的宗族規約，如明萬曆休寧縣《商山吳氏宗法規條》，以及原始契約文書和田野碑銘等文書文獻中保存的各類宗族規約。本卷嚴格按照宗族規約的定義，從現存徽州譜牒文獻、原始契約文書、田野碑銘和其他相關文獻中，精選不同時代、不同地域和不同類型的各類宗族規約，并依次按照章、節、目的順序進行分類歸總，其中章節按規約名稱和類型進行編排，目下則以時間爲經、以規約題名暨類型爲緯，時間相同者，則以規約名稱的拼音字母爲序進行排列。本卷共由五章構成，其中"家訓、宗訓、箴訓、遺訓、祖訓、規訓和庭訓"爲第一章，"家規、宗規與族規"爲第二章，"家典與家法"爲第三章，"規約、族約、戒約、議約與合同文約"爲第四章，"譜牒規約"則爲第五章。

這裏，着重就可能引起讀者疑問的三個問題予以特別說明。第一，祠規爲何未入本卷？第二，爲何收錄不少內容和文字相對重複的族規、家規、宗規和祠規？第三，譜牒凡例爲何收入本卷？首先，第一個問題確實存在，因爲作爲宗族規約的極爲重要的組成部分，徽州宗族的祠規很多本身即是族規或家規，只是名稱不同而已。但是，又有不少祠規的內容僅僅局限於對本宗族祠堂進行管理，特別是對祠祭活動進行規範與約束，與族規和家規的內容有着較大差異。因此，爲免將不同內容的祠規分列各處，造成讀者查閱的不便，編者特地將祠規作爲"祠堂、墳墓祭祀標掛規約與條例"一章，統一輯錄并精選編入《社會生活規約卷》中。其次，本卷和《社會生活規約卷》分別收錄了一些內容、文字幾乎相同的族規、家規、宗規和祠規。客觀地說，這些宗族類規約除個別文字略有差異外，大部分文字內容都相同，顯然是互相抄襲而形成的。事實上，這種家規、祠規類宗族規約互相抄襲的現象不僅在徽州較爲普遍，在全國其他地區也是一種非常普遍的現象。但既然如此，我們爲什麼要把它們都收錄并編入本卷呢？這裏要鄭重聲明，我們并沒有將內容文字完全雷同、毫無差異的族規、家規、宗規和祠規悉數收入本卷和《社會生活規約卷》內，而是有選擇地收錄部分內容重複，但文字并非完全相同的族規、家規、宗規和祠規。我們之所以采取這一做法，一方面是出於爲讀者提供徽州宗族規約特別是族規、家規、宗規和祠規的全貌的目的，即使是彼此抄襲，其間多少還是存在細微的差異。我們冀望藉此能夠給大家提供一個進一步思考問題的空間，這些家規和祠規類宗族規約的編纂者們爲何會如此肆無忌憚地抄襲。通過對這些宗族規約的異同之處進行考察，或許又能給我們進一步發現和解决問題提供新的思路。第三是爲何將譜牒的凡例收入本卷的問題。這主要是基於不少徽州譜牒特別是早期內容簡單的家族支派和門房譜以及跨地域的通宗譜或統宗譜，因種種原因，并無族規、家規或祠規等宗族規約的卷目和文字，但却有非常詳細的纂修凡例，其中很多凡例內容涉及本族成員的婚喪嫁娶、祖先的昭穆次序暨進主祭祀安排、同姓與異姓繼承，以及譜牒管理等諸多問題，堪稱無規約之名而有規約之實的宗族規約。因此，我們從不同時期纂修的不同類型和不同內容的凡例中，精選一部分具有典型性和代表性的凡例，連同《譜啓與修譜通知帖》《牒規與譜約》以及《譜牒避諱暨印牒告示》等一道，并特立"譜牒規約"一章予以收錄。

《村規民約卷》。聚族而居是徽州村落最爲典型的人文和社會特徵之一，特別是在一些大姓望族一姓獨居的村落中，宗族公約和村規民約之間的界限是非常模糊的，很難加以區分。或者說在大姓望族占據支配地位的大村落中,由於村落居住者和勞動者多爲有共同血緣關係的宗族成員,因此,某種程度上說,聚居於該村落的某一大姓宗族的規約本身就是村規民約。但宗族規約和村規民約之間畢竟存在不少明顯的差異。因此,本卷在精心對照和分析村規民約與宗族規約內涵及界限的基礎上,從現存徽州村志、譜牒文獻、原始契約文書、田野碑銘和其他相關文獻中,精選不同時代、不同地域和不同類型的各類村規民約,并依次按照章、節、目的順序進行分類歸總,其中章節按規約名稱和類型予以編排,目下則以時間爲經、以規約題名暨類型爲緯,時間相同者,則以規約名稱的拼音字母爲序排列。本卷共由六章組成,其中第一章爲"鄉約",第二章爲"綜合性村規民約與保甲規約",第三章爲"義莊、義田暨社會救助規約",第四章爲"鄉村生態環境與經濟規約",第五章爲"賦稅、差役、財產管理暨糾紛處置規約",第六章爲"墳塋禁約與治安勸世規約"。應該說明的是,本卷第六章之"墳塋禁約"與《社會生活規約卷》內容有部分重合,不過,本卷精選的"墳塋禁約"更側重於將墓塋作爲村落的空間而非宗族的祖先墓塋。

《會館、善堂、公所暨行業規約卷》。本卷重點精選和收錄明清以來居住與活動在徽州本土之外的徽州籍官員、徽商以及各色徽州籍人員所創建的會館、善堂暨公所等組織規約與章程、綜合與行業領域商書、商人經營之合同議約、同鄉會規約等。此外,對徽州本土的各類私人或半官方創辦的私塾、學校和書院等規約、合約與告示,也儘可能予以收錄。同時,對涉及徽州士子參加科舉考試盤費籌措的賓興會規約,如《清道光績溪縣捐助賓興盤費規條》亦予以收錄。本卷共分四章,"會館、善堂、公所暨同鄉會規約"爲第一章,"徽商商業書類規約"爲第二章,"徽商各類行業經營規約"爲第三章,"書院、塾學、書屋暨科舉賓興規約"爲第四章。

《社會生活規約卷》。本卷是內容最爲豐富和龐雜的一卷。本來,我們計劃將徽州會社規約和徽州宗教與民間信仰規約單獨編輯、獨立成卷,畢竟歷史上特別是宋明以來徽州各地各類會社組織十分發達,在清代前中期的婺源縣慶源村和祁門縣善和村,甚至出現一個村莊同時并存十數種乃至三十餘種會社組織的現象,但在廣泛深入查詢有關文書、文獻以及碑銘等史料後,我們發現,會社的數量和類型固然很多,但遺存至今的會社規約却寥寥無幾,就編者現已閱讀和掌握的史料現狀來看,很難單獨編纂成獨立的一卷。而徽州宗教與民間信仰規約的內容特別是宗教信仰規約,也存在與會社規約同樣的問題。因此，爲全景展示歷史上徽州人群的社會生活，我們從搜輯整理的徽州會社規約和徽州宗教與民間信仰規約全部文字中，精選出部分具有代表性和典型性的規約文書或文獻，編入《社會生活規約卷》中。總之，本卷從現存徽州譜牒文獻、徽州方志暨雜記、原始契約文書、田野碑銘和其他相關文獻中，精選不同時代、不同地域和不同類型的徽州各類社會生活規約，并依次按照章、節、目順序進行分類歸總，其中章節按規約名稱和類型進行編排，目下則以時間爲經、以規約題名暨類型爲緯，時間相同者，則以規約名稱的拼音字母爲序排列。本卷共由五章組成，其中"居家禮儀與生活規約"爲第一章，"祠堂、墳墓祭祀標掛規約與條例"爲第二章，"宗教信仰與民間信仰活動規約"爲第三章，"會社生活規約"爲第四章，"移風易俗規約"爲第五章。

以上是對《徽州民間規約文獻精編》各分卷編纂情況的簡要說明。

本書在資料搜輯、整理、歸類和編纂過程中，不可避免地存在一些問題和不足，訛誤之處亦在所難免。因此，我們真誠期待讀者給予批評指正。我們將會對所有的批評意見和修改建議進行評估，并在未來的再版中予以及時的更正、補充與完善。

卞　利

2020 年 3 月 3 日

於南開大學中國社會史研究中心暨歷史學院

凡　例

一、本書按照"以時間爲經、以空間爲緯"的編纂原則，以章、節、目三級標題進行統轄，其中第三級標題"目"，則依據文獻形成的時間、地點、作者（含組織或自然人群）、內容和類型重新進行了題名。

二、本書第三級標題"目"的時間編排原則暨順序是，凡年月日時間明確者，在標題中標注至年月，省略具體日期；年月日不明者，則在標題中標注紀年年號或民國字樣；無法判斷文獻所屬王朝的紀年年號者，則在標題中標注王朝名稱；可判斷文獻屬某王朝前、中、後期者，則在標題中標注某朝前、中、後期。具體編排順序是，同一時間和類型的民間規約文獻，年月時間明確者，以其年月先後順序依次進行編排。無具體年月者，則以紀年年號先後爲序；紀年年號相同者，則以紀年年號後首字拼音字母爲序。無紀年年號者，則以文獻所形成的王朝命名，排列在有明確年月或年號的文獻之後。無法判斷并確定文獻具體時間者，則以文獻的來源、形成或刊印時間爲序，依次進行編排。其他依此類推。

三、本書第三級標題"目"的空間地域編排原則是，徽州本土地域，按照徽州（含徽州府、徽州路和歙州等）暨所轄歙縣、休寧、婺源、祁門、績溪和黟縣之地名的首字拼音字母順序編排；縣名無法考證并確定者，則以徽州某縣稱之；縣域以下地名明確者，亦按其拼音字母爲序。

四、本書所輯錄的文獻的來源中，凡引文或時間、地點不明者，或於頁下脚注，或於文內酌情予以注釋說明。

五、凡文獻有文字殘缺，可確定其殘缺字數者，以"□"標明；無法確定殘缺字數者，以"……"標明；須加删節者，則以"()"內注明"以下略"。凡需補充文字，使其涵義確切完整者，以"【】"標明；凡文字訛誤者，訛誤字以"()"標注，并在訛誤字後的"[]"內注明正確文字。

六、本書引用的文集、雜記、志書、譜牒、文書和碑刻等文獻，僅標明纂著者、時代、書名、卷數和篇目，以求簡明。其中珍稀文書暨文獻的所在地、來源地和收藏地，均在《引用和參考文獻》中予以標注。散件和金石類規約文獻，則在文内予以標注。

七、徽州規約的民間抄、稿本（件）文獻中，存在不少當地俗字、异體字。爲保持原貌，本書在輯録時，一般不予改動。但通篇异體字或同一篇文獻中同一文字先後書寫不一者，爲便於讀者閲讀，在不影響字義或文意的前提下，統一以常用文字取代。個别字保留了其簡體形式，蓋爲保持徽州民間規約特有風貌。

目　録

第一章　會館、善堂、公所暨同鄉會規約　　001

第一節　清北京歙縣會館規約　　001

清乾隆六年北京歙縣會館公議條規　　001
清乾隆二十八年北京歙縣會館增議規條　　002
清嘉慶十年北京歙縣會館公議條規　　005
清嘉慶十九年北京歙縣會館續增條規　　007
清道光十年北京歙縣會館續議條規　　009
清道光北京歙縣會館公議義庄條規　　010
清道光北京歙縣會館公議義庄條例　　011

第二節　清至民國初年北京休寧會館公立規約　　013

清乾隆十八年正月北京休寧會館館寓條規　　013
清乾隆十八年正月北京休寧會館值年條規　　015
清乾隆十八年正月汪由敦撰北京休寧會館記碑　　017
清乾隆四十九年三月汪承霈撰北京重修休寧會館記碑　　018
民國十一年四月北京休寧會館公立規約附警廳立案呈稿并抄批　　019
民國朱兆麟撰北京休寧會館公立規條序　　023

第三節　清北京績溪會館規約　　023

清道光六年北京績溪會館規條　　023
清道光二十四年十二月北京績溪會館部案規條　　027

第四節　清末民初上海徽甯思恭堂規約　　028

清道光三十年十月上海徽甯思恭堂公議增定章程　　028
清宣統三年七月上海徽甯思恭堂新造女殯所寄棺規條　　030
清末民初上海徽甯思恭堂公議自棺入殮扛抬進出條規　　030
清末民初上海徽甯思恭堂規條　　032
清末民初上海徽甯思恭堂推廣殯房寄棺規條　　034
清末民初上海徽甯思恭堂資助無力盤棺小引條約　　035
民國七年十月上海徽甯思恭堂新增規條　　037

第五節　清嘉慶至光緒年間江蘇徽商會館公所規約　　037

清嘉慶二十三年松江府新安義園規條　　037
清嘉慶二十五年六月松江府新安義園議定規條　　039
清道光十八年六月議定、同治年間增改松江府新安義園崇義堂規條　　041
清道光十八年十月松江府新安義園崇義堂公議續增規條　　043
清道光二十四年正月松江府新安義園續增規條　　044
清同治四年六月蘇州安徽會館程公祠暨會館章程　　044
清同治十三年四月蘇州安徽會館全皖殯舍義塚規條　　046
清同治蘇州安徽會館程公祠暨會館續行增稟規條　　047
清同治蘇州安徽會館添設經商公所條款　　050
清同治蘇州安徽會館憲定昭忠祠章程　　051
清同治蘇州安徽會館洋水龍章程　　052
清光緒南京《重建新安會館徵信錄·叙》暨南京新安會館執照、規條　　053
清光緒松江府新安崇義堂續訂辦事規程　　056
清光緒蘇州《蘇垣安徽會館志·館錄凡例》　　057

第六節　清至民國時期浙江徽商會館公所規約　　058

清道光二十一年閏三月杭州惟善堂捐設徽州六縣登善集要略　　058
清道光至光緒年間浙江杭州徽商惟善堂章程條例暨杭州府
　　錢塘、仁和等縣批文諭示　　060
清同治浙江仁和縣塘棲鎮新安懷仁堂公啓　　072
清光緒二十二年十二月浙江杭州府爲徽州木商頒布内河章程　　073
清光緒二十八年七月浙江杭州府曉諭徽商木業公所規條　　074
清光緒浙江仁和縣塘棲鎮新安懷仁堂堂規　　076
清宣統《杭州徽商木業公所徵信録・凡例》　　077

第七節　清道光江西南昌新安義塚遺愛堂規約　　079

清道光二十八年五月南昌新安義塚遺愛堂記　　079
清道光南昌新安遺愛堂規條　　080
清道光南昌新安遺愛堂歙縣、休寧、婺源和祁門四縣募捐義阡引　　082

第八節　清武漢新安紫陽書院暨篤誼堂規約　　084

清嘉慶漢口新安紫陽書院舊規　　084
清嘉慶漢口新安紫陽書院學規　　085
清道光二十七年十二月漢陽縣篤誼堂規條　　101
清同治二年三月漢陽縣篤誼堂規條　　103
清同治至光緒年間各地官府關於漢陽縣篤誼堂旅櫬歸鄉
　　告示、稟稿暨漢陽縣篤誼堂規條　　106

第九節　清陝西西安安徽會館規約　　117

清道光九年西安安徽會館公啓　　117

清同治西安安徽會館規條附新增條規　　118
清同治西安安徽會館義園條規　　121

第十節　清至民國時期屯溪公濟局及各地同鄉會規約　　122

清光緒十五年屯溪公濟局規條　　122
清光緒十八年屯溪公濟局擬訂保嬰養疴草創章程　　125
清光緒屯溪公濟局願捐啟　　127
民國初年黟縣旅休同鄉會籌備屯溪思安堂事宜　　129
民國十二年上海徽甯同鄉會《徽甯旅滬同鄉會章程》　　129
民國十三年十一月上海徽甯同鄉會《徽甯旅滬同鄉會章程》修訂本　　134
民國十三年上海徽甯同鄉會第二次徵求會章程　　140

第二章　徽商商業書類規約　　143

第一節　清道光績溪縣上莊某商人輯錄《生意規略》　　143

學做生意要語　　143
江湖序　　145
勸商賈　　146
商略　　146
顧舡　　147
銀色　　148
稻米　　148
商旅之要　　148
客途　　149
行船風信　　149
機關　　150
標舡規單　　151

格言致論其一	151
其二	152
其三	152
警戒夫婦之文	152
朱文公家訓	153
不自棄文	153
附項託小兒論	154
立教一犯於此貧賤自然	155
江西巡撫宋老爺勸世文	156
世人要習十好休學十窮	156
憶處世	157
說世人不足	157
說能者則誤也	157
說人心不知足	158
朱夫子治家格言	158
自造格言嘆語	158

第二節　清同治休寧縣渠口某徽商抄錄《士商規略》　159

士商規略　159

第三節　清同治休寧縣渠口某徽商抄錄《士商拾要》　160

士商拾要　160

第四節　清謝光燧著《商賈格言》　161

商賈格言　161

第三章　徽商各類行業經營規約　　169

第一節　茶業規約　　169

民國十八年四月祁門縣恒吉昌茶號公議善後規則　　169
民國十八年祁門縣程必桓等合夥創設紅茶號約　　170
民國屯綠區茶葉產地檢驗辦事處暫行檢驗辦法大綱　　171

第二節　典當業規約　　172

明萬曆四十三年十二月祁門縣胡祿孫同侄胡再貴等立生放銀兩合同文約
　　172
清道光三十年四月歙縣巖鎮典商許用元浙江龍游縣許惇大號典當鋪
　允議規約　　173
清道光歙縣巖鎮典商許用元浙江龍游縣許惇大號典當鋪典規文約　　175
清代後期徽商的典當行規——《典業須知》　　180

第三節　絲綢棉布業規約　　194

清光緒三十年六月黟縣怡和堂等立集資合設瑞和布匹生理合同議墨　　194
清代佚名徽商撰《布經》　　195

第四節　古橋暨建築裝飾材料等行業規約　　215

清道光二十九年正月徽商胡洪資、洪律符等立漢口恒生油行桐油行業合同　　215
清道光三十年十二月徽商洪律符立漢口恒生油行桐油行業併退合同　　216
清光緒五年五月祁門縣重修祁西歷口利濟橋各班石匠承約暨規則　　216
清光緒二十一年四月祁門縣祁西歷口利濟橋局勸捐重建歷口利濟橋啟
　　217

清光緒二十五年十二月祁門縣祁西歷口《重建利濟石橋徵信錄·凡例》
　　　　　　　　　　　　　　　　　　　　　　　　　　218
清光緒二十九年黟縣募修漁亭石橋啟　　　　　　　　　219
清光緒三十一年黟縣重修漁亭石橋請縣憲給示稟稿、橋記暨規條　220
民國八年休寧縣重修峽溪石礄禁止行車簡章　　　　　223
民國八年休寧縣募修峽溪石礄啟　　　　　　　　　　226

第五節　挑夫、車業等行業規約　　　　　　　　　227

清康熙四十四年七月休寧縣藤溪王永貞等立江蘇宜興重開元有車店議墨
　　　　　　　　　　　　　　　　　　　　　　　　　　227
清康熙五十二年十月休寧縣藤溪陳元宰等承江蘇宜興王元有號車業虧本
　　清債之崔宅銀議附畢聚泰租元有車約據　　　　　228
清光緒黟縣籍商人呈控潛山縣七社扁擔會議約稟帖暨告示　228

第六節　糧油食品暨屠沽雜貨等行業規約　　　　　233

清康熙五年二月徽州某縣李益吾等立各出本銀開張屠沽雜貨生理合同
　　　　　　　　　　　　　　　　　　　　　　　　　　233
清光緒二十九年正月黟縣汪篤如等立蕪湖西門外保和隆南貨店生意合同
　　　　　　　　　　　　　　　　　　　　　　　　　　234

第七節　綜合類暨行業不詳類行業規約　　　　　　236

明弘治十三年十二月祁門縣九都吳文英與休寧縣十二都汪盈共造店鋪合同　236
清康熙四十一年十二月徽州某縣汪琅友等立祖遺於潛縣印渚埠汪茂源
　　店業交與汪芝山管理合議　　　　　　　　　　　236
清康熙四十九年正月徽州某縣汪家琳等立清理於潛縣印渚店業議墨　237
清康熙五十七年九月徽州某縣朱庭有等勸諭內侄汪琅友等於潛縣印埠

店業仗義幫貼認領本銀合同議墨　238

清康熙五十八年正月徽州某縣汪家琳等立分析於潛縣印渚埠店業並常山鹽倉及其他各業議墨合同　239

清乾隆四十一年正月休寧縣屯溪胡君明同侄胡璧立盤算萬和館店業議據　240

清嘉慶十七年三月黟縣十都豐登江良棟等立江陰縣周庄鎮店業議規議墨合同　241

清嘉慶二十一年三月休寧縣屯溪胡允執同侄胡廷垣立轉讓萬和館店業合議據　242

第四章　書院、塾學、書屋暨科舉賓興規約　244

第一節　徽州府紫陽書院規約　244

明正德七年徽州府紫陽書院會規　244
明萬曆徽州府紫陽書院崇實會約　245
清康熙八年九月徽州府紫陽書院講堂會約　249
清康熙徽州府紫陽書院規約　250
清乾隆五十七年正月歙縣古紫陽書院規條　251

第二節　休寧縣還古書院規約　258

明崇禎二年十一月休寧縣還古書院規則　258
清康熙休寧縣還古書院會約暨會儀　258
清乾隆休寧縣還古書院公議條規　260
清道光二十三年三月休寧縣還古書院重議規條　263

第三節　其他徽州書院規約　264

清乾隆歙縣棠樾鮑氏宗族西疇書院儀禮　264

清嘉慶十六年十一月黟縣公議碧陽書院規條　　　　　　　　269
清道光五年三月黟縣碧陽書院復舊章記碑　　　　　　　　　274
清咸豐祁門縣東山書院新立條規　　　　　　　　　　　　　274

第四節　塾學及書屋規約　　　　　　　　　　　　　　　277

清康熙十二年六月歙縣施璜撰塾講規約附塾講事宜　　　　　277
清乾隆歙縣沙溪凌氏宗族輔仁堂課文小約　　　　　　　　　285
清同治元年三月祁門縣石溪康永清祠派下街二祠立束心預儲塾學合約
　　　　　　　　　　　　　　　　　　　　　　　　　　285
清光緒十年三月婺源縣永禁霸收霸吞和私相典賣養源書屋膏火田碑　287

第五節　科舉賓興入仕規約　　　　　　　　　　　　　　288

清乾隆至嘉慶年間績溪縣城西周氏上京户規條　　　　　　　288
清道光績溪縣捐助賓興盤費規條　　　　　　　　　　　　　292

引用和參考文獻　　　　　　　　　　　　　　　　　　　304

後　記　　　　　　　　　　　　　　　　　　　　　　　312

第一章　會館、善堂、公所暨同鄉會規約

第一節　清北京歙縣會館規約

清乾隆六年北京歙縣會館公議條規

乾隆六年會館公議條規

一、會館爲潭渡黄君昆華獨力捐輸，而公衆又分助修飾整齊、置備器用等項。創立之意，專爲公車以及應試京兆而設。其貿易客商，自有行寓，不得於會館居住，以及停頓貨物，有失義舉本意。

一、平時，非鄉、會之年，謁選官及外任來京陛見者，皆聽會館作寓，每間輸銀三錢，兼批輸銀三十兩以上。其他踪跡不明，以及因公差役人等，概不留住，以致作踐。

一、非鄉、會之年，房屋雖空，京官有眷屬者，及凡有家眷人，皆不得于會館居住。蓋家口人雜，一住別無餘地，且難遷移，殊非義舉本旨。其初授京官與未帶眷屬，或暫居者，每月計房一間，輸銀三錢，以充館費。科場數月前，務即遷移，不得久居。

一、公車之年，如應試衆多，正房寬大，每間二人，小房每間一人，均匀居住，以到京先後爲定，不得多佔房間，任意揀擇。其房屋、什物，亦須愛惜。毀壞者，着落修補。

一、每年，同鄉公會一次，爵齒並尊者爲上，餘各以齒序坐。

一、外籍與本籍，原無分同異，但須鄉貫、氏族實有可徵者，方准入館。如無可查考，不得概入。

一、會館擇在京殷實老成、有店業者分班公管，每年二人，輪流復始。其公匣、契紙、銀兩並《收支會簿》，上、下手算清交代。凡有應行事件，與在京現仕宦者議定而行，京官亦每年以一二人掌管。其有出差告假，交留京者接辦，無致廢弛。

一、住館之人，去來必白掌管者，以便查點器用。其不合例之人，司年者

以館規致辭。如將館房私借外人居住，以及霸佔等弊，公議重罰，仍斥本人不許入館。

一、朔、望，神前香燈以及祀典，司年者用公項酌辦。

一、樂輸銀兩，將前已付及後續收者，皆登載明白。司年之人，不得濫行開銷花費，每年擇日公同結算。有私支未清者，鳴衆公罰。

一、嗣後，中甲科及中順天鄉試者，各輸資以立匾額。其內、外官至三品上者，輸銀一百兩；翰銓、科道，輸銀三十兩；援例正郎以下、主事以上者，輸銀六十兩；司、道以下，州、縣以上，輸銀五十兩；佐貳以下，輸銀十兩，為將來拓充房屋之資。或另置產取租，以為春、秋公會之需，並資助鄉、會人士盤費之不足者，但內、外任悉聽量力，不必強勉。

一、本籍、外籍，雖皆同鄉，但吾鄉寄籍者甚多，恐房間不足，轉令本籍向隅，殊失立會館本意。公議：凡鄉、會試之年，先儘本籍居住。如房間有餘，再讓外籍，庶不失由近及遠之意。

一、會館置用椅桌、傢伙等件，悉行開載簿內。如有遺失，惟看管人查究。

一、所收銀兩，不得放債生利，惟買產坐租，萬無貽誤。司事者如擅行出入，查出公罰。

一、看館人役，給住房三間，又將隔舍車店租息每月給賞一千文，以為工食，原備役使及看守門戶、查點什物而設。倘怠惰污穢並容留匪類，及盜賣館中桌椅，私借等弊，送城究治，即行驅出另召。

以上各條，斟酌公議，務宜永久遵行，後人不得紊亂，以幸盛舉。

——[清]徐上鑣輯：《重續歙縣會館錄·乾隆六年會館公議條規》，清道光十四年刻本

清乾隆二十八年北京歙縣會館增議規條

乾隆二十八年增議規條

吾邑會館，自乾隆辛酉吳南溪諸公始議勸輸，黃昆華觀察捐宅一區為之倡。己卯，徐厚菴、陳梟拓置南院房宇。今歲癸未，許鶴洲比部，洎韜所、靜泉兩樞部竹林復增新葺舊，添置器物，先後經營，備費資力。必立定章程，方可垂諸久遠。建立之初，原有條例，今復因時制宜，就原例公同商酌，增損詳

悉，共計（二十）［十九］條，刊刻刷印。凡寓會館者，各送一册，務期遵守，毋致紊亂，庶全公所，亦洽鄉情。

一、會館新舊房屋，幾及百間，公車儘容下榻。除大廳暨蘭心軒上、下，存爲同人公叙之所，不得居住外，其餘房屋，由内及外，自左達右，編定號數，以到京先後爲序，每人居住房一間，不可多佔，亦不揀擇。

一、會館原爲公車及應試京兆者而設，其貿易來京，自有行寓，不得於會館居住，以及存貯貨物，有失義舉本意。

一、非鄉、會試之年，謁選官及來京陛見者，均聽於會館作寓，每間月出租銀一錢，按季送司年處。其他因公差役以及無事閒遊者，概不留住，以防作踐。

一、非鄉、會試之年，京官或未覓有寓所者，亦聽暫時居住，照例輸租。惟將屆應試入都時，務須早爲遷讓，不得阻踞。其有眷屬者，並不許暫行借寓。

一、本籍、外籍，皆屬同鄉，但吾邑寄籍者多，凡鄉、會試之年，先儘本籍及外籍而現在本邑住家者居住。其餘外籍，須房間實在有餘，詢明鄉邨、族屬，確有可憑並京官作保者，方准作寓。

一、自本年爲始，閭定京官二人，輪流掌管。凡有應商事件，傳集公議而行。其公匣、簿籍、契紙、銀兩及館内物件，公同查明交收。每年以五月公會後，擇日邀衆，齊集館内算清，上、下手交代。如遺失、短少，咎有所歸。其館内房屋修葺，最關緊要，司年者每月須到館親勘，有應修處，即行通知，估計修理，不得因循，以致遲修多費。

一、會館房間鑰匙存司年京官處，凡欲到館居住者，先向司年親取鑰匙開住，將房内什物書明，粘單壁上，照數點交，不得損壞。臨去時，仍將鑰匙交還司年，並當面查點各件。如有損失，務令賠補，司年不得徇情。

一、凡謁選引見，以及京官暫寓會館者，館内房屋什件，須公同留心照管，毋致損壞、遺失。倘本房傢伙不敷所用，自行添置，不得移動别房，以致錯亂。出京時，所置物件即捐與館内公用。再，拴養馬匹、頭口，大門内有馬篷，毋得牽入館内作踐。如違，公罰。

一、凡住會館之人，所帶僕從，舊宅即住厨房，新宅令住小房，俱不得佔住正屋。至門扇、傢伙，俱各責令小心照應，毋許糟蹋。如違，公罰。

一、鄉試中式，輸銀一兩；會試中式，輸銀二兩，登名匾額。其鄉試第一名者，輸銀十兩以上；會試第一名者，輸銀二十兩以上。若狀頭，輸銀五十兩以上；鼎甲，輸銀三十兩以上，各另懸名匾。惟外籍鄉貫、系族無可查考者，毋庸濫入。

一、京官，三品以上，輸銀三十兩至六十兩；翰銓、科道，輸銀十兩；郎中、員外，輸銀二十兩；主事，輸銀十兩；七品，京官輸銀六兩，奉差者輸銀十兩。外官，三品以上，輸銀五十兩至一百兩；道、府以下，州、縣以上，輸銀三十兩至六十兩；佐雜，輸銀六兩至十兩。此係公同酌定之數，不可減少。其有好義增捐者，不拘銀數，俱于得缺赴任時即交司年收存登簿，爲將來置產、歲修及各公用，不得多開少付，不得指名兌會，並責成司年京官催取。

一、每年，京官三品以上者，輸銀三兩；五品以上者，輸銀二兩；七品以上者，輸銀一兩。司年于年終送單，隨書隨付，收入《歲支簿》內，以備公用。

一、館內倘有餘銀，只置產坐租，絲毫不得借貸于人，貪利貽誤。

一、公匣內，向立有《捐輸簿》，登載捐輸姓氏、銀數，積年以來，或有已付而未登簿，或僅批單而未應付。現在閹定司年之人徹底查對，將已付銀數、人名各按年登載，並補勒石。其已書未付者，各寄札催取，久不答者，即於本名下批明。嗣後，務須現書現付，方便登簿，并入交代內清算。

一、立《收支總簿》，每年一結，并立《逐時收支銀錢流水賬簿》，每月一結，俱存公匣，上、下手交代。

一、茶行向有捐輸之例，乾隆十六年，公議加增。二十四年，已止不行。今核對總數，共捐輸折實銀數不及二千兩。內支文武鄉、會，繙繹考試，並爲六安茶行訟事等費，用至一千七百餘金。既非合邑公舉，且未傳知同人。在茶行親友以己銀辦己事，慮費有不齊，特借公匣存貯，亦爲先事通融之法。但一概收支入於會館公賬內，未免混雜不明。除將費用別開另結外，所餘銀數共三百金，應載明《捐輸簿》內，以志雅誼。

一、石榴庄，經會館請碑禁示，並動公項修理，每年清明、中元兩節，皆（銀）[由]茶行前往祭祀。嗣後，仍應聽首事人傳知同鄉京官，各出清錢百文，以供紙燭之費。

一、看館人公食，議定由司年按季給付，其按月收房租等，責令取討交匣，不得擅取擅用。至在館作寓者，來去俱令禀明司年，其查點房屋、什物時，並令一同在旁過目，勿聽推諉。

一、門上代看館人承值，每日自大廳至門首，俱責令打掃潔净。其往來閑雜人等，不許容留。違者，司年究逐。

以上各條，公同酌議，妥協詳悉。凡我同鄉，各宜自愛，永遠遵守，幸毋作俑，致亂成規，則斯館之設可以垂久矣。

——[清]徐上鏞輯：《重續歙縣會館録·乾隆二十八年增議規條》，清道光十四年刻本

清嘉慶十年北京歙縣會館公議條規

嘉慶十年公議條規

一、會館房屋，除大廳及蘭心軒上、下爲同人公叙之所，不便居住外，其餘房間，由内及外，自左達右，以到京先後爲序，每人住房一間，不可多佔，亦不可揀擇。如各房業已住滿，方可於蘭心軒暫住。

一、會館原爲公車及應試京兆者而設，其貿易來京，自有行寓，不便於會館居住，以及存貯貨物，有失義舉本意。

一、本籍、外籍，皆屬同鄉，但吾邑寄籍者多，凡鄉、會試之年，先儘本籍及名隸外籍而家住本邑者居之。其餘外籍，須房間實在有餘，詢明鄉村、族屬，確有可憑並京官作保者，方得居住。

一、會館爲鄉、會試習靜之所，下榻諸公敬業樂群，所帶家人及看館人等，不得徵歌選伎、酣酒呼盧。違者，議究。

一、非鄉、會之年，謁選官及來京陛見，並京官未覓有寓所者，均聽於會館作寓。外官每房一間，每月出租錢大錢二百文；京官每房一間，每月出大錢一百文，按月交司年收貯。惟將屆應試之期，務須早爲遷讓，不得佔踞。其他因公差役並各衙門供事書吏，以及無事閒游者，概不留住。如司年徇情，公議重罰。上鏞按，此項租錢于嘉慶十九年公議蠲除。

一、京、外官及鄉、會試人等，有眷屬者，不得于會館居住。

一、館内司年，閹定京官二人，輪流掌管。凡有應商事件，傳集公議而行。其公匣、簿籍、契紙、銀兩及館内物件，公同查明交收。每年以封印後，擇日邀衆，齊集館内算清，上、下手交代。如遺失、短少，咎有所歸。其館内房屋修葺，最關緊要，司年者每月須到親勘，有應修者，即行通知，估計修理，不得因循，以致遲修多費。

一、會館房間鑰匙存司年處，凡欲到館居住者，先向司年領取鑰匙開住。

至房內傢伙、什物，俱有簿登載，每一物又有字記，司年照數點交，書單粘壁，不得損壞、遺失，亦不得移動別房傢伙。臨去，仍通知司年，當面查點收清。如有損失，務令賠償，司年不得狥情。

一、各房厨竈，或二人一處，或四人一處，俱係按地分派，每厨房門框上懸牌書明，不得混佔。

一、凡謁選引見，及京官暫住會館者，館內房屋物件，公同留心照管，毋致損壞、遺失。倘本房傢伙不敷所用，自行添置，不得移動別房，以致錯亂。出京時，所置物件即捐與館內公用。再，拴養馬匹、頭口，大門外蓋有馬篷，不得牽入館內作踐。如違，公罰。

一、凡住會館之人，所帶僕從，可住厨房及二門外小房，俱不得佔住正房。至門扇、傢伙，須各責令小心照應，毋許糟蹋。如違，公罰。

一、鄉試中式，輸銀一兩；會試中式，輸銀二兩。鄉試第一名，輸銀十兩以上；會試第一名，輸銀二十兩以上；狀頭，輸銀五十兩以上；鼎甲，輸銀三十兩以上，各登名匾額。其有另懸名匾者，聽。惟外籍鄉貫、系族無查考者，毋庸濫入。

一、樂輸定例：京官，三品以上，輸銀三十兩至六十兩；翰詹、科道，輸銀十兩；郎中、員外，輸銀二十兩；主事，輸銀十兩；七品以下，輸銀六兩；奉差者，各酌量捐助。如試差，五兩至十兩；學差、倉差、漕差，廿兩至五十兩。外官，三品以上，輸銀五十兩至一百兩；道、府以下，州、縣以上，輸銀三十兩至六十兩；佐貳，輸銀十兩至三十兩；佐雜，輸銀六兩至十兩；鹽務官員，照外任各官品級加倍捐助。此係公同酌定之數，不可減少。其有好義增捐者，不拘銀數，俱于得缺赴任時由司年送單請書，收存登簿，為將來置產、歲修及各項公用，不得多開少付，不得指名兌會，並責成司年催取。

一、每年，京官三品以上，輸銀三兩；五品以上，輸銀二兩；六品以下，輸銀一兩。司年于年終送單，隨書隨付，收入《歲支簿》內，以備公用。

一、館內倘有餘銀，只可置產坐租，不得借貸與人，貪利貽誤。

一、樂輸姓氏、銀數，向來立匾登載，復有簿備查。積年以來，有匾無簿，誠恐日久漫漶，難以稽查。今宜仍循舊例，立簿登記，必須現書現付，方便登簿、登匾，並入交代內清算。

一、鄉、會題名匾額，向俱有簿，詳載姓系、籍貫、科分、名次，年久不行，今宜仍如舊例。

一、司年立《收支簿》，每年一結，存公匣內，上、下手交代。

一、文、武聖誕，由司年傳單，書分三品以上四兩，五品以上三兩，六品以下二兩，餘俱以一兩爲率。其有從豐者，聽。務須隨書隨付，以便按名備席，毋得書知不付。至每月朔、望祀神香燭，司年于公項備辦。

一、本籍公車齊集，每人各贈元卷銀二兩。其本籍鄉試暨外籍鄉、會諸公，俟館內歲有常息，再行議送。

一、鄉、會試闈後，司年傳知，同鄉京官各出分金，辦席接場。如分金不敷，於公匣內開支。

一、石榴莊義塚，前經會館請碑禁示，並動公項修理。近年以來，均係茶行公議捐修，復增置義地，其契仍存公匣，館內每年議定貼費二十四金。其清明、中元兩節祭祀，皆係茶行經理，首事人傳知，司年每節於公匣內出貼費一兩，並同鄉紳士各京錢一百五十文，以供紙燭之費。嗣後，仍如舊例。

一、看館人，給住房三間，每月工食制錢二千文，由司年按月給付。其館內房租等項，責令取討交匣，不得擅收擅用。至在館作寓者，來去俱令稟明司年，其查點房屋、什物時，並令一同在旁過目，勿聽推諉。倘有怠惰及盜賣、私借等弊，司年查出，究逐。

一、門上代看館人承值，每日自大廳至門首，俱責令打掃潔凈。其來往閒雜人等，不許容留。違者，司年究逐。

——[清]徐上鏞輯：《重續歙縣會館錄·嘉慶十年公議條規》，
清道光十四年刻本

清嘉慶十九年北京歙縣會館續增條規

嘉慶十九年續增條規

吾鄉會館度支，向苦不充，茲札致淮揚諸桑梓，公議歲輸三千金，以助經費，誠屬非常義舉，自宜加意撙節，以均實惠而杜虛糜。茲公同酌擬規條如左：

一、會館存項，自甲子興修後，餘剩無多，且向無生息之例，是以更形支絀。近年公議，責成司年按月出放，以一分取息，年終本利清交下手，不得拖欠絲毫。今截至庚午年止，除歲例支用，約存銀一千六百兩有奇，加以遞年所餘，除置買市房及出借妥處，按月取息，以垂久遠外，其每年春、秋演劇及一切公用，俱于所入息銀内照例開支，足敷經費，不必仍輸分金。偶有公餞京、外等官，事亦如之。其年例傳單，亦可停止。

一、會館歲修，向無成例，不過二三十兩足矣，不得浮支。其有應行大修者，臨期公議。

一、本籍鄉試諸公，向無元卷，今擬每人送元卷六兩，其幫項則惟會試致送。

一、鄉試向無接場，今擬照會試之例，添設舉行。

一、會試接場，酒席照團拜之例給價。

一、會試向例，除接場公宴外，本籍諸公各送元卷二金。今擬加增數目，除舊例二金照給外，每本籍一人，送幫費三十兩，外籍十兩。

一、會館，公車到京解裝之日，每位開支飯食銀五錢交館，使預備以當洗塵。

一、鄉、會試接場，屆期照例傳知齊集，不必仍輸分金。

一、本籍同鄉鄉、會試後，實在無力歸里者，查詢確實，酌送川費若干。

一、本籍鄉、會試留京無館、薪水不繼者，酌送幫費若干。

一、司年，除科甲出身外，惟拔貢特用之小京官暨由貢監、援例六品以上，家業殷實者得與焉，此外無庸濫及。

一、本籍同鄉京官、四品以下科甲出身暨拔貢特用之小京官，每年以二千五百兩爲率，於歲暮分送炭資。三品以上暨外任官員，則不致送。其家業殷實者，皆不致送。

一、京官炭資，于邗項寄到之次日，照現在人數，按股均分。其業經告假者，概不致送。

一、試差回京，本年不送炭資，次年減半致送，下年照例全送。

一、學差回京，俟二年後照例致送炭資。如又出差，則不送。

一、本籍同鄉在京病故、無力殯殮回里者，酌送賻儀若干。京官，另行公酌。

一、每年除定數應行支用並預備酌送各項外，所有贏餘銀兩，責成司年或置房産，或交妥鋪生息，按月取租，以爲經久之計。

一、吾鄉向稱文藪，京官人數較多，所有資助之項，只能及本籍諸公。其客籍人愈繁多，實難博濟。兹擬仍循往例，不敢議增。其占籍他省而實居本邑者，仍照本籍之例致送。

一、會館本爲京官、外官公集暨鄉、會試公車栖止而設,近年留住之人,不無稍濫。誠恐滋生事端,今擬於定議之後,除京官、外官、候補、候選人員暨鄉、會【試】公車而外,概不留住,司年亦不得私自徇情。

一、看館人王五年老,其子王元人尚勤幹。父子効力,向只月給工食大錢二千,實不敷用,今擬每月加給大錢一千。

——[清]徐上鑛輯:《重續歙縣會館錄·嘉慶十九年續增條規》,
清道光十四年刻本

清道光十年北京歙縣會館續議條規

道光十年續議條規

一、查歲入房租,歷年公帳內俱係一年僅敷一年之用,甚少贏餘。所有鄉、會試各費,定於每年寄到邘項內酌撥。

一、查邘項三千兩,原議以二千五百兩爲幫貼京官,以資辦公之用;餘五百兩,原議鄉、會試元卷及會試幫費一款,均於此內支銷。近年,鄉、會試留京人數衆多,各項開支,日漸增加,遂致公項絀乏,是以己丑年會試元卷幫費,係挪借認利,始得按照舊規屆期致送。現在邘項又減至二千四百兩,益形支絀。今議定本籍會試元卷幫費以一百六十兩爲率,鄉試元卷以八十兩爲率,鄉、會試留京炭資以三百二十兩爲率,無論人數多寡,照數攤分,餘作同鄉京官幫項。

一、外籍會試,向來每位致送幫費十兩。查吾鄉遷居客籍者無處無之,其會試諸公來赴會館者一科多於一科,所有幫費,若按照每位致送十兩之數,逐漸增加,其勢難行,今議改爲每位致送元卷二兩。

一、本籍鄉、會試諸公,無力歸里及留京無館者,舊議酌送幫費。現在經費不敷,暫行停止。日後充裕,再議酌行。

一、或有誼關桑梓、事難漠視者,公同商酌,量力捐貲幫助,勿支動會館餘存銀兩,以期公私兩益。

一、收房租,另立《收租帳簿》一本,以某處路南、路北房屋一所爲綱,下註明房間若干、每月租錢若干、某人租賃,以逐年逐月收租錢若干爲目,以便稽查催收。

一、修理房屋,另立《帳簿》一本,以某處房屋爲綱,以逐年修理挨次彙寫爲目，並註明修理何處，以便查核。

——［清］徐上鏞輯：《重續歙縣會館錄·道光十年續議條規》，
清道光十四年刻本

清道光北京歙縣會館公議義莊條規

公議義莊條規

一、向例，茶行各舉一人司事，董率稽察，每月朔，齊赴義地，周歷巡查，防有盜葬、侵界、竊樹、移碑、戕害等事，並察看庄丁勤惰。如有不安本分，從中舞弊者，司事立即通知茶行及同鄉京官，以便驅逐，不得徇縱推諉。

一、厝葬義地，間遇窮苦之家、無力立碑者，議立號碑，以憑記認，庶有親人起櫬者，可免錯誤。

一、義地爲闔邑善舉，乃近來往往有做靠山、砌拜臺，竟視同己業、任意造作者，未免佔地不公。今議除已往不便改動外，嗣後，不準做靠山，其拜臺只準用磚四塊。如有任意佔地，或庄丁私圖牟利，故意違犯，必將靠山、拜臺毀去，並將庄丁逐出。

一、塚旁附近餘地，向來不準庄丁耕種，慮有傷損，近漸廢弛，竟至墳前碑後任意栽種。此後，司事巡查，務於見時立令拔棄。如庄丁不遵，即行逐出。

一、議公中置辦傢伙、物件，以備闔邑春、秋二祭所用。如各族義舉、祭祀動用公中物件，經手各宜小心。倘有損壞，照數賠償。

一、向例，墳塚以五年一小修，十年一大修，後改歲修，似多窒礙。今議仍照向例年限，分別大、小修，以符舊制。

一、修葺等費，向皆出自門面、釐頭兩項，不足則繼以捐輸。迨嘉慶八年後，釐頭又經停止。恐將來繁費難以支持，茲于道光二年，惇成、廣信、協成、廣誠、信成、公信各行公啟興復，議定松蘿每大件輸銀一分，六安每連輸銀三釐。其門面錢仍照舊捐輸，每行京錢四千文，每鋪一間京錢四百文，按年存放生息，以備義莊公用。

一、議每年興工結帳之後，必須重立銀錢收支帳目，載爲一簿，以便稽查，并逐細開一清單，懸貼義莊西廳內，俾同鄉往莊者人人共見。定於四月初一日，各行經手所收釐頭、門面各錢，交值年收管，不得遲延。

一、本庄大殿後院，向有隙地，關係風水來龍，未便添蓋房屋，有妨風水。
一、值年者帳目不清，下手不得率行承接，以專責成。

——[清]徐上鏞輯：《重續歙縣會館錄·公議義庄條規》，
清道光十四年刻本

清道光北京歙縣會館公議義庄條例

義庄未了工程及善後事宜附新定條例及首事姓名

乾隆三十九年，義庄大堂工竣，結核收支，總數相符。衆皆謂："大工既竣，可無庸再捐矣。"遂有停止鳌頭之議。不知此舉乃完前方君漢霖一半之工，而回廊尚須拆造，兩厢尚須修整，圍墻雖經汪君廷輔募修，尚須重輯。纍纍千塚又剥落將平，不日又須堆築，墳外餘地可耕者無幾，無以資看管之生。非增置熟地二三十畝，不能持久。又每年補苴罅漏，費無所出。若逢外侮，經公理直，何恃而不恐？至巡查人車資、飯費，其小焉者也。此例一停，百事俱歸廢弛，前勞盡棄，不大可惜乎？三十九年冬，余自河南任滿回京，覩此情形，萬難自已。賴相國莘田程公同心協力，會集同人，復申前議，永行弗替。其議例詳開於左。

公議義庄條例

一、本庄大堂已經修整，迴廊尚須拆造，兩廊亦須重加修整，宜挨次興工，以完舊制。其餘應辦之事甚多，但事非緊急，從緩商辦。

一、本庄首以保護墳塋爲重，如有雨淋、沙塌及年久剥蝕者，即行培築，整舊如新。如看墳人私自平塚耕種，查出即送官，按律重究。其葬法，良、賤分葬上、下二處，仍從舊制。

一、本庄照界管業，界内並無他家尺寸之地，乃看墳人懶于耕種，輒將餘地轉租與鄰近之人，始則私租，繼則私典、私賣，遂致釀成大案。自後，墳外餘地，永不許租與他人耕種。看墳人懶種，則荒之。

一、本庄最嚴防盜葬，若祖籍非本邑同鄉，串通看墳人，私行埋葬者，查出，除起棺暴露外，仍送官盡法究處。葬家不取票爲憑，即爲私葬。如地棍强來扦葬，看墳人不報，即以串通盜葬論。

一、每月初一日，公舉銀、茶兩行管事一二人，赴庄查驗。如有應行之事，即迅速開支辦理，其車費供應，俱由公匣給發。倘查出看庄人私弊，即行究處。同鄉朝官，本應一體前往稽查，但職守難離，衹于清明、七月半到一二位，預聞本庄之事。

一、每年清明及七月半，係銀作坊出單，定於某日赴庄化紙。單到，照舊例各書京錢百文，當下即行付訖。

一、邊界四圍，皆新栽樹木，業已長成，每年斫伐柴薪，均須過秤變賣，以佐公用。

一、各處輸資，俱憑各行司事催取歸匣。其有無雜費，俱聽各行司事開銷。其不行催取者，坐經手人賠補。其各行照貨扣付釐頭，有賬可查。如應付不付，即坐本行賠補無辭。

一、各項所輸銀兩，皆書總數于簿，並開明清單二紙：一付會館，一付作坊，皆令登簿，統于二月會館團拜之日交付。

一、前明刊《義庄記》一書，紀載批輸之項甚詳，不惟傳述舊事，兼可鼓勵後人。且本庄堂宇淺窄，日久恐無懸匾之處，不若仍從舊制，刊書散給，尤能遍及也。自乾隆四十年爲始，將所收捐輸銀數編入集中。從此，每歲收齊之後，照前續刻，永以爲常。姓氏及捐輸數目已編入《會館錄》，則義庄懸匾題名之例亦可停止。

一、本庄應用之項，如興工、興訟、置產、堆墳，以及零星人工車費、飯食等項，俱聽開銷。惟茶行公事費用，另有茶行公匣開銷，慎勿動用此項，致滋物議。

一、每行每年收支及所存之項，自宜詳細登簿。至開付會館、作坊二處登簿之賬，只書某年收過若干、支過若干、仍存若干、連前共存若干四筆總賬而已。如此知會，方成公事。

公議義庄捐輸條例

一、本邑朝官，向有年例，輸助本庄之用，但每年多寡不一。自乾隆乙未年定例，每年司館付銀二十四兩，于會館團拜之日，交各行司事收貯。

一、茶行，每年每行各輸銀二兩。上鋪按，今改京錢四千文。

一、茶鋪，每門面一間輸銀二錢。今改京錢四百文。

一、銀樓，每年每門面一間輸銀三錢。

一、銀作坊，每年各輸銀五錢。

一、茶客，松茶：大箱每件二分，中箱每件一分半；武彝：每件一分；珠蘭：每件一分半；六安：中連每件八釐，折簍每件六釐，小連每件五釐；幌茶：每件五釐，皆出各行主人，算明扣付。

茶、銀兩行首事姓名

正興茶行主人：王希鏜，字殿武，居南鄉杞梓里；
　　辦事：姚珊，字聚珍，居水南鄉深渡。
湧信茶行主人：王槐震，字是東，居南鄉杞梓里；潘經穆，字聖如，居南鄉大阜；
　　辦事：張德儀，字麗天，居水南鄉陽坑。
鼎新茶行主人：程廷碩，字且朋，居北鄉呈坎；吳恒久，字照亭，居南鄉北岸；
　　辦事：江文侯，字廷爵，居水南【鄉】薛坑。
惇成茶行主人：吳永厚，字廣仁，居南鄉昌溪；吳大晉，字康侯，居南鄉昌溪；
　　辦事：吳啟班，字搢方，居南鄉昌溪；吳炯，字曙東，居南鄉昌溪。
聚成茶行主人：方廷鶴，字紫田，居南鄉磻溪；方肇堅，字景皋，居南鄉磻溪；馮光煜，字公仁，居南鄉鴻飛；吳啟玉，字若昆，居南鄉昌溪；
　　辦事：吳兆鉎，字瑞登，居南鄉北岸。
銀行公舉首事：汪登俊，字廷輔，居西鄉槐塘山後；程敦源，字崑來，居西鄉汪村邊；鄭國華，字永誠，居西鄉鄭村；胡廷謨，字君輔，居西鄉路口。

——[清]徐上鏞輯：《重續歙縣會館錄·義莊未了工程及善後事宜》，
清道光十四年刻本

第二節　清至民國初年北京休寧會館公立規約

清乾隆十八年正月北京休寧會館館寓條規

館寓條規

創立會館，備費同人心力。今幸告成，賓至如歸矣。惟是下榻者衆，必定章程，方爲可久。茲公議條規，刊刻印刷。寓館之人，各送一紙，以便遵守，既全義舉，亦全鄉情也。

一、會館原爲應試及需次者而設，此外概不得與。

一、鄉試、會試、候選、候補，均以文書爲憑。若無文書及非生監應試者，亦不得與。

一、休寧紳士，本籍者少，寄籍者多。嗣後到館，除本籍外，凡寄籍者，必須詢明鄉邨、姓名，確有可據，方准作寓。其寄籍久遠者，須同縣京官力保。若無保人，概行婉辭。

一、會館乃冠裳之地，不得借貯貨物，不得粘貼醫、卜、星相招牌，不得容留優人小唱、婦女往來，不得藏蓄絲竹、樗蒲等類器具。違者，立辭出館。

一、秋闈前，儘鄉試人居住；春闈前，儘會試人居住。倘應試人多，需次者暫行搬讓，不得阻踞。若有餘房，仍聽作寓。

一、非鄉、會之年，候選、候補及來京陛見者，皆聽作寓。得京職者，限三個月，覓屋另遷，不可久住。惟有家眷及差役人等，概不准留。

一、派定上左大房第一間、上右大房第二間、上左大房第三間、上右大房第四間、上右大房第五間、左內廂第六間、右內廂第七間、左內廂第八間、右內廂第九間、左內廂第十間、右內廂第十一間、內花廳左房第十二間、內花廳右房第十三間、外花廳左大房第十四間、外花廳右房第十五間、正廳上左大廂第十六間、正廳上右大廂第十七間、正廳下左大廂第十八間、正廳下右大廂第十九間、照廳左大房第二十間、照廳中大房第二十一間、照廳右大房第二十二間、照廳邊右大房第二十三間、正屋儘後房第二十四間，逐一開明，釘牌於壁，以到京先後挨次居住，不得多佔，不得揀擇。

一、鄉、會年初時，到京人少，各挨派定次第，每一人住房一間。儻二十四間已滿，後有來者，凡繫大房，每兩人共住一間，不得阻撓，不得攙越。如情願同爨者，酌量通融。

一、廚房，每間置爐二座，合供二人，各照仼房派定，釘牌於壁，挨次起爨，均毋得越次住居。正房內，一概不得另設爐竈，既保房屋，亦慎火燭。

一、房內門扇、窗櫺、木拴、銅錢、屈戍、坑床、椅、棹、板櫈、爐竈等物開明，各粘壁單，并大書鎖匙牌上。凡到館者，先赴值年之家說明，開送姓名、鄉村、官階、科分。果係合例，值年者即同坐會館，將挨次應住之房，照依壁單、匙牌點明并鎖交收。出館之日，照前點明，交還值年之人封鎖。房內倘有遺失、損傷，務令修補賠償。

一、順天鄉試中式及會試中式，各輸銀二兩；初授京職，輸銀三兩；京官陞選主事至郎中，各輸銀六兩；捐授者，輸銀十兩；京堂、御史、開坊，各輸銀八兩；六科，輸銀十兩；三品以上，各輸銀三十兩；外官司、道、府首領大使，州縣佐貳，各輸銀六兩；州縣，輸銀十兩；捐授者，輸銀二十兩；陞補運同、同知、運判、通判，各輸銀八兩；捐授者，各輸銀十兩；陞補道、府，各輸銀二十兩；捐授者，各輸銀三十兩；藩司，輸銀一百兩；臬司，輸銀五十兩；督撫、漕河，各輸銀一百兩。主考大省，輸銀十兩；中省，輸銀八兩；小省，輸銀六兩。學憲，大省輸銀四十兩，中省輸銀三十兩，小省輸銀二十兩。所輸銀兩，登簿公貯，將來充拓會館，并置房取租，以爲脩理房屋、館中公用及資助鄉、會貧士盤費、同鄉憂戚事故之用。

一、鄉、會試場，後十日内，公備接場酒席一次。京官及候選、候補者，每人出分金八錢，交值年之家，在會館内延請應試諸位，不演戲，俟公産有餘，再動公項。

以上十二條，乃公同酌議，永爲定例，寓館者切祈恪守，以垂久遠。值年者留心稽察，期於以行。儻有生意圖便，紊亂規條，速令移寓，本館不留。公事公辦，不得徇私情而隳義舉也。預白。

乾隆十八年正月　日，休寧同鄉公立。

——休寧會館編：《京都休寧會館公立規約等》，民國排印本

清乾隆十八年正月北京休寧會館值年條規

值年條規

休寧會館，經理年餘，始得告成，創始固難，善後尤不易也。欲爲長久之計，端賴司事之人。今公同集議，定爲條規。值年之家，秉公辦理，庶善後有方，可傳久遠，不負艱難創始之意。諸君子誼篤桑梓，當有同心，詳開條規於後：

一、每歲議定京官二人，值年會館，一切賴其管理，保全公所，幸勿推諉。如遇奉差回籍，另議交代。

一、會館屋地街、東馬房共印契一張，上首老契八張，公存汪宫師宅。如有用處，公同查閱。又，皮箱一隻，內原《樂輸簿》一本、《買修會館收支簿》一本、《休寧會館產業家伙簿》一本、《休寧內外官甲乙科題名簿》一本、《寓館登名簿》一本、《新任新中捐銀簿》一本、《每年收銀簿》一本、《每年支銀簿》一

本、各書編一束、小布包袱二個、圖書三方。又《公啟》板一副、《館寓條規》板一副、《值年條規》板一副，俱交值年之家收掌。在後續置產業契文及所備物件，照例值年收管。

一、到館者，必須值年查明確實，方准留寓，不得徇情。

一、館內或容留匪人，或藏設戲具，值年查實，即行辭出，不得徇隱。

一、館內房屋鑰匙，俱交值年收管。遇有合例進住，即將應住房間及家伙等件，照寫單、匙牌并鎖交收，出館之日，查明收回封局。倘有損壞、遺失，即令脩賠，不得隱縱。

一、會館南首屋共拾柒間，已經開載《產業簿》上，修理出租。嗣後，續置房屋，亦照例開載《產業簿》，以便後來稽查。

一、館內物件已開載《家伙簿》上，儻年久朽壞，有應續置添補及他人捐入者，照例亦開載《家伙簿》，仍將朽壞之件註明，以便後來稽查。

一、應輸銀兩，鄉、會中式，陞授京官及由京外任者，於三日之後，值年送簿，親書《題名簿》，銀即交付登記。《每年收銀簿》上，由外陞轉者，值年公書寄知，如約交送，併書"題名""收銀"二簿，銀均存貯值年處。如不書名，或書名而不輸資，亦登明簿內，以志桑梓情簿。

一、會館房屋寬大，修葺最關緊要。值年者每月到館親勘，有應脩處，以行估計修理，不得因循，以至重費。所用細數，逐一登記《每年支銀簿》上，不得浮冒。

一、每年臘月中旬，值年即出單，交長班傳知京官及候選、候補、進士、舉人到試者，俱於次年正月吉日，齊集會館團拜穿吉服。分金五錢起，從厚在人，單到書名交分，以便值年預備。拜畢，公議新值年二人，舊值將一切收支賬目、餘剩銀錢及館內物件，公同查明，交付新值年收管。如有遺失、短少，未交之前，舊值補償；已交之後，□值補償，兩無推諉。

一、新、舊值年交代已畢，就席，以爵齒並尊者居首，餘各依齒叙坐。

一、另備《寓館記名簿》一本，凡到館之人，將鄉邮、姓氏、官階、科分備細問明，其來去月日，一并登記，以便公同查察。

一、在京官員，曾與團拜者，遇有憂戚事故，鄉、會試貧難歸里者，值年酌量出單知會□送分資。館內若有餘息，略表同鄉公舉。但勿冒濫，至失本意，亦開載《每年支銀簿》上。

一、館內儻有餘銀，只許置屋坐租，絲毫不許借貸與人，貪利遺誤。

一、會館設長班一名,遇有傳單及應通知同鄉事件,即可差遣,每月給工食銀五錢,即領工銀,值年差遣,無庸另賞。又設把門人二名,每日掃除廳院,照應門户,稽查家伙,闌阻閒人,不許入門。每夜起更後,各厨房查看火燭,遇有暴風、疾雨、大雪,逐一細看。儻墙傾瓦漏,立即報明值年脩理。每月各給飯銀一兩、工銀五錢,共給大門左首房間住宿。以上三人,倘有惰玩及酗酒誤事,值年查出,即行斥逐另换。所給各銀,按月開載《每年支銀簿》上。

以上十五條,乃公同酌議,永遠遵行。儻漫不經心,或轉委家人,紊亂滋誤,咎有所歸,所願共勉之。

乾隆十八年正月　日,休寧同鄉公立。

——休寧會館編:《京都休寧會館公立規約等》,民國排印本

清乾隆十八年正月汪由敦撰北京休寧會館記碑

休寧縣會館碑文

賜進士出身、光禄大夫、經筵講官、太子少師、工部尚書讓谿汪由敦譔。

賜進士及第、通奉大夫、太常寺卿甌山金德瑛書并篆額。

京師爲萬方輻輳之地,風雨和會,車書畣至。影纓紆組之士,于于焉雲集景從,遇鄉、會試期,則鼓篋橋門,計偕南省,恒數千計。而投牒選部,需次待除者,月乘歲積。於是寄廡僦舍,遷徙靡常,炊珠薪桂之嘆,蓋伊昔已然矣。時則有寘室宇以招倈其鄉人者,大或合省,小或郡邑,區之曰"會館"。夫人情萃則情親,散則勢涣。古之人仕於其國,無事去親戚、離鄉井。中世,士大夫宦遊四方,遠至萬里,若千百里,當其跋涉途路,投止邦畿,久暫去留,未知所届。在策名仕籍者,仰資俸入,獲列寧居,而坐視間閈英遊皇皇焉靡所依息。夫豈不惄然於懷?然分宅以居,指囷以食,概難望之人人,則會館之設,俾得適館垣、弛負擔,於以聯其情,萃其涣,是亦厚鄉俗、廣敦睦之一端也。新安郡向有會館,湫隘不可居,歙乃别營會館。吾亦欲爲吾邑營之,未得善地。壬申秋,有以所居求售者,溯其始,蓋先達名公故第。近日,都下規度營建,率毁大宅,取故材,以薄值射厚利。予惜其入賈人手且不可保,爰謀之太常金公、給事中兩程公、侍御戴。廊廡、庖湢、廐庫之次,與几榻、箕帚、錡釜、筐筥之需,無不次第完具,并籍識其餘,置閒房取息,以備歲修。刊列

科條,垂諸可久。是役也,皆出自吾鄉望族巨宗、縉紳逢掖之侶,不資闤闠,不藉遊揚,言出響應。若赴期會,是可見向道樂善,人有同心,而吾鄉風氣之淳美敦篤,勇於爲義,不以遠邇疏戚異視。人之聞之,宜乎嘖嘖稱羨,以爲不可及。而予暨同朝諸公幸際事會之成,欣喜相慶,用誌緣起,鑱諸貞石,以詒來者。異日人文蒸蒸蔚起,揖讓於斯,弦誦於斯,鏃厲振奮於斯,名臣魁儒,星聚林立,庶幾吉人吉士爲天子使。今日之有事斯館者,其與有榮焉?將來長守舊規,俾無廢墜,是尤予輩所厚期,而亦邑人之志也。是爲記。

大清乾隆十有八年歲次癸酉正月穀旦立。

右碑文爲總憲檜門先生法書,歲久漫漶,從孫素中光禄取舊藏拓本重摹上石者也。館之建,先生與汪文端公實經始之。越三十餘年,時齋少司農集議重修,鄉人咸奮自勸輸,迄蕆役,素中與有力焉。兩家子姓克濟前美,而素中於先世遺蹟復拳拳若此,用心亦孔摯矣。至書法之端莊流利,穆然如見前輩典型。有目者,當共賞之。

乾隆乙巳秋分,邑後學黃軒識。

——休寧會館編:《京都休寧會館公立規約等》,民國排印本

清乾隆四十九年三月汪承霈撰北京重修休寧會館記碑

重修休寧會館記

吾邑之有會館,始自乾隆壬申。霈時方舞勺,侍先太傅文端公於邸第,親見諸先達經營商搉之勤,鄉人士慕義樂輸之雅。規模既具,條約釐然,每春、秋闈試,雲蒸霞蔚,謁選人登除目,述職來朝者,冠蓋相屬,莫不賓至如歸,無異比閭族黨間,蓋三十年於茲矣。壽考作人,英髦競奮。科名之盛,視昔遞增。兼之冊府宏開,以時甄叙,懷鉛握槧,奔走偕來,駸駸乎人滿是慮,而館之所入,僅足供歲支,懼無以廣前徽而嘉後進也。於是同官復有勸輸之議,馳書方達,四方遊宦及里中戚友,聞風響應如初。乃别置屋若干楹,而以其餘爲繕葺費,既集事勒續輸姓氏於石。嗚呼!事莫難於創始創矣。其量或過百年,或不及數十年,豈心力有盡、有不盡與?蓋法制之垂久可知者也,興廢成毀之適然不可知者也。修明其所可知,而維持其所不可知,此創者之志而繼而因者之責也。會館承美備之遺,際文明之治,英聲茂實,爲都下望,顧汲汲焉古處是勖,本敬恭桑梓之義,崖綢繆牖户之謀,踴躍趨事,惟恐後時,非鄉鄰風俗之厚而能若是與?而霈以菲材承藉門蔭,蒙被國恩,俛仰三

十年間，見前人之所以創，後人之所以因，並得從容襄事，逌觀厥成，尤不可謂非厚幸也。《語》不云乎"莫爲之前，雖美弗彰；莫爲之後，雖盛弗傳"。竊願鄉人士繩繩常常，觀感而興起焉，則曩者諸先達創始之志，即今日諸君子繼而因之之志也夫。

乾隆四十九年歲次甲辰春三月既望，榮禄大夫、工部右侍郎邑人汪承霈撰并書。

——休寧會館編：《京都休寧會館公立規約等》，民國排印本

民國十一年四月北京休寧會館公立規約附警廳立案呈稿并抄批

京都休寧會館公立規約

第一章　總綱

第一條　本館係安徽休寧縣旅京先哲所創，以敦篤鄉誼、增進公益爲宗旨。

第二條　本館爲財團法人。

第三條　本館設在京都丞相胡同十三號。

第四條　本館會員分爲正會員、副會員。

第五條　有左列各款資格之一者，爲副會員。

（一）世居休寧，或遷居休寧逾三十年以上而能操休寧語言者。

（二）寄居他處，其祖若父曾爲或現爲本館正會員，或能開明三代履歷、城鄉住址，經在京正會員三人以上證明者。

第六條　有前條各款資格之一，而年滿二十歲以上，且在京有正當職業者，爲正會員。

第二章　治約

第七條　本館置正、副董事各一人，由正會員用記名單記投票法互選之，依《警察廳章程》，以二年爲任期，但得連任。

正、副董事得囑託本館正會員，或年滿二十歲以上之副會員一人爲庶務員，其行爲由正、副董事負其責。

第八條　本館會期如左：

（一）團拜會分春、秋二季，於每年四月、十月行之，招集正、副會員并臨時來京之鄉人，以共敦鄉誼。

(二)追祭會於每年清明、中元行之,節前之星期日,招集正、副會員,親詣義園祭拜。

(三)議事會於每年春季四月行之,招集正會員,籌議應興、應革事宜,並選舉董事,稽核會計。

(四)常會於每月第二星期日午後二時至四時行之,由正會員自行集會,聽董事之報告,並監查會計,議決應行事件。若有重大或緊急事項,得臨時由董事招集之。

第九條　前條第一款至第三款會期,均由本館備餐;第四款常會,由本館備茶點,追祭會並備車資。

第十條　董事之職務如左:

(一)遵照《警察廳章程》,徵取選舉人連署文,呈報警署備案。

(二)管理本館財產及義園經理收支出入會計。

(三)每年作財產目錄,分動產、不動產、現款三部,詳記其位置、名稱、件數及有無毀損。

(四)每年置《流水簿》《收入簿》《支出簿》,並作收支對照表。

(五)保存本館不動產契據及現款並各項證券字據。

(六)本館現款,經議事會稽核後,作為基金。非經議事會或常會議決,不得動用。

(七)本館基金及每年收入現款逾百元者,均應存儲於妥實銀行。

(八)每年開議事會時,應報告前一年度會計,並提出簿據及現款存摺、支票存根備核。

(九)每年決算報告會計時,其存儲現款累積逾一千元者,應提出增置不動產方法,議決行之。

(十)每年調查會員人數,刻印《會員錄》。

(十一)監督館役園丁。

第十一條　董事概不支薪,庶務員月支車費拾元。其未囑託庶務員者,由處理庶務之董事支用。

第十二條　董事喪失被選資格者,得招集臨時會另選舉之,其任期以補足前任之期為限。

第十三條　本館不動產、動產,若增置修繕,估價在五百元以上者,應由議事會或常會議決之。

前項會議，非有在京正會員二分之一以上到會者，不得開議。

第十四條　本館所置房屋出租價額，由董事視其精粗，依時價定之，不能徇私減價，亦不得故昂其值以致滯租。但會員租住非營商業者，得減二成。

第十五條　本館所置房屋有空時，先儘本館會員租住，次及外人。其有會員二人以上欲租者，以聲明之先後爲序，但會員不得轉租外人。

第十六條　館内除正廳及南院客廳三間係集會辦事之處，不容寄居外，其餘各屋，以會員中隻身旅京者爲限，均得寄宿。其在本規約施行前，已携眷屬居住者，仍得遵章納租，繼續居住。但移出後，不得再行遷入。

前項納租，章程另定之。

會員及其僕役外，無論何人，不得寄居館内。

第十七條　會員出京，以器具存館内者，須點交董事寄存，以一年爲限。逾限，由董事函催後，三個月不復信者，由董事報告常會，得議決價賣之，保存其價金。

前項價金，逾十年無人領取者，充本館財産。

會員在國外者，通信後期限，應除去普通郵信往復日期。

第三章　禁約

第十八條　本館財産，無論何人，不得私自抵押盜賣。

第十九條　會員租住本館所置房屋者，不得拖欠或短少租金。

若有前項情形，董事應辭退之。

第二十條　本館現款，董事不得私借與人。

第二十一條　董事於清交本館財産時，不得延宕、短少。

第二十二條　館内器具及會員寄存器具，不得借出館外。

館内正廳、客廳及其他公共處所之器具，住館會員不得私自移用。

第二十三條　會員違背本章禁約時，董事不得徇情不報。

第四章　恤約

第二十四條　會員在京病故，無遺資並無人照料者，董事應代募恤金，爲之照料。其不足額，得以本館現款項下公同議定數目補助之，出具收據，須正會員四人以上證明。

第二十五條　會員病故，其孤寡在京、貧不得歸者，董事應代募恤金，設法送其歸里。其不足額，依前條辦理。

第二十六條　世居休寧，人在京貧而無依者，本館得給滬、漢三等通車票，出具收據，須正會員二人以上證明。

第二十七條　本館附設義園,值年每年應查視修理之。

第二十八條　本規約所未定之應行救恤資助事件,由議事會或臨時會議決行之。

第五章　罰約

第二十九條　會員違背禁約者,喪失其會員資格。

第三十條　喪失會員資格者,喪失本規約中會員所享有之權利。

第三十一條　董事違背第十條、第十三條、第十四條、第十五條、第二十條、第二十一條、第二十三條規定者,由正會員會議停止其被選資格。

第三十二條　會員滅失、毀損本館財產者,均應賠償。

第六章　附則

第三十三條　本規約非經在京正會員三分之一以上提議、三分之二以上之贊成,不得修改。

第三十四條　本規約自民國十一年四月　日呈報警署立案後施行。

警廳立案呈稿并抄批

呈爲請准予立案事。竊外右四區丞相胡同門牌第十三號休寧會館,係清乾隆時汪文(瑞)[端]公所倡建,歷數百年來,原有不動產十一處,維持整理,遵循舊規,毫無遺誤。現以交通利便,旅京者日見增加,兆麟等邀集同鄉,公同訂定規約三十四條,以資遵守,固屬本會館内部份之事,而仰副鈞廳對於管理會館、保存公產之至意。茲謹將休寧會館所有不動產繪圖十一張,連同規約,一併呈請京師警察廳察核,俯予批示立案,以垂永久,實爲德便。再,本館掌館董事現在已屆期滿,當遵定章改選。一俟舉定,即行呈報備案,合併陳明。

京師警察廳第　號,原具呈人朱兆麟等呈一件,被同鄉公推,保管休寧會館公產。由據呈兆麟等現經同鄉公推,保管休寧會館不動產並公同訂定規約,以資遵守。謹繪具房圖,連同規約,請予立案。并據聲明,本館董事已屆期滿,當遵章改選等情,飭區查詢。據該館旅京同鄉吳祖培聲稱,"公推朱兆麟等保管會館各處公產一節,業已取得同鄉之同意"等語,具覆到廳。應准暫行備案,仍仰迅速召集同鄉,公舉正、副董事,遵章執行,保管該館一切事務,并俟將董事舉定,分別具呈,報廳候核。除令知外右四區外,此批。

中華民國十一年四月二十五日。

　　——休寧會館編:《京都休寧會館公立規約等》,民國排印本

民國朱兆麟撰北京休寧會館公立規條序

吾縣會館義園，始自明萬曆間，經營草創，規制未閎。至清乾隆時，汪文端公爰建斯館，以惠羈旅，仍世繼承，守而勿墜，迄今二百餘年矣。蓋以京師建中立極，人物輻輳，儒生觀光於上國，商賈鬻貨於五都，莫不以此爲會歸之地。若無斯館以爲宴息之所，於事誠未便也。兆麟於光緒癸巳入都居此，承襲門蔭，肄業國學。旋以知縣引見，需次江西。壬寅，丁艱在籍，汪君子賢邀往皖省，維持本縣賦稅，急公奉上。事竣，赴贛，奉差駐滬。至乙巳冬，皖路總局照會，赴蕪開辦集股，就近旋里，營葬四代先靈。服闋回贛，檄宰瀘谿。及期，瓜代歸田。民國初建，邑人推舉爲縣議會長。三年，皖路收歸國有，旅滬全皖同鄉會公推代表入都，從事路局。六年，由京都市政公所轉調國務院秘書廳。是年春，本館例選董事，公舉兆麟承乏接收項下新華儲蓄票廿張，内適獲中五獎，遂添購香爐，營房屋一所，由潘君競鼂經手。九年春，衆復舉兆麟，固辭不獲，勉順輿情。念先賢創置之艱難，懼後進守成之匪易，夙夜審慎，罔敢懈怠。管理以來，幸免咎戾，合計常年收入有兩千七百餘圓。除額支歲修外，共積現金七千圓有奇，存儲殷實銀行生息，移交後任，按月收支，並宜如數列表，茶會昭示大衆，藉以隨時稽考，討論改善。所有房産十一處，繪圖並由汪君鹿園起草規約，付諸公決成立，攝影紀念，警廳立案。爰用刊布，以資信守。昔徽國文公《增損呂氏鄉約》以遺鄉人，衆咸利賴。兆麟學行無似，誠不敢妄希先哲，幸承鄉人父老贊助，相與有成。維先賢之遺緒，示來者以準繩，此則私衷所深幸者也。

邑人南潭朱兆麟謹述。

——休寧會館編：《京都休寧會館公立規約等》，民國排印本

第三節　清北京績溪會館規約

清道光六年北京績溪會館規條

規條

道光六年，公議館規四條，在巡視北城察院衙門呈請立案。呈内並云："俟奉准

後，將舊有規條斟酌增損，一併刊刻，以垂久遠。"今故錄《規條》一冊於首，我邑人尚其永守勿替云。

一、館事以京職一人經理，鄉、會留京者二人協理。凡投供、候選及應武、會試來京者，亦令輪協。鬮分，前後一年一換，定于正月十三日新舊交代。新班務將舊班經手收支帳目算清，不得含混。如有虧短，即集衆理論。若新班徇隱接收，所虧之項，即令賠償。其交代帳目，並於是日開一清單，粘貼於壁，聽衆查覈。

一、館内每年租息所入，除歲修、祭祀一切費用外，尚多餘資，積至百兩以上，即須增置產業，或添蓋房屋，不許本邑人借用。現在，王照、舒國安相繼踞管侵蝕，衆同鄉已將伊二人革出，永遠不許入館。嗣後，如有侵蝕館内錢文者，即照此辦，毋稍徇隱。

一、管理會館，於一切用度，必須撙節，不可浮濫。即或公項不敷，祇可集衆捐墊，不得藉端借貸。如有主行借貸，即將借項責令償還，其出借之人亦不得向館内索取。違者，呈究。此指歲修及各項常用而言，至於添買產業、新建房屋，公項一時不敷，准其集衆商議，公同出名暫借，但利息不得過重，致館内喫虧。

一、凡應鄉、會試，朝考來京及外任入覲者，俱准住居館内。如或人多房少，鄉試年分，先儘鄉試者居住；會試年分，先儘會試者居住，不得任意占踞。若遇房屋空閒時，無内眷之候補、候選人員，亦准居住。其餘一切人等，概不得住居會館。

以上四條，奉巡城院憲批准有案。

一、每年正月十三日上鐙，恭祀衆神；正月十八日，恭祀汪越國公；二月初三日，恭祀文昌帝君；五月十三日，恭祀關聖帝君；九月十七日，恭祀福德財神。以上每次祭畢散福，每席酌用京錢貳吊貳百文，不得多費。同鄉年十五以上者，均衣冠齊集拜祭。儻年未十五及不衣冠者，不許入席散福。凡爲優隸、賤役之流，亦不許入席。

一、元宵鐙節，自正月十三日起至十五日止，每夜油燭等費，值年酌量動用，不得濫支。如有自行捐資，多張鐙綵敬神者，聽。

一、每年十二月二十六日，臘祭能幹祠，祀鄉先達之建立會館者，及除夕上年供元旦香燭等費，隨時酌用。

一、每月朔、望，值年敬詣會館，神前拈香并查看一切，先期長班豫請其香燭之費，亦隨時酌用。

一、每年清明、七月十五，兩次豫備冥儀、酒飯、鷄、豚，值年率衆，詣墳園祭奠，並查看冢土、房屋，隨時修整。奠畢，到者小憩，餐飯每席用京錢貳吊貳百文。如或一時到者人多，備席不敷，均勻酌散，添飯不添酒肴。

一、同鄉宴會，如有酗酒、爭鬧及借公泄私，出言惡詈者，公同扶出，永遠不許入席。

一、每歲新春，京官及鄉、會試留京，並候補、候選人員，擇日在館團拜一次，各出分資。

一、科場年分，於鄉、會出場後，值年酌量人數，備酒席接場。不必過費。以上二事，俟館內出息充裕再動公項。

一、修理房屋，值年須隨時察勘、興工，不得因循，致就傾圮，亦不得藉端濫糜公項。違者，查出罰賠。

一、會館、義園契據及一切合議字約，最爲緊要，值年須收貯妥當，於交代時點驗清交。如有遺失，值年經手者公同議罰，並將遺失之件呈官存案。

一、館內所置祭器、鐙箱、鑼鼓並常用傢伙等件，另立一簿登記。值年交代時，須點驗清楚，並諭長班妥爲照看、收貯，不得借出。如有遺失、損壞，典守者賠補。

一、看館長班，有奉侍香火、灑掃庭院、傳單奔走等事，須擇用年壯勤謹之人，每月工食給京錢貳吊伍百文。現在長班姜升因前歲重建房屋諸事出力，衆議加給伍百文。後換長班，仍照舊付給，不必增加。

一、義園，須擇誠實小心者看守，遇祭奠日，備齊棹櫈等件應用，本館原有置備，傢伙存園，不得有誤。清明、七月十五，每次賞給京錢貳吊，以爲堆冢、添土之費。如冢土低窊，罰去賞錢，仍令添培。其園內樹木，亦責令護守，毋得損傷。儻有不小心看守者，逐出另招。丁未，議每月給工食京錢一吊文。

一、義園，須按號埋葬，館內設立《號簿》一本。同鄉有病故者，先到值年處取具編號印票一張，看園長班憑印票收埋。俟清明、七月十五，值年到園時，將新添幾冢，報明查驗。儻有無印票而收埋者，查出，即將長班送官究治，以防私盜、寄埋等弊。

一、同鄉有貧病無依，情願歸里者，查係平日安分之人，值年通知大衆，酌量伙給盤纏，本人不得爭競多寡，須有保人承擔。儻不出京，所領盤纏，著落保人賠出歸公。暫去復來，以後無力南旋，不得再給。

一、同鄉有在都病死，無力斂埋者，館內給棺安葬。以上二條，係周恤美誼。儻遇公項不敷之時，同鄉酌量捐給。

一、本館自神堂至大門正房四層，不准出租。其館西房屋，前一所二十五間，向係出租。後二所：西所十二間，亦係出租，均不准本邑人租住；東所十間即尚義軒，衆議以本館正房無多，擬添作鄉、會來京者住房。現因館中公項不足，暫時出租，一俟公項充裕，即將此十間收入館內，不准租出。嗣後，如鄉、會人多，不敷居住，可并將西所十二間亦收入館內，作爲住房。其西所之南，尚有空地一片，將來添蓋房屋，亦可出租。又館東有失業房地，現查出契據，呈官在案。詳卷三《契據》下。

一、住館者，以同里閈之人異地聚居，談文論藝，頗慰寂寥。但須德業相勸，過失相規，無爲戲褻之詞，更不得賭博、縱飲，招引娼優出入，並須囑令下人小心火燭，毋得毁壞房屋、偷賣物件。儻有前項賭博等事，長班即稟明值年，如長班徇隱，即送官懲治，集衆辭出，並公同議罰。毁壞房屋，罰修；偷賣物件，罰賠。至於不應住館之人，如擅行入館居住，惟長班是問。

一、本館大門西邊門房二間，又西箱房灰棚一間，爲看館長班住房，該長班不得容留閒雜人居住，並須遵循館規，小心照料。違者，逐出另招。

一、會館之設，備應試、待銓者居住，此都中通例也。惟發科受職之後，亦應輸資以充公用。今按官階酌定銀數，開列於後：

京官：正一品，二十四兩；從一品，十六兩；二品，十兩；三、四品，六兩；五、六品，四兩；七品，二兩，庶常留館後，再輸四兩；八、九品，未入流，一兩。自二品以下，由從轉正，不再輸。

外官：督、撫、總漕、總河、鹽政，一百兩，每換一階，即照數再輸，下同；藩司、運司，八十兩；臬司，六十兩；道、府、運同，四十兩；直隸州、運副、提舉，三十二兩；知州、知縣、鹽庫各大使，二十四兩；同知，十六兩；六品、佐雜，十二兩；七品、佐雜、教職，十兩；八品、佐雜、教職，八兩；九品、未入流，六兩。自道、府以下，揀發、分發者，先交一半，補缺後全交；卓薦來京者，從厚留資。

武官：一品，三十兩；二品，二十兩；三品，八兩；四品，六兩；五品，四兩；六品，二兩；七品，一兩。以上揀發、分發者，先交一半，補缺後全交。

出差：學差，五十兩；會試總裁，四十兩；試差，十六兩；會房，八兩；鄉房，四兩；坐糧廳，三十兩；錢局監督，十兩。

科甲：狀元，二十四兩；榜、探，十六兩；進士，四兩，會元、傳臚加倍；舉人，二兩，解元加倍。以上文、武同。恩、拔、副、歲、優貢，一兩。廩、增、附、貢、監來京應試，願照此捐資者，聽。

以上各項樂輸，自道光十一年爲始，有應輸者，自京官正一品至恩、拔、副、歲、優，俱是應輸之項，即行交出，毋得拖延。值年先將所輸銀數登記於簿，並書於大廳粉扁，俟彙齊多名，再行刊版，勒石垂久。

一、捐成善舉，後來受益者固當興仰止之思。然在其人，當日祇係爲公起見，非以自私。況資既捐出，即屬公物，與己無涉。從前，乾隆間建置會館，有捐輸較多者，其子孫每即藉口染指。不知既名曰"績溪會館"，豈屬一家一姓之私？即一人獨捐，亦不得爲一家之館。且前人捐輸急公，而後人反敗公肥己，亦不肖無恥甚矣！此次重建房屋，多有捐資者，其後嗣當思以前爲鑒，切勿效尤，自私自矜，玷辱先人。

一、從前館事之壞，固壞於敗類者之嗜利侵蝕，而尤壞於取巧者之唯阿退縮，以致正氣孤而事益不振。嗣後，儻再有敗類之徒出，必須同心協力共擯。若或依違觀望，意存推諉，即非吾績之人。明神在上，實鑒斯言。

以上二十二條，係據嘉慶十九年舊規斟酌增損，公同覈定。

——[清]程莘卿：《京都績溪館錄》卷一《規條》，清光緒刻本

清道光二十四年十二月北京績溪會館部案規條

部案規條

具呈戶部郎中胡文柏、吏部主事胡肇智、內閣中書葛良治，呈爲籌添試費，懇准附案，以垂久遠事。竊職等俱籍隸安徽徽州府績溪縣，緣績溪僻處山中，土瘠民貧，業儒之家，尤多寒素。每遇考試，遠涉長途，艱於資斧。邑中前捐有賓興盤費一項，存典生息，伙給士子試費。第在鄉試赴省者，雖略堪敷衍，而會試與貢、監、應順天鄉試者，不免猶形短絀。且如優、拔貢，朝考同屬來京，未經籌及，亦覺向隅。今因京城有績溪會館，爲邑人考試來京棲停之所。館旁餘屋，向均出賃，每年租入，除歲修及一切開支外，尚有餘存。職等與在籍紳耆，信商以會館原爲考試來京之人而設，可即以其有餘補其不足，將道光二十年至本年館內餘存暨邑人樂輸之款，湊成曹平足色紋銀壹千兩，陸續寄存本邑城內各典生息，附入賓興項，一體經管。所得子金，專添給來京士子試費，庶不致因涸轍而或阻其上進之心。惟是事期經久，亦恐久則弊生，不可不防其漸。職等查賓興盤費一項，曾於道光六年經戶部主事胡培翬等呈明大部，恩准立案在案。今既籌添此項，事同一律。爲此，縷陳原委，

並酌擬規條四則，仰懇大人鑒核，恩准附案，並行查原籍飭造銀數細冊報部，俾可行之久遠，實爲德便。道光二十四年十二月初一日，呈明禮部立案。

附呈規條四則

一、城内各典，資本較鉅，此項爲數無多。若令四鄉各典一同具領，事涉瑣碎。今止分存城内各典，仍照賓興項例，每月七厘行息，以昭畫一。

一、此項原爲來京途遠盤費不敷而設，每科息銀共計若干，以十分之八給會試，優、拔貢來京，朝考之年，與會試舉人均勻給發，以十分之二給北闈鄉試。其賓興項内應得分數，仍照舊給發。

一、此項既歸賓興項經管，理應津貼雜費，每息銀百兩内，以四兩作爲津貼。其或不足百兩，即按此數核減。

一、此項一切事宜，除現呈規條外，其餘悉照賓興項規條辦理。

——［清］程苹卿：《京都績溪館錄》卷五《籌添來京試費緣起·部案規條》，清光緒刻本

第四節　清末民初上海徽甯思恭堂規約

清道光三十年十月上海徽甯思恭堂公議增定章程

道光三十年庚戌十月公議增定章程

一、議歙、休、婺、黟、績、甯五邑一郡，各司一年，輪流公同選擇殷實之家管理。大總經辦堂中各項收支銀錢出入，並收掌田房契據、租息等摺，每年清明節屆，結清總賬，檢點單契。不准短少分文、懸宕掛欠，公同照數交明下首接管，仍於每季邀集各邑司事核算查理。

一、議堂中每年收進銀錢，除支用各項，悉遵舊章開銷，逐年定於夏季刊刻《徵信錄》通送備查外，如有盈餘數至五百千以上者，公同存於莊典生息，以期充裕置產。

一、議堂中經費，皆由善信捐輸，理應節省爲主。所有脩造動作，並添辦大件什物，悉宜公同商酌，不得一意擅專。如有任意專辦者，此項支用責成自捐，不准開銷公項。

一、議在堂諸人，各宜秉公辦事，毋得始勤終怠。倘逢應議事件，務必集思廣益，捐除己見，幸勿徇情顧頇，庶幾規模日廣，永久弗衰也。

一、議本堂茶捐，自道光二十三年通洋交易，兩郡客商，初抵滬城，雜費煩重。因集同人在於思恭堂議立章程，刪減浮費，情願提紅茶釐每箱二十文、綠茶釐每箱十二文，關東茶於戊辰年復起，每件提錢十二文，以助堂中善舉。邇年以來，茶業大盛，人數益衆，堂中經費，愈加浩繁，務望貴商如數照捐，是荷是禱。

一、議本堂收取茶釐，皆有"徽甯思恭堂"圖章對同聯票爲憑，收錢發票。如無此票者，與堂無涉。

一、議棺木入堂，向有章程，別郡之棺，不得冒進。今因堂内存棺竟有異境地名，顯係冒籍，致亂成規。爰亟公議，嗣後，設有據稱舊籍徽、甯者，必須詳細確實，方准作保，幸勿徇情。倘有朦混，則照舊章，除先責成保人領出外，公同議罰。戊辰增議。

一、議本堂施棺之柩停寄期限，議定從寬，自同治七年十月起，以停寄兩年爲期。如逾期不領回籍者，十月朝節，挨次掩埋。

此條光緒二十七年公議，寬展一年，以三年期爲限。滿期，照章即埋。

一、議已葬之櫬，每見本家起回籍者棺木濕朽，須加整飭，方可扶行。或因未即遇便，暫待時日，故於堂西另建厝屋三間，專爲暫寄之所，庶免暴露。議存三個月爲滿，事前必經司事作保，報明籍姓，方准昇進起費，扛工均自給發。倘有愆期不來領去，向保是問。戊辰始增。

一、議自咸豐庚申髮逆竄滬，堂宇先被賊損，繼住難民，再寓兵勇，蹂躪難堪。墻壞屋頹，續來之櫬不敢留存，故皆一概掩埋。其時，路途梗塞，茶捐無收，支用不敷，暫將助盤棺費、衣衾停止。至乙丑興修堂屋，未及完工，復寓營兵。因循三載，至戊辰孟夏，捐數稍裕，始得興工大修，兼添建停棺屋。秋末，各工告竣。兩次修葺，計費萬千，所有助盤歸柩及送衣衾等費，已於戊辰春起照舊舉行，其餘一切事宜，今公議照舊章講究實濟，以冀垂遠。

一、議檢骨露天暴日，殊屬慘目。今議添置大布篷一幅，遇有檢骨者，先着堂夫搭起遮蓋，方可動手，以免暴露。

——上海徽甯思恭堂編：《徽甯思恭堂徵信錄·規條》，民國九年刻本

清宣統三年七月上海徽甯思恭堂新造女殯所寄棺規條

新造女殯所寄棺規條列左

一、議本女殯所，係將會館東隅餘地圈入新造，較諸丙舍，實爲寬暢，每棺酌收租金英洋貳拾元，藉資補助，亦作爲樂輸。如有不願繳費者，仍厝丙舍，不得擅入。且男棺一概不許抬進，用示區別。

一、議本女殯所，如有期滿轉期，須按本堂定章，繳轉期洋三十六元，方能轉票，不能藉口援進所之例。蓋進所之念元，原以勸作樂輸，轉期非可比例。

一、議設有在統間滿期之女棺，如欲轉入女推廣所，須先捐樂輸洋念元，再繳轉期洋叁拾六元，以符規例。

一、議本堂滿期已經出堂之女棺，如再捐入女推廣所，須先捐樂輸洋念元，再繳轉期洋叁拾陸元，保人不得徇情。

一、議年限仍以六年爲期，期滿即葬，悉照本堂章程，以歸劃一。

一、議外幫靈柩，概不寄存，以符舊章。

一、議寄存本殯所之柩，應先將寄費洋如數交繳值年司總處，隨將司總收條連同進堂保票，帶交祥泰布號知照，註明進堂簿票，以防紊亂。

宣統三年七月　日，兩郡司事公議。

——上海徽甯思恭堂編：《徽甯思恭堂徵信錄·規條》，民國九年刻本

清末民初上海徽甯思恭堂公議自棺入殮扛抬進出條規

公議自棺入殮扛抬進出條規

本堂棺木進出以及收殮，概用堂夫。向有舊章，恐諸鄉台未及週知，特標明於左：

一、議著衣入殮，不用絲綿，每具五名，給洋四角五分。

一、議著衣入殮，用綿一斤至三斤，同上，給洋柒角。

一、議著衣入殮，用綿三斤以外，每名加給洋柒分。

一、議著衣入殮，用綿，當日不進堂，每名加給洋壹角四分。

一、議扛抬空材，遠及重者酌加，每具四名，給洋貳角四分。

一、議扛材進堂，添夫每名叁角，遠及重者酌加，每具五名，給洋壹元五角。

一、議本堂出棺斜橋埠，每具五名，給洋五角貳分半。

一、議本堂出棺滬楓車站、徽甯碼頭、薛家浜、陸家浜、董家渡五處，每具五名，給洋壹元零五分。

一、議本堂出棺金利源碼頭，同上，給洋壹元五角柒分五。

一、議本堂出棺老閘埠，同上，給洋貳元壹角。

一、議本堂出棺新閘虹口埠，再遠酌加，同上，給洋貳元貳角五分。

一、議義塚起棺，檢骨加洋叁角五分，每具給洋叁角五分。

一、議棺木進出，另加開門洋，每具給洋柒分。

外無別費。本堂謹白。

宣統二年，公議堂夫施棺封口，每具加給小洋壹角。然加給壹角原爲封口，須當緊密，以防泄氣。此後，如有疏忽，公同議罰。

宣統三年，公議施棺進堂，每具給洋壹元陸角；領費出堂，每具給洋壹元零五分。

領棺式：

立領據　　，今有因病身故亡人　　，係　府　縣人氏，寄居　　，無力收殮，就本邑司事　　加保，領到思恭堂棺木一具，衣衾、石灰等全副，內中並無冒領　　等事。領據是實。

　　年　月　日，立領據　　押
　　　　　　保領司事　　押
　　　　　　經手　　押

立收領　　，今領到思恭堂寄存已故　　棺柩一具，並上海下力通足洋壹元零五分，盤費、水脚洋　　，外資助本家上山費洋叁元。當即領楚，交水客　　帶回　　埠，內中並無冒領、剋扣等情。領據是實。

　　中華民國　年　月　日，立領據　　押
　　　　　　　　保領司事　　押

本堂給照式：

上海徽甯思恭堂，今據親屬　　報寄已故　　棺柩一具，　府　縣人，現經具領，交水客帶歸，所有盤費、水脚洋全行給付。本堂定議，包送到亡人本埠交卸，毫無生枝。另資助本家上山費洋叁元，到日，同棺一並交本家收領，合行給照是實。

中華民國　年　月　日，給發。

靈柩進堂保票式：

今有某縣某鄉某村亡人　　靈柩，查係因病身故，並無冒籍等情，請即給進堂票，以便進堂。此致

祥泰寶號。

諸鄉台先生台鑒　　年　月　日，保票

　　　　　　　　經手

立保單　　，今有　邑　鄉　村水客　日內來堂，起運第　萬　號亡人靈柩，計　具裝，由　邉回籍安葬。除照章調換出堂票外，應請尊處代領　江　海　關淞滬警察廳運柩護照一道，以利遄行。惟此項護照准兩個月內由郵局雙掛號寄交會館，以備繳銷。如果不能依限寄來，或查有弊混情事，概歸保人完全負責。所立保單是實。

徽甯會館諸位先生台照。

民國　年　月　日，立保單　　印

　　　　　　加保司董　　印

——上海徽甯思恭堂編：《徽甯思恭堂徵信錄·規條》，民國九年刻本

清末民初上海徽甯思恭堂規條

公議堂中規條

一、議堂宇，自重建工程非易，均賴同鄉善信踴躍樂輸，得成規範。值堂者，務須朝夕留心照管，每晨灑掃潔净。遇有到堂焚紙者，須於寶藏焚化，更宜加意火燭。況各司事遠隔鄉城，未能時刻在堂照料，守堂者，恪守恒規，勿得留頓匪類讌飲、聚釀賭博等事。如違，立即鳴官究逐更換，斷不姑容。

一、議司年，歙、休、婺、黟、績，甯郡五縣一郡，各司一年，輪流管理。宴待、祀享，每月朔日，恭詣神前，拈香瞻拜。畢，並查察堂中一切並《傢伙什物底册》，損壞即註補備，不得任意作踐，私自借出。違者，守堂賠償。

一、議棺柩到堂，驗明來票棺上姓名、號數，合符方准進堂。如無來票，或註即埋之棺，一概不准進堂。倘有私將別郡棺木朦混冒保進堂者，查出後，除先責成保人領出，並公同議罰。

一、議棺木抬進堂中，分別男、女、孩棺，安置明白，即用白粉筆填明號

數。嗣後，清明、中元、十月朝三節，司年者上、下環輪到堂，對簿核明，用漆筆填明原號，以免日久差誤，慎勿疎忽。

一、議大、小棺木，凡遇薄板四塊及松板棺，隨到隨埋，不准進堂，以防損壞。徇情留停者，將值堂之人從重議罰。

一、議大棺進堂，久停不葬，本干例禁。向例三年爲期，因念遠隔千里，原籍關信爲難，勉議六年爲期，小棺一年。如有過期不領者，照議掩埋，不准叨情，亦不得浮厝塚地，以背嚴例。

一、議如非病故者，向例不准入堂，并不准領棺。倘有隱情冒混，一遇事端，保領者自行理直，與本堂無涉，再行議罰。此條民國五年公議變通辦理，另議乙條列後。

一、議凡出堂棺木，各自持票到堂。領者務要自認明白，而司事者城鄉遠隔，不能照料，恐有差誤，爲患不小。

一、議進出堂棺木給票，本應司年者經理，因向在大東門內大街中市汪祥泰布號給發多年，人所共悉。今仍公託經理，惟的實熟識保人，方准給發。

一、議棺木殮抬進出，向已稟縣在案，於薛、董、陸家浜、渡、浜及本碼頭上下，統歸本堂自撥堂夫值辦，該地段脚夫不得阻當。如違，稟究。

一、議領費出堂者，每具由堂給發脚費足錢捌百四拾文。宣統三年改章，下力給洋壹元零五分，不得節外生枝，永遠爲例。如停泊別碼頭，不在議條內。凡有自盤歸里者，先持改章洋壹元零五分交給票處，再領發棺票，以杜爭論。進出堂者領票，另給守堂人錢七拾文。宣統三年改章，洋七分，並無別費。

一、議埋棺，慎重之事，所需石灰、石簽等物，司年預備齊集。屆期，公同細心核對註册，分別男、女、孩棺，各塚挨次排葬。每具給石灰一石，按號標立亡人石簽，按年挨定干支年號。有起回者，所餘空處，挨次補埋註册，以便日後核對，毋得就便混亂，亦不得迷信風水，紊亂向章。

一、議隨到隨埋之棺，責成守堂人分別男、女、孩棺，各塚挨次排葬，每具給石灰一擔。葬畢，至司年處報明領費，大棺給埋工錢叁百叁拾文，小棺一百六十五文，不得任意草率。司年者按月詳查，如見有潦草完事，罰去葬費。每次掩埋所需人夫多寡，聽本堂慎選僱覓，毋得恃强霸勒，有干未便。

此條：現時大棺薄者少，而孩棺間有薄板者，仍照章即埋。於宣統三年始改章，每具孩棺，給守堂人工洋叁角。

一、議既葬之後，如有起棺帶回者，務至本堂報明亡人姓字，確對牌號。自嘉慶戊寅年以後埋者，棺頭填有硃漆號數爲准，切莫草率掘起，以免骨殖倒亂。

一、議男、女棺分塚埋葬，由來有年，可謂善矣。惟内有夫婦合葬處間有混雜，終未盡善。今公同酌議，另立夫婦合塚，每穴隔開二尺，挨次埋葬，不准舍前取後，紊亂條規。倘夫婦亡年先後，一具既經先葬，一具恰逢滿期，必須親屬持進堂票來報告，准可通融遷葬合墓，而先葬者起葬之費，概歸自認。若夫婦早年葬定，則不能重遷合墓，以免煩瑣。

一、議領施棺及領盤柩回籍助費，兩端最要事件，必得就本邑司事確具保領據，交祥泰布號收執，方准給發。如有冒領及留滯中途者，即責成經保董事追回施棺助費錢文外，必將冒領舞弊人送官究處，決不寬容。

一、議本堂保領施棺據上，註明鄉籍、年紀、姓名。如未成丁者，不准給領。

此條：孩棺向無成例，曩年均由胡裕昌施助。自光緒三十四年，胡春庭發起勸募，經費始行歸堂施送。從此，孩棺亦照保領。

一、議乙巳年起，施棺送到，給扛力錢貳百四十文。堂夫收殮，扛抬進堂，給錢壹千貳百文，由本堂發給。一概不許自扛自抬，庶免冒領弊竇。

此條：施棺殮力，宣統三年起，改給大洋壹元陸角，封口壹角，孩棺減半。

一、議於丙午年起，領棺者加給衣衾、鞋襪、帽子、石灰、皮紙、草紙全副。

一、議誦經薦度，向例三年一舉，以掩埋後專設一壇，誦經三永日並放焰口，悉遵舊章。

——上海徽甯思恭堂編：《徽甯思恭堂徵信錄·規條》，民國九年刻本

清末民初上海徽甯思恭堂推廣殯房寄棺規條

推廣殯房寄棺規條列左

一、議本殯房係在義園西偏，爲兩郡體面紳商寄存男、女棺柩起見，特別推廣，營造費鉅，不得不酌收租金，稍資補助。其租金作爲本人樂輸，用昭激勸。

一、議外幫靈柩，概不寄存，以符舊章。

一、議每間擺柩叁具，每具應繳樂輸洋壹百元，以六年爲期，期滿即葬，悉照本堂章程，以歸劃一。如有滿期轉期者，再捐洋壹百元，以符定章。

一、議寄存本殯房之柩，應先將樂輸洋如數繳交值年司總，隨將司總收

條並保進堂之票帶交祥泰布號知照,註明進堂簿票,以防紊亂。

一、議各間靈柩如擺滿,則儘先進者挨次合併,騰出空間,以備續寄者安置,而符每間叁具之原議。

——上海徽甯思恭堂編:《徽甯思恭堂徵信録·規條》,民國九年刻本

清末民初上海徽甯思恭堂資助無力盤棺小引條約

資助無力盤棺小引條約

謹啟:本堂自重建後,一切稍定章程,惟帶無力回籍之棺一事措辦未週,前諸同人曾立登科會,專爲籌畫帶棺。奈同鄉殷實者寡,綿力者衆,尚乏三股之二。己卯夏,《徵信録》告成,公議復集一文願、糖、茶等捐,賴諸君子好善之心,踴躍如前,轉瞬之間,善舉廣焉,則帶棺不得不亟爲料理。今公議即於庚辰年起,兩郡盤回之棺,至水道各總埠頭並上海下船抬力,及給本家上山費一切章程細列於後。

一、公議資助無力盤棺一事,情誼深重。領費者至本堂司事處報明,就各邑司事央保,具收據交堂,然後給費。倘或領出後,有中途停止等情,一經察出,著保追還領費,並鳴官究治,以杜冒領及沿途抛棄等弊。

一、議當此戒嚴時期,本埠設遇有非經本堂堂夫殯殮之柩,一概不便入堂。

一、議當此戒嚴時期,外埠運來之柩進堂,保人須完全負責。

一、凡進堂棺木甚夥,間有無力板薄、釘稀者不少,徽、甯兩郡,山路崎嶇,或棺木朽腐,沿途抬運,猶恐損裂。萬不得已,檢骨回里,情實可憫。從中酌給路費足錢壹千四百文,上山費柒百文,以期穩妥。

此條宣統三年公議,改給路費、上山費洋叁元柒角。另議一條列後:

一、議盤棺,照蘇郡《積公堂條規》而上洋遥遠,一日之程,每具酌加錢若干。各埠價目開明於左。

此條向係給發錢數,因洋價、銅元日大,而盤費、水脚又漸增提,是於宣統三年公議按照錢改爲洋碼發給。

一、上海董家渡口下船,抬力洋壹元零五分。

一、至界口米灘小川、大川,洋陸元。

一、至鎮口埠,洋陸元貳角。

一、至深渡埠,洋陸元四角。

一、至縣潭、雪坑口，洋陸元陸角。

一、至琅園口、梅口、浦口，洋陸元捌角。

一、至漁梁橋，洋柒元貳(元)[角]。

一、至績邑臨溪埠，洋捌元。

一、至雄路埠，洋捌元貳角。

一、至績溪縣，洋捌元四角。

一、至休邑屯溪、臨溪埠，洋柒元。

一、至藍渡埠，洋柒元叁角。

一、至黟縣、祁門、漁亭埠，洋柒元陸角。

一、至下溪口埠，洋柒元四角。

一、至上溪口，洋柒元捌角。

一、至婺源，由長江上運，洋柒元四角。

一、至甯國府，由東壩上運，洋柒元四角。

一、給本家上山費，洋叁元。

一、議以上盤棺至兩郡各埠，皆定規則，井井有度，本無更改，原從其舊。茲爲匪亂之後，船價、扛費各處較前昂大，所助之費，不敷盤歸。公同酌議，自戊辰冬起，額外加助歙、休、黟、祁、績五邑盤棺，每具暫加盤費洋壹元四角。而婺邑邇因長江不便，多由徽港前往，兼有越嶺艱險，每具暫加盤費洋叁元。其甯郡較徽程遠，每具暫加盤費洋貳元。如有檢骨還鄉者，原因亂時即埋，棺木朽腐，情殊憐憫，不爰前例。今議每具暫給路費洋叁元，其檢工、木匣、下力自理，另給上山費洋柒角，以資白骨歸安故土，故此議增。

宣統三年七月起，公議盤棺費暫改洋碼，內扣留帶費洋叁元，俟持柩主的確回信，并經原保人簽押，方可照付，以防帶棺人中途舞弊。如有弊混，查出，向保人是問，加倍議罰。

遵照定章，期滿之棺，保出暫存三間所，三個月爲期。如不帶回籍者，清明即埋。抑或領費，仍照檢骨舊章付給。本堂謹白。

光緒二十七年十月朝起，領棺寄堂，向有舊規，二年期滿，十月朝日，一律掩埋。今於十月朝日掩埋之期，公同議定寬展一年，三年足期滿，如不回籍，一律掩埋，概不留情。

今於二十八年二月起，公同議領棺者，加石灰壹包。

——上海徽甯思恭堂編：《徽甯思恭堂徵信錄·規條》，民國九年刻本

民國七年十月上海徽甯思恭堂新增規條

戊午新增規條

一、本堂存棺，向取散放主義。惟年來存棺日益加多，不但發棺者動形困難，即對號查存，亦殊不易。今爲劃一年期起見，從本年十月朔起，截至次年九月底止爲一年。全年進堂之棺，規定共擺一處，并先將外進出空爲表率，一年一處，由此類推。除轉期者准放原處外，其餘靈柩，應由堂夫照章妥爲搬移，毋許徇情延擱。自今以往，凡屬進堂之棺，當以先後爲安放次序，不得任意亂擺，尤不得指地而放。如有以上情弊，一經查出，應惟堂夫是問，重罰不貸，庶幾六年以後有條不紊，秩序井然。稽查者固可一望而知，而《寄棺章程》從此益臻整肅，所謂一勞永逸者，其斯之謂乎？惟諸鄉台諒之。

一、查上墳人往往有以紙、錠等物焚在材間地上，究屬不免危險。茲就各天井內添造大、小錠爐多座，以備同鄉化錠之用。要知此舉係爲預防火燭起見，尤應責成堂夫隨時認真稽查。倘敢視同具文，定即從嚴議罰，以爲玩視堂規者戒。惟諸鄉台亦宜各自體諒，毋使他人代爲受過，是所至盼。

民國七年歲次戊午孟冬月，同人公議。

——上海徽甯思恭堂編：《徽甯思恭堂徵信錄·規則》，民國九年刻本

第五節　清嘉慶至光緒年間江蘇徽商會館公所規約

清嘉慶二十三年松江府新安義園規條

具禀：職監程師羲、程良、方光治、黄楚珍、江繩蕙、胡名僖、查家駒、汪卓、黄德達、詹瑛、汪文鼎、程詩嘉禀爲環呈善舉，恩鑒示遵事。竊職等籍隸徽省，同籍民人出外經營者，十居三四，竟有長年作客，病故他邦。有力者得以隨時扶柩歸葬故鄉，無力者甚至寄厝荒郊，飄零風雨，旅魂莫托，朽骨無依，觸目傷心，仁人共慘。是以各處均有公置義園，如蘇郡之旅亨、太倉之懷梓等堂。遇有徽人棺木不能即時回藉者，暫行收寄堂中。或有同鄉便帶歸家，或有親屬幫扶回里，誠善舉也。茲松郡所轄七邑，地廣人稠，徽人之在松經營者甚多，旅

櫬之不能回籍者亦復不少，頻年暴露，飄泊堪虞。職等誼切桑梓，不忍坐視，現集捐資，用價通足錢壹伯拾肆千，絕買臺治西外東新坊圖護龍橋地方惠靜山名下空地二畝六分零，建造新安義園，收寄七邑徽人旅櫬。地處適中，水道便利。除議定規條，呈請詳憲立案外，理合環叩憲父師大人恩賜，批示准行，以便構料，擇日興工，使善舉早成，深爲德澤。上稟。

嘉慶二十二年七月初一日呈。

婁縣正堂萬批：該職監等誼篤桑梓，公買空地，設建徽籍義園，收寄旅櫬，極爲善舉。准即給示曉諭，興工可也。

稟爲園已告成，擬呈規條，求賜詳府立案示遵事。竊職等因同藉徽人旅櫬無依，慕仿蘇郡、太倉之旅享、懷梓等堂規式，勸集同人在於臺治西外護龍橋地方，絕買惠靜山名下隙地一方，請建新安義園，收寄七邑徽人旅櫬。業經稟蒙批示遵行，於上年八月間購料興工。現在，兩帶正房及後面小屋數間已將告竣，其無依棺木亦已陸續收寄。惟是園係創造初興，事須始而求慎。欲冀妥協，首重規條；欲計久遠，須求詳定。用敢擬呈規條，合無仰懇憲父師大人恩賜查叙，前稟具詳府憲立案，勒石遵守，矜全善舉，深爲德便。上稟。

嘉慶二十三年五月呈，蒙

婁縣正堂萬批：據稟捐設義園，現已告竣，殊屬可嘉。所呈規條，亦甚允當，候據情詳請府憲立案。該職監等仍將捐設原委及現在規條，一併勒石，以垂久遠。冊附。

松江府正堂宋批開：據詳職監程師義等捐資建造新安義園，收寄徽人旅櫬，殊屬好義可嘉。仰即飭令妥爲經理，以全善舉。此繳冊存。

規條

一、議是園專收徽人旅櫬，額之曰"新安崇義堂"。

一、議建創之始，因經費未充，止就暫行停寄，以免暴露，仍望亡者親屬隨時幫扶回里。倘日後經費充盈，如有實無親屬扶歸者，應否代爲埋葬，容候續行商辦。

一、議堂費浩繁，現在集貲有限，惟冀諸同人轉相勸助，量力捐輸，俾日就月將，期於永久勿替。

一、議此舉專爲徽人旅櫬而設，如本地棺木，概不準寄。倘有恃強硬抛者，稟憲究治。

一、議棺木進園，必先致明司月，待司月給票於司局，填明《號簿》，註定住址、鄉貫、姓氏，以及經寄保人，然後收棺，以備後日查考。如無司票據，司局者不得濫收，致無稽考。

一、議棺木進園之後，司局者即給與雙連執照一紙，以俟後日取棺對照給發。

一、議棺木進出扛費，議定送棺之家給發足錢貳佰捌拾文。如遇水淺，船隻不能到園，仍按路之遠近，隨時酌加。

一、議司年、司月，俱係各司事自行拈鬮輪管，一切銀錢賬目，均應按月核對，以便交明下月。如有不符，惟經手者自問。

一、議輪當司月，必得隨時親自到堂查察，勿得推諉。倘在堂應辦事宜，亦須齊集各司事，公同酌辦，以昭平允。

一、議堂中司局一人，務須敦請誠實之人承辦，每月公議脩金貳阡文。

一、議堂中公請收願一位，專司其事，每月修金貳阡文。

一、議勸捐銀錢，總以本堂編號捐簿為憑，經收亦以雙連收票為準。

一、議堂中收願設立連環二簿：一存司月，一存司局，以便核查而釋物議。

一、議值堂一人，每月公議工錢壹阡文。凡執炊酒、掃廳、候使喚。倘有躲避、貪懶，斥出另僱。

一、議堂中火食以及雜用一切，諸宜儉樸，毋奢毋華，俾歸實效。

一、議每年三節設祭，止須司月幾位到堂致祭，不必人眾，以節靡費。

一、議本園創建，暫行停寄，以免暴露。前議三年為期，今因堂屋狹窄，勸收煩難，無力創造，不能久停。自辛巳年起，公議一年為限，仍望亡者親屬隨時扶回安葬。司堂者按期催帶。如果無力帶回，付還執照，本園有義地代葬，勒石為記。

以上各條，祇就緊要數款，公議遵行。其中尚有不盡之處，俟當隨時酌加續行增定。凡我同人，務須協力經理，慎勿始勤終怠。

——《新安義園徵信錄·規條》，清光緒刻本

清嘉慶二十五年六月松江府新安義園議定規條

特授江蘇松江府華亭縣正堂、加四級，又隨帶加三級、紀錄十八次、記大

功二次汪,特授江蘇松江府正堂、加十級、紀錄十次宋,署江蘇松江府婁縣正堂、加十級、紀錄十次萬,爲重禁脚夫、土作分段把持、勒索滋擾,以便商民事。案查松屬脚夫強分地段,盤踞把持,勒索重價,最爲地方之害。前於嘉慶六年,據生監吴乾等具呈,當經酌定雇用工價,勒石遵守在案。今據徽職監程詩嘉等稟稱:職等係屬客民,凡遇婚喪、運物等事,馬頭需索更甚。更有土作一項,專司喪家入殮,遇有徽人客民身故,土作馬頭不論貧富,任意勒索。環叩飭將脚夫等項,查照本地居民定價,並添列土作名色,一體出示,申禁勒石等情。查土作私分段路,把持勒索,最爲民害,應如何酌定工價? 批飭華、婁二縣,會同議得土作一項,專司喪家入殮,較與馬頭脚夫有別,請照脚夫工價,每日每名加增錢五十文,共給錢一百五十文。雇用多寡,仍聽民自便,不許分段把持、強索滋擾。今將原定脚價一併勒石遵守。爲此,示仰府屬人等,凡遇民間雇用脚夫、土作,無論本地土著及客居之家,毋許私分段落及硬派多人,藉稱當差名色,把持勒索。如本家自有親戚、僕人使用,悉聽自便,不得阻撓,亦毋許胥後得規包庇。如敢故違,許本人指稟,立即嚴拿重究,斷不姑寬。須至碑禁者。

嘉慶二十五年五月　日,示碑監義園。

計開:

嘉慶二十五年六月議定

一、民間雇用脚夫,聽民自便,不得強分地段阻撓,每名每日給錢一百文,半日給制足錢五十文,均着自備飯食。

一、暫喚肩挑糧食、貨物,每名每擔半里以内,給錢十二文,每里遞加六文,毋許再向牙行糴客勒索貼費錢文。

一、暫喚肩輿及抬挑行李,半里至一里,給錢十二文,每一里遞加六文。至五里,照半日工價,給錢五十文;五里之外,外每一里再加遞六文。城本無長路,如十里以外,守候多時者,照一日工食,給錢一百文。

一、凡有婚嫁、喜慶等事,暫喚脚夫,照一日工價,每名給錢一百文。

一、凡有喪葬等事,暫喚脚夫,每名每日給錢一百文,以八名爲率,多寡悉聽本家自便,亦毋許在棺木店中勒索出店錢文。

一、凡有醫生坐轎,悉聽病家酌量路途遠近,給發轎夫工錢,不得喧鬧勒索。

一、小轎,定脚夫二名;小官轎,定脚夫三名。十里以外,遞加一名,每名每里給錢六文。如守候多時,每名再加給十二文。

今增

一、民間雇用土作,每日每名照馬頭腳夫給錢一百文,加之例增錢五十文。雇用之家,每名給錢一百五十文。雇用多寡,仍聽民自便。

一、客民寄居在松者,各項腳價,照土著民人一體按數給發,不得欺異浮索。

以上腳夫、土作,毋得分段把持,強索滋擾。一經察出,或被告發,定行重究。

嘉慶二十五年六月　日,松江府知府宋如林、華亭縣知縣汪淇、婁縣知縣萬臺示禁。

——《新安義園徵信錄·議定規條》,清光緒刻本

清道光十八年六月議定、同治年間增改松江府新安義園崇義堂規條

具稟:職員程詩嘉、監生胡榮、職員吳崇俊、生員程平成爲環叩憲恩,立案給示事。切職等於嘉慶二十二年建立新安義園,凡徽人寓松、旅櫬未歸者,皆得義園權厝。蒙前府憲宋、前婁邑尊萬批,准立案給示,勒石在案。但迄今二十餘年,積柩愈多。其有力者暫時厝寄,即能扶柩旋里,而無力之輩因路程遙遠,每致擔延。職等再四思惟擬仿蘇州績功堂之式,幫貼盤柩旋里之費,酌路之遠近,定錢之多寡,在松加給下船之費,到徽加給上山之資,俾得早歸故土。誠恐愚昧之輩貪利而藉此爭多,刁滑之徒領柩而竟不送到。爲此,酌議規條,附粘呈電。特此叩求父師太老爺俯賜,將規條立案給示,懸掛義園,俾愚昧者不敢爭端,刁滑者不敢冒領矣。結草銜環,存歿均感戴,沐恩施,殊無涯涘。上稟。

計黏規條壹紙。

道光十八年六月初二日。

批准立案,並即給示曉諭。規條附。

崇義堂公議規條

一、徽郡六邑商民寓松者,不可勝數,歿而靈柩無力寄歸者,羈留異地,慘如之何?今同人公議資貼盤柩之費,并貼在園下船及到徽上山諸費。如

有無力歸鄉者，必須的確，親屬央保，到崇義堂報明，出立領費字據，並令信客出具承攬。

一、凡具報回徽之棺，登號註明姓名、住址、保家、親屬、信客，出具收領承攬，堂中出具連環票據，給發盤費。不准混報，以致漫無稽查。如無保人，概不准濫給。如有領出後中途停止及冒領等情，一經察出，向所保之人追還領費。

一、凡報堂之棺，除給盤費外，再給松地出堂扛抬下船費錢二百八十文，到徽上山費錢二千文。具到收領承攬，即行當面給付，不得捱留稽遲。

一、搬骨殖金匣回籍，議貼費較路遠近原棺減半。其檢包貼費，定數概給錢一千四百文，上山費錢七百文。

一、資助回徽之棺，以松城為界示限。

一、至街口、米灘、小川、大川埠，貼盤費錢五千二百文。

一、至鎮口埠，貼盤費錢五千四百文。

一、至深渡埠，貼盤費錢五千六百文。

一、至綿潭、雪坑口埠，貼盤費錢五千八百文。

一、至琅園口、梅口及浦口埠，貼盤費足錢六千文。至漁梁，加駁錢四百文。漁梁以上，再加錢八百文。

一、至休甯縣屯溪及臨溪埠，貼盤費錢六千六百文。至南渡，加錢三百文。

一、至黟縣、祁門漁亭埠，貼盤費錢七千二百文。

一、至下溪口龍灣埠，貼盤費錢七千文。

一、至上溪口埠，貼盤費錢七千四百文。

一、至婺源龍灣埠，貼盤費錢七千四百文。

一、至績邑臨溪埠，貼盤費錢七千二百文。至雄路埠，加盤費錢二百文。至績溪縣埠，再加貼費錢二百文。

一、議以上盤棺各埠，昔定規則，井井有度，本無更改，原從其舊。茲為匪亂之後，船價扛費，各處較前昂大，所助之費，不敷盤歸。公同酌議，自癸酉春起，額外加助盤棺，每具暫加盤費錢一千四百文。如有檢骨殖包回鄉者，暫加盤費錢六百文，以觊白骨歸安故土，因此議增。

——《新安義園徵信錄‧崇義堂公議規條》，清光緒刻本

清道光十八年十月松江府新安義園崇義堂公議續增規條

即爲壽考之徵而客館羈身，究少兒孫之奉。欲娛晚景之桑榆，端籍故園之松菊。爰偕兩弟，勸歸故里，以樂餘年。而翁行善之心至老彌篤，濟人之念歷久不忘。惟恐幹事無人，或致成規頓廢，靜遠昆仲克體親心，善承父意，因遍懇某等接手經理，庶幾人瞻周道，永無茂草之傷；鬼唱秋墳，常賦《甘棠》之什。某等咸感翁之善樂與人，而嘉靜遠昆仲之孝，能繼志也。如示拈花，衆皆含笑；如聞説法，石亦點頭。其伸一諾之忱，以應三番之請，翁於本月上浣招集同人，將單契帳目暨存錢玖十一千五百七十文，一併交付。於是，檢點行囊，徑尋歸路，從此招黃山之故侶，訂白傅之耕盟。嘯傲林泉，優游鄉井。其經始也如彼，其成終也又如此。《書》曰："吉人爲善，惟日不足。"其即翁之謂與？某等竊念草創固難，守成非易，因而間拈司月，事無慮其紛煩；制守常經，法必期於久遠。凡吾同志，各發善心，整立新規，永理舊緒，是爲記。

公議續增規條

程竹邨先生舊立堂規十七條，其言明且清，其意深而遠。業經稟憲立案，刊在《徵信錄》中。兹不更贅，祗就緊要九款公議增入，永遠施行。

一、議堂中重地，閑人毋許滋擾。值堂等各有專司，亦不得出外閑遊。如違，立斥。日常至晚，司局即將前後門户扃鎖，臨睡尤須檢點，并宜留心火燭。

一、議堂中凡有過客往來，無保家，不准留宿。即有保家，亦不得久羈，以十日爲限。如逾期不去，即當嚴催，毋任延宕。

一、議堂中寄柩，務須保家將籍貫、姓氏、年歲及現在寓所、病故日月致明司月，給發聯照，始推收納。如無司月票據，司局不得濫收。

一、議堂中大小捐款，由司月給發聯單，司局收下錢，并即交司月收存。

一、議堂中日常零用，由司局開發，月初向司月處支錢應用，月終報銷，以便交明下月。

一、議堂中租米，漕白攸關。佃至秋成，即選乾潔好米送堂，不准絲毫掛欠。

一、議堂中現在經費不敷，自己亥年起，每載帶棺，以十具爲率。俟有盈餘，再行擴充辦理。

一、議堂中應辦事宜，必須齊集各司事，公同酌議，然後施行，毋得僅諉司月。輪當司月，更宜隨時親自到堂查察，慎勿始勤終怠。

一、議堂中經費浩繁，現在捐資有限，凡我同人，務祈各就相好，互勸解囊，以垂久遠。

道光十八年十月　日，司事關文元典、張義和典、沈合和典、錢惇裕典、洪日新典、汪怡茂典、錢恒豐典、錢仁聚典、洪源茂典、洪聚源典同具。

——《新安義園徵信錄·公議續增規條》，清光緒刻本

清道光二十四年正月松江府新安義園續增規條

道光二十四年正月續議新規

一、議寄柩進園，杯頭如未書寫里居、姓氏，本園即用硃漆代爲標明，概不收錢。

一、議本園屋宇淺狹，壽具不准寄頓。

一、議自甲辰年起，每載帶柩，以十五具爲率。

一、議信客帶柩承攬，即或倩人代筆，亦須該足親至司事處，并蓋印圖記，以作證據，不得視爲具文。

一、議清明、十月朝兩節埋葬，司局選定日期，將應葬某號某柩先行開單，報明各司事。凡吾同人，屆期，務須齊集本園，交相查察，以昭鄭重。

——《新安義園徵信錄·道光二十四年正月續議新規》，清光緒刻本

清同治四年六月蘇州安徽會館程公祠暨會館章程

程公祠暨會館蒯守等初次稟議章程

一、議忠烈專祠係奉旨特建，理宜肅靜，以昭尊崇。祠內房屋，不准借作公所，以防糟蹋。此端斷不可開，管理者不得借此徇情，地方官不得以此相強。

一、議祠內旁屋，准皖省官紳往來寄寓，須報明姓名、鄉貫，不准多帶閒人，亦不准住家眷。其一切食用，均須自備。如有寄寓作踐者，即時驅逐。

一、議房屋及門窗、裝摺、器皿、什物，公同查點，載立簿冊，存輪管人處。有添置者，隨時登記，責成照管人於租款內核實，動支開銷。

一、祠内現置田四百三十四畝零,其坐落字圩、圻號,經三縣通詳立案,並由祠另備細數清冊,送由三縣蓋印執守。以後,如有續置,照章辦理。倘有侵佔邊界、爭奪水利等事,赴縣照案清理。至逐年收租,由輪管人責成催甲按限催繳。抗違、疲玩者,送縣究治。

一、議祠田惟完納正賦,其餘一切,按田捐輸。雜差,應請邀免,以示優異。

一、田租除完賦並支銷常年用款外,應存若干,責成輪管人經理,登記帳目,於春、秋祭祀時,憑同在省同鄉官紳會算,或存莊生息,或添置祠田,以備年久修葺之費,隨時議辦。

一、議輪管官紳,須同鄉公同議派,不得爭執、推諉、謀奪。如所派之人辦理未善,准公議更換。如其人實在經理得宜,或一時接替無人,公議展限接管,以資熟手。

一、輪管人如遇交卸,須憑同鄉官紳算明帳目,交與接替之人承管。如有侵挪等弊,公同責令賠償。至文卷、契據,亦必逐件檢齊移交,不得遺漏散失。

一、議輪管之人,如係現任,或有差委,或係候補,例應駐省之人,均不得支薪水。惟專派管理、常川駐祠者,准月支薪水銀十六兩,於租款內開銷,以資應酬。

一、祠內有應修理、動作工程,由輪管人會同在省官紳先行核實估計,興修工竣,憑眾算明,不得任意冒銷。

一、議祠內田租出息,或同鄉捐助,均須由輪管人登簿,存公經理,不得私相借用。違者,察出議罰。

一、議祠係公建,事歸公辦。或有冒托忠烈本家戚屬,希圖干預、攪擾、攙越者,公同摒革。

一、議來蘇服官、皖省游宦,無論分蘇分甯,如補授實缺者,知縣捐銀一百兩,知州捐銀一百五十兩,知府捐銀二百兩,道員捐銀二百五十兩,臬司捐銀三百兩,藩司捐銀四百兩,總督、巡撫捐銀五百兩,由管事人函致捐助收存,以備歲修置產。其署理者,減半助捐。

一、議祠東房屋,擬作安徽會館,其一切收留資送事宜,官商事同一律,應由輪管人會同皖省官商議章程,推廣辦理。

以上各條,係大略章程。如有未盡事宜,應由管事人隨時會商妥辦。

同治四年六月二十五日呈。

——[清]闞鳳樓撰:《蘇垣安徽會館志》卷上《程公祠暨會館蒯守等初次禀議章程》,清光緒六年刻本

清同治十三年四月蘇州安徽會館全皖殯舍義塚規條

全皖殯舍義塚規條如左

同治二年,吾鄉李爵相撫蘇時,念皖人之需次於吳者,旅資不易,因倡首捐廉,創造會館,以便棲止。歷今十餘載,無不同聲感戴。嗣經鄉人陸續捐助,稍有餘資,而同人共議:吾鄉之官、商於吳者甚衆,其中貧富不等,難無病故他鄉、旅櫬難歸之事,是以衆議要無此虞,莫善於建立殯房義壙。因就卜地於長邑境内九都十四一圖閶門外李王廟北東十字洋,價得民地一十七畝七分一厘九毫,又得虎阜山之東張家莊民地三十七畝零,興工起築,作爲吾鄉東、西義壙。又於斯處價得馮姓房屋二十五楹,改造修葺,爲吾鄉殯舍。似此遇有旅櫬無力歸葬及倉卒不及歸里者,皆可寄停殯舍,或暫葬義地,以免無處掩埋,甚至日久屍骸暴露,庶生者感德,死者亦銜恩泉下矣。謹擬規條如左。

一、柩寄殯舍,須憑同鄉保人報明亡者籍貫、姓名、年歲、係在何處病故,然後准寄,殯舍發給柩票收執。如厝葬義塚,同例。

一、柩進殯房,男歸男舍,女歸女舍。幼殤小棺,另立一舍,亦照分東、西、男、女。如大棺,例均聽司事挨號支派安頓,不准擅自擇處停放,以致雜亂。男從東起,女從西起,排列統歸定章。

一、柩寄殯舍,定以一年爲期。如過期不領,無親屬者,即不奉聞;有親屬者,關照後,均即代葬義園,立石標記,以憑識認。

一、亡者親屬,倘赴殯舍祭祀,由看殯人代設祭座,祭畢,即行撤去,香燭、錠帛歸看殯人領化火爐,慎免誤事。

一、柩寄殯房,除登簿編立字號外,柩上亦須註明字號,便可查認。

一、殯舍,每間計頓八具。如要寬展,獨用一間者,須另出賃房錢,每年銀洋六元,歸會館收貼殯房歲修之費。

一、土夫先具靠單,承充抬棺、埋葬等事,無拘寒暑、早晚,遇事不得推諉延誤。不論城廂内外、遠近,每棺給現錢八百文;載柩船隻,每柩給錢五百

文，均不准額外稍有需索。有親屬者，其錢自行給發；無親屬者，會館代給。如有親屬自抬，柩至殯舍，不用土夫者，亦聽其便。

一、墳向有東西利之年，有南北利之年，本非一定，義地畫分爲界。如東西利者，即葬東西向；南北利者，即葬南北向。義地雖係公墳，亦須趨吉避凶。

一、義地既有東、西二處，埋葬應分上下，男女，男從東起，女從西起，均由司事飭令土夫挨葬。喪家如有親屬人等，只有照料掩埋，不准任意橫斜錯亂。

一、殯房並東、西義地，均係會館措資舉辦，應歸會館司事之人立簿編號、分册兼理賬目等事，以節經費。二處義地，各用長夫二名照料。

一、殯舍、義地，現在毫無出息，所有應用之費，統歸會館籌款經理。

一、柩於期滿，殯舍代爲埋葬。後每年於清明節前，當令土夫逐柩增土加厚，務須堅固。如有土低坍陷、棺木外露等事，惟長夫是問。

同治十三年四月　日。

——[清]闞鳳樓撰：《蘇垣安徽會館志》卷下《全皖殯舍義塚規條》，

清光緒六年刻本

清同治蘇州安徽會館程公祠暨會館續行增稟規條

程公祠暨會館續行增稟規條

爲公議規條，永遠遵守事。竊照同治二年吾鄉李爵相巡撫江蘇，見鄉人之需次於吳者，旅貲不易，因創造會館，以便棲止。落成以後，賓至如歸，皆無舍館未定之虞。其間亭館、舍宇、花木、器具，頗費一番心力。凡我同鄉，均應隨時護惜，以副爵相惠愛桑梓之意。爰集同人，重議規條，業奉憲示核定，開列於左：

一、議會館爲吾鄉闔省共居之所，人既衆多，事必繁雜。若無專司之人，遇事勢必推諉，應於仕幕、商賈中公舉德望最重者四人，爲值年董事，總理會館一切事宜。由值年者選舉吾鄉公正一人，爲專管董事，常川住館，辦理收支及修理檢點各務。值年之人，不送脩金。其專管董事，遵中堂批定脩金，每月送曹平銀十四兩。遇有要事，即由專管董事商諸值年董事酌辦，庶責有專司，事無紊亂。

一、議會館房屋，不下二百間，儘可居住。其園內亭臺樓閣，原係宴會雅集之所，凡在會館居住者，無論上下人等，均於園外居住，以中間衖堂爲界，不得於園中下榻。至園中各種花木開放之時，各宜隨時愛護，不可任意攀折。窗格、傢伙等件，尤宜愛惜。如有家丁人等撞碎、撬壞者，一經查出，由伊家主將該家丁逐出，仍令其主修補還原。

一、議吾鄉之同官於吳者，人才濟濟，而會館房屋雖多，並無居住眷屬之處。凡有挈眷來蘇者，祇可自尋公寓，不得搬入會館，爲衆同鄉所藉口。

一、議各客住房並庭中，均歸各住客家人自行灑掃，與會館打掃夫不涉。倘有不知檢點，仍聽家人污壞房屋者，面斥休怪。尤不准豢養禽獸，以免糟蹋。

一、議會館中所置棹椅、器具、一切應用什物，皆刻"安徽會館"四字，另立《傢伙簿》一本，稽查均有一定。鋪設之處，每人住房一間，跟隨家人，不得肆住。正房除牀鋪係一人一鋪外，凡一家主僕所用，棹子二張、椅子四張、板橙二張，其餘物件，均行自備，均毋任意搬移及狥私出借等事，以免遺失、損壞。

一、議會館大門，最宜謹慎，住館者除有因公在外，其餘定於二炮時歸館，遲則大門封閉，不准擅開。倘管門人狥情私開門鎖，查出斥逐。或有不肖家丁，貪夜叫門，喊駡爭鬧，或招接外人來館住宿，由伊家主嚴行驅逐。

一、議現住會館諸人，或由大厨房開飯，或由外面送飯，聽其自便。惟不准在於各房自行起炊，以致煙煤燻壞墻壁。如用炭爐自煮茶點，不計。至厨房飯價，柴米時價必有長落，應由董事公議，於月之初一日懸牌定價。必須五日一結，逐期清付，不得拖欠，庶使庖人可以周轉。

一、議來館居住之人，必須查明。實係候補人員，或來蘇游幕，應由各府、州先在蘇省者引領，方許進館，不得自行搬進居住。如館中住滿，後來者只得先住客寓，俟有空房，再行知會搬進。至各房中火燭，務要小心，無拘寒暑，燈盞、火爐等物，各宜加意防範，以備不虞。

一、議樾蔭堂後房屋，留備過往大人先生暫住之所，本省需次人員，不得擅住。

一、議各官、商所捐銀洋及所買田莊數目，勒石載明，每年由值年董事督同專管董事收租存儲，以作歲修房屋並董事脩(膳)[繕]之用。該董事應將收支數目於次年團拜齊集時，將簿交衆查閱，以資稽考而明心迹。至所收租息，除會館應用開支外，其餘不得狥私挪借。如或更替專管董事，其接辦之董事，應聽吾鄉品望最重者公同選舉，不得私相授受。告退之董，必須將帳目存款交卸清楚，以了經手。

一、議吾鄉之在蘇官幕者，人數衆多，其間得意者固不乏人，而貧病交加者亦在所不免，不得不籌備津貼之費，甚至有死亡不能歸葬，尤堪憐憫。查各省會館必有義地，但會館田畝租息無多，每年除支用外，所餘有限。爰議捐輸藉資集腋，嗣後，凡現任人員，按年底捐輸一次，分別督撫、學院、司、道以及府、州、廳、縣、佐貳官職，悉照京館捐數起捐，存典生息。俟捐有成數，即行購買義地，以爲浮厝埋葬之費。各處歲捐銀兩，由值年及專管董事於各季派人往取齎送，收照爲憑。如有吝嗇者，公函派人(守)[收]取，免致拖延。

一、議會館中請客宴會，固所不禁，惟不准呼喚妓女及唱書女人混入會館，侍席侑酒。又賭博一節，最易生事，無論鬥牌、擲骰，亦應一律禁止。如犯各條，請其移出會館。住館諸君，各宜潔修自好，幸勿有違規條，致傷鄉誼。

一、議凡鄉人甫經到省官幕，並不搬入會館居住者，即飭家丁赴會館投刺告知，以便來年團拜及同鄉聚集之時，由會館知照，藉免遺漏。

一、建立程公祠之時，召僧住持，侍奉香火。現在會館與程公祠聯爲一氣，既有董事經理，儘可派人照料，毋庸僧人居住，以節經費。

一、議會館官商雖係不分，然不得屯寄客貨，只可集議公事。如有客商來蘇者，必先告知董事，或可居住，不得逕行搬入。如非同鄉，不准留居。

一、議會館中桌、椅、牀橙、燈彩、輔墊一應物件，立有《傢伙號簿》，應由帳房管理，不得稍有損壞、遺失，並督同門丁，每月按朔、望查點二次。如有借出以致遺失等情，惟帳房是問。倘各住客有事他往，搬出者應將房內器用交明帳房收管，以三月爲限。屆期不能回館者，其住房即行搬讓，概不得封鎖占據。

一、議館內僱用門丁一名，月給工食洋四元，專司接帖掛號，伺候賓客出入。又打掃夫二名、花園夫一名，專司看管前後門户，晨昏啟閉，並灑掃滌除園內花廳等處，均月給工食錢三千文，每月按給，務令勤慎，時刻勿離。如敢擅離，致有疎虞者，從嚴究革。至門丁、打掃夫，各有專司事宜，不能承值各住客差遣外往。各住客有事，均歸家人自去。如有請帖及伺候賓客等事，倘該丁役不遵呼喚，或有錯誤，各住客不得擅責，須告知董事懲治。

一、議會館春、秋祭祀鄉賢,每年定於二月次丁日春祭,兼叙團拜,所需祭品以及酒席各項,均由會館公款內開支;秋祭定於八月次丁日,不備酒席,所用祭品、茶點等項,亦由公款內動支。至期,均由董事先期發帖邀請。是日,各家人隨席便膳外,轎役、馬夫飯錢,概不發給。

——[清]闞鳳樓撰:《蘇垣安徽會館志》卷上《程公祠暨會館續行增稟規條》,清光緒六年刻本

清同治蘇州安徽會館添設經商公所條款

安徽會館添設經商公所條款如左

一、自李伯相在蘇垣創立全皖會館,經鄗子範、趙鏡川兩觀察先後經理,十有餘年,其廳堂、房舍、什物、器具並田地租息各種,均已齊全。此後,歲修亦籌有款。現奉伯相於程公祠迤東、會館迤西,仿照浙江之《安徽會館章程》,添設經商公所,只以推廣鄉間之誼,並非爲異日助捐之資。倘有願襄義舉者,聽其自便,亦不阻其樂善之心。

一、公所頭門,顏曰"皖山別墅"。第二進內,懸立"經商公所"匾額。循廊而東,對廳兩所,以爲各商集議公事之所。對廳之內,立匾懸聯,應聽各商自行懸掛。至什物鋪陳,仍由會館取用。

一、吾皖八府五州,在蘇貿易,城鄉遼闊,行業頗多,所有各商,業既各別,情自難通。今議於每年春、秋致祭吾皖鄉賢禮畢後,合全皖士宦、商賈,舉行團拜,以聯梓誼。

一、既立經商公所,應由各商每業公舉正直一人,以爲經商公所董事;每年輪派董事二人,以爲司年。所有祭祀等事,均由司年知會各商,届期齊集行禮,以昭誠敬。

一、初創會館之時,吾皖在蘇各業商賈多未回蘇,是以僅就在省需次者,每年輪派四人司年。今既添設經商公所,則每年經商公所輪應司年之人,會館諸事,亦即偕同照料。

一、吾皖在蘇需次各官,其無眷屬者,主僕人數無多,住宿會館,似足取便。往來商賈,人數無稽,不特初設經商公所,屋僅數間,即會館房屋,亦甚無多,無從安榻,自應仿照各府會館章程,劃一辦理。凡我鄉人,共相原諒,非有區別於其間也。

一、吾皖客蘇各商，篤實安分，固不致在外生事。倘或我不侮人而人侮我，應由經商公所司年通知會館，出爲排解，以期各安生業。至於蠅頭小利、雀角微嫌，各商之中，自有老成各爲排解。固不可與人爭勝，尤不可同室操戈。

一、吾皖俗崇（檢）[儉]樸，不事浮華。除祭祀鄉賢、整肅衣冠外，其餘平日鄉人往來，衣冠浮套，概從簡略，以安吾業。

一、會館花園，本爲雅人游玩之所，原可公諸同好。近以閒人混雜，無可稽查，不得已照蘇州各園成規，議定章程，准人來游，而閒人不得混跡園中，作踐滋事。今仿照滄浪亭，刊印紅票，分送各商，以爲照驗。如不携帶紅票，即係同鄉，亦照游人一律看待，幸勿嘈嘖。

一、閶門外新塘橋西張家庄地方，新置殯舍一所、義地兩區，原爲暫厝旅櫬起見。凡屬客蘇皖人，設有不虞，皆可照章寄停，定期一年。代爲移葬，先此知會，幸勿見怪。

——[清]闞鳳樓撰：《蘇垣安徽會館志》卷上《安徽會館添設經商公所條款》，清光緒六年刻本

清同治蘇州安徽會館憲定昭忠祠章程

憲定昭忠祠章程四條如左

一、房租歲入伍百數拾千文，司事用錢拾伍千外，其餘應酌訪定徽、寧人在蘇鋪業殷實幾家，分派公存，應否酌取微息，由公議。

一、祠內餘款，陸續添置田畝、市房，均擇其相宜者妥辦，由該員等隨時稟商趙郶、汪道等，秉公籌畫。

一、祠款除祭祀、貼款、小修、置產等用外，四年之後，如大修尚有餘存，酌興施送棺木善舉。

一、每春祭團拜時，將進出帳目、糧串，公同稽查。承查者各蓋圖記，以昭憑信。

——[清]闞鳳樓撰：《蘇垣安徽會館志》卷下《憲定昭忠祠章程》，清光緒六年刻本

清同治蘇州安徽會館洋水龍章程

洋水龍章程

一、值龍頭兩人，替換不干他事。
一、值龍激水八人，不得走開。
一、值龍激水管兩人。
一、值龍尾激水管兩人，鳴金一人。
一、值抬水桶八人。
一、值龍纛一人。
一、值取水三十二人。
一、救熄宜踴躍也，一聞火警，各值事人即刻請龍，須按定各執事，不得亂錯。
一、救熄宜須諗定地勢，安龍以截火頭為要。
一、救熄全資水功，取水人等無論遠近，不得有誤。如誤，棍責。
一、救熄出行時，須仍照平素操練安詳，值龍人尤宜謹慎將事，不得手忙腳亂，致壞器具。
一、火場人最繁雜，凡隨龍人等，不得擅離，一則可保龍上器具不得失錯；一則兼可彈壓，庶保無搶火之虞。
一、取水兵三十二名，一聞火警，即至庫，各取水斗一個、耳旂一支，將平素號衣脫下，換穿救熄號夾。事完後，仍至庫交納，一一晾於風前，以免爛壞。
一、值龍頭人，聞火警，即至庫取激水長袋，隨龍至火場，專司其事。事完後至庫，須將水袋用竹桿晾起風口，以免霉爛。
一、救熄宜踴躍，將事者，值龍頭人，每人賞錢二百文；值龍激水者，每人（償）[賞]錢一百五十文；取水者，每人賞錢一百文；值龍尾汲水袋者，每人一百文；執旂鳴金、夜間執燈者，每人六十文。如未至而火熄，及至而火已熄，不賞。路遠，酌加。
一、救熄務宜踴躍，如至火場怠惰者，查出，責棍一百。
一、事完後，至庫交納龍上器具，務須各人一一點交明白，妥為晾置。如錯亂，不按定章以及隨便拋棄者，責棍一百。
一、龍庫須派常川經管者，庶責有攸歸，不致有所推諉。然專管人必擇老成心細、能料理瑣碎者，方可勝任。每月發給薪工錢三千文，以資養贍。
一、龍出救熄，派官一員，督率兵丁，庶有約束，兼可稽查勤惰。

一、取水兵，每人臨行時，各給水籌數十根。至火場時，值龍官立於水櫃之所，每兵取水一斗，交籌一根。回時，按籌稽考，勤惰自分，庶無偷懶取巧之弊，以定賞罰。

一、水斗及一切器具，隨時由管庫人查明有無損壞，須隨時修補，以免臨時誤事。水斗常須加油，庶保堅固，不致霉爛。

一、龍出救熄及平時摻練歸庫時，須用鑰拆開，將水拭淨，再拭以油。倘日久不用，經管者亦須月餘後將龍拆開一次，以油細拭。龍無繡澀之病，用時須無誤事之虞。

右本會館洋水龍一架，因暫存中軍署內，即請參將皖人韓藎之代管。其派委並所立章程，悉由藎之酌定，一存稿於會館，一存中軍署內。至其常川及臨時開支各款，仍由會館照來單發給。<small>安徽會館又照。</small>

——［清］闞鳳樓撰：《蘇垣安徽會館志》卷下《洋水龍章程》，清光緒六年刻本

清光緒南京《重建新安會館徵信錄·叙》暨南京新安會館執照、規條

清光緒三十一年十二月甯本瑜《重建新安會館徵信錄·叙》

金陵馬府街，舊有新安會館一所，咸豐初，寇犯金陵，館遂燬毀於榛莽者五十餘年矣。歙邑汪芸浦觀察，精堪輿營造之學，屢過其區，顧而惜之，以爲館基實占勝地，何可令其久廢？遂於去夏謀諸郡人士之商宦於金陵者，議復舊觀，衆皆懽然，並函告外埠同鄉。期年，得募金三千數百兩，成正屋十五間。然占原館基尚未及三分之一也。因款絀暫止，觀察乃手定規條十餘事以告來者。後之人遵而行之，引其端而竟其緒，是則觀察之所深許，而亦郡人士所同深跂望者也。爰書數言，以誌緣起。

光緒三十一年嘉平月，休邑甯本瑜謹叙。

——［清］汪廷棟撰：《重建新安會館徵信錄·叙》，清光緒三十二年刊本

清光緒二年六月江甯善後總局給新安會館執照

執照

江甯善後總局爲給發執照事。今據　省　府　縣人新安會館呈明：城內東北十二甲馬府街朝南有舊存房基肆進拾叁號，經保甲局委員履勘明確，原

契實係被亂遺失，取具該民人"如敢冒認，願甘治罪"切結存卷，合行給照。爲此，照給收執，准其暫行管業。兩年以內，不准轉典轉售。如承領之後，另有真業主出來呈明確據，即將在前具結冒領之人枷號兩個月，充軍四千里，以示嚴懲，決不寬貸。須至執照者。

右照給新安會館收執。

光緒二年六月　日給。

清光緒二年六月江甯善後總局給新安會館義地執照

江甯善後總局爲給發執照事。今據　省　府　縣人新安會館呈明：城內北平倉東北十五甲有嘉會堂義地，經保甲局委員履勘明確，原契實係被亂遺失，取具該民人"如敢冒認，願甘治罪"切結存卷，合行給照。爲此，照給收執，准其暫行管業。兩年以內，不准轉典轉售。如承領之後，另有真業主出來呈明確據，即將在前具結冒領之人枷號兩個月，充軍四千里，以示嚴懲，決不寬貸。須至執照者。

計東西叁拾柒丈伍尺，南北拾壹丈伍尺，墓地長伍丈，寬肆丈。

右照給新安會館嘉會堂收執。

光緒二年六月　日給。

總局。

——［清］汪廷棟撰：《重建新安會館徵信錄·公牘》，清光緒三十二年刊本

清光緒南京新安會館規錄

館規錄

計開：

一、議此次重建會館，係爲六邑大局計，並非爲一人計。凡有往來同鄉暫住者，應以一榻爲度，至多一月，不得久居，亦不得多佔房間。各人自備火食，不取租金。如願附搭火食者，仿照漢口會館之例，每人每日交錢一百二十文，歸常住照應會館之人經收代辦。其房內鋪板、棹椅，不得損壞。違者，罰賠。

一、議各處同鄉，凡辦貨來甯者，均准存館屋西邊披廈內。如係細軟貴重之貨，始准堆在轎廳，然須自行看守。出售之日，每件出錢一二百文，以作修理之費。

一、此次捐建之款，均應本地同鄉量力輸助，不合借助他山。但人少費大，獨力難支，不能不呼將伯之助。現計各埠總共捐洋叁千貳百元，連本地官商捐洋壹千伍百捌元，又銀貳百玖兩肆錢作洋叁百元，共計合成洋五千元之譜，造成正館三進，均仗各同鄉努力，共成此舉。其第四、五兩進及左右公館，均擬息借應用，必須另籌有着之款歸還，方可永遠無憂。

一、議四進船廳、五進河廳及兩廂房間，閑時准借與人爲宴客之所。倘遇創辦首事得差得缺者交卸回省時，亦准其暫居，以免托足客棧。俟覓得公館，再行移出，以三個月爲限。如非從前首事者，不得援例。

一、議凡在寗者，毋論官商，每名按年各認一文願，以作歲修經費。遊幕及寄居者，聽。

一、議會館全功告成後，六邑各派董事二人，輪流管年。其平日常住照應者，另派二人，每月各給錢六千文，以作辛工。如有不妥者，斥退另換。

一、議左、右公館兩所，均可出租。照金陵現時租價，每所應押租洋六七百元，每月行租洋伍陸拾元，正、臘及閏月不減。核計兩所，每年可得行租洋壹千貳叁百元，以百洋爲歲修之費，其餘歸還借息。如有盈餘，即坐還借本，不得動用。

一、議鼓樓西原有義塚，現時係汪近聖墨店經管祭祀。今既重建會館，應仍歸會館經理。所有從前一切帳目，均須算明，不得置之不理。公同前去踏看，如有暴露，即爲培土。若無葬處，亟宜添買地段，以備掩埋。

一、議凡六邑之人有流落在此者，查明屬實，每人准給路費錢壹千文，助其回籍。如係假冒，概不給發。倘已領後仍復逗遛者，即行追回，不准延宕。然須認保方可。

一、凡旅櫬無歸者，每具准給埋葬費錢貳千文，埋於義地，以免暴棄。其願搬回原籍者，每具亦給搬費，分別路程遠近，開列於後。

另列《水路盤費章程》

一、至街口一帶，給錢陸千文。

一、至深渡一帶，給錢陸千肆百文。

一、至榔源口一帶，給錢陸千捌百文。

一、至漁梁，給錢柒千貳百文。

一、至休邑屯溪以下一帶，給錢柒千文。

一、至藍渡一帶，給錢柒千叁百文。

一、至黟縣、祁門漁亭一帶,給錢柒千陸百文。

一、至上、下溪口一帶,給錢柒千捌百文。

一、至婺源,由長江而上,給錢柒千肆百文。

一、至績邑臨溪,給錢捌千文。

一、至績溪縣,給錢捌千肆百文。

再,現在左、右公館兩所,無款營造,暫作緩圖;中間正屋一所,尚須出租歸墊。所有善舉各節,應俟籌有的款,再行如議辦理。

——[清]汪廷棟撰:《重建新安會館徵信錄·館規》,清光緒三十二年刊本

清光緒松江府新安崇義堂續訂辦事規程

新安崇義堂續訂辦事規程

(一)本堂係徽屬旅松同鄉公有之基產,堂中事務,應由司年推舉司董,以攬其綱。輪當司年,以管理財政一切開支事項,並商委司事,雇用厨役,常駐辦理。

(一)堂中所有捐願房金存息,概由司年收管。而逐月開支,由司事向司年處報領,司年當按月酌量給發。

(一)堂中收入租款,應先後交在司總處,由司總納糧置產。如有盈餘,仍由司總逐年報銷,司(年)[總]交由司年存放生息。

(一)堂中每年開支若干,由司事報銷司年,惟征租開支帳目由司總抄與司年登册。

(一)堂中田房屋產單契及其他契據,應一例蓋印。此係新安崇義堂公產,不准抵押變賣。木戳當衆緘封,即由司年寄存恒升當收管。惟存摺一項,蓋不准抵押,木戳交司年(論)[輪]流收執,以便每年收息時取用。倘續置田畝,所有契據由司總投稅後,交替司年,當衆蓋印,安置鐵箱内。

(一)堂中應備《置產簿》三本:一存司總處,一存司年處,一存鐵箱内。

(一)堂中應備《代賑願簿》及《長生願簿》各二本,司總與司年處各存一本。惟逐年有添認、否認者,應由司事報告司總與司年,每年一次。

(一)堂中存款若干、市房幾處、房金若干,應立《帳簿》二本,分別註明,以備查考,司總與司年處各存一本。

（一）堂中應行修葺及備置器物等事，司事不得擅專，應先咨照司總與司年，酌奪施行。

（一）堂中所有器物，應責成司事報保存，隨時檢查，勿得徇私出借，以致毀壞、失散。

（一）堂中司事、值堂等，如無正務，不得擅離職守，或借端出外遊嬉。凡有緊要事件，正、副司事須和同商酌，毋得各執一見，以及徇私粗率了事。倘經司總或司年察出，均難辭咎。

（一）《徵信錄》應五年一刊。每屆《徵信錄》發刊時，堂中所有田房屋產單契，應由司總與司年開箱檢查一次。

司總黃文元

司年程祝庭　邵友之　吳鋆齋　方苑卿　游守經　章以松　范厚卿　吳蔭滋　程偉如

——《新安義園徵信錄·新安崇義堂續訂辦事規程》，清光緒刻本

清光緒蘇州《蘇垣安徽會館志·館錄凡例》

館錄凡例

一、纂集各文件，謹仿直省之上、下江會館及浙江、湖北之《安徽館錄》，次第編列。惟蘇中會館比之諸處館錄，頭緒較繁，應稍變例。茲擬首列總序、祠圖、館圖，次奏稿，次碑記等文，次稟件、批飭等公牘，按年臚列，而終之以契據、現存之器什單帳。

一、蘇城會館，因建程公專祠肇基，而王公祠即附程公祠內，自應首列《程公祠奏稿》爲經創之始。至淮軍昭忠祠，既與會館聯貫一氣，其奏稿、碑記、稟件亦應首列，餘悉按年編纂，以清先後眉目。

一、稟建安徽全省馬頭暨蘇城外義園殯舍，又青浦義地，均屬善舉。其公牘文件，本應繼各祠以臚序，惟程公祠祭產叠奉憲示，爲會館歲修支用之費，且置產在前，各善舉置產在後。茲仍按年詳列，以免凌躐。

一、諸省會館公牘文字，僅止數篇，自應照文全錄。蘇省會館頭緒既多，除各奏稿外，一切稟批暨移咨、詳札等公件，往往一事在公牘連篇累紙，反覆申叙，不憚煩費。茲輯《館錄》，與存案有間，擬先列某事，全稟全批，餘則節鈔，間則僅錄稟由而節批於後，既省繁沓，兼節刻資。至全案卷宗稿件，仍存

會館，以備稽考。

一、凡奉到緊要批飭，皆敬行全錄，惟牘中官憲所列虛銜及稟內通套浮文，間有節處。至年月日，則仍詳記，庶便查考。

一、會館所稟各章程、規條，悉奉中堂李批定，自應按年月先後詳列。惟初建程公祠館時，曾有"僧人奉香火"一節，既續稟中堂批飭裁去，則規程內有關僧人事迹者擬刪去，以免枝節，餘悉敬謹全抄。

一、祭產尤關緊要，所有坐落之都圖、田畝分數、屋基四至、間數，每年額收糧租銀兩，杜賣契、典、租、賃各契，均應詳細開載，以垂久遠。惟佃戶等姓名時有更動，則會館帳房按冊可稽，毋庸贅列。至催甲姓名，仍行詳載。

一、凡公捐銀錢數目，照原來銜名詳列，以為後來者勸。至田租所入，盈歉不齊，非同定額，除每歲各有詳細銷冊稟報存案外，會館亦有簿可稽。茲只列每年租入總數。

一、歷年支用款目，凡關係祠館創構、買物等用，又凡用有定額者，悉行詳載，以示後來，俾免浮冒。

一、館內凡有刊石及木刻聯額、文藝等件，仿各處專祠例，悉行載入。

一、館內器什，除年久已經毀棄外，現存一切用物，悉行詳載，以便稽查。至經商公所各件，亦仍統歸會館。

一、《館錄》原為垂裕而設，雖備錄程、王二公專祠暨昭忠祠緣起，究與鋪敍專祠者有別，已故各公宦蹟事實暨昭忠祠內姓名，有史乘及《昭忠錄》可考，茲不臚贅。

平梁闞鳳樓編次並校字。

——[清]闞鳳樓撰：《蘇垣安徽會館志》卷首《館錄凡例》，清光緒六年刻本

第六節　清至民國時期浙江徽商會館公所規約

清道光二十一年閏三月杭州惟善堂捐設徽州六縣登善集要略

新安六縣登善集要略

是集設於歙縣水南王村地方，乃杭郡惟善堂載回旅櫬暫停之所，表裏相

副,缺一不行,實至要之善舉也。道光十八年,同志諸君樂捐經費,建造義所於杭州皋海月橋內,以備徽州暫厝旅柩總匯之區。其時議定章程,凡載送到境,查明果實無力者,津貼抬葬經費,是誠切麥舟之誼、克敦桑梓之情也。但通徽郡只有一河,並無支港,少舟楫之力,多跋履之勞,且由王村僅能至屯溪、漁亭而止,橫港亦只浦口、績溪可通,其餘皆屬旱道,各村山路崎嶇,離義所有數十里者,亦有離百餘里者。原議六縣口岸各設義所,暫停旅櫬,領葬較為近便。又因經費未充,各縣司集亦罕得其人,一時難以備舉,故權設一二處,先將詳定章程,凡極貧者,酌助抬葬之費,以全始終之道。每年度支不敷,惟冀好義紳商捐資樂助,或存典生息,或置產賃租,庶可隨時添補,不致貽日久廢弛之譏,願同志擴充而推廣焉。

道光二十一年閏三月　日,敬啟。

謹議登善集各條開列于後:

一、杭郡載材抵埠,司事親到,照冊查點核對,進厝各登號譜,以免領材時訛錯。

一、來領材者,堂中議定規矩,每具雇抬工四名,路遠或加二名,抬費按途程之遠近,照例給發,不准多索。如有滋擾生端者,呈官究治。

一、每年三、九兩月,擇一妥健誠實之人,酌給司集工費,鈔錄《號簿》,遍行六縣。至寄柩之家,催領抬去,以免延擱。如實有祖墳而無力營葬者,偕祭主來登善集領柩,須貼葬費錢二千文,遠者倍之。如有水道可通,即於水旺時附搭小船,送至口岸,俾得早安泉壤。如催領之人覓得本家抬去,每棺另給酒資二百文,以獎勤勞。若連催不領,即於次年三月代葬義地。

一、堂中助費,有赤貧、孤寡之別,全在集中司事實察情形,酌量資助,以全善舉,不可刻覈,亦不可濫行。

一、義地最宜高燥,不可低窪,必須隨時置辦,以備取用。每逢葬期,司事尤宜親往督工,並視穴之深淺,不得草率掩埋。灰料務需堅固,倘遇本家來扦另葬,不致朽爛難收。

一、經費宜照舊章,每棺用石灰一百四十觔,土工四名,每給錢一百三十文,工人聽集中選擇呼喚,不准分坊把持,以收實效。如有恃強阻撓者,呈官懲究。

一、碑石長三尺,出土闊一尺,厚四寸,認定工價,到期應用,不得多索遲誤。鑿字標明字號、某縣、某鄉、某人、某年月埋葬,塗墨上油,俾使扦時易認，不致模糊。

一、集中須用誠實工友一人，每年給付辛資，守厝、看漏、疏溝各事務，如或怠惰誤（公）〔工〕、傳喚不到者，即另喚妥人承值。每遇清明、中元兩節祀孤，福儀、紙箔照例備辦。若本地有樂捐紙箔者，另登捐簿照收，盡行焚化，每次標貼原捐簿存查。

一、婺源、（祈）〔祁〕門、績溪三邑在浙東貿易者較少，是以分設厝所，難得其人，惟賴同志諸君廣爲勸捐，共成善舉，無分畛域，以篤同鄉之誼可也。

一、事欲經久，全賴仁人；事欲完成，惟充經費。今六縣紳商不惜重貲，慨然傾助，務宜存本生息，置產賃租，共謀久遠之規，方爲妥善。堂中置辦公匣一具，存放銀洋、帳簿、契據等件，一人管匣，一人管匙。每年至臘月初十日，諸司事邀集同人結帳，謄清交出，輪流挨管。惟烟村司事四人自願協力辦公，銀錢出入，概不與聞。倘本堂或有徇私情弊，察出，公同議罰，辭出不容。如此，庶無侵蝕之虞，而登善集與惟善堂相維相繫，足增日月之升恒也。

——《新安惟善堂徵信全錄》，民國刊本

清道光至光緒年間浙江杭州徽商惟善堂章程條例暨杭州府錢塘、仁和等縣批文諭示

稟呈、憲批、諭示

大清道光十八年五月二十八日，爲建惟善堂稟杭府憲文、錢塘縣陸。具稟：惟善堂司事胡駿譽、余晃、金高德、朱祥桂、周載宇、吳東友、朱祥椿、吳家駿、程嘉綏、李爕堂、方步曾、葉聚三、金國儒、吳瑞雲、畢禹平、吳偉堂、吳曾冔、余鋐順、張錫璋、董厚齋、項若璠、陳雲閣、程仰乘、吳勳等爲援仿成案，捐建厝所，以安旅櫬事。竊杭郡向有新安厝所三楹，在錢邑柵外一圖，因地處側隘，不敷權厝，今駿等捐資并勸募經費，購置柵外一圖土名石井地方隙地一則，又募得張立瞻、闞信甫家願捐毗連基地二則，建造六縣厝所，專爲暫停旅櫬，以妥幽魂而免暴露。伏查錢江一帶爲上江總匯之區，凡我六縣之人，在杭、嘉、湖及江、蘇、松、常諸邑服賈者不少，積有客故旅櫬，總需附載到杭，暫停旬日，由上江運歸故土。無力者難免積日累月，致多堆壓。今仿照京都慈航善舉之式，于旅櫬到所時，查其姓氏、里居及報人姓名，登記年月日，柩上註明"予限一年"，聽有後有力者隨時認明，領回原籍，以全孝思。或雖有

後無力,孩稚無所經營,詢明屬實,助其由杭到徽船隻水腳之費,並於各邑口岸酌設暫柩之所,總名"登善集",分別發送,以敦桑梓之誼。倘本支乏人,僅有同鄉親戚,並無力營葬者,即在杭郡另置隙地,代備灰工,妥爲安葬,仍勒石標名,不致湮沒。

今將捐資捐地並創建原由先行稟明在案,俟堂楹工竣,再妥議章程,稟請申詳立案,用垂久遠。現當開工之際,地鄰山僻,仍恐地匪無知竊取物料,土工、匠作分坊把持,阻撓善舉。種種窒礙,有妨善政,應請憲臺大人鈞批,行知仁、錢二縣,出示曉諭,嚴行禁止,實爲公便不朽。上稟。

杭府憲文批:候札飭仁、錢二縣,一體嚴禁可也。

錢塘縣陸批:候出示嚴禁,並轉詳立案可也。

署理浙江杭州府仁和縣、錢塘縣正堂張、陸爲奉札曉禁事。案奉府憲札開:據惟善堂司事胡駿譽等稟稱,在錢邑柵外一圖,另置地基,添造堂宇厝所等情到府。據此,除批示外,合即抄稟,飭札到該二縣,立即遵照來札,會同出示曉禁。倘有不法之徒在該處新建惟善堂所乘間竊取物料,及工匠人等把持阻撓情事,立即飭拿究懲,並嚴禁差保人等,毋許滋擾等因。奉此,除密飭查拿外,合行會同出示曉禁。爲此,示仰該堂各司事及該里地保人等知悉,自示之後,如有匪徒在新建惟善堂所乘間竊取物料,及匠工把持阻撓情事,許即指名稟縣,【以】憑嚴拿究治,決不姑寬,均各凜遵毋違。特示。

六月二十七日,呈送章程,並請立案轉行各屬,稟杭、嘉、湖道憲宋。

具稟:惟善堂司事胡駿譽、余晃、金高德、朱祥桂、吳東友、朱祥椿、吳家駿、程嘉綏、李燮堂、方步曾、葉聚三、金國儒、吳瑞雲、畢禹平、吳偉堂、吳擎甫、吳勳等爲援仿成案,捐建新安義所,以厝旅櫬事。竊徽郡連山交錯,民鮮田耕,筮仕而外,爲商賈於四方者不少,寄跡繁多,云亡者衆。新安向有厝所三楹,在錢邑柵外一圖。因地處側隘,不敷權厝,今駿等捐資並勸募經費二千餘串,續置柵外一圖土名石井隙地一則,又募得錢邑樂善張立瞻、闕信甫兩家願捐毗連地基二則,方圓三共五畝有奇,建造厝所二十餘間、堂基一所,專爲暫厝六縣旅櫬,以妥幽魂而免暴露。再查錢江一帶爲上江總匯之區,凡在杭、嘉、湖及江、蘇、松、常諸郡邑,積有旅櫬,必附載到杭,然後扶歸故土。有後有力者暫停旬日,即行帶徽,力乏者難免積累之虞。駿等誼關桑梓,不忍旁觀,謹仿京都慈航善舉之式,凡旅櫬到所,查明姓氏、里居及報人姓名,登記年月日,柩上標明"予限一年",聽其後嗣隨時領回,載歸故土,以全孝思。其或有子貧乏，孩稚無力經營，山川遥隔，情實可憐者，堂中詢明屬實，傾助由杭抵徽船隻水脚之費，裝載回籍，不致羈延。若山村窵遠者，並於各邑口岸添建義所，極貧者，酌助抬葬之資，分別發送。倘本支乏人，僅有同鄉親戚，並無墳塋、無力營葬者，即在杭郡另置隙地，代備灰工，妥爲埋掩，仍復勒石標名。前將捐資捐地并創建各緣由先已報明府縣立案外，伏查省垣如普濟堂、育嬰堂、棲流所、掩埋局各善政，惠及間閭者，均沐大憲大人胞與爲懷，維持任恤。今惟善之舉，有後者聊免異地淹留之苦，無後者亦除荒郊暴露之虞，庶可爲善舉之一端耳。欲垂久遠之模，不得不慎之於始，是以仰瀆鈞聽，恭擬章程，是否有當，伏候察核施行，並請通飭杭、嘉、湖三府屬一體遵照。又祈憲臺大人立案垂久，實爲德便不朽。上禀。

七月初七日，奉到杭、嘉、湖道憲宋批：據惟善堂司事所禀，捐建新安六縣厝柩義所，並酌助裝載盤費，又另置安葬公地，俾旅櫬不致暴露他鄉，殊堪嘉尚，候行府飭屬知照，並給予匾額，仍着照議章程，妥爲辦理，以垂久遠可也。

又奉諭：惟善堂司事胡駿譽等知悉，據該具禀，在錢塘石井地方捐建徽郡六邑厝柩義所，並酌助裝載盤費，另置安葬公地，俾旅櫬不致暴露他鄉。謹擬章程，兼請通飭杭、嘉、湖三府屬一體遵照外，合行獎給匾式。諭到，該司事等即將發來懸掛公所，仍照議定章程，妥爲襄理，善始善終。凜切特諭。

大清道光十八年歲次戊戌孟秋月穀旦。

"梓誼可風"，欽命分巡杭、嘉、湖海防兵備道宋國經敬書題贈。

胡駿譽、余晃、金高德、朱祥桂、周載宇、吳東友、朱祥椿、吳家駿、程嘉綬、李燮堂、金國儒、方步曾、葉聚三、吳瑞雲、胡偉、吳偉堂、張錫璋、吳曾喦、董厚齋、項若璠、余鋐順、陳雲閣、吳擎甫、吳荊山、程甸邦、周潤庵、吳勳、孫巨川、方成勳、畢禹平、吳巨川、吳舟堂、方以修、余三順、汪李泰、孫沛然、程秉衡、孫心泉、陳光德、李翰堂、葉朗輝、程端溪、查友明、程炳南、許松廷、汪漢儀、趙林圃、項恒基、章茂堂、章觀善、姜渭傳、余啟順、潘致和、潘偉度、劉易先、汪印原、畢秉之、劉榮芳、黃水笙、洪憲章、程信成、余光斗、胡肇端、朱景良、汪樹庭、吳大椿、余德銓、金樹培呈送議定章程，禀杭府憲文。具禀：惟善堂司事胡駿譽等爲恭頌憲恩，並敬擬章程，呈候憲鑒事。緣道光十八年五月間，禀奉鈞批，候札飭仁、錢二縣一體嚴禁等因，奉此。駿等與新安閣郡士民同深感戴，仰蒙憲臺大人旋即札飭仁、錢二縣會同出示曉禁，仍嚴禁差保人等，毋許藉端滋擾等情，任恤矜全，無微不至。第思有基勿壞，不得不慎之於始，是以恭擬章程，敬求察核施行，以全善舉，永垂不朽。上禀。

奉杭州府正堂文批：據禀各條已悉，善舉總宜實力奉行。但山川遙遠，載送經費，尤宜預爲籌度。載到之後，務飭各棺屬速領營葬，是爲至要，仍飭該縣會核詳奪。

又呈送憲定章程，禀仁和縣張、錢塘縣陸。具禀：惟善堂司事胡駿譽等爲謹擬章程，呈候父臺大人察核轉詳定案事。竊道光十八年五月禀奉杭府憲文，批示行縣，一體嚴禁等因，奉此。駿等謹奉到頒發禁示一道，祗領高懸，咸各凛遵，同深感戴。仰見矜全善舉，實荷生成之德。第思有基勿壞，不得不慎之於始，是以將堂規及緊要各條款禀明在案，猶恐附近居民藉以厝所名色，強將本地棺木停放，或至積累難於稽考，並送回原籍船户、壩夫、土工人等不遵定價，有意勒索，地匪無知阻撓滋事，均未可定，應請父臺申詳立案，以全善舉，頂德不朽。上禀。

除禀明道、府二憲外，合並申詳，明請出示曉諭。

七月三十日，奉仁和縣正堂張批：據擬各條，甚爲妥洽，候即出示曉諭。錢塘縣正堂陸批：據禀《惟善堂厝所善後章程》，所議各款悉臻妥善，足徵該司事等情殷桑梓，俾旅櫬亡魂得遂還鄉之念，埋骸勒石咸歸窀穸之安，洵屬仁至義盡。候即詳請立案，一面出示曉諭，以全善舉。

署理浙江杭州府仁和縣正堂、加六級、紀錄十二次張爲禀請曉諭事。據惟善堂司事胡駿譽、余晃、金高德、朱祥桂等禀稱：在錢邑柵外一圖海月橋地方，建立新安厝所，安置同鄉旅櫬。誠恐附近居民藉厝所名色，將本地棺木停放，並裝載回籍時，船户、土工人等不遵定價，有意勒索，地匪阻撓等事，禀請示禁等情前來。據此，除批示外，合行出示嚴禁，仰該里地保及居近人等知悉，自示之後，如有不法棍徒強將棺木停放，並裝載回籍時，船户、土工膽敢勒索，及地匪阻撓滋事者，許該司事指名禀縣，以憑嚴拿懲究，決不寬貸。各宜凛遵毋違。特示。

仁和、錢塘二縣通詳《惟善堂章程》詳文：

署理浙江杭州府仁和、錢塘二縣爲遵札會詳事。案准道光十八年八月初三日，奉憲臺與本府札開：據惟善堂司事胡駿譽等禀，全叙仿照京都慈航善舉之式，謹擬章程，請飭杭、嘉、湖三府屬一體遵照等情到道。據此，除批示外，合亟札知札府等因，奉此。查是案並奉前因，合亟粘抄札飭，札到該二縣，立將惟善堂所擬各章程果否妥善，逐條會核妥議，詳候察奪，無稍違延等因，並奉粘抄該司事原稟及所擬章程各條下縣。卑職等遵即會同細核條規，所議添建厝房暫停旅櫬、續捐公地代葬骸棺，及酌助載送抬葬費用等條，均屬曲體人情，悉臻妥善。又設票單，分立各縣登善集厝所，並存本生息、募捐經費等條，尤為慎重；稽察、預籌、善後要務，周緻無遺。從此，故樞新棺均得遷歸故土，羈魂旅魄不致久滯他鄉，澤及九京，惠敷六邑。該生等雖身居異地，而誼切桑梓，創始者有人，繼美者有人，俱見慕義懷仁，樂善不倦，自應飭令照議遵行，以垂久遠。合將遵札會議緣由備文具詳，並將該司事等原議章程開摺附送，仰祈憲臺大人察核批示，以全善舉，實為德便。為此，備由具申，伏乞照詳施行。

附呈《惟善堂原議章程》清摺一扣。

道光十八年十月十二日，署仁和、錢塘知縣徐起渭、李汝霖，十月二十四日，奉杭、嘉、湖道憲宋批：據詳已悉，仰杭州府轉飭知照，繳摺存。

十月二十五日，並詳奉署杭州府正堂鄂批：據詳惟善堂各條章程，甚為妥善，洵屬好義可嘉。惟捐資發商生息，必擇其殷實可靠者，方免日久侵挪，以全始終而垂遠久。倘有好善樂施，捐銀在三百兩者，隨即詳報，以憑核請獎勵。一面出示曉諭船戶、埠頭、土工、散作人等，務須照議定價給發，毋許額外多索，仍將遵辦緣由報府察查。此繳。

十二月十四日，奉仁和縣正堂徐給諭：抄詳，飭堂遵照章程舉辦。又奉錢塘縣正堂李頒給議定章程，鈐印發堂，曉諭張掛，並飭該司事及船戶、埠頭、土工、地保人等，各宜遵辦無違。又奉諭：惟善堂司事余晃、金高德、李燮堂、吳瑞雲、程嘉綬等知悉，照得慕義懷仁為立身之本，上行下效乃絜矩之方。該司事等見義必為，情殷桑梓，將同鄉旅櫬送回原籍，務須詳細查明，於各棺分晰標名，俾有後者得以隨時領葬，以期善始終。倘船戶、埠頭、土工、抬夫人等藉端訛索，分坊把持，阻撓善舉，許該司事指名具稟，以憑拘拿嚴究。其餘望各司事均宜協力匡襄，勿稍始勤終怠，本縣實有厚期焉。切切。特諭。

右諭，仰惟善堂司事等。准此。

謹擬《惟善堂章程》，恭呈憲鑒，是否有當，伏候批示遵行。

計開條目：

一、義所即古名"漏澤園"。新安向在錢塘南柵外一圖海月橋內塘，始於嘉慶初年，歙縣樂善余錦洲捐造厝所數間，專爲新安旅櫬到塘之際，或遇風潮汛發，沙灘水掩，阻滯難行，暫爲安頓之所，並厝徽郡人在杭病故者，藉以權停。彼時因限於經費，屋少難以容多，每致積累。且附近居民恒將棺木停放，甚至堆垛如山，無從稽考，往往旅櫬到杭，無從安置。迨至廿四年，錦又募得桃花山麓石井前張立瞻地一則，草添數楹，權爲置放。其不敷經費，捐資承辦。其後，錦洲喬梓旋里物故，其孫鋐順、姪晃共相經理，續購何姓地一則，以待擴充。今胡駿譽、金高德等於道光十七年冬，又募得杭郡同志闕信甫家毗連基地二畝有奇，情願捐助，共成義舉。此舊厝所並購地、捐地之原委也。

一、此舉首重葺屋以安旅櫬，總需高燥能蔽風雨爲宜。今同志共募經費若干，周造牆垣，前列廳事，後建義所二十餘間，分別六縣，安厝各柩。婺邑雖另有專厝，今同人既樂輸經費，同在郡屬，未便向隅，仍派照六縣建造。桑梓同情，無分彼此焉可耳！

一、厝所專爲暫時之計，親朋相送，各已還家；魂魄羈棲，依然作客。水源木本，雖不乏孝子賢孫；日久月長，豈能無風侵蟲蝕？況錢江爲上江總匯之區，凡六縣之人，在杭、嘉、湖暨蘇、松、常等郡邑經營作客者甚多，上海有思恭之舉，皋城有敦善之籌，禾郡有廣仁之設，蘇、松等處各立殯房。雖暫柩各因其地，而回籍必須附載到杭，有後有力之家暫停數日，即便登舟扶歸故土。或僅有到杭之費，而上江水陸途程非數千文不可，難免阻滯而莫定歸期也。

一、客處他鄉，最重親鄰房族，患難之時，陌路尚有切膚之感。既經舉報暫厝，即應發信知照其後人、親族，並當剴切示其端倪，以便到杭領柩回籍，不致久淹異地也。

一、頻年作客，家道艱難。謀生既無積蓄，病故安有餘資？適當災厄之時，或知交幾輩，殷勤來問候之書；孤枕三更，寂寞灑臨終之淚。當此時，或棺衾粗備而魂魄孰招？如此客故他鄉者，實堪憐憫。故堂中仿照京都慈航善舉之式，設立三聯票爲憑，並設報所供單。如有旅櫬欲暫厝者，經報人先向在堂司事報名，憑填報單赴堂中查明，照單編號，填註清楚，裁去聯票一紙，即付舉保人爲憑，以便領材時對照給發，以昭慎重而免遺訛。

一、義所只可暫停，歷久患其堆壓。故凡入厝之後，即應發信於其家人，信到即令復音。如或無復，又發信切催。半年之後，仍無復音，堂中即致經手司事，查問舉報人原委。若因無力觀望，不妨據實致堂，以便堂中趁船載送回籍，所有盤材、水脚，本堂給付，該祭主只須往故鄉得遂烏□之願。倘若逾期，催之一年無信，本堂照限，於杭郡另置公地埋掩，方免積壓之虞。

一、本堂司事，就商業者居多。堂中刊刻板票，每年分存就近各司事處。凡寄材到所，舉報人必需先取板票，報明來歷、姓名，的係何縣何鄉住址，有無子侄，作何生業，開載明白，以憑稽考。持票到所，核對細的，登載聯票，給付爲憑。柩上填單實貼，再用漆筆填明原號，以便將來對照領材，庶無貽誤。如無惟善堂初報票單，概不准收。若非病故及來歷不明、另有事端者，亦不准私收濫入。

一、經手人既報之後，即應發信催促，以憑按期領材，載送回籍。倘報後，亡者之家冰擱，弗論永無信音，隨即通知堂内，於次年埋葬公地。後或欲扡取，其費必須自出，以戒因循。

一、亡者既無子孫，終鮮兄弟，或高堂白髮、妻室青年，此情更堪憫惻。統限於六個月内專信到杭，將無人承領棺木、家中貧苦無措情節到堂，或三黨至戚某人可以代辦，堂中訪明的實可靠者，傾助水脚一半。若屬赤貧，全行給助，趁船裝送回籍，原報人繳銷初票。倘承辦之人亦爲窘迫者，裝載時裁去中票，知照登善集司事，酌其路之遠近，給助抬工之費。三月之内，定有葬期，再助其葬錢三千文；半月前預先報知葬日，憑司事賫交到地，七十里外酌給，不准預支，且難遍及，此特念孤寡之情，格外優待也。如至戚稍可幫助，在杭郡抬夫、水脚全給、半給已屬從厚。抬葬之費，至戚豈忍坐視？宜早爲之代籌矣。

一、本支乏人，或存有山地，房族單寒，僅能代辦者，於初報時，舉報人報明一切，裁去聯票，並知照該房族，於一年之内春、秋兩季，裝載至各邑口岸登善集暫厝，本族即行領回安葬。稍有裕者，召完由杭到徽水脚錢一半，力乏者免。房族亦貧窘者，預先知照，堂中領材時註明，計其路之遠近，給付抬工四名。如或材重，兼之山路崎嶇者，六名，另外再貼葬費錢二千文。其葬費，由登善集值季司事查明確實，臨期再付，七十里以外者，酌而給之。此款登善集先行墊付，俟季終彙摺知照杭郡司事，覓便寄完，集中填付收照，以昭核實。其亡者之家，如無山地可葬，即報明登善集，于春、秋二季埋葬公地亦可。

一、績溪、休、黟、婺、祁等邑，路程遥遠，領柩維艱，棺屬赤貧者，難免窮途之嘆。必須熟籌善策，或津貼抬價，稍寬，或另募樂善可靠之人，設所暫厝，方爲妥善。

一、本家親族式微，并無山地祖塋可附葬者，原報人即於報時註明堂簿，在杭郡另置公地，每逢春、秋二季，代備灰工，妥爲安葬，仍勒石標名，不致湮沒。如不欲埋葬他鄉，願歸故土，即於登善集公地埋掩，亦可原情。

一、在杭習業，未有室家者之柩，其父兄自欲携回，於進所時註明堂簿，自行出資，送回原籍，仍予限一年。如一年後尚不帶回，即葬杭郡公地，以免猶豫因循也。

一、徽港船户，應照議定水脚，毋得多索。埠頭公費，公議免捐，堂中全僱，每隻大錢二十餘千至三十千爲率，載至登善集，起岸交卸。若便船搭裝，每柩定價一千六百文。倘祭主力稍乏者，自出一半，堂中酌助一半；實在赤貧無措者，全行助給，以分別之，慎毋濫應。

一、津貼水脚，每年爲數甚鉅，非有一定之款，勢難支持。現在議而未行，非所以爲善舉之道。絡續散募，亦不足爲長久之規。必需公同籌議，每年得有一定經費，方可永遠循行。況載柩之多寡，亦難預定，每年至少約以六十棺爲率，津貼之費，即需錢八十餘千，而葬費等用猶在外。將來或另捐成數生息，或捐堆金充用，無虞缺乏，不致拖累也。

一、同人先募得常州新安會館捐助錢本五百千文，現存公堂生息，按年憑摺支取利息五十千文，專爲載送旅櫬水脚之需，不准支本，宜勒石以垂久遠之經制焉。

一、同人樂捐經費，除建堂所墻垣等項共支用錢二十千數百文，餘者留造登善集所之需。凡收支細帳簿籍、契據，集存公匣，按年輪流挨管，互相稽察，概不徇私，以杜侵挪之弊。如有好善捐，於年終專條刊布，以彰其善。一百千以上者，報縣請獎；三百千以上者，禀府申詳，仍將散捐細數及捐地稅畝專條登載，並勒貞珉，永垂不朽。每年用帳，公同察核之後，宜用粉牌書明，懸掛義所，十年彙集一刊，俾使人人共曉，以杜嫌疑。

一、本堂價置各契並樂善捐助等契，均宜查明四至、字號、稅畝，值置者呈縣鈐印，捐助者投稅納糧，以憑執守而重糧糟，並免侵佔而息爭端，俾各永遵德化，同沐恩施於無既焉。

《惟善堂規條》，禀奉調置浙江杭州府錢塘縣正堂、加六級、紀錄十二次李爲據情曉諭事。前據惟善堂司事胡駿譽、周載宇、金高德、李燮堂、程嘉綬、余晃等呈送章程，禀請察核批示，據情轉詳道、府二憲批示立案外，並出示曉諭等因在案。今據呈送該堂規條到縣，察核無異，所議所定，悉臻妥善，合行出示曉諭。爲此，示仰該堂司事遵照規條，妥爲經理，以垂久遠，切勿始勤終怠，本縣實有厚望焉。各宜凛遵毋違。特諭。

計開規條于左：

一、惟善堂義舉，非比泛常。既安厝之得所，須載送以爲先，稽查不可不慎，以防錯誤；載送不可不催，以免因循。謹枚舉數則，以冀同志互相勸勉，和衷共濟，慎勿慕於爲善而好名，更弗輕於立功而無實。故必砥礪切磋，身體而力行之，同歸於善，然後推而廣之，如津貼載費、置地安葬等情；擴而充之，如備施義櫬、暴骨收埋等事，均係善舉，惟祈遵行，歷久無替焉。

一、公善之處，累銖寸積，儲備維艱。當思來時不易，經費應歸正項，務須撙節，無事虛糜。凡器具惟求樸實堅固，一切可省之端與無用之物，概不准置，並不得倡議挪支，旁及他事，開銷公款，任意肆行。

一、各司事離堂較遠，或數里，或數十里，寓於城中者居多。既延定在堂司事，務當恪守章程，不得徇情更改。若有關經費及有礙大局者，總需公同議籌妥善，不可就一二人之偏見，妄自乖違，致分畛域。尤不可臨時木訥，事後紛紜。總宜擇善從長，咸歸實濟。或有未盡之端，即宜與同人商酌妥善可也。

一、外厝所就近海月橋水口，屋僅數楹，凡由信客及後人扶櫬來杭，擔待三五日，暫時安頓於此。知會在堂司事查明，另登《號簿》，發出註銷，以憑交代，匙鑰存堂。如擱兩月之久，仍不動身，抬入堂內厝所，另登《號簿》，註明原委，不給聯票。

一、本惟善堂厝所現有二十九間，離水口較遠，憑單舉報領柩，往返須時。舉報人能專主者，即於單內註明，或即便載回，或按時彙送，以省催問而昭劃一。

一、薄板材身，似難羈久，隨到隨葬，宜防坦散，以免穢惡。

一、杭州厝所首創時，係余錦洲經理。今同人樂捐經費，擴充建造義所，工竣後，邀集同志，重整舊章，善者從之，缺者備之，總期周洽認同，司事協力同心，共相傾助。其僱船裝載，報材到所，登號填票，仍就近余國琛、吳瑞堂、項若璠經管。倘有當議事情，仍出單公同商酌，務臻妥善，一視同仁，均毋推卸。

一、寄柩進所，抬夫自行給發。其後領材時，抬送水次登舟，定例四人，給抬工錢二百四十文。若材重，另添二人，加錢八十文，不准多索。各鎮來自水次者，均照此例。惟本堂僱船裝載各旅櫬，計日點工，每工給錢一百六十文，辰集酉散，怠惰者即行飭退，勤敏者宜獎酒資。

一、堂中三節遙祭，中元，禮大悲懺一日，三衆焰口一壇，酌備祭品、香燭、紙錠，無尚奢靡，開支正項。

一、堂中應請坐帳司事一人，專管堂簿，查驗報材來單，填付聯票，檢點出入等事。現因經費未充，暫從儉約。一切堂務、支用事宜，權歸各司事輪值。

一、承管義所夫工二名，即係江干土工承值。裝載水次，喚集人夫，每季檢材一次，用夫四名，每名日給錢一百六十文，傳喚即到，不得遲誤，不准多索。如或不協堂規，飭退另喚，毋任把持。堂中，責成隨時灑掃潔淨，凡公置桌椅、家伙、什物，不准借出堂中，亦不准借堆物件、客貨，暫住等情。緣地處僻靜，門設常關，倘各行商籍有客捐強寄，以圖起岸就便，不顧資本。設有意外之虞，難免饒舌。倘管義所之人徇私貪利，察出鳴公議罰。若屢次不悛，即行革出。如敢容留匪類譸飲聚賭、擺設烟盤不法等情，一并送官究治。

一、每年共捐款若干，支用若干，另立《四柱細帳》，刊刻分送，有餘不足，人人共知。十年總核一次，刊附《徵信錄》，永誌弗遺。倘經費不敷，隨即公同籌畫，和衷共濟，永體有基勿壞之模。

一、春、秋水旺之時，查驗柩之多寡。僱船，每棺約錢一千文，開明住址，責成該船户計日運至各縣口岸登善集，交卸收明後，集中給付，總收照一紙，交堂備查。凡一艙之中，以六棺爲限，不許多裝，並分別男女，毋使混雜。

一、登善集每於船户載到之時，照依《惟善堂知照册》，分別核收，即於通衢四鎮填寫各柩姓名、住址，以待親屬領回。或雖有親屬，赤貧者，准其到集報明，司事查其的實與路之遠近，助給抬費；或自有山地祖墳可以附葬者，又給助葬錢二千文。此爲極貧而論，不得視爲常規。倘自能扛抬營葬，有意遲延，託詞窘乏者，六個月尚不領回，即代葬集中公地。

一、嘉、禾、蘇、松等郡邑各善集，將來載到旅櫬，堂中專人代爲照料，一切俱照杭郡之式，以歸一致。倘信客收受水脚，到塘時藉以貨多船重或水脚不敷，有意延擱者，不准透留，以杜巧飾。或實爲風潮險阻，人貨繁多，該信客邀同誠實保人，留存大錢二千文爲質，到堂寫定，下次來杭必定帶去，不致延誤。如期到者，原錢給還。倘逾半年不帶，將質錢作爲水脚，附便寄至登善集,標明某客失信,以致半途而廢,戒其將來。

一、給單之後,必須填單實貼材上,再用漆筆填明,以免日後訛錯。載送之時,查驗應送若干,具繕册二本:一付船户,賫交登善集收核;一存堂内備查。

一、本地及他郡棺木,概不准入新安厝所。倘蒙混進堂,即責成原經手領出。如司事工人徇情容隱,察出公罰。抑或有人私取租錢,追出充公,當即驅除,不准復用。

一、載送回籍,原係桑梓高情。倘有不肖棺屬假冒極貧,希圖葬費,並節外生枝,妄稱借貸者,概不准應,以杜覬覦無賴之漸。如的實棺屬藉端滋擾,司事即禀縣主,押令具結,仍載至某縣登善集厝所,即在某縣具禀,飭差押葬,以儆刁風而除後患。如無祖墳可附者,宜葬公地。

一、春、秋,棺屬到所祭奠、焚紙錠者,不准在所房簷,總須焚于爐内,以防火患爲要。

一、埋葬必須慎重,不可草率;擇地尤要有土,高燥爲宜。若底窪有水,心必不安。葬時須用灰料標石,司事者逐一考究其實,方爲有濟。屆期,分別男女,公同核對,挨次舉埋。不得各分朝向,惑於堪輿,紊亂公舉。如已扦葬,即註銷圖策,以便稽查補埋。徽郡棺木,各縣認定,司事辦理,杭郡埋葬事宜,歸陳光德經理,其餘各司事、發願者和衷幫辦。

一、同志集捐散願,司事者按月收取,隨收隨交值季司總收貯,不得挪掛分文。如捐者未付,必須交代,以杜侵匿之疵。

一、客捐,另出收票,收到若干,填註若干,仍互相稽查,以歸真實。

一、認捐載送之費,開船後即須標明此次係某捐、載送費若干,仍收帳出支,一無遺漏,年終刊帳詳明。

一、常州公堂息款交到,存於值年司事處,專備載送經費,不准別用,以免臨期掘井之譏。

一、婁鶴皋捐足錢一百千文,專指載送經費。今選商承領營運,週年一分生息,其息亦不准別用,預存載送之需。

一、姚現捐義地,在歙縣大聖山麓,以備無主無力者營葬各柩之所,俟後挨次葬滿,再於左邊續置,以廣善緣。

一、瞿穎山現捐樓屋二間,坐落仁邑會保一圖,每年約得租錢十餘千,除納糧、修葺之外,所得租息,作爲惟善堂歲修之款,正用開支。設有不敷,公款添補。如有餘剩，收入正宗。

一、此善舉定有規則，惟冀同志按則講求，首重送回原籍，得安故土，其餘雖屬末議，亦不可視爲緩圖。樂善者既踴躍以輸捐，司事者尤急公而辦理，豈難永垂於不朽哉？

一、初議建正廳，因經費不敷，且從後造。現在雖募有捐數，未便草率鳩工，況堂規首重送回原籍，次則覓地埋葬，均係善舉，總須立定主見，斷無逐末忘本之情。尚祈原諒，無事紛營也。

七月二十二日，稟杭、嘉、湖道憲宋。具稟：惟善堂司事周載宇、李燮堂、程嘉綏、朱祥桂、方步曾、金國儒、吳曾暠、董雲卿等爲恭請憲恩，陳請激勸事。竊載等前因捐建惟善堂義所呈送章程，于道光十八年七月初七日奉到鈞批，諭貼匾式各件。祗領之餘，同深感戴，仰見憲臺大人矜全善舉，曲順輿情，旋即行府飭屬，遵照在案，并蒙憲諭精詳，令各司事均照議定章程，妥爲辦理，以垂久遠等因，奉此。載等惟有實力講求，同心共濟，以冀仰副慎重矜全之意。再溯查倡捐、勸捐、認辦，各司事踴躍從公，微有勞績，是以縷晰備陳，可否各給匾額，以示優獎？實於善舉有光。如荷憲允，首倡者當不負其初心，勸捐者足以增其善念，踵行辦理者尤可勉其將來，聞風慕義，定不乏人。此皆出自憲恩，凡六縣士民共沐鴻休于無既矣。

謹附條例如左：

一、杭郡向設厝所，創自嘉慶初年，歙縣余錦洲捐資蓋造。雖規模狹隘，用意良深，數十年來，勉行無替。其孫鋐順、姪晃現在杭，仍司其事。

一、常州公堂，亦係新安衆商創，捐錢五百千文，仍存公堂營運，周年一分生息，收來專爲津貼旅櫬載送之費，議定不准提本，以杜挪移，堂中宜勒石垂久。

一、勸捐經費，金高德、程錦章等自去冬至今，無間寒暑，不惜勤勞，亦足見其好義急公，力行不怠。

一、凡旅櫬有後無力者，載送回籍，每次約有數十具之多，隨時載到者不卸，船户勢難久待。且山村僻遠，招認領抬，難免羈延時日，復有暴露之虞。道光四年，司事胡駿譽、孫巨川等在歙邑水南村地方蓋造平屋，以資暫厝，係伊等就近認辦，歷今十有餘載矣。現又置有義地在大聖山等處，逾限不領之柩，另籌經費，即行埋葬。查實無後，不須送回者，即在沿江山麓，擇高燥有土之區，置買數則，春、秋兩季發送之餘，即行埋葬。現有司事陳光德，誠實且勤，不辭勞苦，向來捐辦源遠集義舉，實屬認真，延辦掩埋之事，藉資諳練，以襄厥善。一切葬費，仿照普濟堂掩埋局之例。

一、徽郡六縣各口岸，現擬定添設數椽，暫蔽風雨，分別發領，須專擇就近誠實之人經理，方能妥協。現在司事中，捐地者有人，奉行者又有人，將見事成于踴躍也。且分設處所實與杭郡惟善義園大有裨益，按季載送，杭郡無擁塞之患，一善也；各岸口就近起卸，俟其後人認領，以免跋涉之勞，二善也；各處有誠實司事周知鄉里，實在貧窘者，助其抬費、葬費，毋濫毋遺，三善也；積有餘資，各縣再置公地，代爲埋葬，得安故土，四善也；互相勸勉，俗厚風敦，循其程式，五善也。謹摘《周語》"從善如登"四字爲六縣分設，一視同仁，統名"登善"，是否有當，恭候憲裁，實爲德便不朽。奉批：據禀惟善堂經理各司事首倡勸捐，緣由已悉，洵屬"從善如登"。候書匾式，另發分給各司事，以示優獎。仍循議定章程，妥爲辦理，勿稍疎懈，是爲至要。此繳。

分別匾式：

欽命分巡杭、嘉、湖兼管水利海防兵備驛政道，兼署浙江等處提刑按察司宋："成式可循"，給歙邑樂善先型余錦洲立。

"誼篤桑梓"，一給常州樂善衆紳商，一給歙邑樂善胡駿譽立。

"敦善無倦"，給歙邑金生高德，誠謹樸實，樂善有爲，襄理新安公堂義舉，不辭勞瘁，其情實好義急公，洵堪嘉尚，特給匾額，用示優獎；給錢塘陳先生光德，樂善有爲，經理源遠集義舉，歷今十有餘年，近又襄理惟善堂務，可謂敦行不怠，任重不辭，宜嘉獎焉立。

"從善如登"，分給新安惟善堂六邑義所各司事立。歙邑：周潤庵、周載宇、余晃、程嘉綏、吳東友、吳曾暠、吳家駿、朱祥桂、朱祥椿、項若璠、吳偉堂、余鉉順、吳舟堂；休邑：張錫璋、李燮堂、李黻堂；黟邑：金國儒、董厚齋；績邑；婺邑；祁邑。

道光十八年八月初三日穀旦給。

——《新安惟善堂徵信全錄》，民國刊本

清同治浙江仁和縣塘棲鎮新安懷仁堂公啟

蓋聞義所之設，桑梓情殷。雖在異地萍踪，不減故鄉風景。會聚有時，規模有則。無如庚申以來，逆氛四擾，廟貌既虛烏有，故址荊棘叢生。所有一切舊規，當茲大兵之後，諸各棘手，只得以聽將來。所慮者，尚存棺木百餘，露天無飾，觸目難堪。今集同人捐願堆金，俾可聚腋成裘，將見一年半載之後，盡可埋歸净土。務祈諸君子踴躍捐輸，泉刀勿吝，以成義舉，是所深望。此啟。

同治四年閏五月朔日，新安懷仁堂司事公具。

蓋聞澤及枯骨，周王存仁愛之心；助以麥舟，宋儒濟窮途之困。是皆古先王先儒之美跡也。竊我徽郡六邑，民繁土瘠，賴糊口於四方；産少需多，籍充足於三省。是故肢體多勞，病疾何其能免？膏（盲）[肓]驟入，舁歸不及偏多。身既騎夫箕尾，柩難指以牛眠。雖有歸櫬還鄉之日，須先安置待吉之期。是以同人有義所之設、《號簿》之誌，俾知屬邑姓名、進出年月，以及先後編定號數，謹於斯册存焉，庶無差錯云爾。

時同治五年歲次丙寅孟春之吉，新安懷仁堂司事公具。

同治六年分募簿啟

蓋聞集腋成裘，積珠成貫，譬大廈非一木能支，彼方城賴衆志則固，此家人、稚子無不知其大略也。矧吾徽六邑，士、農、工、賈，雖曰咸備，而作客爲商者爲更盛，是非大丈夫志在於四方者也。溯思前人敦仁慕義，古樸純真，凡諸城鎮無不有會館設焉，實乃恭桑與梓之義。況唐棲向有會館，因被逆匪拆燬殆盡，雖係小鎮，然而是吾徽出杭關各路之咽喉，歸途之要隘，往來東道之區，同鄉暫跡之所，此勢之固不能不復興建也。無如遭逆匪以來，事業寥寥，同鄉寂寂，以目前數十人之力，焉能當數千金之任？是不復不仰募於鄰封。爲此，敢效托鉢之誠，全仗仁人之惠，俾功施廟貌，德折鄉衷。敬希慷慨，幸勿諉辭。曲推桑梓之情，莫吝廉泉之費。將見壬林錫嘏，共樂春臺；無非子惠咸孚，同依夏屋。因陳蠡測，祈列鴻名。謹啟。

——[清]汪誠樸：《新安懷仁堂徵信録·公啟》，清光緒三年刻本

清光緒二十二年十二月浙江杭州府爲徽州木商頒布内河章程

内河章程

欽加五品銜督理浙江杭州鹽糧水利總巡分府、加六級、紀録十二次陸爲：
一、木排定例，按三、六、九拕裝，通以十二場爲限，不准多裝，不准愆期。

惟城中城隅各木行及零星小販木排，定每月逢一、逢八日期挖裝，不准與客路木排同日擁擠。如木排極多時，不准遲至次日補挖補裝，必限當日肅清。

一、內河木排，必須扎狹長式，不准扎成闊排，免至一路碰撞阻滯。

一、潮汛極險之時，有浮泊外江之木無處堆倉者，木商資本所關，一面稟報本分府派役，督令人夫，應准破格挖入內河，以避潮險。如非潮汛，或以堆倉之木，不得援以爲例。

一、杭、嘉、湖各行，每往上江自運木排，由課商公所掛號者，名爲行排，多係散裝，索纜不甚堅固，與客排停泊外江待售者有別，應照向例，隨到隨挖，即行開運，不准在河停泊。

一、撐排夫隨裝隨撐，不准懶惰遲延。

一、省城中木行運貨到埠，隨時起岸，不准久停。

一、貨船當遵向例，船東木西，凡運木日期，貨船不得攔截橫行，並不准輕船重載及中途逗遛斜泊，致礙水道。

一、南星橋下東首橫河二條，係木排進抽分廠咽喉要道，凡往來船隻，不准在該處停留，庶免阻塞。

一、永昌壩運木，責成壩夫頭多派人夫，不准少有停積。如遇貨旺之時，不准藉端刁難，致干提究。

一、嗣後，添造船隻，不准放大尺寸，以期行駛便捷。

以上十條，疏通水道要公，各宜懍遵。切切。

光緒二十二年十二月初一日，勒石立於抽分廠。

——［清］江有孚：《杭州徽商木業公所徵信錄·內河章程》，
清宣統元年刻本

清光緒二十八年七月浙江杭州府曉諭徽商木業公所規條

欽加五品銜督理浙江杭州鹽糧水利總巡分府、加六級、紀錄十二次陸爲曉諭申禁事。查木業三公所向有議定規條，本極周備，乃年久疲玩，河道屢患阻塞。本分府巡察不嚴，忝負職守，心滋疚焉。茲特重申嚴令，將緊要數條示列於下：

一、查舊章，凡木植售定，當持成票同行戶至公所掛號，然後掣籤，挨次運行，不能越次爭先，永無擁擠之弊。訪查近來各行戶，每不先掛號，或藉口以木數無多，或藉口於路遠瑣屑，以致開載不能按次準運行，相率效尤，成何事體？嗣後，無論貨之多少、路之遠近，必先掛號，方準扡塘。倘仍抗違，照絮亂議罰。或有不服議罰等情，立即稟候提究。

一、查舊章，開載之日，責成行戶查明字號，挨次公同掣籤，當日起運，不准排夫停泊阻滯，立法可稱盡善。豈料狡譎多端，近來竟有借籤之弊。嗣後，嚴查行戶，倘有私弊將籤子借與他人扡運，以及借者、受者，各罰洋五拾元。此項罰款，由公所另設一櫃，存儲封鎖，以備挑河善舉公用。倘有抗不遵罰等情，指名稟候提究。

一、查舊章，逢三、六、九、分期開載，每期木植，必須本口扡清，以杜影射、搬運別倉諸弊，不得藉口只有數十餘根，遲至次日補扡。違者，議罰，扡夫嚴責。

一、查舊章，船東木西，各分各界，不准船排交錯。倘船隻向西，咎在船戶；木排向東，咎在排夫。嗣後，水道東西，倘或混淆，嚴查提究。

一、查舊章，望江門外永昌壩，每日出排壹百貳拾甲，無水之時，必須雇人夫幫同拽出，總以不能少於此數為度。訪查近來永昌壩每日出排不過數十甲，無水之時，非特不肯添雇人手，而且壩夫遠近旁觀，一甲不出。由於該壩夫頭把持勒索，慣成積習，其目無法紀，實堪痛恨。嗣後，該壩夫頭倘不知改悔，仍有前項情弊，立即扭送，或稟候鎖提，候訊明屬實，即送縣管押，將該壩夫頭另行更換，以昭懲儆。

一、查舊章，外江之木扡入內河，催令排夫隨裝隨撐，必不至阻礙水道。無如排夫刁悍性成，習於懶惰，訪查近來排夫狡獪，竟與壩夫聯為一氣，喜於壩底前排停積，後排停止，不能先行，任意嬉遊，遂成錮習。嗣後，排夫倘與壩夫頭通同設計，木排擱滯，查出一併提訊。或排夫於半途逗遛，任催罔應，立即扭送，候訊明屬實，重懲治，一併送縣管押，准許賣客另雇排夫撐運，庶幾挽回把持積弊。

一、省河狹隘，小販木排往往停滯不撐。一經詰責，便推諉於行家，因木價未清，扣留候價、不准放行為詞。嗣後，小販木排如果木價未清，不准扡下塘河。既以下河，即當驅逐迅速撐行，不得借端停滯。倘仍故違，先提排夫訊責，并查該行戶商人等一併提究。

一、查舊章，木排極多之年，飄泊江心，忽然風潮大作，慮其衝散，不能待三、六、九開載。同治年間，前撫憲楊曾飭前分府潘發籌壹百支，名曰"救災籌"。若風狂潮湧，即發此籌以救之，限三日繳籌，過期議罰。現查公所尚有舊籌存儲，自宜隨時察看情形，循舊辦理，一面發籌，一面稟報本分府署備案，不得藉口於匆忙，遲至次日補稟。如木植過多，內河不能盡容，必須租地暫行起岸堆積，隨行陸續扎排分運，庶於水道無礙。查舊籌，宜加蓋火烙印，以示區別而杜偽造。此籌爲救災而設，不得輕率發籌，宜絕影射諸弊。

以上各條，皆良法美意，永宜守遵，並非添創新例，苛刻爲治，務各懔遵毋違，切切。特示。

光緒二十八年七月二十四日示。

——[清]江有孚：《杭州徽商木業公所徵信錄·曉諭申禁》，
清宣統元年刻本

清光緒浙江仁和縣塘棲鎮新安懷仁堂堂規

公議堂規

一、議棺木進堂，須憑經手保人，先到司事掛號，當取堂票，即付號金錢四百文。持票到堂，管堂司事驗明，放抬入厝。倘後查出或有外藉冒寄者，惟保人自問議罰，其柩即須押出，以免溷亂。

一、議自領出堂靈柩，須持原票到堂認領，本堂司事對明發出。其抬工使費，概歸本家自付。

一、議進堂棺木，男左女右，各安位次，不許溷亂。其未成丁小棺，向來不准入堂，勢必抛於野地，視之不忍。今議一體准入，諒來未必有人領帶。今限定一年爲期，本堂立有孩塚，每於冬至前後，一體埋葬，免其暴露傷心，其掛號只取錢一百文。

一、議倘有他處馬頭伴送病人回籍，不幸路故，塘棲相近，來投會館，司事查明來歷。果實同鄉病故，准其入棧間成殮，司事代爲妥善辦理，免得生疎受詒。所有棺木一切使用，以及掛號錢文，概歸送病者自付，本堂不能相助。當時登明堂簿姓名、籍貫，給與堂票，以便後領有憑。若非本籍以及橫故者，不准入堂。

一、議柩進厝所，本堂雖有編號，來柩杙頭未寫亡人籍貫、姓名，在堂司事隨用籐黄代寫明白，免後舛錯。

一、議進堂之柩，或有非病故者，本堂何能細察？倘有事，當惟保人自行承理，不能擾礙善舉。

一、議本堂厝所，原爲未便即歸本籍，權時安寄而已。今議約以三年爲限，如滿限不來領回原籍，則本堂惟有代埋葬于義塚。須知久進不出，無此大廈。且久停不葬，尤干例禁，各宜體諒爲善。

一、議限期將滿之棺，該親屬或欲帶徽安葬，而一時難於措手，望於限期前兩月赴堂報明，商緩一年，註明《號簿》，本堂無不從便。設屆下期仍未領出，本堂一體安葬，以免因循。

一、議本堂埋葬滿限寄柩，每年定於冬至前後立碑勒石，並編堂號，妥爲掩埋，以備後之親友起帶回籍無錯。但本堂既經出費代其埋葬，倘有起遷自葬，或帶回籍者，誠爲萬幸。其起費概歸自出，本堂不得相助。

一、議堂中經費，甚慮不敷。矧"聖經"有言："事前定則不急，行前定則不躓。"凡事皆宜前定，不致臨時局促。凡我同人，各存仁濟之心，毋忽義舉之志，務望解囊樂助，勿吝廉泉，始終不怠，以垂久遠。積功德于無涯，培福禄于後代，子子孫孫，永保用享。祈各勉從，是所深望。

一、議本堂章程初就，貲斧維艱，所館中堂構以及器皿用件皆未完備，必俟各項告竣之後，能有盈餘，再行量力體貼領柩回徽之費。

一、議館中所有木器物件，一概不許借移出館，以防損壞、疎失等弊。

——[清]汪誠樸：《新安懷仁堂徵信錄·公議堂規》，清光緒三年刻本

清宣統《杭州徽商木業公所徵信錄·凡例》

凡例

一、溯原始，不没前人創造之功，俾後覽者有所觀感焉。
一、載底據、地圖，以資考鏡。
一、每年九月十五日迺先賢朱子生辰，公所當辦香燭、貢獻，虔忱禮拜。
一、每年十月朔日，公所內舉行盂蘭會，以賑孤魂。
一、每年六月朔日爲算賬之期，衆商咸集，各宜於朱子神前焚香禮拜，然後查核衆賬，評論是非，公所備席款待。
一、選舉董事，必擇人品端方，先具知單，各書"可"字爲定。
一、董事三年一換，以防日久生變。三年期滿，董事先行邀集衆商，交明賬據，潔身而退。如人品端方，賬目清晰，衆商力求續理者，聽。

一、公所收支，歸董事總理，每年五月下旬，於木商中請善書、善算者數人查明，然後謄清，刊行《徵信錄》。

一、各董事薪水，每年無得透支，各宜自重。

一、無謂酬應，各董事毋得開支公所。

一、董事轎金，非進衙赴會爲公所正事，毋得開支。木幫有事，託排解，當遣輿相請。

一、每年正月初六日，各木行將上年代收山客沙糧、木捕捐清單交入公所，以便核對，公所備席款待。

一、山客沙糧捐，向章樹價每百洋叁錢柒分伍釐；木捕捐，每百洋壹錢，由各木行扣除。現在公所開銷日大，嗣後，必須遞年如數交進公所，以敷公用，毋得照前拖欠。

一、山客捐助旅櫬、厝所，向章樹價每百洋壹錢伍分，由各木行抽除，交進惟善堂收用，毋得短少。事關善舉，各宜自愛。

一、木捕必須日夜巡查，倘有懶惰嬉游，有名無實，由董事辭出。得錢賣放者，議罰。

一、沙糧查數之人，由董事另託，必須逐日查明，毋得遺漏。

一、每年收款，除開銷外，倘有多餘，存莊生殖。

一、木幫遇有紛爭等事，董事秉公排解，毋得懷私袒護。

一、修理公所，需洋拾元上者，各匠工價，必要邀集衆商同議，毋得一人攬權，開支過分。

一、公所添置物件，必與衆商酌議，可省宜省。所置各件，必須註册存所。

一、威坪、嚴州董事，每年於五月下旬，先將各賬交明公所，以便謄清。

一、《徵信錄》以上年六月朔後至本年六月朔前，所有經收各木行沙糧、木捕捐，及一切房屋地租洋若干、開銷若干，逐筆刊明，刷印釘本，分送各行各客，俾衆咸知，以昭信實。

婺源江有孚謹識。

——［清］江有孚：《杭州徽商木業公所徵信錄》，清宣統元年刻本

第七節　清道光江西南昌新安義塚遺愛堂規約

清道光二十八年五月南昌新安義塚遺愛堂記

新安義塚遺愛堂記

　　堂曰"遺愛"，志不忘前人也。吾徽處萬山中，地瘠民稠，恒多梫遷于外。豫章爲接壤地，來游者尤多。幼年櫜筆而出，耄而挾厚貲以歸者，固不乏人；而命途多舛，潦倒而賫志以終者，亦復不少。至若流離顛沛，災癘不常，或窮而無所歸，或貧無以爲殮，旅櫬無依，日久暴露，同客斯土者，實憫惻焉。爰考西江向置有新安義塚，歷年久，苦無隙地，鄉人潘君秀川偕合郡同志，亟謀善地，以爲之繼，如是者有年。丙午冬，覓得京家山地一區，有碑昂然，摹其文曰"歙縣公地"，傍書"乾隆二十九年邑人萬嘉立"。萬姓不知何里人，然爲吾鄉之善士無疑也。異哉！事近百年，而一念之善未竟于生前，卒成於身後，殆前人、後人爲善之誠，有感召於冥冥中者乎？名其堂曰"遺愛"，諸君之不没前人意亦良厚矣。于是呈諸官，慨舍土人所侵地，勒碑示禁。邀同人，集厚貲，以爲垂久經費，而休邑邵君階樹、婺邑詹君松坪、祁邑洪君殿武、黟邑胡君體仁、績邑許君丹巖，或誼篤於梓桑，或惠周於泉壤，聞風興起，踴躍輸將，得錢若干緡，議立《瘞葬規條》，創建公所殯屋，額設歲時祭醮，俾病者有所養，死者有所殮，枯髏之慘可亡，餒而之悲可泯，仁人君子之用心不既周且摯乎？猶未已也。生有家不能歸，死復羇魂異域。夜臺有知，良足悲矣。倘有諸子期親，不難扶正邱首；抑或零丁孤寡，誰復遠負遺骸？爰再集同人，興立一文願，歲又可得錢若干緡，酌定歸櫬助葬之需，其章程一倣蘇州之誠善堂，而酌而裁之，布置周詳，不遺缺憾。嗚呼！徽人好義，古已云然。斯舉也，可謂仁之至、義之盡矣。戊申，工既竣，録其事而來謁於余。余鄉人也，何敢以不文謝？夫立義塚，萬君志也。萬君没無聞，而此志卒伸於今日。今日之嘖嘖稱道萬君者，何如爲善有令名？洵不誣矣。故余既喜諸君子之樂善有成，尤願諸君子之樂善不倦也。至于其地日用日狹，其費日用日廣，踵而行之，復充而擴之，是又在後之君子樂善有同心，永保而勿替也。余深有厚望焉。

　　道光二十有八年戊申仲夏朔，饒州府知府、前翰林院編修新安胡正仁書于郡署之碧梧書屋。

——[清]胡正仁撰:《遺愛堂徵信錄·新安義塚遺愛堂記》,
清道光刻本

清道光南昌新安遺愛堂規條

規條

一、議堂宇新建,工程非易,均賴同鄉善信踴躍捐輸,得成規範。神前務宜潔凈,堂丁朝夕照管。遇有到堂焚紙,更宜加意火燭。況各司事遠隔數里,未能時刻在堂,而守堂者恪守恒規,勿得留頓匪類讌飲、聚醵賭博等事。如違,立即鳴官究逐,斷不姑容。

一、議司年於己酉年舉行,輪首歙縣、績溪;庚戌年,休寧、黟縣;辛亥年,婺源、祁門。周而復起,每年酌議酬勞錢貳拾肆千文。如不願要者,收入某人名下捐輸。

一、議司年換班,以正月二十日為期,邀集合郡首事到堂,查明經手出入賬目,交代清楚,再付下班收管承辦。設有差錯,責令經手之司年賠償。各宜秉公,不得瞻狥情面,以公濟私。如有涉私,神鬼鑒察。

一、議管理停葬事務,有登號稽查之責,每年酬勞錢肆千文。如不願要者,收入某人捐輸。

一、議每年輪流值年經收壹文願二人,每位勞金錢肆千文。如不願要者,仍收入其人名下捐輸。

一、堂中議事,先期司年令堂丁邀請諸司事,至期風雨無阻。遇雨乘輿,開支公賬。尋常到堂議事,俱由自出,不准用動公項。如不到者,公同議罰。

一、堂內所置房屋契據,宜即隨買隨印,放存公匭,借券亦存公匭,司年經管。每年輪交,上、下首必須查對。稍有不符,經衆理論。

一、凡有同鄉患病,准在西廳醫住,病痊即行搬出。設有不幸,西廳入殮,進厝、上山,聽從其便,亦須親屬或店東到司年之家領票,赴堂交看守為憑。如無堂票,不得狥情留住,察出即革。

一、凡依人宇下,倉卒病故,無力者,本堂給付拾貳料棺木壹付,准在園內披屋入殮,毋得混入西廳。火夫裝殮錢貳百肆拾文,進厝錢叁百文,抬空茶錢,每人肆文一里。無力者,至司年處領給。如有外來之棺進厝者,聽憑本家，用與不用，該土夫不得爭論。

一、凡寄厝靈柩，限以一週年爲期，毋得逾限。每年春間，倘無力之家，至本堂，向司年首事申明，本堂給助盤費，交信客送回原籍，交其親屬收葬。若無親屬，毋庸送回，即埋義塚，以一年一清，以定限制。

一、信客帶棺回徽，本堂資給盤費，俱已寬裕，不得再向親屬需索。如有籍口盤費不敷，拋棄中途而不爲送到者，親屬報知，本堂即行呈究。

一、議看守工人，毋得在正屋居住，無許狥情堆放農器，作踐房屋。倘有此等情弊，察出鳴衆，革退換人。

一、議京家山并各處土工，有柩到山埋葬，必須見有堂票爲憑。如無堂票，膽敢葬埋，一經察出，送官究處，革退換人，決不姑容。葬向，自東至西，壬山丙向，挨排次序安埋，不准揀選方向。如違條規，公論押遷。

一、抬棺赴山，不論城內城外，應由死者親友出資，并給土工茶錢伍拾文。倘有無力之家，概由遺愛堂土夫扛抬，每棺到堂、山，給錢捌百文、壹千文，由首事給發，該處扛把不得把持地段，勒索阻（繞）[撓]。其到山安葬，每棺定以石灰壹百斤，計錢貳百文，土工錢肆百文，石碑錢肆百文，由首事給發。如已故者親友有力者，亦聽其自行給付。

一、議清明、中元兩節，司年邀人到山焚化紙錠，中伙、茶錢，開支公賬，每節壹千文。

一、議每年修理各義塚墳地，司年預先查看。應修者，照會該管土工修整。事畢，土工報明塚數，司年邀人查點，給付工資。各處歸各處土工修理，毋得攙越亂修。每遇此等公事到山，准開茶錢肆百文。

一、議停柩者，每棺進出，給看守茶錢壹百文，無得多索。有餘之家，聽自加增。

一、議堂內所厝之棺，下河、上山，扛抬錢壹千文、壹千文，限以捌名上肩。如無捌名，按名扣除，均由本家自出。如無力之家，由本堂給發者，照所議錢數減半。

一、議土工撿骨，每棺工資并下河，給錢捌百文。撿往他山埋葬者，抬錢捌百文。山上起棺，帶徽下河，錢捌百文。

一、凡資助無力帶棺，俱令該親屬央保，在司年處出具收領，信客出具承攬，交司年首事存照，再行給付水脚。如無保人，概不准濫給。如有領出後，中途停止及冒領等情，一經察出，向所保之人追還領費。

一、資助回徽之棺，以省城爲界。

一、至祁門縣，除下河堂內另給、旱路至家另給外，信客專管船至埠頭，棺上二道麻辮，給錢陸千文。

一、至漁亭，比至祁門，加抬錢伍千陸百文，共給錢拾壹千陸百文。

一、至黟縣街，給錢拾貳千文。

一、至休寧萬安街，給錢拾貳千肆百文。

一、至屯溪，給錢拾貳千肆百文。

一、至郡城漁梁壩，給錢拾叁千文。

一、至北源富曷，給錢拾肆千文。

一、至東源竦口，給錢拾肆千文。

一、至績溪臨溪鎮，給錢拾伍千文。

一、至婺源清華街，向無信客，總係親友携帶。今議無論遠近，每棺給帶費錢拾陸千文。

一、回徽骨匣，視路遠近，盤費照棺柩助貼三分之一，扛抬下力減半。

一、回徽骨包，不論遠近，每具概助盤費錢壹千文、葬費錢陸百文。

一、議如非病故及輕生自縊者，定列不準入堂收殮，其柩亦無許進厝。而六邑人衆，或有隱情，濛混進堂，本堂不能細察。一遇事端，惟保人及親屬是問，自行清理。

——[清]胡正仁撰：《遺愛堂徵信錄·規條》，清道光刻本

清道光南昌新安遺愛堂歙縣、休寧、婺源和祁門四縣募捐義阡引

新安歙邑募捐義阡引

竊思瘞殖埋胔，盛世久著慈祥之典；罨骸葬骨，粤古常垂仁愛之經。善果有因，功期實濟。德報不爽，福有攸歸。俊等桑梓情殷，菲葑念切，爰稽新安向在西江歷置平原，建諸義塚。舊者業經葬滿，新者亟待垂成。意欲擇購高曠之山岡，以爲鄉里之泉壤；相山形之闊狹，分排列之寡多。塚序限訂，幾層毋紊；先後山向，定歸一律，庶免參差。開曠厝棺，深淺勒有成規，免虞暴露；營堆築土，工資議有定數，以杜索訛。職有專司，立票簿以防假冒，事期永遠；建造公所，勒碑誌而鐫姓名。時當醮掃之辰，同焚冥楮；節屆禳祈之候，共醵幽資。倘能福及子孫，固得扶柩以歸里；或可惠邀戚族，亦堪載櫬以

還鄉。功程非鉅，費用匪輕，無如獨木難支；衆擎易舉，伏冀展卷樂施。咸拜仁人之賜，解囊資助；群沾君子之恩，敬竭鄙誠。恭疏短引。

新安休邑募捐義阡引

蓋聞萍水相逢，他鄉同慨；麥舟之助，千古高風。兹以歙邑諸公倡斯義舉，酌有成規，仁可久遺於豫章，義爲長愛於桑梓。病軀偃蹇，聊借一枝之棲；客櫬淹留，可藉半坯之妥。居心誠篤，立法周詳，詢至美也。惟歙居首邑，既倡義於先聲；休屬次區，當繼踪於後武。況善可公於同人，君子有成人之美；而地無分於畛畷，仁人皆好善之心。是以布告諸公，同襄善舉，俾集腋以厥成願，解囊而樂助。從此福由心種，同臻善域之祥；壽以仁徵，咸獲康强之慶。爰疏小引，用請樂輸。

新安婺邑募捐義阡引

聞之靈臺瘞骨，千古仰西伯之仁；舟麥贈喪，一時高堯夫之義。是知仁人所爲，貴救生，尤貴憫死也。吾徽人士，遨遊異鄉，無處不有，而客江右者尤衆。當其始至，或年少無恙，或力壯有爲。迨歲月積久，則有病患相侵，而壽終客邸者且有囊橐空虛，至戚無人而不能歸葬者。同鄉居士，心竊傷之。夫豫章巨省，近城官地，非不廣多。顧厝埋零散，塚或難尋；鱗葬疊層，情亦未忍。甚且兔穴狐穿，尸彰骨露，始雖掩骼，與委棄等。兹同人度於進賢門外八字廟側購一寬廠地，架屋數楹，爲同鄉抱病沉疴者養病之所，以其餘地作義塚。倘有病重不起者，即於是宨穸焉，其意蓋深且遠。第工程浩大，非獨力能支，因合六邑，分立捐簿，各派首事，遍爲勸貲。某等宦遊豫省，義不容辭，捐簿所至，務祈各解囊金，共襄斯舉，俾死者得藏身之固，即生者亦問心而安，仁之至也，義之盡也。行將勒石，以誌不朽。是爲引。

新安祁邑募捐義阡引

竊謂出外經營，無異羈旅，所患者疾染沉疴。恨無醫理之所，抑或數之修短，後無定葬之方。西江省垣，我徽郡向有義塚，邇來將葬滿矣。久欲新購善地，豫爲接濟，無如我邑桑梓經營在省者業少人稀，以致力與心違。今者，歙乃新安之領袖，業經倡首，休居次邑，即亦繼之，婺、黟、績三邑，亦在聚議。所立章程，均屬妥貼；諸款條規，亦極周致。際此福緣，我祁邑正好藉力分籌，以勷美舉。緣集梓友，踴躍相助，慷慨樂輸，同成因果之功，共種慈田之福云爾。

——［清］胡正仁撰：《遺愛堂徵信錄·新安諸邑募捐義阡引》，清道光刻本

第八節　清武漢新安紫陽書院暨篤誼堂規約

清嘉慶漢口新安紫陽書院舊規

書院公同酌遵原議舊規開列於左

一、尊道堂為春、秋祭祀先賢之所，理宜潔淨嚴肅，凡屬桑梓，不得在此設宴、演劇，以及迴廊、東西兩廡，均不得堆曬貨物，庶昭誠敬。

一、凡春、秋祭日，辦事諸人理宜整肅衣冠，各盡誠敬。

一、凡祀產、租息，司匣者按季發摺，著祠丁收取。如有過期不能全清者，定於春、秋祭期，通知值年司事諸公，一同坐索。否則，鎖門另召，不得徇情，有誤公事。

一、凡司老匣者，為眾司事之統理，務宜頻至書院查察，各盡勤慎。

一、新、老兩匣契墨、印簿，年例於十月初三日早晨，公同查點，封固存匣。

一、凡市屋修理撿漏，司年公同估修。惟令祠丁逐日照應，不得任其擅專。

一、凡每年春、秋祭典，原有成規，另牌張掛，值年諸公，臨期務宜敬謹照辦，勿得稍存懈怠，率意更張。

一、凡祭器、陳設等物，祭畢，值年首事於九月二十六日交盤之期，務須公同照簿查點，當時封鎖，不得徇情私借。倘有損壞、遺失，經手賠償無辭。

一、凡仕宦有至書院恭謁拈香者，祠丁先期知會兩匣年首，早至伺候，以便迎送。

一、凡仕宦假館及桑梓借寓，概不奉命，恐開雜沓之漸。薦者高明，各宜自諒。

一、照牆新街及本馬頭,曾經請官示嚴禁,毋許擺攤、挑水。祠役隨時查察,毋得疎惰。

一、文昌閣、六水講堂、主敬堂、願學軒等處桌椅、什物,公議不借,以免遺失、損壞。

一、照牆前大街乃書院之中衢,理宜開朗潔净。其東西鋪面,當整飭清雅,不許住居家眷。如不依議者,令其退屋另召。

一、凡祠丁應辦之事件,另有條規,各宜遵行。違者,即行斥革。

一、書院所設水龍兩座並器具等件,司年者務令祠丁隨時查察。遇有損壞,即行修整,不得疎忽。夫役工食,四季給發,不得預支。其餘章程,另有規條懸掛。倘有不遵約束調遣者,當即斥退,另召妥役。

一、凡選用祠丁,務要小心謹慎,能幹辦事者充之,不得輕舉濫進。

——[清]董桂敷:《漢口紫陽書院志略》卷八《雜志·舊規十六條》,清嘉慶十一年刻本

清嘉慶漢口新安紫陽書院學規

學規

鱣堂講席,聖學相承。菁莪棫樸,髦士蒸蒸。盡性致命,各有知能。下學上達,循理而登。後生小儒,戒懼戰兢。

《記》曰:"學以聚之。"書院之設,尊朱子、聯梓誼也。今聚其人而不學,則所以奉朱子之意云何?亦失所以爲聚之義矣。然而學非弋取功名之具,聖賢之緒言具在,將以體諸躬而見諸行,非嚴之于蒙養之先,非積之以涵濡之久,不爲功,此眉菴中丞創舉義學之說也。今建學舍、延明師,與弟子約:先器識而後文章,先學問而後功名,一遵吾紫陽夫子"分年讀書法",浸淫乎經史而納躬於軌物,藏焉,修焉,息焉,游焉。或以道德,或以文章,務爲有用之學。坐而言,起而行。經知守變,亦知權書,日惟學遜志、務時敏,于以希聖、希賢未必不由此基也。

教條

白鹿洞書院揭示

父子有親,君臣有義,夫婦有別,長幼有序,朋友有信。

右五教之目,堯、舜使契爲司徒,敬敷五教,即此是也。學者學此而已。而其所以學之之序亦有五焉,其別如左。

博學之,審問之,慎思之,明辨之,篤行之。

右爲學之序。學問、思辨四者,所以窮理也。若夫篤行之事,則自修身以至於處事接物,亦各有要,其別如左。

言忠信,行篤敬。懲忿窒慾,遷善改過。

右修身之要。

正其義,不謀其利;明其道,不計其功。

右處事之要。

己所不欲,勿施於人。行有不得,反求諸己。

右接物之要。

某竊觀古昔聖賢所以教人爲學之意,莫非使之講明義理以修其身,然後推以及人,非徒欲其務記覽、爲詞章以釣聲名、取利祿而已也。今人之爲學者,既反是矣。然聖賢所以教人之法具存於經,有志之士固當熟讀深思而問辨之。苟知其理之當然而責其身以必然,則夫規矩禁防之具,豈待他人設之而後有所持循哉?近世於學有規,其待學者爲已淺矣,而其爲法又未必古人之意也。故今不復以施於此堂,而特取凡聖賢所以教人爲學之大端,條列如右而揭之楣間,諸君其相與講明遵守而責之於身焉,則夫思慮云爲之際,其所以戒謹而恐懼者,必有嚴於彼者矣。其有不然,而或出於此言之所棄,則彼所謂規者,必將取之,固不得而略也。諸君其亦念之哉!

玉山講義

先生曰:"某此來,得觀學校鼎新,又有靈芝之瑞,足見賢宰承流宣化、興學誨人之美意,不勝慰喜。又承特設講座,俾爲諸君誦說,雖不敢當,然區區所聞,亦不得不爲諸君言之。蓋聞古之學者爲己,今之學者爲人,故聖賢教人爲學,非是使人綴緝言語,造作文辭,但爲科名爵祿之計。須是格物致知、誠意正心脩身而推之,以至於齊家、治國,可以平治天下,方是正當學問。諸君肄業於此,朝夕講明於此,必已深有所得。不然,亦須有疑。今日幸得相會,正好商量,彼此之間,皆得有益。"時有程珙起而請曰:"《論語》多是說仁,《孟子》却兼說仁義。意者夫子說元氣,孟子說陰陽,仁恐是體,義恐是用。"先生曰:"孔、孟之言,有同有異,固所當講然。今且理會何者爲仁,何者爲義。曉此兩字,義理分明,方於自己分上有用力處,然後孔、孟之言有同異處,可得而論。如其不曉,自己分上元無工夫,說得雖工,何益於事?且道如何說個'仁義'二字底道理?大凡天之生物,各賦一性,性非有物,只是一個道理之在我者耳。故性之所以爲體，只是'仁、義、禮、智、信'五字，天下道理不出於此。韓文公云：'人之所以爲性者五。'其説最爲得之，却爲後世之言性者多雜佛老而言，所以將'性'字作知覺心意看之，非聖賢所説'性'字本旨也。五者之中，所謂性者，是個真實無妄底道理。如'仁、義、禮、智'皆真實而無妄者也，故'信'字更不須説。只'仁、義、禮、智'四字於中各有分別，不可不辨。蓋仁則是個溫和慈愛底道理，義則是個斷制裁割底道理，禮則是個恭敬撙節底道理，智則是個分明是非底道理。凡此四者，具於人心，乃是性之本體。方其未發，漠然無形象之可目。及其發而爲用，則仁者爲惻隱，義者爲羞惡，禮者爲恭敬，智者爲是非。隨事發見，各有苗脉，不相殽亂，所謂情也。故孟子曰：'惻隱之心，仁之端也；羞惡之心，義之端也；恭敬之心，禮之端也；是非之心，智之端也。'謂之端者，猶有物在中而不可見，必因端緒發見於外，然後可得而尋也。蓋一心之中，仁、義、禮、智各有界限，而其性情、體用又自各有分別，須是見得分明，然後就此四者之中，又自見得'仁義'兩字是個大界限。如天地造化，四序流行，而其實不過於一陰一陽而已，於此見得分明，然後就此又自見得'仁'字是個生底意思，通貫周流於四者之中。仁固仁之本體也，義則仁之斷制也，禮則仁之節文也，智則仁之分別也。正如春之生氣，貫徹四時，春則生之生也，夏則生之長也，秋則生之收也，冬則生之藏也。故程子謂四德之元，猶五常之仁。偏言則一事，專言則包四者，正謂此也。孔子只言仁，以其專言者言之也，故但言仁而仁、義、禮、智皆在其中。孟子兼言義，以其偏言者言之也，然亦不是孔子所言之外添入一個'義'字，但於一理之中分別出來耳。其又兼言禮智，亦是如此。蓋禮又是仁之著，智又是仁之藏，而'仁'之一字未嘗不流行乎四者之中也。若論體用，亦有兩説，蓋以仁存於心，而義形於外，言之則曰：仁，人心也；義，人路也，而以仁義相爲體用。若以仁對惻隱、義對羞惡而言，則就其一理之中，又以未發、已發相爲體用。若認得熟，看得透，則玲瓏穿穴、縱橫顛倒，無處不通，而日用之間，行著習察，無不是著功夫處矣。"

珙又請曰："三代以前，只是説中、説極。至孔門答問，説著便是仁，何也？"先生曰："説中、説極，今人多錯會了他文義，今亦未暇一一詳説。但至孔門方説'仁'字，則是列聖相傳，到此方漸次説親切處爾。夫子所以賢於堯、舜，於此亦可見其一端也。然'仁'之一字，須更於自己分上實下功夫始得。若只如此草草説過，無益於事也。"先生因舉"孟子道性善，言必稱堯、舜"一章,而遂言曰:"所謂性者,適固已言之矣。今復以一事譬之,天之生此人,如朝廷之命此官;人之有此性,如官之有此職。朝廷所命之職,無非使之行法治民,豈有不善?天之生此人,無不與之以仁、義、禮、智之理,亦何嘗有不善?但欲生此物,必須有氣,然後此物有以聚而成質。而氣之爲物,有清濁昏明之不同。禀其清明之氣而無物慾之累,則爲聖。禀其清明而未純全,則未免微有物慾之累,而能克以去之,則爲賢。禀其昏濁之氣,又爲物慾之所蔽而不能去,則爲愚、爲不肖。是皆氣禀物慾之所爲,而性之善未嘗不同也。堯、舜之生,所受之性亦如是耳。但以其氣禀清明,自無物慾之蔽。故爲堯、舜,初非有所增益於性分之外也。故學者知性善,則知堯、舜之聖非是強爲。識得堯、舜做處,則便識得性善底規模樣子。而凡吾日用之間,所以去人慾、復天理者,皆吾分内當然之事。其勢至順而無難,此孟子所以首爲文公言之,而又稱堯、舜以實之也。但當戰國之時,聖學不明,天下之人但知功利之可求,而不知己性之本善,聖賢之可學。聞是說者,非惟不信,往往亦不復致疑於其間。若文公則雖未能盡信,而已能有所疑矣,是其可以進善之萌芽也。孟子故於其去而復來,迎而謂之曰:'世子疑吾言乎?'而又告之曰:'夫道一而已矣。'蓋古今聖愚,同此一性,則天下固不容有二道,但在篤信力行,則天下之理雖有至難,猶必可至。況善乃人之所本,有而爲之,不難乎?然或氣禀昏愚而物慾深錮,則其勢雖順且易,亦須勇猛著力,痛切加功,然後可以復於其初。故孟子又引《商書》之言曰:'若藥弗瞑眩,厥疾弗瘳。'若但悠悠,似做不做,則雖本甚易而反爲至難矣。此章之言,雖甚簡約,然其反復曲折,開曉學者,最爲深切。諸君更宜熟讀深思,反復玩味,就日用間便著實下功夫始得。《中庸》所謂'尊德性'者,正謂此也。然聖賢教人,始終本末,循循有序;精粗、巨細,無有或遺。故纔尊德性,便有個道。問學一段事,雖當各自加功,然亦不是判然兩事也。《中庸》曰:'大哉,聖人之道!洋洋乎發育萬物,峻極於天,優優大哉!禮儀三百,威儀三千,待其人而後行。故曰:苟不至德,至道不凝焉。是故君子尊德性而道問學,致廣大而盡精微,極高明而道中庸。温故而知新,敦厚以崇禮。'蓋道之爲體,其大無外,其小無内,無一物之不在焉。故君子之學,既能尊德性以全其大,便須道問學以盡其小。其曰致廣大、極高明,温故而敦厚,則皆尊德性之功也。其曰盡精微、道中庸,知新而崇禮,則皆道問學之事也。學者於此固當以尊德性爲主,然於道問學亦不可不盡其力。要當時之有以交相滋益,互相發明,則自然該貫通達，而於道體之全無欠闕處矣。今時學者心量窄狹，不耐持久，故其爲學略有些少影響見聞，便自主張，以爲至是不能遍觀博考，反復參驗。其務爲簡約者，既蕩而爲異學之空虛；其急於功利者，又溺而爲流俗之卑近。此爲今日之大弊，學者尤不可以不戒。某又記得，昔日曾參見端明汪公，見其自少即以文章冠多士，致通顯，而未嘗少有自滿之色，日以師友前輩多識前言往行爲事。及其晚年，德成行尊，則自近世名卿鮮有能及之者。乃是此邦之人，諸君視之丈人行耳，其遺風餘烈尚未遠也。又知縣大夫，當代名家，自其先正溫國文正公以盛德大業爲百世師，所著《資治通鑑》等書，尤有補於學者。至忠潔公扈從北狩，固守臣節，不污僞命，又以忠義聞於當世，諸君蓋亦讀其書而聞其風矣。自今以往，儻能深察愚言，於聖賢、大學有用力處，則凡所見聞寸長片善皆可師法，而況於鄉之先達與當世賢人君子之道義風節乎？《詩》曰：'高山仰止，景行行止。'願諸君留意，以副賢大夫教誨作成之意，毋使今日之講徒爲空言，則區區之望也。"

讀書之要

或問："程子通論聖賢氣象之別者數條，子既著之《精義》之首，而不列於《集註》之端，何也？"曰："聖賢氣象高且遠矣，非造道之深，知德之至，鄰於其域者，不能識而辨之，固非始學之士所得驟而語也。鄉，吾著之書首，所以尊聖賢。今不列於篇端，所以嚴科級，亦各有當焉爾。且吾於程子之論讀是二書之法，則既掇其要而表之於前矣。學者誠能深考而用力焉，盡此二書，然後乃可與議於彼耳。"曰："然則其用力也奈何？"曰："循序而漸進，熟讀而精思，可也。"曰："然則請問循序漸進之說。"曰："以二書言之，則先《論》而後《孟》，通一書而後及一書。以一書言之，則其篇章文句、首尾次第亦各有序而不可亂也。量力所至，約其程課而謹守之。字求其訓，句索其旨。未得乎前，則不敢求其後；未通乎此，則不敢志乎彼。如是循序而漸進焉，則意定理明，而無疎易凌躐之患矣。是不惟讀書之法，是乃操心之要，尤始學者之不可不知也。"曰："其熟讀精思者，何耶？"曰："《論語》一章，不過數句，易以成誦。成誦之後，反復玩味，於燕間靜一之中，以須其浹洽可也。《孟子》每章，或千百言，反復論辨，雖若不可涯者，然其條理疎通，語意明潔。徐讀而以意隨之，出入往來以十百數，則其不可涯者將可有以得之於指掌之間矣。大抵觀書，先須熟讀，使其言皆若出於吾之口；繼以精思，使其意皆若出於吾之心，然後可以有得爾。至於文義有疑，衆說紛錯，則亦虛心靜慮，勿遽取舍於其間。先使一說，自爲一說，而隨其意之所之，以驗其通塞，則其尤無義理者，不待觀其他說而先自屈矣。復以衆說互相詰難，而求其理之所安，以考其是非，則似是而非者亦將奪於公論而無以立矣。大抵徐行却立，處靜觀動。如攻堅木，先其易者而後其節目；如解亂繩，有所不通則姑置而徐理之。此讀書之法也。"

童蒙須知

夫童蒙之學，始於衣服冠履，次及語言步趨，次及灑掃涓潔，次及讀書寫文字。及有雜細事宜，皆所當知。今逐目條列，名曰《童蒙須知》。若其脩身治心、事親接物，與夫窮理盡性之要，自有聖賢典訓，昭然可考。當次第曉達，兹不復詳著云。

衣服冠履第一

大抵爲人，先要身體端整，自冠巾、衣服、鞋襪，皆須收拾愛護，常令潔净整齊。我先人常訓子弟云："男子有三緊：謂頭緊、腰緊、脚緊。"頭謂頭巾，未冠者總髻；腰謂以縧或帶束腰；脚謂鞋襪。此三者要緊束，不可寬慢。寬慢則身體放肆不端嚴，爲人所輕賤矣。

凡着衣服，必先提整衿領，結兩衽紐帶，不可令有闕落。飲食照管，勿令污壞；行路看顧，勿令泥漬。

凡脱衣服，必齊整摺叠箱篋中，勿散亂頓放，則不爲塵埃雜穢所污，仍易於尋取，不致散失。著衣既久，則不免垢膩，須要勤勤洗浣。破綻則補綴之，儘補綴無害，只用完潔。

凡盥面，必以巾帨遮護衣領，捲束兩袖，勿令有所濕。

凡就勞役，必去上籠衣服，只著短便，愛護勿使損污。

凡日中所著衣服，夜卧必更，則不藏蚤虱，且免敝壞。苟能如此，則不但威儀可法，又可不費衣服。晏子一狐裘三十年，雖意在以儉化俗，亦其愛惜有道也。此最飾身之要，毋忽。

語言步趨第二

凡爲人子弟，須是常低聲下氣，語言詳緩，不可高言喧鬨，浮言戲笑。父兄長上，有所教督，但當低首聽受，不可妄大議論。長上檢責，或有過誤，不可便自分解，姑且隱嘿，久却徐徐細意條陳，云："此事恐是如此，向者當是偶爾遺忘。"或曰："當是偶爾思省未至。"若爾則無傷忤，事理自明。至於朋友分上，亦當如此。

凡聞人所爲不善，下至婢僕違過，宜且包藏，不應便爾聲言，當相告語，使其知改。

凡行步趨蹌，須是端正，不可疾走跳躑。若父母長上有所喚召，却疾走而前，不可緩舒。

灑掃涓潔第三

凡爲人子弟，當灑掃居處之地，拂拭几案，常令潔净。文字筆硯，凡百器用，皆當嚴肅整齊，頓放有常處。取用既畢，復置元所。父兄長上坐起處，文字紙劄之屬，或有散亂，當加意整齊，不可輒自取用。凡借人文字，皆置簿抄錄主名，及時取還。窗壁、几案、文字間，不可書字。前輩云："壞筆污墨，瘝子弟職。書几書硯，自黥其面。"此爲最不雅潔，切宜深戒。

讀書寫文字第四

凡讀書，須整頓几案，令潔净端正，將書册整齊頓放。正身體，對書册，詳緩看字，子細分明。讀之，須要讀得逐字響亮，不可誤一字，不可少一字，不可多一字，不可倒一字，不可牽強暗記。只是要多誦遍數，自然上口，久遠不忘。古人云："讀書千遍，其義自見。"謂讀熟則不待解説，自曉其義也。余嘗謂讀書有三到：謂心到、眼到、口到。心不在此，則眼不看子細。心眼既不專一，却只漫浪誦讀，決不能記，記亦不能久也。三到之法，心到最急，心既到矣，眼、口豈不到乎？

凡書册，須要愛護，不可損污縐褶。濟陽江禄，書讀未完，雖有急速，必待掩束整齊，然後起。此最爲可法。

凡寫文字，須高執墨錠，端正研磨，勿使墨汁污手。高執筆，雙鈎端楷書字，不得令手楷著毫。

凡寫字，未問寫得工拙如何，且要一筆一畫，嚴正分明，不可潦草。

凡寫文字，須要仔細看本，不可差誤。

雜細事宜第五

凡子弟，須要早起晏眠。凡喧閙鬥爭之處不可近，無益之事不可爲，謂如賭博、籠養、打毬、踢毬、放風禽等事。凡飲食，有則食之，無則不可思索，但粥飯充飢不可闕。凡向火，勿迫近火傍，不惟舉止不佳，且防焚爇衣服。凡相揖，必折腰。凡對父母、長上、朋友，必稱名。凡稱呼長上，不可以字，必云"某丈";如弟行者,則云"某姓某丈"。凡出外及歸,必於長上前作揖,雖暫出亦然。凡飲食於長上之前,必輕嚼緩嚥,不可聞飲食之聲。凡飲食之物,勿争較多少、美惡。凡侍長者之側,必正立拱手;有所問,則必誠實對言,不可妄誕。凡開門揭簾,徐徐輕手,不可令震驚響。凡衆坐,必斂身,勿廣占坐席。凡隨長上出行,必居路之右,住必居左。凡飲酒,不可令至醉。凡登厠處,必去外衣,下必浣手。凡夜行,必以燈燭,無燭則止。凡待婢僕,必端嚴,勿得與之嬉笑。執器皿,必端嚴,惟恐有失。凡危險,不可近。凡道路遇長者,必正立拱手,疾趨而揖。凡夜卧,必用枕,勿以寝衣伏首。凡飲食,舉匙必置筯,舉筯必置匙,食已,則置匙、筯於案。

雜細事宜,品目甚多。姑舉其略,然大概具矣。凡此五篇,若能遵守不違,自不失爲謹愿之士。必又能讀聖賢之書,恢大此心,進德修業,又於大賢君子之域,無不可者。汝曹宜勉之。

讀書法

今讀書,緊要是要看聖人教人做工夫處是如何。

讀書將以求道,不然,讀作何用?今人不去這上理會道理,皆以涉獵該博爲能,所以有道學、俗學之別。

開卷便有與聖賢不相似處,豈可不自鞭策?

聖賢之言,須常將來眼頭過、口頭轉、心頭運。

立志不定,如何讀書?

學須做自家底看,便見切己。今人讀書,只要科舉,用已及第,則爲雜文,學古人態,不爲自己受用,而反做外面事看,有何益哉?人常讀書,庶幾可以管攝此心常存。横渠有言:"書所以維持此心,一時放下,則一時德性有懈。"其何可廢耶?

世間,凡事須臾變滅,皆不足以實胸中。惟窮理修身,是究竟法耳。可記,可記。

讀書理會道理,現只是將勤苦睚將去,不解得,不成就。今世上有一般議論,成就後生懶惰,如云不敢輕議前輩,不敢妄立論之類,皆中怠惰者之意。前輩固不敢妄議,然論涉行事之是非何害?固不可鑿空立論,然讀書有疑,有所見,自不容不立論。其不立論者,只是讀書不到疑處耳。將精義諸家説相比並求之,亦便自有合辯處。

某之爲學,乃銖積寸累而成。

誦數以貫之，古人讀書亦必是記遍數，所以貫通也。

書須熟讀，所謂書只是一般，然讀十遍時，與讀一遍時終別；讀百遍時，與讀十遍又自不同也。今人未嘗讀得十遍，便道我已曉。可戒，可戒。

既識得了，須更讀百十遍，使與自家相乳入，便說得也響。今學者本文尚且未熟，如何會有益？因言讀書之法曰：且先讀十數遍過了，已得文義四五分，然後看解，又得二三分矣。却讀正文，又得一二分。向時不理會得《孟子》，以其章長故也。因如此讀，元來他章雖長，意味却自首尾相貫。

嘗看橫渠讀書多遍成誦之說，最為捷徑。

學以靜為本。讀書閑暇且靜坐，教他心平氣定，見得道理，漸次分明。昔伊川見人靜坐，便嘆其善學。門人問："何謂也？"伊川曰："這個却是一身總要處，他日長進，亦只是在這裏。人只是一個心做本，須存得。在這裏識得道義，條理脉絡自有貫通處。"

讀書須是有精力。楊至之云："亦須是聰明。"曰："須是聰明，亦須是靜。靜方運得精神。蓋靜則心虛，道理方看得出。"

讀書須將心貼在書冊上，逐句逐字，各有著落，方始好商量。大凡學者，須是收拾此心，令專靜純一，日用動靜間，都無馳走散亂，方始得其看文字精審，俱如此，方是有本原之學。

讀書看文字，多是以昏忽了事，所以不仔細。今學者且於靜處收拾，教意思在裏，然後盡心去看，則其義理未有不明者也。

讀書須靜，著心寬，著意思沉潛，反復將久，自會曉得去。

讀書覺得困倦時，即瞑目靜坐，使神逸氣定。

覺得閑思雜慮起來纏繞，即當掃除靜定，使其心收斂，不容一物，則思慮自息矣。

昔陳烈先生苦無記性，一日，讀《孟子》"學問之道無他，求其放心而已矣"，忽悟曰："我心不曾收得，如何記得書？"遂閉門靜坐，不讀書百餘日，以收放心。却去讀書，遂一覽無遺。

章子厚欲問康節先生傳數學，康節曰："必相從林下二十年，而後可與語數學。"既能靜坐二十年，則數學不待傳。靜坐之久，而虛靈不昧，凡事自可知之。昔延平先生說羅先生解《春秋》也，淺不似胡文定。後來隨人入廣，在羅浮山住兩三年，去那裏心靜，須看得較透。二三年者，尚得如此受用，而況二十年靜乎？

讀書須是要身心都入，在這裏面一段，更不問外面有何事，方見得一段道理出。今人却一邊去看文字，一邊去思量外事，只是枉費了工夫。不如放下文字，待打叠教意思靜了，去看方好。

書須成誦，惟精思多在夜間，或靜坐得之。

讀書看義理，須是胸次放開，磊落明快恁地去。第一不可先責效，纔責效便有憂愁底意。只管如此，胸中便結聚，一併子不散。今且放置閑事，不要閑思量，只專心去玩味義理，便會心精，心精便會熟。

學者讀書，多緣心不在，故不見道理。聖賢言語，本自分曉，只略略加意，自見得。若是專心，如何不見？

心不定，故見理不得。今學者讀書，須先定其心，使之如止水，如明鏡。暗鏡如何照得物？

只合看自家底留心去看，不是自家枉了思量。

讀書須且虛心靜慮，依傍文義，推尋句脉。看定此句指意是說何事，略用今人言語襯貼，替換一兩字，說得古人意思出來。先教自家心裏分明歷落，如與古人對面說話，彼此對答，無一言一字不相肯可。此外，都無閑雜說話，方是得個入處。

學者讀書，須要斂身正坐，緩視微吟，虛心涵泳，切己省察。又云：“讀一句書，須體察這一句我將來甚處用得。”又云：“文字是底，固當看不是底也。當看精底，固當看粗底也。當看讀書有個法，只是刷刮凈了那心後去看。若不曉得，又且放下，待他意思好時，又將來看。而今却說要虛心，心如何解虛得？而今正要將心在那上面。”

今人讀書，看未到這裏，心已在後面；纔看到這裏，便欲舍去了。如此只是不求自家曉解，須是徘徊顧戀，如不欲去，方會認得。

讀書不可有欲了底心。纔有此心，便心只在背後白紙處，了無益。

人做功課，若不專一，東看西看，則此心先已散慢了，如何看得道理出？須是看《論語》，專只看《論語》；看《孟子》，專只看《孟子》。讀這一章，更不得看後章；讀這一句，更不得看後句。這一字理會不得，更不得看下字。如此則專一而功可成。若所看不一，泛濫無統，雖卒歲窮年，無有透徹之期。某舊時看文字，只是守此拙法，以至於今。思之只有此法，更無別法。

讀書固收心之一助，然今於讀書時收得心，到不讀書時便為事所奪，則是心之存也常少，而其放也常多，何益？胡為而不移此讀書工夫，向不讀書處用力,使動靜兩得,而此心無時不存乎?況有即讀書時亦收不得心者。深爲可戒。

初學於敬,不能無間斷。只是纔覺間斷,便提起此心,那知覺處便是接續。某要得人,只就讀書上體認義理。日間常讀書,則此心不走作。

今有聖賢言語,有許多文字,却不去做。而師友只是發明得道理,人若不自向前用工,師友如何著得力?

讀書不可不先立程限,政如農功,如農之有畔,爲學亦然。今之始學,不知此理。初時却說用著心去,終至都不理會了,此是當初不立程限之故。

觀書須從頭循序而進,不以淺深、難易有所取舍,自然意味詳密。至於浹洽貫通,則無緊要處所下工夫,亦不落空矣。今人多是揀難底好底看,非惟聖賢之言不可如此問別,且是只此心意便不定叠。縱然用心探索得到,亦與自家這裏不相干,突兀聱牙,無田地可安頓,此病不可不知也。

讀書之法,當循序而有常,致一而不懈,從容乎句讀文義之間,而體驗乎操存踐履之實,然後心靜理明,漸見意味。不然,則雖廣求博取,日誦五車,亦奚益於學哉?故程子曰:"善學者,求言必自近,易于近者,非知言者也。"此言殊有味。

讀書須是遍布周滿,某嘗以爲寧詳毋略,寧下無高,寧拙毋巧,寧近毋遠。

學者當以聖賢之言反求諸身,一一體察,須是曉然無疑。積日既久,當自有見。但恐因循怠惰,或貪多務廣,或得少爲足,皆無由明耳。

山谷與李機仲帖云:"大率學者喜博而常病不精,泛濫百書,不若精於一也。有餘力然後及諸書,則涉獵諸篇亦得其精。蓋以我觀書,則處處得益;以書博我,則釋卷而茫然。"某深喜之,以爲有補於學者。

學者只是觀書,都不知有四邊方始有味。

讀書須是虛心切己。虛心方得聖賢意,切己則聖賢之言不爲虛説。

讀書法悉載《性理大全》,此乃《家訓》中勉勵初學數十條,餘不盡錄。

諭條

諭學者

朱子曰:"學如不及,猶恐失之。此君子所以孜孜焉愛日不倦,而競尺寸之陰也。"今或聞諸生晨起入學,未及日中而各已散去,此豈愛日之意也哉!夫學者所以爲己,而士者或患貧賤,勢不得學與無所於學而已。勢得學,又不爲無所於學而猶不勉，是亦未嘗有志於學而已矣。然此非士之罪也，教不素明而學不素講也。今之世，父所以詔其子，兄所以勉其弟，師所以教其弟子，弟子之所以學，舍科舉之業則無爲也。使古人之學止於如此，則凡可以得志於科舉斯已爾，所以孜孜焉愛日不倦，以至乎死而後已者，果何爲而然哉？今之士唯不知此，以爲苟足以應有司之求矣，則無事乎汲汲爲也。是以至於惰遊而不知反，終身不能有志於學，而君子以爲非士之罪也。使教素明於上，而學素講於下，則士者固將有以用其力，而豈有不勉之患哉？某是以於諸君之事，不欲舉以有司之法，而姑以文告焉。諸君苟能致思於科舉之外，而知古人之所以爲學，則將有欲罷而不能者，某所企而望也。

滄洲精舍諭學者

老蘇自言其初學爲文時，取《論語》《孟子》《韓子》及其他聖賢之文，而兀然端坐，終日以讀之者七八年。方其始也，入其中而惶然以博，觀於其外而駭然以驚。又其久也，讀之益精，而其胸中豁然以明，若人之言，固當然者，然猶未敢自出其言也。歷時既久，胸中之言日益多，不能自制，試出而書之，已而再三讀之，渾渾乎覺其來之易矣。予謂老蘇但爲欲學古人説話聲響，極爲細事，乃肯用功如此。故其所就，亦非常人所及。如韓退之、柳子厚輩亦是如此。其答（禮）[李]翊、韋中立之書，可見其用力處矣。然皆只是要作好文章，令人稱賞而已。究竟何預己事，却用了許多歲月，費了許多精神，其可惜也。今人説要學道，乃是天下第一至大至難之事，却全然不曾著力，蓋未有能用旬月功夫熟讀一人書者。及至見人泛然發問，臨時湊合，不曾舉得一兩行經傳成文，不曾照得一兩處首尾相貫。其能言者，不過以己私意敷演立説，與聖賢本意義理實處了無干涉。何況望其更能反求諸己，真實見得，真實行得耶？如此求師，徒費脚力，不如歸家杜門，依老蘇法，以二三年爲期，正襟危坐，將《大學》《論語》《中庸》《孟子》及《詩》《書》《禮記》，程、張諸書分明易曉處，反復讀之。更就自己身心上存養玩索，著實行履。有個入處，方好求師，證其所得而訂其謬誤，是乃所謂就有道而正焉者，而學之成也可冀矣。如其不然，未見其可。故書其説，以示來者云。

又諭學者

書不記，熟讀可記；義不精，細思可精。唯有志不立，直是無著力處。只如而今貪利禄而不貪道義，要作貴人而不要作好人，皆是志不立之病。直須反復思量，究見病痛起處，勇猛奮躍，不復作此等人。一躍躍出，見得聖賢所説千言萬語，都無一事不是實語，方始立得此志。就此積累功夫，迤邐向上去，大有事在。諸君勉旃，不是小事。

諭諸生

朱子曰："古之學者，八歲而入小學，學六甲五方書計之事；十五而入大學，學先聖之禮樂焉。非獨教之，固將有以養之也。蓋禮義以養其心，聲音以養其耳，采色以養其目，舞蹈降登、疾徐俯仰以養其血脉，以至於左右起居、盤盂几杖，有銘有戒。其所以養之之具，可謂備至爾矣。"夫如是，故學者有成材而庠序有實用，此先王之教所以爲盛也。自學絕而道喪，至今千有餘年，學校之官有教養之名，而無教之養之之實。學者挾筴而相與嬉其間，其傑然者乃知以干祿蹈利爲事。至於語聖賢之餘旨，究學問之本原，則罔乎莫知。所以用其心者，其規爲動息，舉無以異於凡民而有甚者焉。嗚呼！此教者過也，而豈學者之罪哉？然君子以爲是，亦有罪焉爾，何則？今所以異於古者，特聲音、采色之盛，舞蹈降登、疾徐俯仰之容，左右起居、盤盂几杖之戒，有所不及爲。至推其本，則理義之所以養其心者故在也，諸君日相與誦而傳之，顧不察耳。然則此之不爲而彼之久爲，又豈非學者之罪哉？僕以吏事得與諸君遊，今期年矣，諸君之業不加進，而行誼無自著於州里之間，僕心愧焉。今既增修講問之法，蓋古者禮義養心之術，諸君子不欲爲君子耶，則誰能以是強諸君者？苟有志焉，是未可以舍此而他求也。幸願留意毋忽。

諭諸職事

嘗謂學校之政，不患法制之不立，而患禮義之不足以悦其心。夫禮義不足以悦其心，而區區於法制之末以防之，是猶決湍水注之千仞之壑，而徐翳蕭葦以捍其衝流也，亦必不勝矣。諸生蒙被教養之日久矣，而行誼不能有以信於人，豈專法制之不善哉？亦諸君子未嘗以禮義教告之也。夫教告之而不從，則學者之罪。苟爲未嘗有以開導教率之，則彼亦何所趨而興於行哉？故今增修講問之法，諸君子其專心致思，務有以漸摩之，無牽於章句，無滯於舊聞。要使之知所以正心誠意於飲食、起居之間，而由之以入於聖賢之域，不但爲舉子而已，豈不美哉？然法制之不可後者，亦既議而起之矣。惟諸君子相與堅守而力持之，使義理有以博其心，規矩有以約其外。如是而學者猶有不率，風俗猶有不厚，則非有司之罪，惟諸君留意。

摘訓

德業相勸

朱子曰："德謂見善必行，聞過必改。能治其身，能治其家；能事父母，能教子弟；能御童僕，能肅政教；能事長上，能睦親故；能擇交遊，能守廉介；能廣恩惠，能受寄託，能救患難。能導人爲善，能規人過失；能爲人謀事，能爲衆集事。能解鬥爭，能決是非。能興利除害，能居官舉職。"

業謂居家則事父母、教子弟、待妻妾，在外則事長上、接朋友、教後生、御童僕。至於讀書治田，營家濟物，畏法令，謹租賦，好禮、樂、射、御、書、數之類，皆可爲之。非此之類，皆爲無益。

過失相規

過失謂犯義之過六、犯約之過四、不脩之過五。

犯義之過：一曰酗博鬥訟。酗謂縱酒喧競，博謂賭博財物，鬥謂鬥毆罵詈，訟謂告人罪惡。意在害人，誣賴爭訴，得已不已者。若事干負累及爲人侵損而訴之者，非。二曰行止踰違。踰禮違法，衆惡皆是。三曰行不恭遜。侮慢齒德者，持人短長者，恃强凌人者，知過不改、聞諫愈甚者。四曰言不忠信。或爲人謀事，陷人於惡；或與人要約，退則背之；或妄説事端，熒惑衆聽者。五曰造言誣毀。誣人過惡，以無爲有，以小作大，面是背非。或作嘲詠、匿名文書及發揚人私隱無狀可求，及善談人之舊過者。六曰營私太甚。與人交易、傷於掊克者，專務進取、不恤餘事者，無故而好干求借貸者，受人寄託而有所欺者。

犯約之過：一曰德業不相勸，二曰過失不相規，三曰禮俗不相成，四曰患難不相恤。

不修之過：一曰交非其人。所交不限士庶，但凶惡及游惰無行、衆所不齒者而已，朝夕與之遊處，則爲交非其人。若不得已而暫往還者，非。二曰游戲怠惰。游謂無故出入及謁見人、正務閒適者；戲謂戲笑無度及意在侵侮，或馳馬擊鞠而不賭財物者；怠惰謂不修事業及家事不治、門庭不潔。三曰動作無儀。謂進退太疏野及不恭者，不當言而言、當言而不言者，衣冠太華飾及全不完整者，不衣冠而入街市者。四曰臨事不恪。主事廢忘、期會後時、臨事怠慢者。五曰用度不節。謂不計有無、過爲多費者，及不能安貧、非道營求者。

禮俗相交

禮俗之交：一曰尊幼輩行，二曰造請拜揖，三曰請召送迎，四曰慶弔贈遺。

尊幼輩行，凡五等：曰尊者。謂長於己三十歲以上，在父行者。曰長者。謂長于己十歲以上,在兄行者。曰敵者。謂年上下不滿十歲者,長者謂稍長,少者謂稍少。曰少者。謂少于己十歲以下者。曰幼者。謂少于己二十歲已下者。

造請拜揖,凡三條:曰凡少者、幼者於尊者、長者,歲首、冬至、四孟月朔,辭見賀謝,皆爲禮見。昔具門狀、公服,若當行禮而有故,皆先使人白之。或遇雨雪,則尊長先使人諭止來者。此外,候問、起居、質疑、白事及赴請召,皆爲燕見,尊者受謁不報。歲首、冬至具己名牓子,令子弟報之如其服。長者,歲首、冬至,具牓子報之如其服,餘令子弟以己名牓子代行。凡敵者,歲首、冬至,辭見賀謝相往還。門狀、名紙同上,唯止服帽子。凡尊者、長者無事而至,少者、幼者之家唯所服。深衣素衫、道服背子可也,敵者燕見亦然。曰凡見尊者、長者,下馬俟於外,次乃通名。凡往見,入門必問主人食否?有他客否?有他幹否?有妨則少俟,或且還。後皆倣此。主人使將命者,先出迎客,客趨入至廡間,主人出降階,客趨進,主人揖之,升堂禮見,四拜而後坐,燕見不拜。旅見則旅拜,少者、幼者自爲一列。幼者拜則跪而扶之,少者拜則跪扶而答其半。若尊者、長者齒德殊絕,則少者堅納拜請,尊者許則立而受之,長者許則跪而扶之,拜訖則揖而退。主人命之坐,則致謝,訖揖而坐。退。凡相見,語終不更端,則告退。或主人有倦色,或方幹事而有所俟者,皆告退可也。後皆倣此。則主人送於廡下。若命之上馬,則三辭。許則揖而退,出大門,乃上馬;不許,則從其命。凡見敵者,門外下馬,使人通名,俟於廡下或廳側,禮見則再拜。稍少者先拜,旅見則特拜。退則主人請就階上馬。徒行則主人送於門外。凡少者以下,則先遣人通名,主人具衣冠以俟,客入門下馬,則趨出迎揖,升堂來報禮,則再拜謝。客止之則止。退則就階上馬。客徒行,則迎於大門之外,送亦如之,仍隨其行數步,揖之則止,望其行遠乃入。凡遇尊長於道,皆徒行,則趨進揖。尊長與之言,則對;否,則立於道側,以俟尊長已過,乃揖而行。或皆乘馬,於尊者則迴避之,於長者則立馬道側揖之,俟過乃揖而行。若己徒行而尊者乘馬,則迴避之。若己乘馬而尊長徒行,望見則下馬前揖,已避亦然。過既遠,乃上馬。若尊長令上馬,則固辭。遇敵者皆乘馬,則分道相揖而過。彼徒行而不及迴避,則下馬揖之,過則上馬。遇少者以下皆乘馬,彼不及避,則揖之而過。彼徒行不及避,則下馬揖之。于幼者則不必下,可也。

請召迎送,凡四條:凡請尊長飲食,親往投書。禮薄則不必書專名,他客則不可兼召尊長。既來赴,明日親往謝之。召敵者,以書簡明白,交使相謝;召少者,用客目,明日客請,往謝。曰凡聚會皆鄉人,則亦以齒,非士類則否。若有親，則必叙。若有他客，有爵者則坐以爵，不相妨者坐以齒。若有異爵者，雖鄉人亦不以齒。異爵謂命士大夫以上，今陞朝官是。若特請召，或迎勞出錢，皆以專召者爲上客。如昏禮則姻家爲上客，皆不以齒爵爲序。曰凡燕集初坐，別設桌子於兩楹間，置大杯於其上，主人降席立於桌東西向，上客亦降席立於桌西東向。主人取杯親洗，上客辭，主人置杯桌子上，親執酒斟之，以器授執事者，遂執杯以獻上客。上客受之，復置桌子上，主人西向再拜，上客東向再拜。興，取酒東向跪祭，遂飲，以杯授贊者，遂拜。主人答拜，上客酢主人如前儀。主人乃獻，衆賓如前儀。唯獻酒不拜，若衆賓中有齒爵者，則特獻如上客之儀，不酢也。若婚會，姻家爲上客，則雖少亦答其拜。曰凡有遠出遠歸者，則迎送之，少者、幼者不過五里，敵者不過三里，各期會於一處拜揖。如禮有飲食，則就飲食之。少者以下，俟其既歸，又至其家省之。

慶吊贈遺，凡四條：曰凡同約有吉事，則慶之。冠子生子、預薦登科、進官之屬，皆可賀。婚禮雖曰不賀，然禮亦曰賀，娶妻者蓋相以物助其賓客之費而已。有凶事，則吊之。喪葬、水火之類。每家只家長一人，與同約者俱往。其書問亦如之。若家長有故，或與所慶吊者不相接，則其次者當之。曰凡慶禮，如常儀。有贈物或其家有不足，則同約爲之借助器用及爲營幹。凡吊禮，聞其初喪，未易服，則率同約者深衣而往哭吊之。此吊尊者，則爲首者致辭而旅拜。敵以下則不拜，主人拜，則答之。少者以下，則扶之。不識死者則不吊，不識死者則不哭。且助其凡百經營之事。主人既成服，則相率素幞頭、素服、素帶，具酒果食物而往奠之。死者是敵以上則拜而奠，以下則奠而不拜。主人不易服，則亦不易服。主人不哭，則亦不哭。情重則雖主人不變不哭，亦變而哭之。賻禮用錢帛，衆議其數如慶禮。及葬，又相率致賻，俟發引則素服而送之。賻如賻禮，或以酒食犒其役夫及爲之幹事。及卒哭，及小祥，及大祥，皆常服吊之。曰凡喪家不可具酒食、衣服以待吊客，而客亦不可受。曰凡聞所知之喪，或遠不能往，則遣使致奠，就外次衣吊服再拜，哭而送之。唯至親篤友爲然。過期年則不哭，情重則哭其墓。

患難相恤

患難之事：一曰水火。小則遣人救之，甚則親往，多率人救，且吊之。二曰盜賊。近則同力追捕，遠則有力者爲告之官司。其家貧，則爲之助，出募賞之。三曰疾病。小則遣人問之，甚則爲訪醫藥，貧則助其養疾之費。四曰死喪。缺人則助其幹辦，乏財則賻贈借貸。五曰孤弱。孤遺無依者，若能自贍，則爲之區處，稽其出内。

或聞於官司，或擇人教之，及爲求婚姻。貧者，協力濟之，無令失所。若有侵欺之者，衆人力爲之辯理。若稍長而放逸不檢，亦防察約束之，毋令陷於不義。六曰誣枉。有爲人誣枉過惡不能自伸者，勢可以聞於官府，則爲言之有方，備可以救解則爲解之。或其家因而失所者，衆共以財濟之。七曰貧乏。有安貧守分而生計大不足者，衆以財濟之。或爲之借貸、置産，以歲月償之。

右《呂氏鄉約訓條》，朱子摘以誡學者。茲於義學廳壁表而揭之，使後生小子知勸善、規過、交友、事長、睦婣、任恤之道，詎可以其淺近而忽諸。

——[清]董桂敷：《漢口紫陽書院志略》卷五《學規》，清嘉慶十一年刻本

清道光二十七年十二月漢陽縣篤誼堂規條

江夏縣正堂、加十級、紀録十次昇，欽加道銜調補武昌府正堂、加十二級、隨帶加一級、紀録二次劉，欽加道銜湖北漢陽府正堂、加十級、紀録十次夏，署漢陽縣正堂、加十級、紀録十次張剴切曉諭勒石，俾垂久遠事。案奉藩、臬憲轉奉撫憲趙批：據漢陽縣職員汪榮禄、姚有恭等詞稱，職等籍隸徽州，貿易武漢多人，每歲旅亡不少，有力者可以帶歸，無力者抬至新安書院所置義地掩埋。因日久年湮，北邙纍纍，愈積愈多。其有子孫或欲起而帶回者，奈骨多朽没，有願莫酬。竊生既貿於異鄉，死莫歸夫故土。白楊烏桕，僅存三尺之封；黃壤青燐，難免孤魂之餒。職等目擊心傷，爰集同人會議，分別勸捐，先造廳廊，暫停旅柩，防其積累，限期定以三年；助以盤纏，還鄉何憂千里？如斯篤誼，維桑情殷贈麥。庶覊魂早返故里，得歸坏土，親修孝思克慰。茲職等會議已定，擬將同人樂輸之項，建造篤誼堂所，俾旅櫬有所暫寄，並將各家年月額捐款項俟陸續收齊，再另綢繆生息，永作傾助帶柩之費。但此舉欲垂久遠，若不籲叩立案賞示，誠恐日後有不近人情之輩，及各碼頭抬夫藉端訛索，沮撓義舉，在所不免。爲此，除禀明府縣外，縷情陳明，並酌定規條八款，理合粘叩恩鑒作主，核情立案，賞示勒石，永遠遵循，俾義舉克全，存殁均感等情。奉批：粘呈條款，尚屬妥協，應否由該府給示勒石，以垂久遠之處，仰布政司會同按察司查議詳奪，粘件抄發等因，奉此。正會議間，據該職員等抄粘條款，赴本藩司衙門呈請轉詳，給示勒石前來。本司等遵查：該職員汪榮禄、姚有恭等，情殷桑梓，置買義地，建造廳廊，暫停旅柩，洵屬善舉。所議條款，均尚妥協，應請俯如所請，給示勒石，俾垂久遠。緣奉批議，理合

會詳呈復,伏候憲台俯賜查閱給示,飭發下司,以便轉給勒石,並請將粘呈條規附於示尾,永遠遵循等情。詳奉撫、憲批飭:武、漢二府督同江、漢二縣,即如該職員等所請,給示勒石曉諭,並抄錄示稿,具詳立案可也等因,奉此。查此案前據該職員汪榮祿等赴府呈請給示,當經前署府姚守出示曉諭,並行漢陽縣一體示諭在案。茲奉前因,除通詳各憲立案外,合函出示,勒石曉諭。爲此,示仰該處保甲及碼頭抬夫等知悉,嗣後,務各遵照後開規條,共襄善舉,不得藉端訛索,生事扭撓。倘有擾害之人,許該堂董事指名稟報,立予差拏究懲。至夫役人等扛抬棺木,應照規條内所定價值受雇,不准格外增求。設有刁難,聽憑該堂另雇,更不得從中格外攔扭。如違,立即從嚴處治,決不寬貸。自示之後,各宜凜遵毋違。特示。

計開酌議規條臚列於後:

一、建造大廳一間,取名"篤誼堂"。另造廊屋數間,以作停柩之所。三年後,出帖知會,有子孫、親屬願帶回徽,苦於無力者,酌送帶資葬費。如三年後無人願帶者,則代爲安葬義地,標名立碑。

一、另造小廳堂一間,因有力之家柩停廊内廳上,可以安靈設祭,仍不得過五十日,以防積壓。

一、凡爲善之事,君子所欣,小人所忌。茲義舉興工之始及落成之後,誠恐附近地方有不法棍徒藉端滋事,或出面圖詐,或暗唆擾害,均於義舉有累。嗣後,倘有前項情故,立行援案粘示稟究。

一、送帶費歸信足統帶,如有認識之人親領帶棺,必須其人可以深信,方可准送費交帶。蓋恐有不誠實子孫、親友等將帶費別用,移棺他處,隨便拋露。與其送費而無實濟,不如安葬義地之爲善也。

一、在武漢貿易鄉人,無力居多,而各碼頭需索過河抬費有加無已。今該堂公議,每棺抬至十里鋪義所堂中,捐給抬工裝殮幫費錢二千八百文。如碼頭故意刁難其棺,聽憑該堂雇夫自抬,仍給本碼頭夫頭錢八百文,以免藉口。倘再敢阻攔,即行稟究。

一、每屆春水發動之時,帶棺回徽各幫之船户,該堂將費給與信足,由信足再向船户給價,期於兩得其平,不得故意刁難。

一、該堂另造大划義船兩隻,招人駕渡,每年酌給飯食錢文。無論棺柩遠近,均歸義船裝載,各碼頭不得爭論。其義船平日准其駕渡來往行人,貼補工費。遇有本郡上塚多人,亦坐義船往返,該船户不得遠離。如誤,革去另換。

一、棺柩過於單薄者，即有子孫在外，未便停在堂內，恐穢氣薰蒸，在近鄉鄰及守堂之人觸而成病，令其暫葬義地。三年後，如有子孫承帶者，一體送與帶費。若撿骨帶回者，亦酌量送其帶費。

右仰通知。

道光二十七年十二月十一日示。

告示。

——《新安篤誼堂·告示》，清光緒十三年刻本

清同治二年三月漢陽縣篤誼堂規條

欽加清軍府銜調補漢陽縣正堂、加二級、隨帶加一級、紀錄十次潘爲出示嚴禁事。據安徽徽州府附貢生吳洪崿，附生余士熙，監生汪大桓、巴銑、汪煥文，職員任焜、戴煌、楊信、汪啟樑、汪光桓等呈稱：竊惟民肥物與，孰非天地之生？存願歿安，共此死生之理。聖朝沛澤枯之典，蕩蕩難名；異地慕仁政而來，熙熙不絕。自乾隆迄今，歷置義塚，不僅一處，均在治十里鋪一帶。界明糧納，屢蒙前憲處處示禁，異孤賴安。自兵燹後，舊碑或爲推撲，或爲剝蝕。茲不防杜微漸，竊恐無知土著、不法棍徒起意欺凌，旅魂已葬者，恃強暗侵耕種；現葬者，不肯代爲深埋，以及縱放牛畜，任其踐踏；聽信陰陽，肆其盜謀。種種情弊，不一而足。爲此，公籲賞示，勒石申禁，嚴飭附近居民、看守山主，俾已葬之棺在山，不得開墾，暴露未葬之棺到山，即爲深痊固護，葬費悉照舊價受雇，不得格外勒索增求，庶幽魂下奠於伯邱，仁化上躋乎西北，生死均感等情。據此，除批示外，合行出示嚴禁。爲此，示仰該地附近居民及看山人等知悉，嗣後，爾等牧放牲畜，務各加意照守，不得任意踐踏義塚孤墳。至義地墳塚，如遇平塌，該看山之人即當加土修培，毋致棺柩暴露。其未葬之棺到山，立爲深埋，慎勿多索葬費。自示之後，倘有無知之徒故蹈前轍，或惑於風水，侵佔掘挖，或平治作田，耕種盜賣，許該地保扭稟究治。如地保縱容徇隱，一經本縣查出，或被告發，除嚴拏犯事之人從重懲辦外，定將該地保一併懲處，決不寬貸。其各凜遵毋違。特示。

右仰通知。

同治二年三月初八日示。

告示。

欽加道銜署湖北漢陽府事、遇缺即補府正堂、隨帶加二級周,特授湖北武昌府正堂總辦通省節義局務、加三級、隨帶加二級、紀錄三次黃,欽加清軍府銜調補漢陽縣正堂、加二級、隨帶加二級、紀錄十次潘爲給示勒石曉諭,俾垂久遠事。案據徽州貢生吳洪嶼,附生余士照,監生巴銑、汪大桓、汪煥文,職員戴煌、任焜、楊信、汪啟樑、汪光桓呈稱:道光二十七年,職員汪榮祿等呈禀,徽民貿易武漢,旅亡年不乏人,勸捐蓋造篤誼堂於漢陽之十里鋪,爲旅櫬之所,并酌定規條八款。禀蒙前武、漢兩府,江、漢兩縣詳奉前撫憲趙批准,並通詳立案給示,勒石曉諭。奉行多年,有條不紊。兵燹後,雖仍舊舉行,而諸多窒礙。今幸徽商復聚武漢,旅亡不少。生等爰集同人,重建篤誼堂,爲旅櫬寄厝之所。其碼頭人夫扛抬棺木,悉照舊定規條。恐有未悉始末,藉端訛索,或暗中擾害,阻撓義舉,刷印條款,粘呈會銜,給示勒石曉諭,永遠遵循,歿存均感等情。除批示外,合行給示,勒石曉諭。爲此,示仰該處保甲、各碼頭抬夫人等知悉,嗣後,務各遵照後開定規,共襄善舉,不得藉端訛索,生事阻撓。倘有擾害之人,許該堂首事指名禀究。至夫役人等扛抬棺木,應照規條內所定價值受雇,不准格外多索。如有刁難,聽該堂另雇,更不得從中攔阻。倘敢故違,立即拏案,從嚴處治,決不寬貸。各宜凜遵毋違。特示。

計開:

一、建造大廳一間,取名"篤誼堂"。另造廊屋數間,以作停柩之所。三年後,出帖知會,有子孫、親屬願帶回徽,苦於無力者,酌送帶資葬費。如三年後無人願帶者,則代爲安葬義地,標名立碑。

一、另造小廳堂一間,因有力之家柩停廊內廳上,可以安靈設祭,仍不得過五十日,以防擠塞。

一、凡善事,君子所欣,小人所忌。茲復興義舉之始及落成之後,誠恐附近地方有不法棍徒藉端滋事,或出面圖詐,或暗唆擾害,均於義舉有累。嗣後,如有前項情故,立行援案抄示禀究。

一、送帶費歸信足統帶,如有認識之人親領帶棺,必須其人可以深信,方准送費交帶。蓋恐有不誠實子孫、親友等將帶費別用,移棺他處拋露。與其送費而無實濟,不如安葬義地之爲善也。

一、該堂公議,每棺抬至十里鋪義所堂中,總給抬工裝殮幫費錢二串八百文。如碼頭故意刁難,聽憑該堂雇夫自抬,仍給本碼頭夫頭錢八百文,以免藉口。再敢阻攔,即行禀究。

一、每屆春水漲發之時,帶棺回徽,該堂將費給與信足,由信足轉給船戶,務在兩得其平,不得刁難多索。

一、該堂另造義船二隻,雇人駕渡,每年酌給飯食錢文。無論棺柩遠近,均歸義船裝渡,各碼頭不得阻攔。平日仍准渡送來往行人,貼補工費。遇有本郡上墳多人,亦坐義船,該船户不得遠離。如誤,另換。

一、棺柩過單,即有子孫在外,未便停在堂内,以致穢氣薰蒸,即令暫葬義地。三年後,如有子孫承帶者,一體送與帶費。若撿骨帶回,亦量送帶費。

右仰知悉。

同治二年三月初九日示。

告示。

欽命湖北分巡漢黄德道兼管驛站水利事務、隨帶加四級鄭爲曉諭事。據安徽徽州府附貢生吳洪崿,附生余士照,監生巴銑、汪大桓、汪焕文,職員戴煌、任焜、楊信、汪啟樑、汪光桓等赴道詞稱:緣道光二十七年,因職員汪榮禄等禀呈,徽民貿易武漢,旅亡年不乏人,勸捐蓋造篤誼堂於漢陽十里鋪,爲旅櫬暫厝之所,並酌定規條八款,縷情禀陳。蒙前武、漢兩府憲,江、漢兩縣主詳奉藩、臬兩憲轉奉撫憲趙批,准立案給示,勒石曉諭。奉行多年,有條不紊。前因兵燹,舉行諸多窒礙。今幸一律承平,徽商復聚武漢,旅亡年亦不少。生等爰集同人,重建篤誼堂,爲旅櫬寄厝之所。其章程條款:碼頭抬夫扛抬棺木,悉照舊章所定價值受雇,不得格外增求,期於久遠奉行。誠恐附近地方居民及各碼頭抬夫,有不近人情之輩,未悉始末,或藉端訛索,或強借擾攘,或暗中侵害。種種情弊,俱於善舉有累。爲此,拓摹前示條款,公叩賞示,堂内及各碼頭勒石曉諭,克全義舉等情。除批示外,查該生等爰集同人,重建篤誼堂在漢陽十里鋪,爲旅櫬寄厝之所。核閱原定規條,洵爲善舉。誠恐碼頭抬夫藉端訛索,附近居民暗中侵害,合行出示曉諭。爲此,示仰各碼頭腳夫及義塚附近居民人等知悉,凡屬扛抬徽幫旅亡棺木,悉照舊章所定價值,不得格外增求。義塚附近居民,亦不得強借擾攘,或暗中侵害。倘有不遵,准該首事等指名,赴地方官呈首,按名拿案,照律嚴辦。各宜凛遵毋違。特示。

右仰通知。

同治二年五月十二日示。

告示。

——《新安篤誼堂·告示》，清光緒十三年刻本

清同治至光緒年間各地官府關於漢陽縣篤誼堂旅櫬歸鄉告示、稟稿暨漢陽縣篤誼堂規條

進漢陽府請移文稟稿

具稟：新安會館司事附貢生葉之芸，歲貢生胡式金，職員孫式道、汪光桓、胡士榛、胡洪謨、汪焕文、石秉衡、方多吉、江順、程德績、洪培庚、鮑崇政等爲資送旅櫬，懇恩移示，飭遵定章，勒石永垂事。竊生等籍隸新安，貿楚者衆。先年，會館中在漢陽十里鋪地方建有篤誼堂，暫厝旅櫬。乏力之家，柩歸無日，漸積漸多，觸目傷心。爰約同鄉立願輸錢，慷慨解囊。年來集有成數，生息資送回籍。惟自漢登舟，中途水陸兼行，槓抬船載，起駁過山，由漢而饒，出饒而婺、而祁、而黟，直達休、歙、績溪各邑。誠恐埠夫、船户揹勒訛索，致使承攬信足恒多梗塞之虞，是以酌議定章，價歸劃一。柩到埠頭，尅日轉運，不得延擱河岸，另索錢文。第非仰荷鴻慈備移到饒，並移徽郡，通飭所屬六邑給示勒石，諭飭埠夫、船户遵章領價，無以垂諸久遠。爲此，粘呈各項條款清單，伏乞公祖大人恩核，備移給示，以便遵循，存歿咸感。上稟。

計粘條款清單一紙録後。

同治十三年九月　日具。

府正堂嚴批：准如稟移知饒州、徽州二府，飭屬給示立案。抄粘附。

移文

欽加鹽運使銜湖北漢陽府正堂、加四級、紀録十次嚴爲移知事。案據新安會館司事附貢生葉之芸，歲貢生胡式金，職員孫式道、汪光桓、胡士榛、胡洪謨、汪焕文、石秉衡、方多吉、江順、程德績、洪培庚、鮑崇政等稟稱：竊生等籍隸新安，貿楚者衆。先年，會館中在漢陽十里鋪地方建有篤誼堂，暫厝旅櫬。乏力之家，柩無歸日，漸積漸多，觸目傷心。爰約同鄉立願輸錢，慷慨解囊。年來集有成數，生息資送回籍。惟自漢登舟，中途水陸兼行，槓扛船載，起駁過山，由漢而饒，由饒而婺、而祁、而黟，直達休、歙、績溪各邑。誠恐埠夫、船户揹勒訛索，致使承攬信足恒多梗塞之虞，是以酌議定章，價歸劃一。柩到埠頭，尅日轉運，不得延擱河岸，另索錢文。第非仰荷鴻慈備移到饒，並

移徽郡,通飭所屬六邑給示勒石,諭飭埠夫、船户遵章領價,無以垂諸久遠。爲此,粘呈各項條款清單,伏乞恩核,備移給示,以便遵循,存歿咸感。上禀等情到府。據此,除禀批示外,擬合抄單移知。爲此,合移貴府,請煩查照,希即通飭所屬給示勒石,並諭飭埠夫、船户照章領價,以垂久遠。須至移者。

計粘抄條款清單一紙。

右移江西饒州府正堂、安徽徽州府正堂。

特授江南徽州府正堂、卓異加一級、紀錄十次何給示勒碑,以垂久遠事。准欽加鹽運使銜湖北漢陽府嚴移開,案據新安會館司事附貢生葉之芸,歲貢生胡式金,職員孫式道、汪光桓、胡士榛、胡洪謨、汪焕文、石秉衡、方多吉、江順、程德績、洪培庚、鮑崇政等禀稱:竊生等籍隸新安,貿楚者衆。先年,會館中在漢陽十里鋪地方建有篤誼堂,暫厝旅櫬。乏力之家,柩無歸日,漸積漸多,觸目傷心。爰約同鄉立願(諭)[輸]錢,慷慨解囊。年來集有成數,生息資送回籍。惟自漢登舟,中途水陸兼行,槓抬船載,起駁過山,由漢而饒,由饒而婺、而祁、而黟,直達休、歙、績溪各邑。誠恐埠夫、船户掯勒訛索,致使承攬信足恒多梗塞之虞,是以酌議定章,價歸劃一。柩到埠頭,尅日轉運,不得延擱河岸,另索錢文。第非仰荷鴻慈備移到饒,並移徽郡,通飭所屬六邑給示勒碑,諭飭埠夫、船户遵章領價,以垂久遠。爲此,粘呈各項條款清單,伏乞恩核,備移給示,以便遵循,存歿咸感。上禀等情到府。據此,除禀批示外,擬合抄單移知。爲此,合移請煩查照,希即通飭所屬給示勒石,並諭飭埠夫、船户照章領價,以垂久遠等因,並抄條款清單一紙到府,准此。查郡屬好義紳商在於湖北漢陽地方設立篤誼堂,暫厝旅櫬。乏力之家,柩無歸日,漸積漸多,觸目傷心。該紳商等乃慷慨捐資,生息助費,送柩回徽,水陸兼行。但恐各處埠頭船户、脚夫人等掯勒訛索,是以酌議章程,價歸劃一。抄粘各項條款,呈明漢陽府正堂,移請本府給示遵循,實屬善舉,深堪嘉尚。合開條款,給示勒碑,以垂久遠。爲此,示仰郡屬埠頭船户、脚夫人等知悉,爾等當知紳商捐資,助費運柩,此等義舉,凡有仁心之人,皆宜贊成美意。如遇湖北漢陽府新安會館運送篤誼堂棺柩回徽,務各遵照條款領價,隨時轉運,不得耽延,亦不准另索錢文。倘有違抗,任意掯延,一經訪聞,或被告發,定即由經過地方官提案,盡法懲責,詳府提究,決不姑寬。各宜凜遵毋違,切切。特示。

計粘條款。

右仰知悉。

同治十三年十二月　日示。

告示。

欽加同知銜鄱陽縣正堂、保薦卓異加五級、隨帶加二級、紀錄二次李爲照錄條款曉諭事。同治十三年十二月十九日，奉府憲薛札開：同治十三年十二月初一日，准湖北漢陽府正堂嚴移開，案據新安會館司事附貢生葉之芸，歲貢生胡式金，職員孫式道、汪光桓、胡士榛、胡洪謨、汪焕文、石秉衡、方多吉、江順、程德績、洪培庚、鮑崇政等禀稱：竊生等籍隸新安，貿楚者衆。先年，會館中在漢陽十里鋪地方建有篤誼堂，暫厝旅櫬。乏力之家，柩無歸日，漸積漸多，觸目傷心。爰約同鄉立願輸錢，慷慨解囊。年來積有成數，生息資送回籍。惟自漢登舟，中途水陸兼行，槓扛船載，起駁過山，由漢而饒，由饒而婺、而祁、而黟，直達休、歙、績溪各邑。誠恐埠夫、船户揩勒訛索，致使承攬信足恒多梗塞之虞，是以酌議定章，價歸劃一。柩到埠頭，刻日轉運，不得延擱河岸，另索錢文。第非仰荷鴻慈備移到饒，並移徽郡，通飭所屬六邑給示勒石，諭飭埠夫、船户遵章領價，無以垂諸久遠。爲此，粘呈各項條款清單，伏乞恩核，備移給示，以便遵循，存歿咸感等情到府。據此，除禀批示外，擬合抄單移知。通飭所屬給示勒石，並諭飭埠夫、船户照章領價，以垂久遠等因，准此。合就抄單札飭。爲此，仰縣主即遵照，刻日照章出示曉諭，一體知照毋違。此札計粘抄條款清單一紙，等因到縣，奉此。合行照錄條款曉諭。爲此，示仰合境船行及船户、埠夫人等知悉，嗣後，如遇湖北新安會館篤誼堂遣派信足搬運棺柩，前赴祁、婺各邑，所有船價、夫價各遵定章，不得抬價刁難。如違，許該信足禀究。再此，内有由水路者，凡遇過灘起駁，務將所載之柩暫擇離河較遠之地妥爲安放，毋許就近起停河岸，免致遇漲漂没。即停柩之地離河甚遠，亦應於過灘後仍運上船，不准遲至兩日以外，俾免雨淋日曬，及一切意外之虞。倘敢故違，一經訪聞，或被該信足告發，定提該船户從嚴懲辦，合併飭知。毋違。特示。

計開條款照錄。

右諭通知。

光緒元年二月十四日示。

告示。

欽加同知銜特授祁門縣正堂、隨帶加一級、紀錄二次、世襲雲騎尉周，抄奉特授江南徽州府正堂、卓異加一級、紀錄十次何爲給示勒碑，以垂久遠事。准欽加鹽運使銜湖北漢陽府嚴移開，案據新安會館司事附貢生葉之芸，歲貢生胡式金，職員孫式道、汪光桓、胡士榛、胡洪謨、汪煥文、石秉衡、方多吉、江順、程德績、洪培庚、鮑崇政等稟稱：竊生等籍隸新安，貿楚者衆。先年，會館中在漢陽十里鋪地方建有篤誼堂，暫厝旅櫬。乏力之家，柩無歸日，漸積漸多，觸目傷心。爰約同鄉立願輸錢，慷慨解囊。年來集有成數，生息資送回籍。惟自漢登舟，中途水陸兼行，槓扛船載，起駁過山，由漢而饒，由饒而婺、而祁、而黟，直達休、歙、績溪各邑。誠恐埠夫、船户揩勒訛索，致使承攬信足恒多梗塞之虞，是以酌議定章，價歸劃一。柩到埠頭，趂日轉運，不得延擱河岸，另索錢文。第非仰荷鴻慈備移到饒，並移徽郡，通飭所屬六邑給示勒石，諭飭埠夫、船户遵章領價，無以垂諸久遠。爲此，粘呈各項條款清單，伏乞恩核，備移給示，以便遵循，存歿咸感。上稟等情到府。據此，除稟批示外，擬合抄單移知。爲此，合移請煩查照，希即通飭所屬給示勒石，並諭飭埠夫、船户照章領價，以垂久遠等因，並抄條款清單一紙到府，准此。查郡屬好義紳商在於湖北漢陽地方設立篤誼堂，暫厝旅櫬。乏力之家，柩無歸日，漸積漸多，觸目傷心。該紳商等乃慷慨捐資，生息助費，送柩回徽，水陸兼行。但恐各處埠頭船户、脚夫人等揩勒訛索，是以酌議章程，價歸劃一。抄粘各項條款，呈明漢陽府正堂，移請本府給示遵循，實屬善舉，深堪嘉尚。合開條款，給示勒碑，以垂久遠。爲此，示仰郡屬埠頭船户、脚夫人等知悉，爾等當知紳商捐資，助費運柩，此等義舉，凡有仁心之人，皆宜贊成美意。如遇湖北漢陽府新安會館運送篤誼堂棺柩回徽，務各遵照條款領價，隨時轉運，不得耽延，亦不准另索錢文。倘有違抗，任意揩延，一經訪聞，或被告發，定即由經過地方官提案，盡法懲責，詳府提究，決不姑寬。各宜凛遵毋違，切切。特示。

右仰知悉。

計粘單。

光緒元年七月初十日示。

告示。

欽加同知銜特授祁門縣正堂、隨帶加一級、紀錄二次、世襲雲騎尉周爲出示嚴禁事。據同善局稟稱：漢鎮新安會館現在東關外五里牌地方新造送棺厝所，義舉可嘉。有等不法之徒，黑夜將門打開，恐延火燭，貽害匪輕，稟請給示等情到縣。據此，除批示外，合行示禁。爲此，示仰該處地保隨時稽查。倘有前項情事，許該保等即行扭稟赴縣，以憑究治。本縣言出法隨，決不寬貸。各宜凜遵毋違。特示。

右示嚴禁。

光緒元年十二月初四日示。

告示。

實貼漢鎮會館□□。

進祁門縣稟稿

具稟：新安會館首士歲貢生胡式金，職員孫式道、汪光桓、胡洪謨、詹達、朱玉書、方光輝、江良坡等稟爲竊取旅櫬繩索、蒲席，資送延期，公懇給示嚴禁，抬伕飭遵定章事。竊職等籍隸治下，遠貿漢皋。郡屬六邑，人衆旅亡，年不乏人。光緒乙亥年間，職等在漢紳商公議，資送旅櫬回徽，並在治東價買空基一段，蓋造屋宇，爲篤誼堂暫停棺所。原有章程，經前府太尊何並蒙前縣主周給示勒石，歷辦在案。惟是旅櫬盤歸，每棺均用麻繩（梱）[綑]縛扎緊，以便扛抬。到徽之日，均在停棺所寄放。旅櫬既非一邑，道路必有參差遠近，或婺西、歙南、休北、黟東不等。是以由祁僱伕，分頭資送到籍。近查有不法抬伕，希圖漁利，凡由漢皋資送回徽棺柩，該抬伕等抬至停棺所後，竟將（梱）[綑]棺麻繩、蒲席鬆解竊賣，致令重購繩索（梱）[綑]縛，資送延期。仍恐年久棺柩朽壞，一被竊解繩索，柩散破損，遺失亡骸。若不稟請示禁，恐後效尤。爲此，公叩公祖台前，迅賞給示嚴禁，庶千里歸櫬可保無虞，存歿均感。上稟。

進漢陽府稟稿

具稟：新安書院司事歲貢生胡式金，監生朱玉書，職員孫式道、汪光桓、胡士榛、胡洪謨、汪煥文、江順、石秉衡、方多吉、程德績、洪培庚、鮑崇政年不一，爲重整舊章，叩懇給示，以便永遵事。竊生等籍隸新安，貿楚者衆。每歲旅亡，實不乏人。有力者可以帶歸，無力者抬至新安書院所置義地掩埋，或抬至新安篤誼堂暫厝，以爲挈歸之計。第旅櫬日積日多，因議公同捐款，資送回籍。由漢而饒，由饒而婺、而祁、而黟，直達休、歙、績溪各邑。經過地方，恐埠夫、船户勒掯訛索，定有章程。業稟蒙憲台大人移明徽、饒兩郡，通飭各屬遵行，給示勒石在案。詎近自武漢地方，仍有刁猾船户、脚夫意存訛索，多方勒掯。即抬柩到堂，或埋義塚，皆故意刁難，種種掣肘。伏查新安書院舊定有各碼頭抬柩章程，每棺抬至十里鋪義所堂中，總給各費錢二串八百文。或自行僱夫抬送，仍給本碼頭夫頭錢捌百文，以免藉口。其由各埠頭駁船裝運，送至羅家埠頭起坡，無論路之遠近，每棺給大錢四百文，船價、酒資一併在內，以昭劃一。曾經禀明前武昌府劉、前漢陽府夏、前江夏縣昇、前漢陽縣張，奉前撫憲趙批，剴切曉諭，給示勒石在案。今時隔多年，舊章具在。若不禀求憲台大人作主，飭縣傳集各碼頭船户、脚夫，特具照章領價甘結，將來地方益長刁風，義舉因之阻撓。凡客商、手藝，貧苦者多，一遭喪亡，受累不淺。除具禀武昌府憲外，爲此，禀求憲台大人，會同武昌府憲，聯銜給示，俾得勒石遵循，以垂久遠。並由江夏、漢陽兩縣主傳集各埠頭船户、脚夫，切具照章領價甘結，實爲德便。沾恩上呈。

光緒元年　月　日呈。

府正堂嚴批：候會同武昌府給示勒石，並行漢陽縣，傳集該船户、脚夫人等，飭令照章領價，具結立案。

進武昌府禀稿

具禀：新安書院司事歲貢生胡式金，監生朱玉書，職員孫式道、汪光桓、胡士榛、胡洪謨、汪焕文、江順、石秉衡、方多吉、程德積、洪培庚、鮑崇政年不一，爲重整舊章，叩懇給示，以便永遵事。竊生等籍隸新安，貿楚者衆。每歲旅亡，實不乏人。有力者可以帶歸，無力者抬至新安書院所置義地掩埋，或抬至新安篤誼堂暫厝，以爲挈歸之計。第旅櫬日積日多，因議公同捐款，資送回籍。由漢而饒、而婺、而祁、而黟，直達休、歙、績溪各邑。經過地方，恐埠夫、船户勒掯訛索，定有章程。業禀蒙漢陽府憲移明徽、饒兩郡，通飭各屬遵行，給示勒石在案。詎近自武漢地方，仍有刁猾船户、脚夫意存訛索，多方勒掯。即抬柩到堂，或埋義塚，皆故意刁難，種種掣肘。伏查新安書院舊定有各碼頭抬柩章程，每棺抬至十里鋪義所堂中，總給各費錢二串八百文。或自行僱夫抬送，仍給本碼頭夫頭錢八百文，以免藉口。其由各埠頭駁船裝運，送至羅家埠頭起坡，無論路之遠近，每棺給大錢四百文，船價、酒資一併在內，以昭劃一。曾經禀蒙前武昌府劉、前漢陽府夏、前江夏縣昇、前漢陽縣張，奉前撫憲趙批，剴切曉諭，給示勒石在案。今時隔多年，舊章具在。若不禀求憲台大人作主，飭縣傳集各埠頭船户、脚夫，特具照章領價甘結，將來地方益長刁風，義舉因之阻撓。凡客商、手藝，貧苦者多，一遭喪亡，受累不淺。除具禀漢陽府憲外，爲此，禀求憲台大人，會同漢陽府憲，聯銜給示，俾得勒石遵循，以垂久遠。並由江夏、漢陽兩縣主傳集各埠頭船户、脚夫，切具照章領價甘結,實爲德便。沾恩上呈。

光緒元年　月　日呈。

府正堂方批:候會同漢陽府給示勒石,永遠遵守,並即札飭江夏縣,差傳各埠頭船户、脚夫,取具照章領價甘結,報府備案。如再刁難、勒索,拘案究懲。

欽加鹽運使銜湖北武昌府正堂補用道方,欽加鹽運使銜湖北漢陽府正堂、加四級、紀錄十次嚴爲給示勒石曉諭,俾垂久遠事。案據新安書院司事歲貢生胡式金,監生朱玉書,職員孫式道、汪光桓、胡士榛、胡洪謨、石秉衡、汪煥文、江順、方多吉、洪培庚、程德積、鮑崇政稟稱:竊生等籍隸新安,貿楚者衆。每歲旅亡,實不乏人。有力者可以帶歸,無力者抬至新安書院所置義地掩埋,或抬至新安篤誼堂暫厝,以爲挈歸之計。第旅櫬日積日多,因議公同捐款,資送回籍。由漢而饒、而婺、而祁、而黟,直達休、歙、績溪各邑。經過地方,恐埠夫、船户勒掯訛索,定有章程。業經稟蒙移明徽、饒兩郡,通飭各屬遵行,給示勒石在案。詎近自武漢地方,仍有刁猾船户、脚夫意存訛索,多方勒掯。即抬柩到堂,或埋義塚,皆故意刁難,種種掣肘。伏查新安書院舊定有各碼頭抬柩章程,每棺抬至十里鋪義所堂中,總給各費錢二串八百文。或自行僱夫抬送,仍給本碼頭夫頭錢八百文,以免藉口。其由各埠頭駁船裝運,送至羅家埠頭起坡,無論路之遠近,每棺給大錢四百文,船價、酒資一併在内,以昭劃一。曾經稟蒙前憲劉、夏,前江夏縣昇,前漢陽縣張,奉前撫憲趙批,准剴切曉諭,給示勒石在案。今時隔多年,舊章俱在。若不稟求作主,飭縣傳集各埠頭船户、脚夫,特具照章領價甘結,將來地方益長刁風,義舉因之阻撓。凡客商、手藝,貧苦者多,一遭喪亡,受累不淺。爲此,稟求會同,聯銜給示,俾得勒石遵循,以垂久遠。並由江夏、漢陽兩縣傳集各埠頭船户、脚夫,切具照章領價甘結,實爲德便。上呈等情。據此,除稟批示外,合行給示,勒石曉諭。爲此,示仰該處保甲,各埠頭船户、脚夫人等知悉,嗣後,務各遵照前定章程,照數領價,不准格外刁難、訛索,致撓善舉。倘有不遵及或藉端掯索滋事,許該堂首士人等指名具稟,定即拏案,從嚴究懲,決不寬貸。各宜凜遵毋違。特示。

右仰通知。

光緒元年六月十二日示。

告示。

——《新安篤誼堂·告示》,清光緒十三年刻本

勒碑條款

一、篤誼堂厝棺日多,是以公議資助回徽之費。惟厝堂者,照議給發,於信足領價之日,具立"承攬"字,並同鄉到堂關説者具保存查。他如自行起運之家,本堂無庸過問。倘該信足承攬領費,中途擱不送到,查確,向關説人理論,該足送官懲治。

一、襄事請六邑公正紳士,互爲辦理,其棺送交該處親人,當令該邑在漢襄事之人具信關照,以便該足取領。親人回書,繳堂銷差,以昭慎重。

一、棺木出堂,須持進堂時三聯存票爲憑,按號查發。倘有先年已埋義地,今願起舉搬回者,亦得以三聯存票對簿,核明是否該號無訛,抑係補空,埋何義地。經手其事者,當細心考究,不得輕舉妄動。

一、堂厝棺向以三年爲度,今議期滿,關照進堂時,作保之人,聽其自主。如願葬義地,本堂幫貼葬費。其有必定送徽者,自當照議而行。前保倘不在漢,則另央該邑誠實可信之人到堂關説,一切遵章無紊。

一、送棺回徽,本堂給足盤費,有盈無絀。送到之日,本家但給回書,繳堂銷差,不必另給分文。清茶款待,無庸過費。倘有需索情事,於回書中逐細言明,本堂送官懲治。嗣後,永不復用。

一、堂中厝棺,逾限不出,其有戚屬者,催令料理;其無戚屬者,照舊章代葬義地。

一、棺柩既經關説之人立保存查,並着該足具立"承攬"字據,領棺領錢,自無假冒、串通、分肥等弊。第恐人心不古,狡詐者多,如該足登舟長行,途次或有砠損頭脚,及將棺木帶泥拖水,久擱溪邊岸側、省費飽橐情事,該足立予送官,嚴究重懲。其假冒、串分之人,仍着保、足交出送案,司事毋得洵情隱忍,自蹈愆尤。

一、祁門漁亭乃僱夫換舟水旱孔道,誠恐農忙,夫船未能立就,不得不造暫厝所兩區,以防河水衝發,及市廛火燭。第該足不得久厝久擱,以半月爲度。過期不搬净者,惟該足是問。所有脚價,開列於後:

一、篤誼堂下河夫力、爻力,仍照舊章,漢至饒大船水力錢,每棺貳千文。

一、饒至祁船力,向係每棺作貨六擔,價目照大市中平價,每棺酌給錢叁串文,神福酒錢貳百八十文。

一、祁門上力抬到暫厝所,每棺叁百六十文;祁門到漁亭暫厝所,每棺抬力錢叁串貳百文，神福錢每棺叁百二十文。向年善堂未立，親人自帶。祁門陋規，船行，每棺要落地稅錢四百文，行用錢八百文。今係募捐資送，每次有二三十棺之多，行用每棺酌給錢叁百文，其落地稅不得訛索。

一、祁門至黟城，照漁亭每棺加錢四百文。再遠，每棺每里加錢陸拾四文。如近，照除。

一、漁亭下河力錢，每棺貳百四十文。休寧、歙縣、績溪船錢，每棺每里拾文。各埠起岸力，每棺貳百四十文。各埠進山旱路抬力，每棺每里錢陸拾四文，酒錢六文四毛。

一、饒至婺源水路船錢，照到祁門之價。旱路抬夫，每棺每里抬力錢陸拾四文，酒錢六文四毛。

以上酌定水旱船力夫價，乃昔年信足向帶散柩中平價目。兵燹初靖，藉人夫稀少，增價訛索。現已昇平有年，人夫日多，理宜重歸舊章。

一、本堂由漢領棺、領費之日，該親屬願領葬費者聲明，每棺給錢叁千文。

祁邑置造暫厝所司事：汪蘊香　陳侃臣　陳鶴喬　孫道五　汪輔臣　孫瞻仁

——《新安篤誼堂·勒碑條款》，清光緒十三年刻本

錄牌各款條規

一、本堂舊章，每棺出堂，銷號錢壹百文。

一、本堂抬至羅家埠上駁船，每棺抬力錢陸百文。每棺另給酒錢二十四文。

一、羅家埠駁上大船，每棺駁力錢貳百文。今定大船至羅家埠受載，照此價給。

一、漢至饒州，大船水脚，每棺錢貳千文。神福酒錢在內。

一、饒至祁門，駁船水脚，每棺錢叁千文。外給神福酒錢二百八十文。

一、祁起埠，抬進暫厝所，每棺抬力錢叁百六十文。

一、祁門行家，每棺行用錢叁百文。乙亥年，祁邑尊斷令貼給伕頭。

一、祁抬送漁亭暫厝所內，每棺抬力錢叁千二百文。每棺外給神福酒錢三百二十文。

一、祁抬送黟城，每棺抬力，照抬漁亭例。外加過嶺錢四百文。

一、祁自丙子年起，酬勞行家，每棺照應錢叁百文。着催十日發清，不得

久延。

一、祁自丙子起,每棺給管行人照應錢壹百文。

一、祁自丙子起,另給伕頭下鄉僱伕每棺錢四百文。

一、祁自丙子年起,蒙邑尊諭令,更伕看管暫厝所門鎖,每年給辛勞錢八百文。

一、祁自乙酉年起,因離祁邑十二里許樟腦地方連魚埧折卸,水散無聚,稍晴水涸,非僱簰不得駛上,今議每棺暫墊信足錢二百文。據在修覆,俟告竣後,不得給墊此款。

一、漁亭借寄暫厝所,進、出堂,每棺給堂錢貳百文。

一、漁亭暫厝所下河,每棺抬力錢貳百四十文。

一、漁亭自丁丑年起,酬勞行家,每棺照應錢叁百文。

一、漁亭自丁丑年起,每棺給管行人照應錢壹百文。

一、漁亭自丙戌年起,資送休邑西、北兩鄉山路扛抬維艱,每棺另加抬伕小心錢四百文。水路、平路,照章不加。

一、萬安街自丁丑年起,酬勞行家,每棺照應錢叁百文。

一、萬安街自辛巳年起,另加扛伕送休東、歙之西北各鄉山路小心錢叁百文。

一、萬安街自丁亥年起,每棺給管行人照應用簾遮蓋棺柩小心錢壹百文。庶免暴露。

一、六邑各埠頭水路划船,每棺每里錢拾文照算。

一、六邑各埠頭上坡,每棺抬力錢貳百四十文。

一、六邑各埠頭旱路抬力,每棺每里錢六十四文。外給每棺每里酒錢六文四毛。

一、祁過漁亭附近,直抬下行,不落行家,自漁起算,每棺每里錢六十四文。外給每棺每里酒錢六文四毛。

一、祁不過漁亭,直抬下行,自祁起算,每棺每里錢六十四文。外給每棺每里錢六文四毛。

一、饒州至婺源駁船水脚,照到祁門之價。旱路上埠,各鄉抬力,照六邑例給。

一、婺源旅櫬,或有由休西過武嶺者,每棺旱道扛力,仍照六邑章程算給。外加每棺過嶺錢四百文、小心平伙錢三百二十文。

一、每棺包(梱)[綑]草索貳根。內吊布票,外吊木牌,註明進堂原號,出堂挨號送至　縣　鄉　村口交卸。

一、本堂由漢領棺、領費之日,該親屬願領葬費者聲明,每棺給錢叁千文。今公議折曹平足紋壹兩八錢,着護送信足帶交亡人宅上收領。

一、本堂給該信足每棺護送辛勞錢貳千文。

一、本堂交該信足每棺千香一袋、錫箔一塊、錢紙一綑。沿途焚化。

一、本堂施放焰口一台,醮餕旅亡啟行。

大船自漢解纜啟行焰口用:

焰口壹台,錢叁千陸百文;八兩紅燭叁對,錢二十四文;千香二袋,錢十六文;六兩紅燭叁對,錢　;建箔五塊,錢　;細錢紙四拾觔,錢　。

送棺沿途用:

建箔,每棺一塊;錢紙,每棺一綑;千香,每棺一袋;彩紅布,每隻大船壹幅,計六尺;引路雄雞,每隻大船壹隻。

一、安葬義阡,每棺抬力錢六百二十四文,每棺埋葬土工錢六百二十四文,每棺石灰叁百觔。倘自備安葬者,各費亦照此例。

本堂資送旅櫬,自漢啟行,送至各縣各鄉村口交卸,沿途水陸使費,以及在漢陽義阡安葬各款,業經稟請定章,謹此布聞。

光緒拾三年丁亥仲冬月　日,書院司事公具。

——《新安篤誼堂·錄牌各款條規》,清光緒十三年刻本

在武漢貿易客亡者各費曩經稟請定章

一、各埠頭打空入殮,抬至義所堂中,總給錢貳千八百文。酒資隨意賞給,或自行僱夫抬送,仍給本碼頭夫頭錢八百文,以免藉口。

一、各埠駁船裝至羅家埠起坡,無論遠近,每棺給錢肆百文。酒資隨意賞給。

一、進堂繳票,登簿列號,每棺錢壹百文。

懸牌式

本堂資送旅櫬,所有章程,歷經備述,毋庸再贅。茲本年擇定於二月初十日,將應送回徽之棺交信客領送啟行。特此先期通知存柩之家,如有願送回籍者,務望速至書院報明具保,以便起程,幸勿自誤。謹白。

光緒　年正月十六日,新安篤誼堂司事公具。

——《新安篤誼堂·條規》,清光緒十三年刻本

第九節　清陝西西安安徽會館規約

清道光九年西安安徽會館公啟

道光己丑公啟

竊以皖江秀聳，黃山瑞呈，白嶽靈湖萬頃；歙浦千波，天地清淑之氣。蜿蜒扶輿，磅礴鬱積，固昔所號物華天寶、人傑地靈之奧區者也。然人才為世用，財貨為世需，車轍馬跡，遍于通都大邑，亦往往有之。有如遭逢得偶，捧檄名邦，激昂之居，志存鴻漸。際茲驪歌載道，未免驛館羈棲，抑或奇贏是操，懋遷異地，富厚自擁，家羨侯封。當此客子離鄉，亦須郵亭宿息，會館之建，誠所尚焉。夫事莫難於慮始，衆最易於樂成。在昔寄寓西安，有汪仁發、程宇周、程萬興等，於乾隆四十四年，先募助於西安太守李西崑先生、漢中太守汪元龍先生，創率同鄉，量力捐資，通盤結算，積數百金。計錙銖而生發，較分兩而盈餘。至四十六年，汪仁發復率同鄉姚嵩山、鄭永亨、方全五、汪素五、程萬興、程宇周，置買義地一所，安置幽魂。由五十六年，經呂觀成、汪祖格、方天助管理。於嘉慶六年，復又經方天助、呂觀成、方金玉、許明振、汪祖格、呂宣棋、呂宣天、程振璋、汪士梓、丁明鴻、汪廷福、宋永運等接理。至二十五年，房業滋息共計金三千有零。衆之籌畫經營，均屬同心也。然既足以妥幽魂，猶當以安行旅，是以徐潤、劉寅、翟因培、方文昶、汪士梓、丁明鴻、童德明等同心商議，于長安水池方置買房院一區，計值三千二百餘金。其中棟宇閎深，堂室軒廠，啓牖通扉，曲折繚繞，洵為負擔堪弛、賓至如歸之一大快事也。惟是繩床設榻、茶竈酒爐、茗碗檠燈、屏風簾幌，在在皆為先務。尤當供奉神靈，以迓庥祥而聯情好。爰集同志，設牲醴以禱鍾靈，演戲酬神，序齒飲福。規製既定，歲以為常。自嘉慶二十五年至道光八年，共計費金六千餘兩。雖係同人之樂舉，而資費繁浩，支用維艱，是以轉輸于在城之仕宦、商賈並南北兩山之寄旅同鄉。其中有輸而即助者，有輸而未助者，先後不齊，殊難勒碑。俟樂輸齊交之日，再行議敘芳名。茲自道光八年，徐潤、劉寅等將前公議章程交卸于接手辦公之首事等經管。惟冀賢能繼起，堪膺接管增興，庶不負集腋成裘之舉、崇台積幹之喻也。

瑣瑣常言，在所不取。然垂而不朽，須勒石以流芳。

——［清］胡肇智輯錄、方延禧校讎：《陝省安徽會館錄》卷一《道光己丑公啟》，清同治六年刻本

清同治西安安徽會館規條附新增條規

規條

一、館內，頭進供奉關夫子、東平王，每逢春、秋祀事，向歸方天寶、許瑞興、方天錦三家承辦；後進供奉朱文公，每逢春、秋祀事，向歸詹成圭、胡永元、詹斯美、四如齋四家承辦。其經費俱取給於月租，每年上、下手交替時，公同核算。除每歲常用外，餘錢各半分存，以備祀事之需。嗣於同治四年，議歸詹成圭、詹斯美、胡永元、方天寶四家經理。今公議將新置地租與捐輸地租，及舊有租息，均仍歸詹成圭等四家輪班經理，其祀事亦歸輪辦，不必分班。如同鄉續有挾厚資來陝開字號，查明結實可靠者，即請入班輪管，每年請同鄉官二人總理查核。再於各家中公舉二人：一司帳務，一管銀錢，定於每年十月初一日交替，所有一年內經手出入賬目，即於是日上、下手公同核算。館中木器、傢具等項，亦須查點清交。如有虧短，着落經手賠補，並將一年出入賬目用粉牌逐款開明，懸掛神堂，俾衆週知。至同鄉官，如未屆交替之期，奉檄赴任暨出長差離省者，隨時公請一人接管，不可虛懸。

一、每年歲支外，如有餘錢，須通知衆同鄉，公議存積，添置產業，不得通融挪用。倘經手私借與人，查出罰賠。

一、館中尋常事件，仍照舊章，由司事區分。其有必須商酌者，定期出單傳請同鄉公議，不准推諉不到。

一、逢祭祀之期，司事先五日出單傳知同鄉官，祭關夫子、東平王，向俱不到，今仍其舊。暨衆同鄉，到者書明單上，以便備席。屆期，各帶香資，與祭散福。惟向來每逢祭期，晝夜演戲，所費不貲，今公議於每年十月初一算賬。交替之日，統核所收租息，能敷一年歲支之用，仍照舊辦理。倘逢年歉，租息不敷，即傳知同鄉，到者與祭，備席散福，停止演戲。

一、新置及捐輸地畝，並義園餘地，共計租若干，務於登場時一律收清。倘有拖欠之戶，設法着追，免致虧缺。其所收租息與每月所收鋪租、房租，隨

第一章　會館、善堂、公所暨同鄉會規約

時登記，以便交替時公同查核。

一、祭祀之日，俱應各整衣冠，齊集行禮，以昭誠敬。至同鄉中有另立己會，願在館酧神者，應聽其便，但銀錢賬目，館內不必過問，以杜牽混。

一、前、後神堂兩旁房間，不必出租，免致祭祀日令其搬移，諸多不便。其餘房間，照舊出租。二門內東、西廂各一間，月租錢各六百文；二殿東、西套房各四間，月租錢各一千六百文；三門外東、西廂各一間，月租錢各四百文；三門內東、西廂各三間，月租錢各一千二百文；大偏院前後對廳、廚房共十間，月租錢三千二百文；小偏院正房、廚房共四間，月租錢一千五百文。以上房間，願住者先付押租立摺，然後搬入，並言明人數多少，註明租摺，不得以客招客。每月租錢，按期交付，不得短欠。倘訪有行兇、賭博、挾優、飲酒，以及有訟案者，即行辭出。遷出之日，查明房租並無蒂欠，仍將原付押租退還。至科場年分，應於六月底讓房，以備寄籍士子居住，須在租房時向租客說明，免致臨時周折。

一、同鄉宦幕、商賈，以及正業營生者，初到省城，來館暫住，不及半月，毋須出租，願輸者聽。其有欲常住者，較外客月租減收十分之三，如每月八百者，止收五百六十，亦須先付押租立摺，並言明人數多少，免滋衆議。宦幕跟役中，倘有不安本分之徒在館滋事，應即驅逐，毋得袒護。至同鄉之無恒業，及來歷不明暨因訟來省者，概不留住，所以別流品、免滋擾也。館內向不准住家眷，今仍照舊章，概不准住。

一、科場年分，寄籍南北山來省應試士子，向俱在館棲止，自七月起至揭曉後半月止，不收租錢。如有因事勾留，不能如期束裝者，即自十月初一日起，按其所住房間，照常出租。如非應試士子，及雖係應試士子而非科場年分，有來館居住者，概行照常出租，以示區別。

一、逢西安府府試，凡寄籍府屬之童生來省應試，館內如有閒房，聽其居住，酌取常租之半。若閒房爲先到者住滿，後來者只好在外另覓棲止，不得藉詞饒舌，致傷梓誼。

一、館內神堂器具，不得搬用，其各房內棹、椅、櫈、床，亦不得搬移。每房用木牌開明件數，釘在門首。租客搬入時，司事照牌當面點交。遷去時，亦須當面點交，如有短少、損傷，客人賠還。客有自置器具者，臨行，隨人搬去，不准寄存，致滋轇轕。如願助入館內，司事當面登簿，註明幾件，某客所助，並於門首牌上添入，以備查考。

一、每月朔、望，司事輪流到館，神前拈香，用昭虔敬。而館中一切情形，藉可隨時稽查。如輪拈香而有要事不能到者，准其以次請代，不得無故推諉。

一、館内用長班一人，每月給予工食五千文，祀事傳單、大門啟閉，以及庭堂打掃，皆其專責。倘貪懶遺誤，逐出另換。大門二鼓上鎖，其住客有正務不能定以時刻者，須預先告知長班，以便等待。至一切往來人客，責令稽查。遇有面生之人，必須盤問明白，果係好人，方准出入。如敢容留匪徒，致生事端，定將長班一併送官究治。

一、館内所置神帳、燈綵、棹圍、椅披，以及禮壺、爵樽、爐瓶等件，另立一簿，載明件數，歸司事經管。每年上、下手交替時，照簿逐件點明交代，不許私自借用，以致遺失、損傷。違者，罰賠。

一、每歲常支，三月、九月兩次祭朱子，每次約需錢壹百千文；五月祭關帝，七月祭東平王，每次約需錢拾千文；清明、十月朔兩次祭義園，每次約需錢拾千文；中元在會館誦經普渡，約需錢拾餘千文。以上共需錢貳百伍拾餘千文。再加每月朔、望香燭，以及長班常年工食陸拾餘千文，以現在地租、房租與糧價、物價計之，儘可敷用。但年歲有豐歉，物價有高低，總須以本年租息備來年支用，而於上、下手交替時通行結算，則盈虧豫知，而量入爲出，撙節開銷。有餘即議存，不足即議省，自不至匱乏矣。

——[清]胡肇智輯錄、方延禧校讎：《陝省安徽會館錄》卷二《規條》，清同治六年刻本

新增條規三條

一、會館之設，所以安皖人，非專圖取租息也。若賃居他省之人，勢必同鄉轉難寄寓，殊非敦篤之道。今公議所有會館房屋，不賃居他省之人，庶桑梓之誼彌覺翕然。新增。

一、理公局軒楹閎敞，所以集衆賓、議公事也。設有利其爽塏，皆欲居住，反起爭端。今公議諸同鄉亦不得租居，留以爲同鄉中爲外屬道、府、州、縣晉省之寓，於尊崇德望之中仍寓篤厚鄉情之意。惟望約束僕從，勿致踐毁爲要。新增。

一、事衆舉則易成，財預儲斯不匱。今公議於紫陽夫子春、秋二季之會，所有外道，每季捐祭資八兩；外府，每季捐祭資六兩；外州、縣，每季捐祭資四

兩。春季須三月以前，秋季須九月以前寄到，庶祭資可期寬裕，亦足昭其誠敬。新增。

——[清]胡肇智輯録、方延禧校讎：《陝省安徽會館録》卷三《新增條規三條》，清同治六年刻本

清同治西安安徽會館義園條規

義園條規 共六則，前五則係原議，後一則新增

一、園内埋葬，分男左女右，男從左角起，挨號向右；女從右角起，挨號向左。周而復始，挨次排列，不得任意擇越亂序。每棺只准隔六尺，不准隔遠，仍歸園内土夫挖明坑，朝天落棺，不准擅塘結廓，致礙鄰墳。各存方便，免滋衆議。看園人如敢不遵，即送官懲治逐換。

一、刊印兩聯照票，編列號數，遇有領照埋葬之家，問明男女、籍貫、姓氏，填寫照内。其照根與執照一樣填寫，截留存查，將執照交給埋葬之家，持付看園人照登園簿。遵照前一條章程，順次隔六尺，挖明坑，深八尺，朝天落葬，堆土築緊作墳。須給看園人工食錢壹百文，土夫工食錢　百文，不得争多減少。其執照仍令收存，以備異日遷葬時執以合驗，不可遺失。

一、來領照挨葬者，係向來熟識之人，即填寫付給。若非熟識之人，須尋的實保人，並將保人姓名註明照内，方准領取挨葬。倘異日查出非真皖籍，定惟保人是問，令其遷葬議罰，以杜假冒同鄉之弊。

一、義園公同添置義地，本爲憫念同鄉客殁者起見，非自買之地可比。是以每棺只准隔六尺，不得多佔地基，亦不得栽樹。若欲於墳前立碑標記，須用矮小碑石，靠墳面豎立，不可過大。

一、此次新添義地四十畝零一分三釐三毫，周圍打牆及内外空地並蓋房屋，用去　畝　分外，其東南一塊，計地三畝有零，令看園人自種自收，作爲看園薪水，不必交租，糧歸園户自納。其餘存地三十畝　分，租給　作種，除納糧之外，每年交種　石　斗　升，不論豐歉，如數交納。每年至交租時，計算葬棺一所減交，永以爲例。如租户藉端抗租，或有盜賣之弊，一經查出，送官重辦。

一、每年清明及十月初一兩節，司事輪流赴園祭奠，並周歷查看。遇有舊墳坍塌者，即令看園人堆築還原。每年七月十五日，照舊在會館誦經一

日,普渡幽魂。

——[清]胡肇智輯録、方延禧校讎:《陝省安徽會館録》卷五《義園條規》,清同治六年刻本

第十節　清至民國時期屯溪公濟局及各地同鄉會規約

清光緒十五年屯溪公濟局規條

稟呈

具稟:花翎四品封職孫華梁,花翎運同銜李維勳,花翎江西候補知府胡榮琳,花翎四品封職洪廷俊,同知銜胡宗翰,五品封職方邦印,光禄寺署正銜李邦燾,廩生邵鴻恩、李應蛟,附貢生韓壽康,監生江人鐸、羅運瑩、葉齡、俞國楨稟為設立善局,公請示諭事。竊查省會之區向設善堂,施棺施藥,俾死者不暴露,疾者得安全,誠善舉也。屯鎮為休邑之冠,各行業既備且多,四方窮民來覓衣食者踵相接,竭手足之勞,祇以謀其口體。一遇癘疫流行,病無以醫藥、歿無以棺斂者,所在多有。職等觸目傷心,不忍坐視。爰集同人,倣各善堂成規,於本鎮下街地方設立公濟局,按年五月起至八月止,延請内外專科,送診送藥,棺則大小悉備,隨時給送。所需經費,非寬為籌置,恐不濟事。現經茶業各商慨然樂助,每箱捐錢六文,永為定例。每年計有六百千文,即以此項為正款經費,其餘酌量勸捐,隨緣樂助,共襄善舉。屯鎮以茶業為大宗,此後遇有應辦善事,即於此局公議,以歸劃一。惟茶號箱數多寡不同,非由憲局於請引時俯賜彙收,恐難核實。除稟縣憲外,相應環請憲大公祖大人電鑒,立案給示,以便遵行,以垂永久,實為德便。上稟。

——《新安屯溪公濟局徵信録·稟呈》,清光緒二十二年刻本

告示

欽加五品銜署理休寧縣坎廈分司、記大功二次、加三級、紀録三次汪為出示曉諭事。據紳衿花翎四品封職孫華梁,花翎運同銜李維勳,花翎江西候補知府胡榮琳,花翎四品封職洪廷俊,同知銜胡宗翰,五品銜方邦印,光禄寺署正銜李邦燾,附貢生韓壽康,廩生邵鴻恩、李應蛟,監生江人鐸、羅運瑩、葉

齡、俞國楨等遣抱,齊陞稟稱:因屯溪爲休邑鉅鎮,各行業既備且多,四方窮民來覓衣食者踵相接,竭手足之勞,祇以謀其口體。一遇瘟疫流行,病無以醫藥、殁無以棺殮者,所在多有。是以爰集同人,倣各善堂成規,於本鎮下街地方設立公濟局,按年五月起至八月止,延請內外專科,送診送藥,並備棺木,隨時給送。所需常年經費,現經茶業各商慨然樂助,每箱願捐錢六文,稟請茶釐總局彙收,永爲定章,其餘酌量勸捐,隨緣樂助。惟創立之初,恐有無知棍徒藉端滋事,遣抱稟請照粘呈規條給示,以便遵行而禁滋擾,等情前來。據此,查屯溪各紳衿向樂爲善,甲於他處,久深欽佩。今又各出鉅款,以爲之倡,募捐設局,延醫送診,施藥施棺,拯窮民之疾苦,免屍骸之暴露。恩被無告,澤及九幽。作善降祥,爾熾爾昌。曷勝欽羨!據稟前情,合行出示曉諭。爲此,示仰諸色人等知悉,凡窮民赴局醫治診視,領藥領棺,俱宜遵依條規,毋得爭論冒領。倘有無知棍徒藉端滋事,阻擾善舉,准即指交捕保,扭送來廳,以憑訊明詳辦,决不姑寬。其各凛遵毋違,切切。特諭。

右諭知悉。

光緒十五年五月初一日給。

實貼本局曉諭。

告示

欽加同知銜特授江南徽州府休甯縣正堂、加十級、紀錄十二次水爲出示曉諭事。據花翎四品封職孫華梁、花翎運同銜李維勳、花翎江西候補知府胡榮琳、花翎四品封職洪廷俊、同知銜胡宗翰、五品銜方邦印、光祿寺署正銜李邦燾、廩生邵鴻恩、廩生李應蛟、附貢生韓壽康、監生江人鐸、監生羅運瑩、監生葉齡、監生俞國楨稟稱:竊查省會之區向設善堂,施棺施藥,俾死者不暴露,疾者得安全,誠善舉也。屯鎮爲休邑之冠,各行業既備且多,四方窮民來覓食者踵相接,竭手足之勞,祇以謀其口體。一遇瘟疫流行,病無以醫藥、殁無棺斂者,所在多有。職等觸目傷心,不忍坐視。爰集同仁,倣各善堂成規,於本鎮下街地方設立公濟局,按年五月起至八月止,延請內外專科,送診送藥,並備棺木,隨時給送。所需經費,非寬爲籌畫,恐不濟事。現經茶業各商慨然樂助,每箱捐錢六文,稟由茶釐總局彙收,永爲定例。每年納計六百千文,即以此項爲正款經費,其餘酌量勸捐,隨緣樂助,共(相)[襄]善舉。屯鎮茶業向無公所,此後,遇有茶幫事宜,即於此局公議,以歸劃一。惟創立之初，恐有無知棍徒藉端滋事，理合粘呈規條，公懇立案給示，以便遵行，以垂永久等情到縣。據此，查屯溪爲商賈輻輳之區，四方窮民類多來此覓食。倘遇疾病、死亡等事，其間困苦情形，聞之甚爲慘惻。今邑紳四品封職孫華梁等擬在該鎮設立公濟局，就地籌捐，同心拯救，病者送診施藥，死者幫費給棺，洵屬莫大之善舉，本縣深爲嘉尚。除批准立案外，合行給示曉諭。爲此，示仰閤鎮軍民人等知悉，爾等須知，屯鎮設立公濟局，係爲救困扶危、接濟貧民起見，凡有赴局求醫領棺者，各宜遵依條規，聽憑照章施助，不得肆意橫索。該地保亦應隨時稽察，以杜假冒。倘有不安本分之徒，藉此生事肇釁，扶詐圖訛，許該局司事據實指名禀縣，以憑提案究懲，決不寬貸。其各凛遵毋違，切切。特示。

右仰知悉。

光緒十五年五月初五日示。

——《新安屯溪公濟局徵信錄·告示》，清光緒二十二年刻本

公濟局規條

一、茶業各商，誠心爲善，每箱捐錢六文，永爲定例，共襄善舉而種福田，請書允字，以俾奉行。

一、成裘必須集腋，自一文願以至十百千萬，樂助錢洋，由本局司事憑局印簿，按月經收，則書善士姓名，懸掛局中，以昭核實。

一、無論男女老幼，一朝物故，須由地保、親屬或各店號報明籍貫、姓字，登記局簿，始行給領棺木。大棺給皮紙貳把、石灰念觔、錢四百文，小棺減半，聽其自行收殮埋葬。倘有不肖之徒膽敢冒領，查出，送官究治。

一、尸身無人認識者，或身有傷痕，經官相驗者；或忤逆不孝，姦淫造孽，本家逐出者，一概不給。若喪家有父兄在，尚可支持者，亦不准濫給。

一、司事終日在局，不得遠離。有到局領棺者，無論雨雪，即同來人親至屍所，查問明確，即行回局，取棺木、灰、紙、錫箔、錢，一併給付。

一、大小棺木，各預備二十具，以便隨時給送，免致措辦不及。

一、每年以五月初一日起，至八月底止，延請內外專科各一人在局，審症開方，每晨八點鐘至下午三點鐘爲則。倘遇急症，不在此例。

一、病者來局求醫，先行掛號掣籌，男左女右，挨次而坐，醫生按號診視，無得爭先。

一、藥方排寫號頭，並蓋本局圖章，登簿存局，再與病者持至藥店發藥。該店以本局圖章為憑，不索分文。其藥金按照四季，憑局簿核對歸結。若求醫而不求藥者，藥方不蓋圖章。該店藥須道地，毋得喪心射利，以致失事。

一、外科等症，須病人親至局中，憑醫生診視，見症隨時給發藥膏。

一、醫生與局友薪水，按月支付，不得透支。

一、局中火食，每日一粥兩飯，一葷一素，朔、望茹素。如有外人來局，非為局中公事者，概不留飯留宿。

一、所收長短願錢，除去局中開支，仍餘若干，存莊生息，長年九釐，立摺為憑。其摺歸司年局董收執，不得私自挪用。

一、本局捐輸，均由局董勸捐，隨時登簿，收捐即付收條，並無司事在外勸募，以杜假冒。

一、每年端節，由司事請司年董事到局結算，以昭信實。

一、本局所請醫生，每日以八點鐘始，至三點鐘止，專在局中候診。有患病者，務須來局就診，概不出門，各宜體諒。

經勸董事列左：

洪其相　胡秋舫　江春舫　葉迪菴　李荔生　甯堯三　羅潤之　韓孟侯　胡貢西　李魯卿　邵以棠　孫樹滋

——《新安屯溪公濟局徵信錄·條規》，清光緒二十二年刻本

清光緒十八年屯溪公濟局擬訂保嬰養疴草創章程

捐啟

蓋聞作善降祥，悉本仁心之肫摯；脩德獲報，胥由福澤之滋培。既同託於絣襷，敢或忘夫胞與？向設公濟之局，先為貧病而施；因思善果宜推，當期次第而舉。屯溪為徽郡之名區、休邑之巨鎮，人烟鱗集，户口蟬聯。離裏屬毛，不乏生生之衆；平林隘巷，每見呱呱而啼。累卵之命堪危，見聞之心甚慘。久思創辦育嬰，竊恐難籌經費，擬扴局內，先行試辦保嬰，庶於貧民稍得矜全棄子。尤可憫者，傭工來此，各須賃屋以棲遲；疾病或加，已慮殘軀之莫保。加以房東貪吉，逐客如怒目金剛；親友無依，隻身似失林孤鳥。殘喘難延，束手待斃，此風胡可長哉？斯人誠可哀也。爰構數椽，以養異鄉孤病；兼施藥食，以全生命垂危。此二事皆所宜行，而僉人之所同願。現已移居，購

屋費用三竿，修舊建新，工須數月，所慮資斧不充，願仗衆擎易舉。伏乞仁懷共濟，以期百福駢臻，或整或零，或年或月，或認口數而隨意解囊，或作常捐而長生輸願，悉憑金諾，惟冀玉成。另擬草章，再陳藻鑑。謹啟。

光緒十八年春月，公濟局同仁公具。

——《新安屯溪公濟局徵信録·捐啟》，清光緒二十二年刻本

擬訂保嬰養痾草創章程

一、保嬰初創，經費未充，暫坿公濟局内合辦。各董司事隨時可以兼顧，而節糜費全賴在局司事反覆勤商，各董慎始圖終，以天地好生之心爲心，毋得輕視。

一、局内應僱就近人家有乳少婦兩人，無論有無嬰孩，每月酌給工食，以爲常乳。倘有棄嬰到局，不分晝夜，由司事飭送常乳之家哺養，次日再傳承領者來局，驗明給放。如路稍遠以及另有事故，即由常乳者多養時日，毋得推諉。

一、局内應僱老嫗一名，日夜常駐接嬰廂所，一聞鈴聲，速行將嬰抱進，稟明司事，遣送常乳之家，毋得延誤，致遭凍餒。

一、就近二十里之内，如有願領爲子女、養媳者，挨號派給，例貼單襯兩件、夾襖一件、洋布小夾襖一件、絮襖一件、抱裙兩條、洋布帽一頂，每月按給乳食錢八百文。一歲之後，停給月費，再津貼英洋四元，分作四季按付。如路途過遠，不便稽查，皆不放嬰。

一、立放嬰局，原以救赤貧。產嬰無力撫養，必欲置之死地，便其暗送廂所，以免殘生，兼全體面。若已養過數月，天性既親，是父母初念并無令死之意，再養數月，便可成行。如有私將已哺數月嬰孩抛棄本局者，除將該嬰暫爲留養外，飭令地保查明，送官究治，勒令領回，以爲輕棄骨肉、有始無終者戒。

一、承領嬰孩，作爲螟蛉子女，應令覓實保人出具切結存局，"長大不充奴僕、婢妾、賣娼"等語。如敢違示，由局查出，稟官究治，收回另行擇配。

一、局内辦置洋字號碼，如有棄嬰到局，即將號碼用藥水印入耳後，以便稽查。

一、局内放出各嬰，除派司事密查外，仍仰該乳母每月朔、望抱嬰來局，驗明再給工食。如有不甚保惜，聽憑本局另行擇放，毋得違拗。

一、局内收嬰若干，已放年滿、開除若干，每月朔日，由司事榜示門外。

一、養疴所亦坿公濟局内，凡遇病重，經本局診過，病人確無安身之處，須由地保及原房東具保報明，方准入所養疴。局内預備閒屋數間，内設鋪板、棹椅、藥爐等具，病者鋪蓋，各須自帶。如無保家及原房東報明，不准入所養疴。按年養疴，開停悉照公濟局診期。

一、所内擬僱樸誠司工，照料病者茶湯、米粥。至於醫藥，或自備，或局送，均聽其便。倘病者自有親人，男准入内服侍，不供飯食，女則不便入内服侍。病愈，不許久留。倘遇病故，自備棺殮。無力者，須經地保由公濟局給棺。

一、養疴所專留本鎮異鄉傭工之人，因病被房主逐出，無處容身者，須查明原房主并無鬥毆别情，實係患病，方准到所養疴。抑或來歷不明者，不准入所養疴。

一、軍犯、乞丐及遊方僧道等，均不准入所養疴。

一、倘有恃强入所養疴者，送官懲辦。

一、在屯本鎮，自租房屋住家者，并住家離屯不遠者，均不准入所養疴。

一、養疴所内，另外隔斷一間，以便男女幼童養疴。局内僱一年老的實婦人，照應茶水、米粥，以别内外。

一、養疴所原爲救急起見，並非長久養疴之所，限以十日爲期，而病稍愈即出，不得恃强久養。

一、養疴所病者，原有男女，故分内外以避嫌疑。閒雜人等，不准入内照應，惟至親者准來伴病，局内不供飯食，並不准男伴女病、女伴男疴。

——《新安屯溪公濟局徵信録·章程》，清光緒二十二年刻本

清光緒屯溪公濟局願捐啓

公濟局願捐啓

竊惟天以好生爲心，人以濟生爲德。歲氣不無厲氣，每流行於夏、秋；傭人多屬遠人，易感疾於焦腑。呻吟檐宇，實可憫心；暴露溪濱，何堪擊目？幸舊歲好善諸同志樂傾資囊，襄成善局。藥醫公濟，已徵暘谷回春；棺殮兼施，更免寒林秋慘。奈度支欲繼，存款無多，因思歲用出自日生，泉流不竭；裘成由於集腋，壁合靡窮。是久計誠莫如願捐者也，計日累錢成願，僅止三百六十；遞年輸願施仁，非止尺寸分毫。況一願二願之樂輸，隨緣種果；十願百願之廣濟，量力揮金。庶經費無慮殷浩之書空，儲藥可等子荆之富有。行見杏栽董圃，盛開益

壽之花；橘植蘇庭，永頌長春之木。諒樂善君子好施，仁人有同願焉。謹啟。

諸善士芳名請登於左。

錢業樂輸長生善願列左：

萬康莊，樂輸長生念願；

致祥莊，樂輸長生十願；

廣茂莊，樂輸長生念願；

益和莊，樂輸長生念願；

晉康莊，樂輸長生念願；

厚康莊，樂輸長生念願；

德源莊，樂輸長生念願。

共捐一百三拾願，每願計錢三百六十文，共收長生願錢四十六千八百文。

善士樂輸長生善願列左：

洪承義堂，樂輸長生三十願；

江春舫，樂輸長生三十願；

顧明顯，樂輸長生六願；

呂查氏，樂輸長生三十願；

朱佩韓，樂輸長生十願；

孫亦喬，樂輸長生三十願；

孫汝成，樂輸長生三十願；

善同山房，樂輸長生十五願；

吉金樂石齋，樂輸長生三十願；

胡立德堂，樂輸長生三十願；

俞林瑞，樂輸長生二十願；

曹存誠堂，樂輸長生三十願；

學日益齋，樂輸長生二十願；

戴步蟾，樂輸長生五願。

共捐三百一拾六願，每願計錢三百六十文，共收長生願錢壹百一十三千七百六十文。

——《新安屯溪公濟局徵信錄·捐啟　捐數》，清光緒二十二年刻本

民國初年黟縣旅休同鄉會籌備屯溪思安堂事宜

籌備思安堂事宜附陳公鑒

一、思安堂建築，准俟各埠善士捐集後，即日興工。如建費不敷，應由旅休同人廣爲勸募，輸財盡力，以觀厥成。

一、《思安堂條規》按照漢篤誼堂、滬思恭堂義例，隨地隨宜，酌爲增損，暫布同鄉會所。一俟堂屋落成，再事修改，補刊下屆《徵信錄》中。

一、思安堂進行事件，俱由旅休同人分部擔任，各盡義務，不得推諉。

一、堂屋告成後，別建後楹，分設三龕，以奉諸鄉善長生祿位。百元以上者，居中龕；百元以下至五十元者，列左右龕；不及五十元者，不設位。如不願以本身入，追供其祖考神主者，各從其便。惟一名一位，不得牽分捐及額，而書店鋪牌號與堂名者，不在此例。春、秋兩祀，則由旅休同人恪恭將事。

一、堂東地址係同鄉會附置，已建會所，原以補助思安堂慈善事業，一應堂務由會所常川經管，慎重推行。

一、堂西餘址宏敞，將來經費充裕，或建大廳，前祀徽國文公，後祀董事先達，以崇體制，以彰前勞。

一、漁亭一埠，在黟界內擬推廣設一古黟旅櫬公所，并置義山，俾死者子孫從便返葬。費約千金，或集腋籌備，或大好善家獨力維持。事在人爲，以光義舉。

右籌備事宜，多所未盡，容俟修正。惟思安堂址及丙舍、義山已購置完善，近兩歲旅櫬之來屯者，分別安葬。既固既安，以利其嗣。董其事者，余君錦鎔之力爲多，所願各埠同鄉樂善諸君子好義輸財，共成斯舉。匪特同人之幸，允爲一邑之光。長生未央，心香以祝。

旅休同人坿識。

——《新安思安堂徵信錄·坿例》，民國九年刻本

民國十二年上海徽甯同鄉會《徽甯旅滬同鄉會章程》

本會會章

第一章　總綱

第一條　本會以徽州、甯國兩屬旅滬同鄉組織之，定名"徽甯旅滬同鄉

會"。

第二條　本會以聯絡鄉誼、維持公益、發揮自治精神、增進旅居幸福爲宗旨。

第三條　本會任務如左：

（一）關於徽、甯旅滬各界之利病得失，本會有調護指導之任務；

（二）關於徽、甯旅滬同鄉生計之盛衰，本會有研究扶持之任務；

（三）關於徽、甯旅滬同鄉公益慈善諸事業，本會有提挈籌維之任務；

（四）關於徽、甯旅滬同鄉生命財產橫來之損害，本會有公同援救之任務；

（五）關於徽、甯之實業、教育暨其他民政事項，本會有調查促進之任務。

第二章　會員

第四條　旅滬同鄉，年滿十六歲，未經宣告破産，或褫奪公權並無精神病者，經會員一人介紹，得爲本會會員。

第五條　本會會員享有本章程第三條規定之各項利益，並有提案權、選舉職員權及被選舉權。

第三章　會董

第六條　本會會員及旅滬同鄉之負有聲望，並能以實力贊助本會者，由會員提議，經評議部通過後，得推爲本會會董。

第四章　會費

第七條　本會會員應納常年會費分爲（一）五角、（二）一元、（三）五元三種。每年繳會費五元者，爲甲種會員；每年繳會費一元者，爲乙種會員；每年繳會費五角者，爲丙種會員。由會員入會時自行認定之會員，如能一次繳會費五十元以上者，認爲本會永久會員。

第八條　本會有特別需要時，得募集特別捐。

第五章　評議部

第九條　評議部設評議員三十七人，由會員選出之，以得票最多數者爲當選，並設候補評議員三十七人，以得票次多數者爲當選，於評議員缺額時遞補之。

第十條　評議部設議長一人、副議長兩人，由評議員互選之；書記長一人、書記員四人，由議長於評議員中選任之。

第十一條　評議員之選舉，由會員用連記通信投票法行之，每票連記十人。

第十二條　通信投票期間爲五日，開票於期間屆滿之翌日開大會舉行之。

第十三條　每屆選舉一星期前，理事、評議兩部各推定管理、監察各兩人，執行收票、投票及監視投票事宜，並推定檢票員、錄票員若干人，名額視發出票數多寡決定之。至開選舉票時，由到會會員當場推舉監察四人，協同監視。選舉細則，由評議部另定之。

第十四條　評議部行使左列職權：

(一)議決理事部之提案。

(二)理事部處理事務失當時，得提出質問。如理事部答復理由不充分，得撤消其處分。

(三)答復理事部之諮詢並提出建議案。

(四)議決本會預算、決算及本會基金或不動產之處分。

(五)受理會員請願。

(六)議決其他依本章程屬於評議部之事務。

第十五條　評議員常會於每月第一星期日、第三星期日開會各一次，但遇有特別事故發生時，得由評議員五人以上提議，由議長召集臨時評議會，理事部認爲必要時，亦得函請議長召集之。

第十六條　評議部非有評議員三分之一以上列席，不得開議；非列席評議員過半數以上同意，不得決議。遇有可否同數時，決於議長。

第十七條　評議部議事規則，評議部自定之。

第十八條　評議員不得兼任理事或幹事。

第十九條　評議員係名譽職，不支薪津。

第二十條　評議員任期一年，繼續被舉，仍得連任。

第六章　理事部

第二十一條　理事部設理事十五人，由評議員就會員中選出之，以得票多數者爲當選。

第二十二條　理事部設理事長一人，由理事互選之爲理事。集會時，主席並爲本會對外代表。設幹事，不定額，由理事選任，襄助理事，分任各科事務。

第二十三條　理事部綜理本會事務，執行評議部議決案。

第二十四條　理事部設左列七科,處理會務。

(一)總務科;(二)財務科;(三)教育科;(四)救助科;(五)公斷科;(六)稽核科;(七)交際科。各科正、副主任均由理事兼領,由理事部議決分配之。

第二十五條　總務科掌理之事務如左:

(一)關於會員之入會及出會事項;

(二)關於辦理徵求會員事項;

(三)關於評議員、理事之選舉事項;

(四)關於徽、寧兩屬民政調查建議事項;

(五)關於徽、寧兩屬實業、交通之調查促進事項;

(六)關於文書之製作、保存、收發事項;

(七)關於議案之編製、整理事項;

(八)關於庶務事項;

(九)關於其他不屬於他科之事項。

第二十六條　財務科掌理之事務如左:

(一)關於會費之徵收及保管事項;

(二)關於本會財產之保管、收益事項;

(三)關於會費出納事項;

(四)關於編製預算、決算事項。

第二十七條　教育科掌理之事務如左:

(一)關於旅滬同鄉學齡兒童之調查報告事項;

(二)關於公共學校之建設、管理事項;

(三)關於會員補習、教育事項;

(四)關於會員公共娛樂及交換智識、增進文化事項;

(五)關於同鄉子弟來滬就學之指引、照料事項;

(六)接待來滬考察教育同鄉人士,並應付關於教育之諮詢、委托事項。

第二十八條　救助科掌理之事務如左:

(一)貧苦會員之疾病、災阨救恤事項;

(二)同(鄭)[鄉]流落之資遣、安插事項;

(三)會員受人侵害時之保護事項;

(四)籌設工廠、醫院事項。

第二十九條　公斷科掌理之事務如左:

(一)會員間互相爭議之公斷事項；

(二)會員間已成訴訟之調解事項；

(三)會員對外發生爭論時之調解事項。

第三十條　稽核科掌理之事務如左：

(一)稽核經費出納事項；

(二)稽核財務科預算、決算事項；

(三)關於編製經費出入概略事項。

第三十一條　交際科掌理之事務如左：

(一)關於對外交際事項；

(二)關於本埠各機關會議之出席代表事項；

(三)關於同鄉來滬之指引、照料事項；

(四)關於開大會時之招待來賓事項；

(五)關於接洽會董事項。

第三十二條　理事部常會於評議會常會後一日舉行之，但遇有特別事故發生時，得由理事二人以上之提議，由理事長召集臨時會議。

第三十三條　理事部及各科辦事規則，由理事部提案，交評議部議決。

第三十四條　左列事件，須經理事部開會議決：

(一)對評議部之提案；

(二)用本會名義對外發表之文書；

(三)預算內預備費之支出；

(四)會款保存及支付方法之變更；

(五)幹事之任免。

第三十五條　理事部開會，非有理事三分之一以上列席，不得開議；非經列席理事過半數同意，不得決議。

第三十六條　本章程第十八、二十兩條之規定，於理事適用之。

第三十七條　理事、幹事均係名譽職，不支薪津，但駐會幹事一人，得酌給津貼，其數額由理事部決定之。

第三十八條　理事部對於評議部之議決案認為不能執行時，得於接受議決案後一星期內提交覆議，評議部仍執原議時，理事部應即執行。但理事部認【為】執行該議決案於本會有重大損害時，得由理事長會同評議長，召集董事、理事、評議員聯席會議討論決定之。

無前項事故,僅爲便利會務進行起見,亦得召集理、評二部聯席會,聯席會由理事長主席;理事長缺席時,由評議長主席;評議長亦缺席時,臨時公推主席。

第七章　會計及基金

第三十九條　本會會計年度,以陽歷一月開始,十二月終了。

第四十條　本會應籌集鉅款儲作基金,此項基金非有迫要用途並經評議部通過,不得動用。

第四十一條　本會每逢年終,將全年收支各款詳刊《經費出入概略》,於次年三月以前印送之。

第八章　會員出會

第四十二條　會員有左列事項之一者,得由評議部議決,令其出會。

(一)喪失本會章程第四條所定"消極資格"之一者;

(二)不繳會費,迭經催交,截至改選職員一個月前,仍不照繳者。

第四十三條　會員因離去上海或其他事由,自請出會者,應由理事部提交評議部議決。

第九章　附則

第四十四條　本章程經評議部評議員三分二之出席、評議員三分二之同意,議決施行。

第四十五條　本章程如有窒礙及未盡事宜,得由會員二十人以上之提議修改,由評議部決定之,但一年不得修改二次。本章程之修改,適用前條之規定。

——《徽甯旅滬同鄉會第一屆報告書》,民國十四年排印本

民國十三年十一月上海徽甯同鄉會《徽甯旅滬同鄉會章程》修訂本

徽甯旅滬同鄉會章程中華民國十三年十一月修正

第一章　總綱

第一條　本會以舊有之徽州、甯國兩府屬旅滬同鄉組織之,定名"徽甯旅滬同鄉會"。

第二條　本會以聯絡鄉誼、維持公益、發揮自治精神、增進旅居幸福爲宗旨。

第三條　本會任務如左：

（一）關於徽、甯旅滬各界之利病得失，本會有調護指導之任務；

（二）關於徽、甯旅滬同鄉生計之盛衰，本會有研究扶持之任務；

（三）關於徽、甯旅滬同鄉公益慈善諸事業，本會有提挈籌維之任務；

（四）關於徽、甯旅滬同鄉生命財産橫來之損害，本會有公同援救之任務；

（五）關於徽、甯兩屬實業、教育暨其他民政事項，本會有調查促進之任務。

第二章　會員

第四條　旅滬同鄉，年滿十六歲，未經宣告破産，或褫奪公權並無精神病者，經會員一人介紹，得爲本會會員。

第五條　本會會員享有本章程第三條規定之各項利益，並有提案權、選舉職員權及被選舉權。

第三章　會董

第六條　本會會員及旅滬同鄉之負有聲望並能以實力贊助本會者，由會員提議，經評議部通過後，得推爲本會會董。

第四章　會費

第七條　本會會員應納常年會費分爲（一）一元（惟學生及工友得減半繳納，以示優待）、（二）五元二種。每年繳會費五元者，爲甲種會員；每年繳會費一元者，爲乙種會員。由會員入會時自行認定之會員，如能一次繳會費五十元以上者，認爲本會永久會員。

第八條　本會有特別需要時，得募集特別捐。

第五章　評議部

第九條　評議部設評議員三十七人，由會員選出之，以得票最多數者爲當選，並候補評議員三十七人，以得票次多數者爲當選，於評議員缺額時遞補之。

第十條　評議部設議長一人、副議長四人，由評議員互選之；書記長一人、書記員四人，由議長於評議員中選任之。

第十一條　評議員之選舉，由會員用連記通信投票法行之，每票連記十人。

第十二條　通信投票期間爲七日，開票於期間屆滿之翌日開大會舉行之。

第十三條　每屆選舉兩星期前,理事、評議兩部各推定管理、監察各兩人,執行收票、投票及監視投票事宜,並推定檢票員、唱票員、錄票員若干人,名額視發出票數多寡決定之。至開選舉票時,由到會會員當場推舉監察四人,協同監視。選舉細則,由評議部另定之。

第十四條　評議部行使左列職權:

(一)議決理事部之提案。

(二)理事部處理事務失當時,得提出質問。如理事部答復理由不充分,得撤消其處分。

(三)答復理事部之諮詢並提出建議案。

(四)議決本會預算、決算及本會基金或不動產之處分。

(五)受理會員請願。

(六)議決其他依本章程屬於評議部之事務。

第十五條　評議部常會於每月第一星期日、第三星期日開會各一次,但遇有特別事故發生時,得由評議員五人以上之提議,由評議長召集臨時評議會,理事部認為必要時,亦得函請評議長召集之。

第十六條　評議部非有評議員三分之一以上列席,不得開議;非列席評議員過半數以上同意,不得決議。遇有可否同數時,決於議長。

第十七條　評議部議事規則,評議部自定之。

第十八條　評議員不得兼任理事或幹事。

第十九條　評議員係名譽職,不支薪津。

第二十條　評議員任期一年,繼續被舉,仍得連任。

第六章　理事部

第二十一條　理事部設理事十五人,由評議員就會員中選出,以得票多數者為當選。

第二十二條　理事部設理事長一人,由理事互選之為理事。集會時,主席並為本會對外代表。設幹事,不定額,由理事選任,襄助理事,分任各科事務。

第二十三條　理事部綜理本會事務,執行評議部議決案。

第二十四條　理事部由理事互推常務理事一人,駐會辦理一切事宜,並設左列七科,處理會務。

(一)總務科;(二)財務科;(三)教育科;(四)救助科;(五)公斷科;(六)稽核科;(七)交際科。各科正、副主任均由理事兼領,由理事部議決分配之。

第二十五條　總務科掌理之事務如左:

(一)關於會員之入會及出會事項;

(二)關於辦理徵求會員事項;

(三)關於評議員、理事之選舉事項;

(四)關於徽、甯兩屬民政調查建議事項;

(五)關於徽、甯兩屬實業、交通之調查促進事項;

(六)關於文書之製作、保存、收發事項;

(七)關於議案之編製、整理事項;

(八)關於編輯《報告書》及《臨時特刊》事項;

(九)關於庶務事項;

(十)關於其他不屬於他科之事項。

第二十六條　財務科掌理之事務如左:

(一)關於會費之徵收及保管事項;

(二)關於本會財産之保管、收益事項;

(三)關於會費出納事項;

(四)關於編製預算、決算事項;

(五)關於編製《報告書》中之"經費出納"以及本會財産查存事項。

第二十七條　教育科掌理之事務如左:

(一)關於旅滬同鄉學齡兒童之調查報告事項;

(二)關於公共學校之建設、管理事項;

(三)關於會員補習、教育事項;

(四)關於會員公共娛樂及交換智識、增進文化事項;

(五)關於同鄉子弟來滬就學之指引、照料事項;

(六)接待來滬考察教育同鄉人士,並應付關於教育之諮詢、委託事項。

第二十八條　救助科掌理之事務如左:

(一)貧苦會員之疾病、災阨救恤事項;

(二)同鄉流落之資遣、安插事項;

(三)會員受人侵害時之保護事項;

(四)籌設工廠、醫院事項。

第二十九條　公斷科掌理之事務如左：

(一)會員間互相爭議之公斷事項；

(二)會員間已成訴訟之調解事項；

(三)會員對外發生爭論時之調解事項。

第三十條　稽核科掌理之事務如左：

(一)稽核經費出納事項；

(二)稽核財務科預算、決算事項；

(三)隨時稽核、監察本會經常收支事項；

(四)稽核財務科編製《報告書》中之"經費出納"以及本會財産查存事項。

第三十一條　交際科掌理之事務如左：

(一)關於對外交際事項；

(二)關於本埠各機關會議之出席代表事項；

(三)關於同鄉來滬之指引、照料事項；

(四)關於開大會時之招待來賓事項；

(五)關於會務一切應向各方接洽事項。

第三十二條　理事部常會於評議部常會後二日舉行之，但遇有特別事故發生時，得由理事二人以上之提議，由理事長召集臨時理事會。

第三十三條　理事部及各科辦事規則，由理事部提案，交評議部議決。

第三十四條　左列事件，須經理事部開會議決：

(一)對評議部之提案；

(二)用本會名義對外發表之文書；

(三)預算内預備費之支出；

(四)會款保存及支付方法之變更；

(五)幹事之任免。

第三十五條　理事部開會，非有理事三分之一以上列席，不得開議；非列席理事過半數同意，不得決議。

第三十六條　本章程第十八、二十兩條之規定，於理事適用之。

第三十七條　理事、幹事均係名譽職，不支薪津，但常務理事一人及駐會幹事一人，得酌給津貼，其數額由理事部決定之。

第三十八條　理事部對於評議部之議決案認爲不能執行時，得於接受議決案後一星期内提交覆議，評【議】部仍執原議時，理事部應即執行。但理事部認【爲】執行該議決【案】於本會有重大損害時,得由理事長會同評議長,召集董事、理事、評議員聯席會議討論決定之。

無前項事故,僅爲便利會務進行起見,亦得召集理、評二部聯席會,聯席會由理事長主席;理事長缺席時,由評議長主席;評議長亦缺席時,臨時公推主席。

第七章　決算及基金

第三十九條　本會決算,以每屆改選新職員時爲終了。

第四十條　本會應籌集鉅款儲作基金,此項基金非有迫要用途並經評議部通過,不得動用。

第四十一條　本會每屆改選後,將上屆會務成績、議決案件,以及經費出納、財產查存,詳編《報告書》,至遲於新理事部成立後二月内分送之。

第八章　會員出會

第四十二條　會員有左列事項之一者,得由評議部議決,令其出會。

(一)喪失本會章程第四條所定"消極資格"之一者;

(二)不繳會費,迭經催交,截至改選職員一個月前,仍不照繳者。

第四十三條　會員因離去上海或其他事由,自請出會者,應由理事部提交評議部議決。

第九章　附則

第四十四條　本章程經評議部評議員過半數之出席、出席評議員過半數之同意,議決施行。

第四十五條　本章程如有窒礙及未盡事宜,得由會員二十人以上之聯署提議修改,由評議部決定之,但一年不得修改二次。

第四十六條　本章程之修改,適用前條之規定。

本會會董:

徐季龍	徐積餘	朱智仁	汪瑞闓	金邦平	金慰農	汪蓮石
吳蝶卿	朱幼鴻	朱硯濤	汪幼農	許伯龍	陳少舟	汪蘭庭
汪禮齋	胡祥鈞	胡子皋	胡義儒	洪仲煌	洪敬齋	洪瑞候
汪孟鄒	謝准卿	余穀民	汪昱庭	程伯壎	俞朗溪	吳樹人

——《徽甯旅滬同鄉會章程》,民國排印本,載王振忠主編《徽州民間珍稀文獻集成》第八册,復旦大學出版社,2018年,第195—206頁

民國十三年上海徽甯同鄉會第二次徵求會章程

第二次徵求會之詳情

第二次徵求會之組織法。第二次徵求會發動於十三年一月（即舊曆癸亥年十二月），成立於二月中旬，先期由理、評兩部推出余魯卿、路文彬、李振亞、許小甫、吳志青、鄭介誠、汪醒齋、汪禹丞、黃禹鼎、程丹五、黃憐生、汪履安、胡佩如、程永言、畢立信諸君，會同總務、理事呂篙漁、曹志功二君，合組一徵求委員會，專辦第二次徵求會事宜，迭開會議，擬定《宣言》及《章程》。茲列如下。

宣言

本會成立之明年，同人謀所以發展會務之道，乃組織第二次徵求大會，以冀廣集同鄉，共謀幸福。迴溯本會發起之初，慘淡經營，如臨深淵，如履薄冰，幸賴同鄉中熱心公益之士輸誠相助，始得有蒸蒸日上之勢。惟是一年以來，規模粗具，建樹毫無。嘗念前途，覺本會所負之責任至重且鉅，取其淺顯而易實現者言，如醫院，如學校，如圖書館，如月報社，在在均與旅滬同人有切身之關係。進而如創設平民工廠以安失業同鄉，提倡長途汽車以啟桑梓交通，非特關於旅滬同人之利害，深且關於桑梓實業之盛衰。此雖不免近於奢望，然本會同人固無時或釋於胸臆間也。惟念獨木難支大廈，撮土足以成山，欲促進各種事業之成功，端賴群策與群力，集腋成裘，眾擎易舉，理固然也。而況當茲物競天演之世，能與同類相競而不踣者，胥爲合群之一道。團體爲合群之實踐地，合群之心生，則團體結；團體結，則人文萃；人文萃，而後衆思廣；衆思廣，而後事業興。循環相用，利莫大焉。苟吾親愛之同鄉，不欲使吾徽、甯旅滬人士漫如散沙者，敢請視本會爲聚沙成塔之所，連袂偕來，加以指導，則他日本會事業之繁興，直可預操左券矣，鄉人父老曷興乎來！

章程

（一）目的　本會爲發展會務、鞏固基礎起見，特舉行第二屆徵求會，徵求目的，爲得會員會費五千元以上。

（二）總隊　徵求進行時，由本會設立一總隊，專司組織分隊，鼓勵徵求員及統計成績之責。其組織如下：

(甲)總隊設總隊長一人、總參謀一人，參謀無定額；

(乙)總隊長、總參謀、參謀，由徵求委員會同理事部總務科敦請之；

(丙)徵求隊所需之獎，分由總隊募集之。

(三)分隊　本屆徵求共定五十隊，以隊長台銜爲隊名，其組織如下（得三十隊以上即行開幕）：

(甲)分隊設隊長一人，副隊長無定額，參謀一人，其他支隊長及名譽職員，得由各隊自行酌定之；

(乙)分隊應徵集分數一千分以上。

(四)記分　分數，每元作十分，每次交分以現款爲標準：永久會員五百分，甲種會員五十分，乙種會員十分，丙種會員五分。

(五)期限　徵求期限定四十日。

(六)揭曉　徵求成績共分三次揭曉，其日期由徵求委員會臨時規定之。

(七)贈分　各隊每次揭曉時，成績最優之三隊，由總隊加贈獎分。

(甲)第一隊贈一百分；

(乙)第二隊贈六十分；

(丙)第三隊贈四十分。

(八)酬謝　本會徵求會閉幕後，以各隊及個人成績之優美者，分別酬謝。

(甲)各隊分數比較：(子)各隊得分最多之第一隊，由本會將全隊出力人員之姓名鎸於本會優勝銀質紀念牌，并以紅色優勝旗贈與隊長；(丑)各隊得分最多之第二隊，由本會將全隊出力人員之姓名錄於本會優勝絹質紀念牌，并以黃色優勝旗贈與隊長；(寅)各隊得分最多之第三隊，由本會將全隊出力人員之姓名書於本會優勝紀念額，并以藍色優勝旗贈與隊長。

(乙)各隊人數比較：各隊人數最多之三隊，與贈獎分數比較同。

(丙)個人分數比較：(子)三百分以上，贈匾額一方；(丑)五百分以上，贈大號匾額一方；(寅)一千分以上，贈銀盾一座；(卯)二千分以上，贈大號銀盾一座。

(丁)介紹隊長二人以上，且能及額定分數者，由本會另議酬謝。

(九)特捐　在本屆徵求期內，凡慨輸特捐者，得依其捐數之多寡分別酬謝如次：

（甲）獨捐五十元以上者，除將玉照印入本會年刊外，並贈匾額一方；

（乙）獨捐一百【元】以上者，除懸掛玉照於本會並印入年刊外，再贈銀盾一座；

（丙）獨捐二百元以上者，由本會另議特別酬贈。

（十）非隊員　凡未加入本屆徵求隊充任隊長，或其他職員在此期内能徵求新會員，其分數及酬謝與徵求隊人員同。

（十一）繳款　在徵求隊内繳納會費時，先由各隊隊長掣予徵求隊臨時收據，至徵求會閉幕後，憑此向本會更換正式收據，並發結證書、徽章。

（十二）附則　本章程有未妥處，由徵求委員會議決修改之。

——《徽甯旅滬同鄉會第一屆報告書》，民國十四年排印本

第二章 徽商商業書類規約

第一節 清道光績溪縣上莊某商人輯録《生意規略》

學做生意要語前缺 11 頁

壹壹省警一番。清早不必要人呼唤,先起來開了店門,掃地揩灰,打掃店堂,收拾得好。如安置東西,件件色色俱要有個次第,纔有章法,一則不礙手脚,二則便于取用也。如生意稍間,或時打學筭盤,或認呈色算盤,愈熟愈好,不是纔曉得些就丢開手。若如此,依舊無用,故筭盤、銀色要時時習學,不可趁間東走西蕩,以誤正業也。若店中生意忙時,須要啟眼洞燭,不必時時俱要人吩咐方好,切不可筭懶帳。□談好嬉,間了身子,(懷)[壞]了自己□□□。

【第二,要誠】實。誠是無妄,實是不虚。誠實者,猶曰不自欺云爾。凡店中親友、買賣客人,捴以誠實待人,言語必信,舉動至誠。如銀錢經手,交代往來,分分厘厘,逐宗逐件,須要來清去白。不可因無人看見,即愛小私積分毫。欲起此心,即想曰:不可自欺也。立心如此,何等正大光明!自然一心在正路上,用工夫,何不能成立?既能成立,何止萬倍之利?雖有緊急要物,不妨告禀本東,支取應用,不得私取分毫,應己之急也。如或不遵訓戒,忘長上諄諄所囑,以爲此分厘之間甚微,私積何妨?不知其一毫亦不可也。苟有私積,舉動自然出神搗鬼,言語自然掩【飾】支吾,未有不爲人窺破者也。俗云"一遭一千遭",以致言語無人信,舉動被人疑。倘或別有所失,店中人(題)[提]起來,即是話柄。當此之人,或蒙耻歸家,或憂鬱,或病縱。縱能反悔前過,不該如此,亦不及矣。此不誠實之過,戒之,戒之。手頭既無私積,至于賭博、好勝之事,自可無矣,故不另爲戒約也。

第三,要謙和。謙是謙恭,和是和氣。如對店中親友、買賣客人,交談之間,須要和顔悦色,不可粗心暴氣,使外客人怕進門來也,被店中親友共輕棄也。如店東,即當以父事之;長于我之店友,即當以兄事之。凡店中所當做之事，不得推諉，盡力効勞，如盡子弟之職。敬彼如此，且父虛心聽受，則彼自然真心教我生意之道。一有指引，即須牢記遵行，其（愛）[受]用最此，所謂謙和（愛）[受]益多也。

第四，要忍耐。忍是含忍，耐是耐惟。或是同店朋友，以惡加我；或是本東言重，使我難當，惟以忍之爲高，不可强辯。乃思曰：我原是學做生意，何必因此一兩句言語，遂與人作對。且有人肯道我之過者，乃是肯教我的第一等好人。自思自悔，不可再犯。又彼人之講我，方是長得一個學問。即使別人錯怪了我，亦不須急辯，且耐片時，久之自然分明，則同店諸友皆喜我有度量，有涵容，愈加敬重，于我豈不討許多便宜？何等大器！此能忍耐之受益也，不能因一時之氣而忘終身之事矣。

第五，要變通。變者，不執一；通，達也。假如店中某貨係合某價錢成本到店，目今時價，筭該有幾分錢利息。懷筭出者，言心中思筭也。今人多用划船之"划"爲懷筭之"懷"，字義無取，宜當改正。賣時其中價目，或增或減，須看貨之行棄。行者不妨價增，棄者亦須價減。或時有長落，或貨有高低，不可獃定筭盤也。又如店中老店官平日對賣買客人交易，所行那件，是與那句話如何言行不相符，須知此即生意變通之處也，一一看在肚裏。到吃夜飯時，店中若無外人，不妨低聲請教，其人必以其中所當變通之（綠）[緣]故教你。只消問一二次，其餘一舉一動，依其法則而行，可得變通之道矣。

第陸，要心有主宰。或是店中左鄰右舍，或是地方上朝日熟識之人，或是遠處生疎親友。或以酒食請你；或以心（受）[愛]之物送你；或央你做中作保，云有重貨物謝你；或與你打合別處私開小店，坐本分利；或某處賭博，邀你去看看；或某人家有標緻女子，同你去瞧瞧；或家中盜出物件，借你去寄寄，明日與你分；或偷出來的東西，賤賣與你。以上數者，皆自誘你上鈎當，送你下陷坑的事。當此之事，須要心中有主宰，總以不貪外財爲心。凡一有人與你商議以上數事者，即想起幾句言語，就說破了他立心。如此防閑，雖有善騙善詐之人，亦不能哄你入彀矣。即使地方奸狡之徒，不來親近也。省許多纏擾，且不至于失脫，此心有主宰之益也。若心無主宰，一中其計，不但使本東不容你在店，失了生意，且使你歸家做不得人，可不戒哉？

第柒，要儉朴。儉是省儉，朴是【淳朴】。凡出門作客之人，銀錢艱難，此係你曉得的。雖手頭有兩把銀子辛貲，凡衣可被體，食可充饑，無凍餓之苦足矣。不可見人身上穿好衣服，也要想他一樣華麗；見人手頭有銀錢賣弄，也要學他一樣燥脾。一有此心,即敗家子的根生了,何能成器?凡做生意之人,總以朴實儉約爲本。纔成得人家,則心志放縱,用度奢侈,未有能成立者也,切宜戒之。

第捌,要重身命。蓋此身乃父母所生之身,命乃天所賦之命,夫安得不重?所重爲何?大都要時時保惜也。假如臨險涉深、閗勝閗狠、賭食賭力之類,又如地方上或遭火盜,便奮勇爭先;鄰里或有閗爭,便拚救解。或因取樂,斷傷元氣;或因愛小,敗壞名聲。凡一切危身陷命之事,一踐其轍,皆係不顧身者也,最宜深戒之。

第九,要知義理。蓋事之【不】宜者,皆非義也;凡事之違心者,皆非理也。知得此二字分明,則言行之間無處而不當,即立身之基自此固矣,最宜深味之。

第拾,要不可忘本。常見許多後生,纔曉得些生意,便將自己看得天尊般高,眼裏無人。即見着可厭,不禮他。如此驕人,不多時又見無依倚了。再要開口求人薦舉,自亦口澀難言矣。汝今此去,倘得成立之,如此忘本之事,斷然不可爲也。牢記,牢記。

右"拾要",乃學做生意之大概,亦爲人之不可少者也。因汝不曾客遠,今一朝遥隔,恐汝無尋頭緒,故特書此與汝,便帶隨身,暇時展開壹看,牢記在心,謹守遵行,庶幾有助。不可謹作壹場閒話,略而忽之也。願汝此行,生意之道壹通,不但你壹人幸,即家門祖宗亦幸甚矣。汝其勉之遵。

江湖序

人之行藏,所在迪吉,以防不測,務在謹慎。必擇其處,善得安穩,以全天命,故曰:"不立岩墻之下也。"因往北地,觀其路途遥遠,危險非一。日之行其中,水有順逆,江有波濤;洪有淺深,閘有緩急。馹有修短,風有暴速;舟有稀繁,防有善惡。未經出入者,豈知前境之事乎?況行舟之人,猶其未曉,兼之倦墮,當行而歇,當歇而行。所以奉使者則違宣命,公差者則違限期,商賈者則傷貨利。非爲如是,且(限)[陷]顛危。今具大綱,寫錄于後,以爲流憩耳。數內遐邇地,名止探萬一。凡登程者,再請細詳,可止而止,可行而行。《詩》云:"戰戰兢兢,如臨深淵,如履薄冰。"尚知孔子入太廟,每事問,其斯之謂歟?

勸商賈

得便宜處失便宜。此言欲求利者之必不可討便宜也。況離鄉背井而作經商,歷江湖而權子母,餐風吸露,帶月披星,航海梯山,經年累月,全憑一點造化、片念良心。若存一奸盜詐僞之想、朝三暮四之術,或通番走海而求利,或違禁興販以罟金,或造僞物以欺人,或故要重價以惑多。以此在心,人必猜忌,且未有不遭橫禍慘忘之報、水火盜賊之災,斷宜必誠必信,童叟無欺;不忮不求,四海兄弟。不貪花柳以喪德,不好呼盧以傷財,不耽沉湎以誤事,不喜爭競以賈禍。更時時向善,刻刻思施恩。如王商救一投水婦而三子巍科,孫客投假銀於淵而子孫榮貴。諸如此類,難以枚舉。可見存天理者,天必報之以厚福;藥濟人者,必報之厚恩。每見世人,一錢而獲兩錢之利則必喜,況不費一錢而收萬倍之利乎?願爲商者萬勿以險徼倖以取業利,亟宜布德施仁以收萬倍之利乎。諺云:"有眼主人無眼客。"正言千里經商,全憑牙主之謂也。牙主真誠,則客商陰受其福;牙主欺詐,則客商受累無窮。邇來牙行欺僞者多,誠寔者少,如掛客帳而經年不吐,盜客貨而默奪潛消,使假銀而虧貲折本,打夾帳而白手平分。種種積弊,難以枚舉,以致相爭(奸)〔訐〕訟,使費花銷,不惟所騙無存,連己貲一送。至于天降禍災,必更有甚焉者。如孫天奕圖賴而子孫滅絕,翁心湖賴價而橫禍慘亡。可見,騙客者寔所以自騙也。必宜童叟無欺而使人皆(暮)〔慕〕義,終始如一而使客至如歸,六心謙謹而使近悅遠來,必誠必敬而使貨物無誤。寧用少而利多,勿用多而成少;寧損己而利商,勿損商而利己。更財上分明,隨(緑)〔緣〕種德;開胸露臆,猜忌不生。必如是而人皆感恩頌德躍躍而來,貨物珍奇源源而至。不爲享大利而紅腐貫朽,抑且享後福而子孝孫【賢】矣。俾爾昌而熾,俾爾壽而富,何待言哉!

商略

夫人之于生意也,身携萬金,必以安頓爲主;資囊些少,當以疾趨爲先。但凡遠出,先須告引;搭伴同行,必當合契。若還違拗,定有乖張;好勝爭強,終須有損。重財之托,須要得人;欲放手時,先求收斂。未出門户,雖僕妾不可通言；既出家庭，奔程途貴乎神速。若搭人載小舡，不可出頭露面，尤恐舡夫相識，認是買貨客人。陸路而行，切休奢侈；囊沉篋重，亦要留心。下跳上鞍，必須自挈，宜豈相托舟子車家？早歇遲行，逢市可住；車前梐下，最要關心。半途逢花，慎勿沾惹；中途搭伴，切記防閑。小心為本，用度休狂；慎其寒暑，節其飲食。到彼投行，須當審擇。不可聽其中途邀接之言，須當察其貌言行動。好訟者人硬而心必險，反面無情；嗜飲者性懶而事多踈，見財有義。好賭者起倒不常，多有失；要嫖者飄蓬不定，或遭虧。以上之人，恐難重寄。驕奢者性必懶，富盛者多托人，此二者非有弊而多誤營生。直定者言必(性)[信]，勤儉者必自行，此二者擬着實而多成買賣。冶言便佞，僕綽者必是狂徒；行動朴素，安藏者定然誠實。預先訪問客中，還要隨時通變。莫說戾家，要尋行户；切休刻剝，公道隨鄉。義利之交，財命之托，非恒心者不可實任也。買賣雖與人議論，生意實由於本心。如販糧食，要察天時；既走江湖，須知豐歉。水田最怕秋乾，旱地却嫌秋水。上江地方，春布種而夏收成；江北、江南，夏布種而秋收割。若逢旱澇，荒歉之源。冬月凝寒，暮春雨水，菜子有傷；殘夏初秋，狂風苦雨，花麻定損。小滿前後風雨，白蠟不收；立夏之後雨多，蠶絲有損。北地麥收三月雨，南方麥熟要天晴。水荒猶可，大旱難當。荒年藝物賤，豐年米糧遲。黑稻種可備水荒，蕎麥種可防夏旱。堆垛糧食，須在收割之時；換買布疋，莫向農忙之際。須識遲中有快，當窮好處藏低。緊慢決斷，不可狐疑，有斷則生，無斷則死。凡貨賤極者，終須轉貴，快然有遲。迎頭長者可買，迎頭賤者可停。價高者只宜趕疾，不宜久守，雖有利而不多，一跌便重。價輕貨好者方可熬長，却宜本多，行情起而得利不少，縱拆却輕。堆貨處要離于水火，賣貨處要論之去頭。買要隨時，賣毋固執。如逢貨貴，買處不可慌張；若遇行遲，脱處暫須寧耐。貨有盛衰，價無常例。放帳者縱有利而終久耽虛，無力量一發不可；現賣者雖吃虧而許多把穩，有行市得利又行。得意者，志不可驕，驕則有失；遭跌者，氣不可餒，餒則必無主張。買賣莫錯時光，得利就當脱手。

顧舡

顧舡須投牙計處，詢彼虛實，客中第一要務也。須要估梁頭，筭貨數，看灰縫，試新舊，方可成交。諺云："雇船小如買。"誠哉，是言也！裝貨物，各艙記數，印記分明。常有未至地頭，預支下脚，及卸少原裝數目，却使柔奸，或加圖賴，不肯全賠，發誓告饒，高低拆色。賊計千般，難以枚舉；機心疑設，防慎爲先。完契之時，下脚必推不足；中途支使，須將買貨爲由。倘有餘資，切休露白；謾藏誨盜，古聖良言。至於脚夫，無所不至，先揹脚價，後設偸心。有良夫者，亦不當刻剥脚力也。一擔在身，百骸俱動，加之刻剥，于理何當乎？

銀色

寔生涯之本飲，過目須要留心。看銀之法，不可大略，必須四面氏險參看，呈色相同，方纔真正。若還不一，必之蹺蹊。九州四海，億萬衆民，造假萬端，異名無限，豈能盡知？各宜酌見斛斗，右手低而速者輕，傾手高而緩者重。恐有鷄窩、缺角、麻臉、回斛、轍蕩。

稻米

先看稻米大小，次看糠之細粗，皮之厚薄，開手軟硬，谷嘴有無。稻之飽（別）[癟]，便看椿頭，輥打者稻光而有米，斛攢者稻生而無椿。糯米肥圓而多酒，粉皮紅間而多糟。所賤者，陰花尖細無漿。小麥溝深皮厚者麵少，粗壯子實者麵多。曬堆須要伏天，若經秋風，多蛀。豆中所貴者，圓大肥明，精神乾淨，皮薄白嘴，可堪作腐；所賤者，土珠死損，蟲口潮濕，楷箕發白，正可作油入榨。若置芝麻與菜子，須詢油價何如。只怕盉而不怕陳，不嫌淄而只嫌土。陳者不堪作糖，土者不宜入榨。晴風開斛不拆，陰風折耗却多。要試新陳，皮包洗擦。菜子，長江不及河南，上者老乾净潤，下者嫩瘟。爪稜要知好駓，探筒滑順，到底者必乾，界久一堆兩辨。木樨黃者爲上，棉花一朵八子、九子者，四兩多衣；五六子者，三兩之外，以白净老者爲佳。

商旅之要

既爲商旅，要知商稅來由。身在江湖，豈可抗違王法？番貨全憑官票，引鹽自有水程，茶引與鹽引相同，白礬同茶鹽之例。新小錢非販賣之貨，腌丑肉有盤詰之由。硫黄焰硝,豈宜販賣?但凡違例,切莫希圖。

客途

巴蜀山川險阻,更防出入之苗蠻;北直陸路平夷,猶懼兇強之響馬。山西、陝西崎嶇之地,遼東、口外兇險之方。黄河有溜洪之險,閩廣有峻嶺之艱。兩廣有食鹽之毒,又兼瘴氣之災。陸路有吊之徒,舡户有暗謀之故。浙路上江西亦多辛苦,中原到雲貴多少顛危。長江有風波盜賊之憂,湖泊有風水漁舡之患。山河愁水勢來湧,又恐不常之變;閘河怕官座糧舡之阻,更兼走溜之憂。礦賊當方有之,鹽徒各處難静。荆州到四川,生而拚死;膠州收六套,死裏逃生。爲名者,君命難違;爲利者,財心肯息?已上乃明知而故爲也。又有可避之不虞,却要人心之準備哉。

似此水宿風餐,般般勞倦;曉行夜篝,事事關心。離鄉背井,只因圖利。起經營,撇愛抛恩,皆因厭貧;求富貴,錢財難得,不可輕揮。酒色兩般,自宜斟酌。資囊雖謹,不可刻剥而妄求;使令雖嚴,也要寬洪而布惠。行於正道,萬事從天;執其兩端,一生由命。吉凶富貴,大數難逃;詐偽奸乖,人心所出。人心善者,天必降之以慶;人心惡者,天必降之以殃。物理無窮,見聞有限,不能盡述,略舉其綱,姑俟湖海高人再加增刪校正。

行船風信

占(侯)[候]:行船須看天上之風雲,停泊要知河中之水利。遭朝陰雨,溪河口不可停船,堤防水發;終夜星摇,湖泊中豈宜解纜?尤恐風來。外河守凍,最怕地凌;寶應湖中,西風最惡。參商閃于西南,曉星見于日後,皆主大風。燈焰明而有聲,日月而有暈,大風準擬。白雲繞日,禽鳥翻飛。雲脚黄而相接連,日色紅而升與落。以上數等,皆主狂風。雲起處,天明光净;更無雲,必定無風。欵臉熱而必生風,形體倦而終下雨。東南早起黑雲,午前必然有雨;西北黑雲暮起,半夜風雨必然。早起天頂無雲,晴明是驗;晚間西邊明净,來日晴和。遊絲飛,天必久晴;海雲起,霎時風雨。風静熱蒸,必然風雨;東風勢急,雨不移時。雲起南山昏,晴風雨速來。西風起得若遲,定然狂火。日出遇雲,天多陰晦;雲隨風疾,風雨多停。雲對風行,必然風轉;黑雲接日，風雨多移。雲起龍門，颶風急雨；魚鮮雲勢，來日風狂。夏雲鈎鈎，內必生風；秋雲鈎鈎，皆風起。天頂亂雲風雨惡，濃雲開闊颶風來。日出紅雲天有雨，日沉紅藹却天晴。信頭風短，信後風狂；夏風力輕，秋風力勁。夏風連夜，天曉却休；雨過東風，晚來越大。早日生珥風即狂，申候生珥時日雨。午前日暈起北風，午後日暈風勢大。暈門開處風色輕，早白昏黑飛砂石。朝日烘天晴有風，朝日燭地雨必至。返炤黃光明日風，午後雲遮夜間雨。虹下雨垂晴可知，斷虹曉日天必變。三日雲濛，雨必大，風必狂。西風電光連夜雨，電閃西南明日熱。辰聞電飛，大颶來頂。風電下起，秋風對電生。初三有颶，初四尤加，十五、二十三颶風可畏。二月初八日，風雨之期，十三、十九有廿一。五月端陽，划船風信。三月十八，四月期同。六月十二，彭祖忌期。七月之內，風潮雨水。八月半旬，潮（侯）[候]雨風。重九、十三，大有風信。十月之內，五風信期，順風若大，帆宜少張；陡遇逆風，急宜回轉。雨頭何處可停舡，忖度路途之遠近。風波不常，終須平息；路途有盡，何必匆忙。在舡人衆，酒不宜貪；華縻衣妝，只宜收起。

俗云："小雪無風地，大雪不凍河。"又云："攔九凍，交九開信乎却宜平。"俗語："未雨先雷，舡去步回；早霞晚霞，無水煎茶。"俗論："雨前濛濛天不落，雨後濛菘天不晴。雨打五更，日中必晴。雨來雪，無休歇。"論豐：春甲子雨，撐舡入市耳；夏甲子雨，麥爛蠶死；秋甲子雨，禾頭生耳；冬甲子雨，雪飛千里。論霧：春霧晴，夏霧熱，秋霧涼風，冬霧雪。

機關

投牙要三相：相物、相宅、相人。入座試言：言直、言公、言詐。物古不狼，老實節儉；宅新而煥，標致奢華。百結鶉衣，貧窮之輩；異妝服餙，花子之流。禮貌謙謢，心中（巨）[叵]測；起直率，面亦無阿。問價即言，大都不遠；論物口慢，畢竟懷欺。相見恭而席豐，貨快有價；跟隨緩而款略，本少且遲。空客勸盤，求爲替代；門前久坐，專等姨夫。客來無貨，非取帳，必是等人；買主私談，不扣銀，定然夾帳。許多賣少，賣少接新，客之常情。說快反遲，哄起貨之舊套；齒下不明，久後徒然混賴。當場既久，轉身何必趑趄？毀譽中，防家奴誤主；指示處，恐稍子利私。客薦客，須防有故；牙醬牙，亦是常情。

好歹莫瞞牙儈，交易要自酌量。貨要相同，任知己不言寔價；來同一路，雖厚處意亦參差。財入貧手,縱健訟亦難追;貨放非人,雖勢威而亦莫取。賣貨莫聽人拗,買貨亦要衆觀。逢人不可露帛,處室亦要深藏。銅鐵忌藏箱簣,重物莫裹包囊。有物不可離房,無事切宜戒步。帳不失於勢東,財恐空于懦主。財不竭于陽騙,本切忌乎陰消。搭舡行李瀟然,定是不良之輩。客商慎勿妝束,童(雅)[稚]戒餙金銀。多説價錢,老奸之客;遍成足色,好勝之流。有勢取帳,宜以心結;無錢牙儈,要在利予。面紅識羞終不負,頭低認辱必成誆;取帳誇威能彼懼,訂期言外啟人寬。通舟共棄因懺小,滿座人嫌爲語狂;隔面講盤須有弊,當場唱價定無欺。天未大明休早起,日纔西墜便灣舡;守己不貪終是穩,利人所有定遭虧。寫船無埠頭,防生歹意;同行無的伴,謹慎橐囊。買賣要牙,裝載埠頭;臨財當怵,記帳要勤。拙于治家,雖能無益;是官當畏,凡長宜尊。濫保受累,輕諾成尤;富從勤得,貧係懶招。出入公門,毋觀囚罪;不識莫買,在行莫丟。夜戒遊行,早宜興起。有德無財可貴,有財無德可輕。口是心非難與處,爲人猶己可相親。太過者滿則必傾,執中者平而且穩。出納不問幾何,其家必敗;籌計不遺一介,維事有成。斯言淺易,無非開啟迷蒙;意義少文,惟在近情通俗。

標舡規單

蓬踪四方,舉目有江湖之異;程途千里,屈指非朝夕之間。莫罟繫楫偷安,苟免征車受許多顛險、無數疎虞。古語"舟中皆敵國",寓意尚和;諺云"隔板是黃泉",勉人知謹。波濤千派,掛風帆益勵戰兢之心;星月一天,搖夜櫓更防窺伺之輩。偶遇接談,最宜尋消問息;沿途搭伴,恐爲入室操戈。水火無情,切莫展頭焦額;爾我相濟,勢須學者擊尾援。所爲者如斯不慊,似守株待兔。費心皆覓利,真個如涉海求珠。名列後先,輪班提備戒酗歌,愚人視聽禁呼喊,駭衆觀瞻。若守夜,切莫解衣;纔聞警,便須設備。分別勤惰,賞罰過功。到頭無半點之虞,舉目賀萬全之喜。共前約,毋致後,尤同舟之人請書芳字。

格言致論其一

《書》曰:"必有容,德乃大;必有忍,其乃有濟。"君子立心,未有不成於容忍而敗於容忍也。容則能恕人，忍則能耐事。一毫之拂，即勃然而（恕）〔怒〕；一事之違，即憤然而發。是無涵養之力，乃薄腹淺學之人也。是大丈夫，當容人，不可爲人所容。君子當制欲，不可爲欲所制。觀婁師德丙吉之爲人，則氣自平而理自明矣。

其二

《書》曰："（恕）〔怒〕之一事，最所難忍。"自古稱豪傑之士，多由此敗也。竊意辱之來也，察其人何如。彼爲小人耶，則置在我，何怒之有？彼爲君子耶，則直在彼，何怒之有？世之人不審辱之自來，而以怒應之，其所以相仇而相害也。所謂"必有忍，其乃有濟"，意正如此。

其三

《書》曰："我以厚待人，人以薄待我，匪薄也，我之厚未至也；我以禮接人，人無禮加我，匪讁也，我之禮未至也。"厚也，禮也，自我行之；薄也，讁也，由我召之。彼何罪也？然則厚焉，彼復加之薄且讁者，乃吾命也。彼何罪焉？是故大丈夫不怨天，不尤人，庶幾君子矣。蓋欲企及乎？君子者，請鑒于斯。

警戒夫婦之文

夫婦者，前生之姻眷也。有情緣未斷而來者，有冤債未償而至者。所以名雖夫婦，而好姻緣、惡姻緣如同霄壤。每見有聽婦言而孝衰于親，有喜裂繒而禍貽于國，有寵妖姬而毒流子孫，有信長舌而慘戮忠良。或妯娌不和因而兄弟不睦，嫉妒姬妾因而斬絶宗嗣。妒婦之惡，難以枚舉，此非姻眷而寔冤愆也。凡爲夫婦者，必宜一團和氣，相敬如賓，舉案齊眉，琴瑟靜好。父母在堂，則淑水承歡；見女膝下，則訓以禮義。勤儉以居家，仁慈以待衆，安分以守己，惜福以養廉。内言不出，外言不入；上下和平，治家嚴肅。時聞讀書聲、紡織聲，而不聞誼譁聲。常聞言孝悌、言禮義，而不聞言是非。不畜變童妖妾以紊家規，不信三姑六婆以聽邪說，不出遊玩焚香以蕩其心，不喜艷裝珍玩以侈其欲。更贍族睦鄰以廣恩，尊師敬友以進德，救難週貧以培福，戒殺放生以行仁，庶桂子蘭孫世享封誥。

朱文公家訓

父之所貴者，慈也；子之所貴者，孝也；君之所貴者，仁也；臣之所貴者，忠也；兄之所貴者，愛也；弟之所貴者，敬也；夫之所貴者，和也；婦之所貴者，柔也。事師長，貴乎禮也；交朋友，貴乎信也。見老者敬之，見幼者愛之。有德者，年雖下於我，我必尊之；不肖者，年雖高於我，我必遠之。慎勿談人之短，切勿矜人之長。讐將以義解之，怨者以直報之。人有小過，含容而忍之；人有大過，以理而責之。勿以善小而不為，勿以惡小而為之。人有惡則掩之，人有善則揚之。處公無私讐，治家無私法。勿損人而利己，勿妒賢而嫉能。勿逞忿以報橫逆，勿非理以害物命。見不義之財勿取，遇合義之事則從。詩書不可不學，禮義不可不知。子孫不可不教，奴僕不可不恤。守我之分者，理也；聽我之命者，天也。人能如是，天必相之。此乃日用常行之道，若衣服之於身體，若飲食之於口腹，不可一日無也。可不謹哉。

不自棄文

夫天下之物皆物也，而物有一節之可取，且不為世之所棄，可謂人而不如物乎？蓋頑如石而有攻玉之用，毒如蝮而有和藥之需。糞其穢矣，施之發田，則五穀賴之以秀實；灰既冷矣，俾之洗浣，則衣裳賴之以精潔。食龜之肉，甲可遺也，南人用之以占年；食鵝之肉，毛可棄也，峒民縫（人）[紉]以禦臘。推而舉之，類而推之，則天下無棄物矣。今人見棄焉，特其自棄耳。五行以性其性，五事以形其形，五典以教其教，"五經"以學其學。有格致體物以律其文章，有課試程試以梯其富貴。達則以是道為卿為相，窮則以是道為師為友。今人見棄而怨天尤人，豈理也哉？故怨天者不勤，尤人者無志。反求諸己，而自尤、自罪、自怨、自悔，卓然立其志，銳然策其功，視天下之有物，有一節之可取，且不為世之所棄，豈以人而不如物乎？今名卿、士大夫之子孫，華其身，甘其食，諛其言，傲其物，遨遊燕樂，不知身之所以耀潤者，乃祖、乃父勤勞刻苦也。飲芳泉而不知其源，飯香黍而不知其由。一旦時異事殊，失其故態，士焉而學之不及，農焉而勞之不堪，工焉而巧之不素，商焉而資之不給。當是時也，窘之以寒暑，難之以衣食。妻垢其面，子鬢其形。雖殘杯冷炙，吃之不慚；穿衣破履，服之而無恥。黯然而莫振者，皆昔日所爲有以致之而然也。吾見房、杜平生勤苦，僅能立門戶，遭不肖子孫蕩覆殆盡，斯可鑑矣。又見河南馬氏，倚其富貴，驕奢淫泆，子孫爲之燕樂而已。人間事業，百不識一，當時號爲酒囊飯袋，及世否運衰，餓死于溝壑，不可勝計，此又其大戒也。爲人孫者，當思祖德之勤勞；爲人子者，當思父功之刻苦。孜孜汲汲，以成其事；兢兢業業，以立其志。人皆志趨彼，我獨守此；人皆遷之，我獨不移。士其業者，必至於登名；農其業者，必至於積粟；工其業者，必至於作巧；商其業者，必至於盈資。若是則於身不棄，於人無愧，祖父不失其謀，子孫不論於困辱，永保其身，不亦宜乎？

附項託小兒論

孔子，姓孔名丘，字仲尼。魯國之西，立一學堂，教諸徒弟有三千餘人。一日，率群徒御車出遊，道逢數兒嬉戲，中獨一兒不戲。孔子駐車問焉，曰："汝獨不戲，何也？"小兒荅曰："凡戲無益，衣破履穿，上辱父母，下及門中，必有閧爭。勞而無功，豈爲好事？故乃不戲。"遂低頭將瓦子作城。孔子責之曰："何不避車乎？"小兒荅曰："自古至今，爲當車避於城，不當城避於車。"孔子乃靳車論道，下車而問焉，【曰】："汝年尚少，何多詐乎？"小兒荅曰："人生三歲，分別父母；鬼生三日，走地三畝；魚生三日，遊于江湖。天生自然，何言詐乎？"孔子嘆曰："善哉！善哉！汝居何鄉何里？何姓？何名？何字？"小兒荅曰："託居敝鄉賤里，貧家之子，姓項名託，未有字也。"孔子曰："吾欲共汝遊戲，汝意何如？"小兒荅曰："家有嚴父，當須事之；家有慈母，當須養之；家有賢兄，當須順之；家有弱弟，當須教之；家有教師，當須學之，何得同遊戲也？"孔子曰："吾車中有三十二棋子，共汝博戲，汝意何如？"小兒荅曰："天子好博，四海不理；諸侯好博，有妨政紀；士儒好博，學問廢弛；小兒好博，輸却家資；奴婢好博，必被鞭撻；農人好博，耕種失時，是故不博也。"孔子曰："吾欲平却天下，汝意何如？"小兒荅曰："天下何可平乎？或有高山，或有江湖，或有王侯，或有奴婢。天下蕩蕩，豈可平乎？"小兒又荅曰："平却高山，獸無所依；填却江湖，魚無所歸；除却王侯，人多是非；絕却奴婢，君子使誰？"孔子曰："汝知天下,何火無烟？何水無魚？何山無石？何樹無枝？何人無婦？何女無夫？何牛無犢？何馬無駒？何雄無雌？何爲君子？何爲小人？何爲不足？何爲有餘？何城無使？何人無字？"小兒荅曰："螢火無烟,井水無魚,土山無石,枯樹無枝,仙人無婦,玉女無夫,土牛無犢,木馬無駒,孤雄無雌,賢爲君子,愚爲小人,冬日不足,夏日有餘,空城無使,小人無字。"孔子曰："汝知天地之紀綱,陰陽之終始,何左何右？何表何裏？何父何母？何夫何婦？風從何來？雨從何起？雲從何出？霧從何至？天地相去幾千萬里？"小兒荅曰："九九八十一,是天地之紀綱；八九七十二,是陰陽之終始。天爲父,地爲母；日爲夫,月爲婦。東爲左,西爲右；南爲表,北爲裏。風從蒼梧,雨從郊市；雲【從】山出,霧從地起。天地相去有千千萬萬餘里,東西南北皆寄耳。"孔子曰："汝言父母是親,夫婦是親？"小兒荅曰："父母至親,夫婦不親。"孔子曰："夫婦生則同枕席,死則同穴壙,何得不親？"小兒荅曰："人生無婦,如車無輪；車破更造,必得其新。夫死更索,必得其親；賢家之女,必配貴夫。十間之室,須得棟梁。三窗六牖,不如一户之光；衆星朗朗,不如孤月獨明。父母之恩,奚可失也？"孔子嘆曰："善哉！善哉！"小兒問孔子："適來問訖,一一荅之。今欲求教一言,幸請勿棄。"小兒曰："鵝鴨何以能浮？鴻雁何以能鳴？松柏何以冬青？"孔子荅曰："鵝鴨能浮,有脚足方。鴻雁能鳴,有咽項長。松柏冬青,由【於】心堅。"小兒荅曰："不然。蝦蟇能鳴,豈皆項長？魚鱉能浮,豈皆足方？綠竹冬青,豈皆心堅？"小兒又問曰："天上零零有幾星？"孔子荅曰："適來問地,何必談天？"小兒曰："地下碌碌有幾屋？"孔子曰："且論眼前之事,何必談天説地？"小兒又問曰："若論眼前之事,眉毛前有幾莖？"孔子曰："小兒不得。"長呼曰："後生可畏。"孔子乃羞見後者,恥左右,默而不言,領徒衆掩面而歸也。

立教一犯於此貧賤自然

武王問太公曰："人居世上,嵫山賤貧富貴,願聞説之,欲知是矣。"太公曰："富貴如聖人,德之皆由天命。富者用之有節,不富者家有十盗。"武王曰："何爲十盗？"太公曰："時熟不收爲一盗,收積不了爲二盗,無事燃燈寢睡爲三盗,慵懶不耕爲四盗,不施工力爲五盗,專行切害爲六盗,養女太多爲七盗,晝眠懶起爲八盗,貪酒嗜慾爲九盗,強行嫉妒爲十盗。"武王曰："家無十盗,不富者何也?"太公曰:"人家必有三耗。"武王曰:"何爲三耗?"太公曰:"倉庫漏濕不蓋,鼠雀亂食,爲一耗;收種失時,爲二耗;抛撒五穀,穢賤器物,爲三耗。"武王曰:"家無三耗,不富者何也?"太公曰:"人家必有一錯、二誤、三痴、四失、五逆、六不祥、七奴、八賤、九愚、十强,自招其禍,非天降殃。"武王曰:"悉願聞之。"太公曰:"養男不教,爲一錯;嬰孩勿訓,爲二誤;初迎新婦,不行嚴訓,爲三痴;未語先笑,爲四失;不養父母,爲五逆;夜起赤身,六不祥;好挽他弓,爲七奴;愛騎他馬,爲八賤;吃他酒,勸他人,爲九愚;勤他飯,命朋友,爲十强。"武王【曰】:"甚矣。誠哉,是言也!"

梓童帝君垂訓曰:"凡人在顛沛流離之際,善用一言而解釋,上資祖考,(不)[下]蔭兒孫。推人與扶【人】一般手,讚人與陷人一般口。臨使扶人手,莫開陷人口。"

江西巡撫宋老爺勸世文

江西人,聽我囑:自到任,訪民俗。山水多,田産薄。女紡緝,男耕作。儉些用,積些谷。寧吃菜,少吃肉。粗米皿,布衣服。多買田,少做屋。養塘魚,餵豬畜。有兒孫,書要讀。孝父母,敬伯叔。教子孫,惜奴僕。和鄉里,睦宗族。早完糧,免催促。莫借債,無羞辱。莫生事,免牢獄。地方安,禾稻熟。官不貪,吏不酷。當此時,無□量。且安分,要知足。

世人要習十好休學十窮

一要好,教成子孫無□寶,合族好。

二要好,孝敬堂上雙親老,後代好。

三要好,夫妻相敬【無】煩惱,和順好。

四要好,深耕勤種總宜早,勤力好。

五要好,親戚縱富休求討,來往好。

六要好,兄寬弟忍似珠寶,同氣好。

七要好,切莫爭訟休做保,自在好。

八要好,堂前地上勤灑掃,氣色好。

九要好,親戚是非和勸倒,陰騭好。

十要好,同鍋共爨休焦炒,忍耐好。
一要窮,日日衙門會相公,忍心窮。
二要窮,(睹)[賭]嫖貪酒戀風流,忘家窮。
三要窮,朝朝睡到日頭紅,懶惰窮。
四要窮,春夏秋冬不務農,荒業窮。
五要窮,挪移借貸做門風,浪費窮。
六要窮,做賊偷盜天不容,犯法窮。
七要窮,結交浪子共賊同,自取窮。
八要窮,不顧父母與妻(挐)[孥],無恥窮。
九要窮,推欠錢糧怨祖宗,不明窮。
十要窮,争田創業逞英雄,失筭窮。

憶處世

天下有二難:登天難,爲人更難。
天下有二薄:春冰薄,人情更薄。
天下有二苦:黄連苦,貧窮更苦。
天下有二險:江河險,人心最險。
須知要知其難,耐其薄,守其苦,測其險,方可處世矣。

説世人不足

終日忙忙爲肚饑,肚中一飽便思衣。衣食兩行俱飽暖,缺少房中美貌妻。娶了一妻併一妾,又少田園與根基。買過田園數百畝,出門又恨無馬騎。有了高頭白駿馬,身無官職被人欺。縣丞主簿還嫌小,要想朝中掛紫衣。做了當朝併宰相,一心要想登帝基。要得世人心意足,除非南柯夢移西。

説能者則誤也

龜因鱗殺翠因毛,鶴爲頭紅兔爲毫;花有嬌色遭蜂練,鳥多聲巧被籠牢。

人能出衆先招禍,馬戰場途受盡勞;會事不如推不會,一生安樂最爲高。

説人心不知足

皇帝惱恨不登仙,張果燒香保壽年。嫦娥只怨生醜,石崇還説無錢。

朱夫子治家格言

黎明即起,灑掃庭除,要内外整潔;既昏便息,關鎖門户,必親自檢點。一粥一飯,當思來處不易;半絲半縷,恒念物力維艱。宜未雨而綢繆,毋臨渴而掘井。自奉必須儉約,宴客切勿留連。器具質而潔,瓦缶勝金玉;飲食約而精,園蔬愈珍羞。勿營華屋,勿謀良田。三姑六婆,寔淫盜之媒;婢美妾嬌,非閨房之福。童僕勿用俊美,妻妾切忌艷妝。祖宗雖遠,祭祀不可不誠;子孫雖愚,經書不可不讀。居身務期質樸,教子要有義方。勿貪意外之財,勿飲過量之酒。與肩挑貿易,毋占便宜;見貧苦親鄰,須多温恤。刻薄成家,理無久享;倫常乖舛,立見消亡。兄弟、叔侄,須分多潤寡;長幼、内外,宜辭嚴法肅。聽婦言,乖骨肉,豈是丈夫?重資財,薄父母,不成人子。嫁女擇佳婿,無索重聘;娶媳求淑女,勿計厚奩。見富貴而生諂容者最可恥,遇貧窮而作驕態者賤莫甚。居家戒爭訟,訟則終凶;處世戒多言,言多必失。毋恃勢力而凌逼孤寡,毋貪口腹而恣殺生禽。乖僻自是,悔誤必多;頽墮自甘,家道難成。狎暱惡少,久必受其累;屈志老成,急則可相倚。輕聽發言,安知非人之譖訴,當忍耐三思;因事相争,安知非我之不是,須平(必)[心]暗想。施惠無念,受恩莫忘。凡事當留餘地,得意不宜再往。人有喜慶,不可生妒嫉心;人有禍患,不可生喜幸心。善欲人見,不是真善;惡恐人知,便是大惡。見色而起淫心,報在妻女;匿怨而用暗箭,禍延子孫。家門和順,雖饔飧不繼亦有餘歡;國課早完,即囊橐無餘自得至樂。讀書志在聖賢,爲官心存君國。守分安命,順時聽天。爲人若此,庶乎近焉。

自造格言嘆語

人在世間,所行之事,所做那一樣事務,以根本爲主,不可忽將忽裏。一切不要邪心易怪,天命已成,何須思想?有富貴,有貧窮,揔要認真爲正。自身又好,外人可敬之,遊於天下之可能也。於夫子之言,不可不依者,是難以真命,亦可棒之。邦内有君子,可以從之。不可自性爲高,恐有小人,於之(賴)[奈]何?於此,可真立後爲名矣。

吾曰:"我幼年到上洋,忽然餘四載,一事不成功。所做茶爲業,自知習學成人有終之日,而後再看己時,自可爲君【也乎哉】!"

——[清]胡某某:《生意規略》,清抄本

第二節　清同治休寧縣渠口某徽商抄録《士商規略》

士商規略

夫人之於生意也,身携萬金,必以安頓爲主;資囊些小,當以趨疾爲先。但凡遠出,先須告引;搭伴同行,必須合契。若還違拗,定有乖張,好勝争强,終須有損。重財之託,須要得人;欲放手時,先求收斂。未出門户,須僕妾不可通言;既離家庭,奔程途而貴乎神速。若搭人載小船,不可出頭露面,猶恐船夫相識,認是買貨之人。陸路而行,切休奢侈;囊沉篋重,亦要留心。下跳上鞍,必須自挈,豈宜相託舟子車家?早歇遲行,逢市可住;車前梔後,最要關防。半路逢春,慎勿詁惹;中途搭伴,切記提防。小心爲本,用度休狂;慎其暑寒,節其飲食。到彼投主,須當審擇。不可聽其中途邀【接】之言,須要察其貌言行動。好訟者人雖硬而心必(臉)[險],反面無情;嗜飲者性雖和而事多疏,見人有義。好(睹)[賭]者起倒不常,終有失;好(膘)[嫖]者飄逢不定,或遭顛。以上之人,恐難重寄。驕奢者性必懶,富盛者必託人,此二等非有甃而多誤營生。直實者言必忤,勤儉者必自行,此二般擬著實而多成買賣。語言便佞,樸綽者必是誆徒;行動樸素,安藏者定然誠實。預先訪問客中,還要臨時通變。莫説(虞)[戾]家,要尋行户;切(須)[休]刻剥,公道隨鄉。義利之交,財命之託,非良心者不可實任也。買賣雖與之議論,主意實出乎自心。如販糧食者,要察天時;既走江湖,須知豐歉。水田最喜秋乾,旱地却嫌秋水。上江地方,春布種而夏收成;江北、江南,夏布種而秋收割。若逢旱澇,荒歉之源。冬月凝寒,暮春風雨,菜子有傷;殘夏初秋,狂風苦雨,春麻定損。小滿前後風雨,至蠟不收;立夏之後雨多,蠶絲有損;春後嚴寒風雪,桐油定貴;端陽晴明霧露,核子必多。北地麥收三月雨,【南】方麥熟要天晴。水荒猶可,大旱難當。荒年藝物賤,豐歉米糧遲。黑稻種可備水荒,蕎麥種可防夏旱。堆(積)[垛]糧食,雖在收(到)[割]之時;換買布疋,莫向農(亡)[忙]之際。須識遲中有快,當審好處藏低。再有緊慢決斷,不可狐疑。凡貨賤者極,終須轉貴;快極者,決然有遲。迎頭快者不可買,迎頭賤者不可停。《道德經》云:"欲貴者,以賤爲本;欲高者,以低爲機。"價高者只宜疾趕,不宜久守,雖則有利而不多,一跌便重。價輕者方可熬長,却宜本多,行情一起而得利不少,縱折却輕。堆貨處要防於水火,賣貨處要論之去頭。買要隨時,賣毋固執。如逢貨貴,買處不可慌張;若遇行遲,脫處暫須忍耐。貨有盛衰,價無常例。放賬者縱有利而終久耽虛,無力量一發不可;現做者雖喫虧而許多把穩,有行市得便又行。得意者,志不可嬌,嬌則必然有失;遭跌者,氣不可餒,餒則必無主張。買賣莫錯時光,得利就當脫手。

——[清]佚名:《江湖繪圖路程·士商規略》,載王振忠主編《徽州民間珍稀文獻集成》第一冊,復旦大學出版社,2018年,第368—372頁

第三節　清同治休寧縣渠口某徽商抄錄《士商拾要》

士商拾要

一、凡出門,先告路引爲憑,關津不敢阻滯;投鈔不可隱漏,諸人難以挾制。此係守法,一也。

一、凡行船,宜早灣泊口岸,切不可圖快夜行。陸路宜早投廟睡卧,勿脫裏衣。【此】爲防備不測,二也。

一、凡店房,門窗常要隨手關鎖,不得出入無忌;鋪設切勿華麗,誠恐人動耳目。此爲(緊)[謹]慎小心,三也。

一、凡在外,秦樓楚館之處,不可私自潛行;適與酌杯,不可夜飲【無】度。此爲少年老成,四也。

一、凡待人,必須和顔悦色,不得暴躁驕奢;高年務宜尊敬,幼輩不可欺

凌。此爲忠良厚善,五也。

一、凡收賬,全要脚勤口緊,不可蹉跎怠惰;收支隨手入賬,不致失記錯訛。【此】爲勤緊細心,六也。

一、凡與人交接,務宜察言觀色,必要避惡向善;處事最宜斟酌,切勿欺軟畏强。此爲剛柔相濟,七也。

一、凡遇事,必須公同商議,不可一意爲主;買賣見景生情,不得膠柱鼓瑟。此爲活動乖巧,八也。

一、凡會席,務宜謙恭遜讓,不得酒後喧嘩;出言要(關)[觀]前顧後,切勿胡言亂談。此爲篤實至誠,九也。

一、凡見人博(變)[弈]、賭戲,宜遠不宜近;遇人挾妓作樂,切勿沾染作要。此爲至誠君子,十也。

以上十條,雖係□談亂語,實係少年切要。初出江湖士商,閒時細覽,方知商賈經營非易事也。

——[清]佚名:《江湖繪圖路程·士商拾要》,載王振忠主編《徽州民間珍稀文獻集成》第一册,復旦大學出版社,2018年,第374—376頁

第四節　清謝光燧著《商賈格言》

商賈格言

序

商賈爲四民之一,其中之大成事業者固多,而傾敗貽譏者亦復不少。勤儉和慎,成之源也;驕奢淫佚,敗之漸也。然非老成歷練、熟悉其行貨居貨之宜,而又精明乎持己接人之道,鮮有能撮其旨要,發一片婆心,詳載以示人者。夫既詳載以示人矣,又慮夫言之非艱,行之維艱,不啻諄諄面諭也。此右翁老先生經世之方,發爲格言,於課蒙之暇時,講明而切究之,俾知夫商賈之不易爲而不可不循其矩矱也。爰屬余贅數語,以弁其端云爾。

榆山居士抒草。

商賈格言 清黄山謝光燧右佩著

士、農、工、商,各執一業。後生既不能讀書爲士,又不能習農、工之業,則其爲商也必矣。然商賈之道,未有不學而能者也,今特舉其旨要於左。

凡後生初出門務生理,即當以"生理"二字時時存心習學,切不可於生理之外邪思妄想。今立有十三件事,須要常存警省焉。

第一,要勤謹。勤是不懶惰,謹是要小心。如客途歇息,或進店出店、上船下船,俱要檢點行李,恐有遺失。凡進歇店住宿,客房之中,須携燈照看。或樓上、樓下記其出入路道;或房中有空缺,有別門戶,須要留心提防。一則防小人暗算,二則恐有火燭、倉猝之事,以便行走。如稱飯錢中伙,亦須預問同夥中人,某處係某常例,存心記之,不可多與,亦不可少與。歇店中,人亂雜,不可東行西走,亦不可高興多飲,恐致誤事。遇別客住房及在彼稱銀,俱不可近前窺看,以避嫌疑。無論店中、舡上,同夥交談,切不可在傍評論。或人有失言,亦不可哂笑,總以慎言爲妙。或有言語不合,亦以讓人爲高。水路登舟,須要小心,蓋水面上非兒戲也。即如小便,寧可用便壺,大便寧可等上岸爲妥。船家最忌者,船頭上小便。又如"擱""翻""滾""沉""覆"等字,尤爲忌諱,故凡言語,不可犯此等字。又如船上擱脚、碗上擱箸等事,俱爲舟人所忌,亦須擔心,不可有犯。到了本店,凡事不妨請教於人,或本東,或店友,一有指教,便當虛心聽受,見諸行事。不可自作聰明,以負人之教。我在外遇有便人,即寄平安信歸,以免家中父母掛懷。店中夜間或飲酒,不妨提壺斟酌,不可大模大樣,有驕人之心。蓋此乃做生理所在,非比會親宴客之時,必要扯體面也。每夜到睡時,必須携燈前後四下照看一番,門户拴好,恐藏躲小人。如店中衆人未寢,切不可圖自在先寢,必待衆人既睡,然後自己再收拾睡。臨睡時,必須吹熄燈火,不可點燈睡,一則費油,二則恐防火燭,切記。睡到五更時,聽得雞鳴,即思家中父母所囑之言,一一警省一番。清早不要待人呼唤,先起來開了店門,揩灰掃地,打掃店堂,收拾停妥。如要放東西,件件色色俱要有個次第,一則不礙手脚,二則便於取用。若生意稍閒時,或學打筭盤,或學認銀水,或學寫文字,並書啟信稿帖式。筭盤、銀水,愈熟愈精;字義、書啟,愈深愈高。不是纔曉得些須,便丢開手。若不精熟,則依舊無用,故筭盤、銀水要時時習學,字義、賬目須刻刻記抄。如廢紙字跡、殘爛書字,眼見必要隨手拾起,積聚燒灰,或自己,或托人,送入長流之水。即街衢過路字跡,亦須拾起,或高牆壁縫處塞住,或安放净處,候收惜字紙人收去焚化，事不費力而功甚大。予每見惜字紙者，久後必發達昌盛。即如店中遇清閒月分，正是習學之時，切不可趁閒即東遊西蕩，以誤正業。若到生意忙時，又須啟眼洞燭，倍加勤勞，不可事事要人吩咐。若待人吩咐再做，別人不說我懶，定笑我呆，不但生意不能長遠，且將自己心先壞了，豈不是勤謹爲妙乎？

第二，要誠實。誠是無僞，實是不虛。誠實之說，猶云不自欺耳。凡店中親友、買賣客人，總以誠實待之，言語必信，舉動至誠。如銀錢經手，交代往來，分分厘厘，逐宗逐件，須要來清去白，不可含糊了事。或有緊急要務，不妨禀告本東，支取應用，不可私取分文，苟且應急。更不可因無人看見，即愛小竊取，私積分毫。一有此心，即思"不可自欺"四字。立心如此，何等正大光明！自然一心在正路上，何患不能成立？既能成立，何止萬倍利益？如謂分毫甚微，私積何妨？殊不知一有此念，舉動自然出神搗鬼，言語自然敷掩支訛，未有不爲人窺破者。俗語云"一遭抵千遭"，以致言語無人信，舉動被人疑。倘或別有所失，店中人提起來，即是話柄。當此之時，或蒙恥歸家，或憂鬱成病。縱能追悔自咎，已不及矣。此不誠實之過也，切宜戒之，慎之。

第三，要謙和。謙是謙恭，和是和氣。如對店中親友、買賣客人，交談之間，須要和顏悅色，不可高傲，使外邊客人怕進門，被店中親友共輕棄。如店東，即當以父執事之；長於我之店友，即當以兄事之。凡店中所當做之事，盡力効勞，不得推諉，如盡子弟之職。且又虛心聽受，則彼自然肯真心教我，於我有益，此所謂謙和受益多。

第四，要忍耐。或是同店朋友，以惡言加我；或是本東言重，使我難當，惟以忍之爲高，不可強辨。當思我原是出來學做生意，何必因此一兩句言語，就與人作對。且有道我之過者，乃是肯教我的好人，自當急急改過，不可再犯。就是別人錯怪了我，亦不須急辨，且耐片時，久後自然分明，則人皆服我有度量，有含容，愈加敬重，豈不得許多便宜？此能忍耐之有益也。不然，因一時之氣而忘終身之事矣。

第五，要變通。變者，不執一；通者，通達也。假如某貨係合某價錢到店，目今時價，划筭該有幾分錢。賣時價目，或增或減，須看貨之行滯。行者不妨價增，滯者亦須價減。或時有長落，或貨有高低，不可呆定算盤。又如見店中老店官對買賣客人交易，所行的事與說的話，如何相合與不相合，一一看在肚裏。到無人時，不妨請教到，老店官必以其中所當變通之故教我。只消問一二次，其餘一舉一動，依法而行，可得變通之道矣。

第六，要心有主宰。或是店之左鄰右舍，或是地方朝夕熟識之人，或是遠處多年生疎親友。或是酒食請你；或以心愛之物送你；或使你做中做保，許你重謝；或與你打合別處私開小店，坐本分利；或某處(睹)[賭]博，邀你去看看；或某人家有個(嫖)[標]嫩女子，同你去瞧瞧；或家中盜出物件，借你處寄寄，明日與你分；或偷來的東西，賤賣與你。以上數者，皆是誘你入圈套的人，送你下陷坑的事。當此之時，須要心中有主宰，總以不貪外財爲心，把定主意。如此防閑，雖有善騙之人，亦不能哄你入彀矣，此心有主宰之益也。若是心無主宰，一墮其術中，不但使本東知覺，失了生理，且使你歸家，亦做不得人。其害之大有如此，可不畏哉？

第七，要儉朴。儉是省儉，朴是淳朴。出門作客之人，銀錢艱難，凡衣可遮體，食可充饑，無凍餒之苦便罷。雖日後手頭有兩把辛資，不可見人身上穿好衣服，也要想與他一樣；見人手頭有銀錢賣弄，也要學與他一般。一有此心，即是敗子，自然心志放縱，用度奢侈，何能成得人家，起得事業？切宜深戒。

第八，要重身命。蓋身命乃父母所生之身命，安得不重？如遇臨險涉深、鬭勝鬭狠、賭食賭力之類，又如地方遭火盜，奮勇争先；鄰里有鬭争，拚命救解。或因取樂，斷喪身體；或因愛小，敗壞名聲。凡一切危命陷身之事，一蹈其轍，皆是不顧身命者也，最宜慎之。

第九，要知理義。蓋事之不宜者，皆非義也；凡事之違心者，皆非理也。知得此二字分明，則一言一動無處不當，立身之基自此固矣，最宜深味之。

第十，要不可忘本。予嘗見後生，纔曉得些道理，便將自己看得異樣高，眼裏無人，便是遇着昔日提携習學生理之人，都以爲可厭。如此等人，豈是受福之器？眼見不多時又無依倚了。再要開口求人舉薦，亦口澀難言矣。爲人到得成立之時，如此忘本負恩之事，斷乎不可。牢記，牢記。

第十一，要虛心。人惟此心實了，故雖有終身受用不盡的好言，彼亦視爲不緊要，以其先將此心實了，無有受教之地，故不知聽之。及至終身無出頭日，再去怨天怨命，不知是自己幼時不肯虛心聽人的好言語以至於此。由是言之，人可不虛此心以受教乎？蓋凡事之不知者，惟問可知。如怕羞不肯問人，則終身不知矣。若再要逞聰明，強不知以爲知，未有不大誤事者。故凡事有不知者，不妨請教於人。人有指教，又當牢記於心，久而不忘。不可今日問了，頃刻忘却，明日又去問人也。或朋友有規戒之言，當知深感其德，不可心頭火熾，怒形于色，阻塞人之言路。只想我此行乃一生緊要關頭，雖有難當之言，亦須忍耐。況我果有過失，原當痛自切責，豈可強辯以自蓋其過？但如此思維，而心自平矣。若滿腹私意，不能忍耐，或忍耐而懷恨於心，將來無人指教，做事日漸失了規模，自己又無了拘束，此處定難久留。即你別處另尋得所在，自思又不能如從前合式，必致愈加無心，再又辭出。如此數次，豈不自誤終身乎？試問父母將來年老，如何養膳？娶妻生子，何以蓄育？種種重任，將來何以支持？據予所見，只在此時能虛心納人善言，不自滿，不猜疑，一聞善，即銘心刻骨，將來所行，自合于理，日漸昌盛，一切重任，庶可支矣。

第十二，要正道。古語云：“常把一心行正道，自然天地不相虧。”惟如此存心，天下皆去得。不如此存心，則寸步難行。如銀錢出入，分文不可苟取。設苟取分文，即失我正道之心矣。假如臨財或起苟取之念，即自責曰：“如此不正道之心，豈可起乎？今我已起此心，則我將來寸步難行，如何任得大事？且銀錢至小，名節至大，如失了名聲，普天之下，皆無容身之處矣。”但如此警省，自然正道，不欺於人。人知我正道，亦不肯欺我，自然受用不盡。

第十三，要上緊用心。上緊者，做事出力，不扳他人。大凡生理事務，要認定我所當爲，但竭我心力，不可自圖安逸。又不可視爲公共之事，不應我一人出力。蓋一有此兩種私心，則事皆廢弛，遺誤不小。誠能反此，則事無停滯，從容布置，井井有條，非惟養德，亦足見處世之方矣。用心者，凡事用心，不敢忽略，以致錯誤。如對客買賣，銀錢出入，收貨、發貨，俱要斟酌，防閑小人，謹慎言語，不可妄爲。總要遵守規矩，謙和接人，儉約持己，照應門户，留心火燭，早起晚眠。受人所托，始終盡心。一切事務，悉能如此，則所爲必斟酌而無錯誤之事矣。夫人惟勤謹方能盡在我之職而無愧於己，惟誠實方能副我知之望而不負於人。加以虛心受教，則所言所行自然盡善盡美。

以上"十三要"，乃學做生理之大概，亦爲人之不可少者也。而其中實有終身受用的益處。蓋天下事不過一理，今予所言者理也，從來惟認理爲足據，言必不爽也。凡後生初出門，恐無處尋頭緒，可將此書隨身便帶，時時展閱。若能虛心納此實言，試看何如？

商賈十則

一、凡與親友同事，第一要有恒心。恒心者，長久之心也，務在時時戒謹，久不懈其操存。如此庶可始終如一，即是出人頭地處，何必輕浮虛誕以取勝於人哉？予每觀與人同事不久者，大都只是無恒心之病，所以始初做事也肯耐心，接人頗能謙和，銀錢亦不苟且，朋友亦不妄交。久之，漸漸放縱，不循規矩，作事日漸無心，接人日漸不遜，銀錢肆意浪用，朋友到處濫交，至於卒不能有成，徒取親友之恥笑，此輩終爲廢物而已。由此言之，凡同事必要恒心也。

一、凡與親友同事，即當事同一體，不可有你我之分，則店業自然日新月盛。《易》曰："二人同心，其利斷金。同心之言，其臭如蘭。"此言同心之利之美如此。夫金，至堅也；蘭，至芳也；臭者，馨香之總名。言二人誠能同心，雖金之堅，其利可以斷金；同心之美，其芳香之極，如蘭之臭，蓋言無往不利而且美也。苟人各懷私心，未有興起之理。與人同事者，首宜戒之。

一、凡開張店業，不可無成規。蓋生理者，期以致富之道也。然富不易致，須是日有所積，月有所聚，久而後成鉅業。然積聚亦必有道，非取厚利、尚悋嗇之謂，惟在交易誠實，不貪厚利，童叟無欺，則買貨者聞風而至，如川之來，流而不息矣。以多中取，故利息雖微，總筭起來，日進亦必不薄。加以合店同心，出入斟酌，勤於照察防閑，勿使絲毫差謬，惟以去奢從儉，不使因私誤公，貪圖便宜，妄用分文。又須禁止好談好嬉、偷安縱逸，以誤正業。交易悉要和氣，毋令兇暴招非，則店業之興，從可必矣。至於店中用度，亦要立個成規，每日食米若干，油、鹽、蔬、腐等物約銀若干，葷腥幾日一次，夜酒幾壺，房租、辛俸、雜費銀多少，每日計筭總約用銀若干，立一支賬，毫釐亦須登記，不可因事瑣屑忽略遺漏。須知鉅萬之富，必由錙銖而起，豈可因循微細而忽之乎？然用度又須斟量得宜，不可太寬，又不可太緊。蓋太寬則不能有所積聚而失於浪費之偏，太緊則同事之人或過於淡薄，難免不生異念，故不可不斟酌適中。

一、凡店中飲食，須與同事之人共之，不可私自從厚，以致人心不服。店規終年遵守，不可以飲不盡興隨意增添，盡情酣飲；不可以食不充量乘興吃麵，菜品加增。蓋此等事乃敗家子弟之所爲，非成家子弟所宜有也。

一、凡人只懷着損人利己之心，而人皆賤之，則其所以自損者多矣。苟能去此損人利己之心,而人皆信之,則其所以自利者亦多矣。蓋自私者多以偷安奢侈爲樂,我獨以勤勞儉朴爲樂;人以誇高逞強爲能,我以謙退守拙爲能;人以蓄私財爲得計,我以全名節爲得計。寧我容人,勿使人容我;寧人占我便宜,勿使我占人便宜;寧我吃人虧,勿令人吃我虧。如此則接人渾是一團和氣。

一、凡店中正務要勤理,店外閒事要少管。正務勤理,則心在生意中;閒事少管,一心亦在生意中也。如正務不勤理,閒事偏多管,則人雖在店中,而此心已在外矣,最爲無益而有損,切須戒之。故凡一言一行,須思此事是閒事、正事。若是正事,則言則行;如閒事,則勿言勿行也。始初必須嚴防切戒,久久成熟,則終成自然矣。此收斂身心之一法也。

一、凡事以身先之,則不令而行,故立心必以誠實爲主。惟誠實而無欺人之心,則言出而無不信之者,故其感人爲最速。如以人愚我智,而動以虛誕之言欺籠人,豈有久而不爲人窺破之理?日後即有誠實之言,而人亦不信之,大事悉爲所誤。由此言之,適足以自愚而已,何益哉?故欲人之無欺,須是自己誠實;欲人之秉公,須是自己無私;欲人之不懶惰,須是自己勤勞;欲人之不浪費,須是自己節儉。惟如此則庶幾可耳!今人自己不能如此,而妄欲以我之智欺人之愚,強天下以從我也,其可得哉?

一、凡規戒同人過失,必須和顏悅色,以理喻之。不可暴怒言重,使其難當。蓋羞惡之心,人皆有之。今我以婉言曉諭,彼必爲我感動,改過遷善,一歸於正矣。若暴怒言重,不獨有傷同事和氣,更恐暴戾之人因羞成怨,反生嫌隙矣。如己有失誤之處,又須喜人規戒,深感愧悔,以期改過,不可反生怨尤,以自成其過也。

一、凡後生立志,須要老成。惟老成則地方雖有奸狡之徒,亦無隙可乘矣。不獨可免日後之是非,即目前已省許多纏擾。蓋所謂立志老成者,必是站住脚跟,守定志向,而老成持重,不爲一切邪妄搖動變移也。夫能如此,必不屑倚附於人,又安肯失身以附於無賴之徒哉?故不惟免狡猾日後之是非,並可省目前之纏擾也。

一、凡事必須謹之於始,方克善其所終。如結交遊戲好勝奢侈之友,一啟其端,遂有燎原之勢。務須嚴防於始而力拒之,庶不至遺後患也,要在此心臨事審擇耳!故凡有不務生理之徒來相勾引,一切遊戲好勝奢侈之事須避而遠之,勿墮坑陷,斯得之矣。

右語十則,悉予所熟聞。然未歷其境,或不能無疑。今則身當其任矣,盍去其從前之所疑者,體認而力行之,久久自見真味,慎勿以予言爲迂而忽之也。

　　　　　　　　　　　　——[清]謝光綎:《商賈格言》,清刻本

第三章　徽商各類行業經營規約

第一節　茶業規約

民國十八年四月祁門縣恒吉昌茶號公議善後規則

公議善後規則列後

一、議所領匯款，原爲辦茶充足副資，各股東均有維持之責，當然共同完全負擔，不得以經手之人爲難。

一、議股東拾名，每名承認股本洋六百元，共成六拾股。以此爲則，毋得增多減少。迭年開辦，照依原議合約爲據，毋得更動。

一、議各位承認股分，業經環面應允，須於號中首字齊堆期間，務必一彙齊足到號，以作購茶資本。倘有本金不足者，切實訂股，虧則照依承認六股攤派，賺則照依付出實洋分紅。茲當大衆批明，嗣後，無得異說。

一、議各位承認股本六百元，每名預先墊出三成，計洋壹百八十元，以資開辦、修理及添置傢伙，並柴炭、箱板等項需用，俱各普通一體。

一、議各位股分，既經訂定，務要自始至終。倘有中途下股者，坐其招出切實股東承認，方可公同應允。否則，不但其身墊出三成費用認爲干罰，而同人之墊出費用者，均爲下股人是問。此宗重要，合衆表明於先，幸勿悔之於後。

一、議各股東中在號裏辦，凡各綮重職務，要必公同推舉。倘有薦人不的者，公同決不認可。其餘文武班人員，亦須會商聘用。

一、議凡有關於號務重要者，務必公同參酌，勿得徒執己見而背公理。

一、議茶葉生意，視同人財運所關，贏虧誠難逆料。倘有虧折，不得歸咎經理之人。

一、議同人業茶地點，因設名仙道院，統望神功呵護，獲利無疆。敬遵仙佛判諭，在公司內扒出紅洋壹股，補助壇庭善舉。

一、議水客到申，沽茶使用，照依各號舊章，毋得出乎範圍。至於押班人員,亦照各號規則。倘有多用,歸自擔負。

一、議水客,公推△△擔任。

一、議內賬,公舉△△擔任。

一、議茶葉沽清,除歸棧家匯款外,其餘之銀,無論何人,不得擅自支取。俟水客到號,公同結賬,再行分給。

民國十八年夏曆四月二十六日,立合夥創設紅茶號約人△△△　押

同人△△△　押　△△△　押
△△△　押　△△△　押
——[民國]程秉鈞:《酬世成績》

民國十八年祁門縣程必桓等合夥創設紅茶號約

合夥創設紅茶號約

立合夥創設紅茶號同事約人程必桓等,今有△△△邀集同志,合夥創設紅茶號一業,環面磋商,擇取本村新建名"仙道院"地點開辦,徵諸同志,僉曰"贊成"。當經范、張二仙判示,將該院前進全重、後進樓下全重,並左邊餘屋全所及餘地一備,一併批立租約,令委迭年交納道院租金洋五十元。惟斯院製場寬廣,頗爲合格,遵仙佛撰取牌面,名曰"恒吉昌"茶號,就地生理,共成股本大洋六千元正,以作拾大股訂定,各位承認股份,附後註明。所有號事,經理者共同維持,因才授職,各供乃事,各竭其誠。至於本號資斧,除各位股本外,所領匯款,無論生意贏虧,不得慮及經手。凡有份子者,俱各共同完全負擔。自然基業光昌,獲利可操左券,而可大可久之基胥如此矣。但願聲應氣求,同證金蘭之契;志同道合,共慕管、鮑之風。庶幾運籌於掌握之中,必能決勝於千里之外也。善後規則合併後明。茲立合夥創設紅茶號同事約拾份,各收一份,永遠存照。

各位承認股分開列於後:

程必桓,承認股本洋六百元;

棣華,承認股本洋六百元;

履安,承認股本洋六百元;

載陽,承認股本洋六百元;

鳳騰,承認股本洋六百元;

振洴,承認股本洋六百元;

振承,承認股本洋六百元;

必豫,承認股本洋六百元;

和貴,承認股本洋六百元;

同記濟卿認,承認股本洋六百元。

——[民國]程秉鈞:《酬世成績》

民國屯綠區茶葉產地檢驗辦事處暫行檢驗辦法大綱

屯綠區茶葉產地檢驗辦事處暫行檢驗辦法大綱

(一)本處係奉實業部上海商品檢驗局命令,在屯溪鎮設立屯綠區茶葉產地檢驗辦事處,先行試辦屯溪鎮及其附近所產外銷綠茶之產地檢驗,藉以提高品質,改進產銷。

(二)檢驗標準及取締條例,依照實業部所頒《商品檢驗局茶葉出口檢驗法則》,並按產地工廠設備及特殊情況參酌施行。

其寔施方式分下列四種:

(甲)工廠巡察——由本處指派檢驗員隨時赴各茶號製造工場及各毛茶行實地視察。如有粗製濫造,不合衛生及違反部定出口標準者,即予指導糾正。

(乙)"成茶"檢驗——凡茶號"成茶",必須於官堆二十四小時前,至本處書面通知,然後由處派檢驗員按時苂場,監督均堆,不準有焦酸、霉壞、雜末等劣茶混入。當即在大堆内扦取樣茶二市勵,其一携回本處,按照出口茶標準分別檢驗;其一送往上海商品檢驗局存查。不及標準者,不得作箱茶運送本處。所扦取之驗餘樣茶,仍予發還。

附錄:出口綠茶標準

(1)品質:以平水二茶、七號珠茶為標準;

(2)水分:以不得超過百分之八點五為標準;

(3)灰分:以不得超過百分之七為標準(着色茶免驗灰分——原注)。

(丙)惡劣包裝取締——根據部定《茶箱取締辦法》。

(1)箱内四角及上下邊緣,須各加釘木條四根,計共十二根,以增茶箱之支持力;

(2)鉛箔内壁,須用堅潔紙張妥爲裱糊,使茶葉與鉛箔完全隔絶;

(3)箱外須注明茶類、商標(即大面名目——原注)、件數,及毛重、净重(新制——原注)、採製時期、製茶莊號地點。

茶箱包裝,必須依照《茶箱取締辦法》辦理。其未遵辦者,應責令改製。但在六月一日以前製成之箱,若有正當理由不及改製而能加用套箱者,關于箱内加釘木條一項,可以暫免改製。

(丁)着色化驗——着色茶必須呈報所用色料種類,除靛青、石粉、改良黄等無毒者暫准應用外,其他漆用黄粉、有毒色料等,素爲外洋禁止之一切顔料,概不准用入茶中。如有違反,一經驗出,絶對禁止出口。

(三)凡檢驗適合出口標準各項條例者,即給予"屯緑茶産地檢驗合格証",並按箱數發給"産地驗訖",編號標記,令貼於茶箱之"大面"右上角,以資識别,並便查核。

(四)"成茶"經過本處檢驗,得有"屯緑茶産地檢驗合格証"者,方得銷售外洋,享受外銷茶之種種優待,作外銷茶報税起運。

(五)經本處檢驗,適合出口標準之茶運滬後,可持本處所發合格証,報請上海商品檢驗局覆核。若無朦混情事,即可換取"出口証書",准予出口,不再開箱檢驗。

(六)産地檢驗,不取任何費用。所有"屯緑茶産地檢驗合格証"及"産地驗訖"標記,亦均免費發給。

(七)本辦法由實業部上海商品檢驗局核准公布施行。

屯緑區茶葉産地檢驗屯溪辦事處印發。

——散件文書,原件藏黄山市檔案館

第二節　典當業規約

明萬曆四十三年十二月祁門縣胡禄孫同侄胡再貴等立生放銀兩合同文約

立合同人胡禄孫同侄胡再貴、六壽等,今因本户書手十年後駁語,恐後人衆不齊,難週公事,與衆商議,悉照丁糧,每丁出文銀叁分,每米壹斗出文銀叁分,入衆生放,(矣)[以]備後患。其銀每兩每月加利文貳分筭,遞年約至清明前十日付衆，下首輪流生放。如過日期，甘罰白銀叁錢，入衆公用。自立之後，二分人等務要遵文約。今恐無憑，立此爲照。

　　萬曆四十三年十二月初十日，立文約人胡祿孫　押
　　　　　　　　　　　　　　　　　胡再貴　押
　　　　　　　　　　　　　　　　　胡六壽　押
　　　　　　　　　　　　　　　　　胡祐孫　押
　　　　　　　　　　　　　　　　　胡福孫　押
　　　　　　　　　　　　　　　　　胡祥孫　押
　　　　　　　　　　　　　　　　　胡禧孫　押
　　　　　　　　　　　　　　　　　黄　鳳　押
　　　　　　　　　　　　　　　　　胡興富　押
　　　　　　　　　　　　　　　　　胡再元　押
　　　　　　　　　　　　　　　　　胡三孫　押
　　　　　　　　　　　　　　　　　胡　勝　押
　　　　　　　　　　　　　　　　　胡　生　押
　　中見人本管里長謝汝善　押

——散件文書，藏南京大學歷史學院資料室，編號 000056

清道光三十年四月歙縣巖鎮典商許用元浙江龍游縣許惇大號典當鋪允議規約

一、議在架衣包、首餙、銅錫等貨，自留取駒字號至譏字號止，一併定議每典本足錢壹百千文，加貫利錢拾六千五百文。

一、議小貰三厘三毫，均照架本作算，連下牌禮在內。

一、議中資壹厘，均照架本作算，兩家對分，各酬各中。

一、議代筆五毫，均照架本作算。

一、議財神印手，以作四十三個月，並留取在內，計算錢四拾叁千文。

一、議生財，包架、櫃臺、竈厨、神龕，以及動用傢伙等物，並裝修一切等項，另立《賬簿》一本，交許姓收執。成契之日，以便稽查，共議照典足錢柒百五拾千文。

一、議成交開印盤貨之日，《惠和字號賬簿》一併交與許姓收執，取下本利盡歸許姓收管，另立掛號。

一、議開印之日，另立《伙食賬簿》，至成契日，止兩家對派。

一、議開印之日，許姓先付惠和洋壹千員，惠和出具收字，與許姓收執。其餘應找之項，俟貨盤清結賬。成契之日，許姓照賬找楚，將前惠和收字繳還，毋得異説。

一、議立議據之日，惠和止當將典帖上首出替，原據交存許姓收執，繳换新帖。

一、議余、程兩姓合同繳付居間者處收執。

一、議當貨倘有情當不到本者，以及假餙花色，與《號簿》不符者，均皆剔出不印，退還余、程兩姓，另立《號簿》寄取。如期滿不取，余、程兩姓自行收去。

一、議洋價前後所付，總以應付日照龍游城典行市作算。

一、議典夥任憑許姓去留。

一、議惠和花押圖印匯票，余、程兩姓合本，以及私債等據在外，並典夥掛欠，出替之家，自行理值，不涉受替人之事。

一、議開印之日，倘有各匯票友人，不得在典留歇，均歸余、程兩宅料理，不涉受替人之事。

一、議字號禮，以作四拾叁個月留取在内，計足錢拾弍千九百文。

一、議所賃典屋房租，本年春季，余、程兩姓自認，夏、秋、冬三季，已歸許姓交付。

一、議之後照議據行事，毋得節外生枝。所議各條款，公同議定，出自兩家情願，各無翻悔。如有悔者，照依議罰，仍不准悔，以此爲據。

道光三十年四月　日，立議據余書青　押
　　　　　　　　程易田
　　　　　　　　程綏章
　　　　　　　　鮑青之
　　　　出替允議余彩招
　　　　　　　　程絪之
　　　　受替允議許用元　押
　　　　　　居間余　忠
　　　　　　　　余　定
　　　　　　　　程照亭

汪上賢

汪仰瞻

汪慶星

程德川

張庭華

程霈恩

王樾坡

方衛科

傅大旋

汪麗霞

代筆鄭解堂

——[清]許氏:《清同治歙縣巖鎮夏官第許氏輯録道光許惇大號典規文約簿册》,載王振忠主編《徽州民間珍稀文獻集成》第四册,復旦大學出版社,2018年,第51—57頁

清道光歙縣巖鎮典商許用元浙江龍游縣許惇大號典當鋪典規文約

典規

大凡立業之道,必有一定章程,開設之初,自宜加重整理。舊典之規模俱在,新章之款目宜循,酌量申明,揭諸廳壁,庶有條而不紊,亦綱舉而目張。維望諸公互相明晰,永遠遵行,切勿視爲虚文,尤須行以實力。謹將各條開列于左:

一、司總乃一典表率,責成綦重,務宜公正和平,方能服衆。事無鉅細,皆當查察,即非自錯,亦難推諉。偏執任性,固在必除;狥情容隱,亦宜切戒。典存銀錢,斷不能挪移。會借進出,更所不準。設有需本,應當預備,案徽布發。應用圖章,逐晚勤收,即要查核發出,督率巡查門户火燭,約束上下同人。其他凡有所當爲者,在因時因地權宜辦理。

一、司樓宜勤察,貨物查對,出樓皆要逐日核明。至勾銷所要,照應捲包,教導學生,皆係專責。包架係有先落號牌,即查歸號,毋稍遷就,以啟挪移、重當、錯號諸弊。銅錫器皿,毋使損壞。凡遇大雨,細心看漏。設有霉爛等情,皆要賠認。如有老號舞弊空貨,照數追償,後即立辭。

一、司䉤出入貨物，逐日核楚，不得停留過夜。當進之貨封包，務要細對清楚。花色倘有不對，以及不值本假貨，立即交代，經手認賠。其所歸號，身無推諉。每日大賬，必須復核，恐有錯訛。

一、司錢專以錢爲責，務當秉公，洋錢（長）〔漲〕落，從實收支，不得私自擅用，亦不得狥情借與同事，察出即辭。每日取票本息，循利復核，以免錯誤。

一、櫃友乃生意進出要緊之所，由關係也。所名花色報明，金銀、首䉤必須兩分，囑司要注清，免後爭端，必須謙和勤謹，出入公平，貨物細心估值，切忌疎忽。過鬆，有傷成本；過緊，有關生意，在酌乎其中。情當假當，雖係經手認賠，莫若先行禁止。倘仍有狥情者，察出論辭，應催賠本。遇有疑難之物，公同商酌估值，自無失機賠累之事。一有不值本之貨，司樓䉤者隨時查察，不得狥情收入。至于日取銀錢當票、本利，逐晚銷訖清，交司事者收，不得停留過宿，牽扯牽搭，宜各自愛。

一、錢房不准收押包，間有不得已抵押者，三日之內，即要換錢歸款，久遲既礙轉運，抑恐因生弊端。

一、司大帳關係甚重，假有少錯，即囑賠扣。必專一意，手快耳明，留神下筆，庶免賠累爭端。不得任意走開，或有要事，必交代妥人照應，在櫃友亦當留神照看。若有差訛，隨時改正教導。

一、捲包須先看明，小票對過件數、貨價，始可轉摺。如遇大包，即邀管樓看過再捲。倘係細軟之件，須報存厨，幸勿捲繳，有誤生理而損成本。其掛牌切宜細心對字號、件數、本錢，一有少錯，即有賠累。慎之，慎之。

一、清票內帳，除專司日逐銷票、循利結算彙清月取之外，凡裝訂賬簿，照應學生刷票，料理木牌。一切雜務，不得怠惰。

一、上利歸中友登簿，另出票交櫃，付日取結筭交賬。

一、學生理當早起洒掃，勤謹□當，不得稍息。至貨物尤宜愛惜，不可作踐。如有好嬉戲、懶惰貪口者，司樓戒飭。買辦自有雜更、司厨承應，原非學生分內之事。若有藉詞出外，初違者，責治，再即辭去。既係習學生意，不但不准出外，且無大故不得回家。

一、出入銀錢帳目，經手者自宜謹守奉公，不得任情濫借，私懸分文，捴宜明白，方不負所托。如有前項情弊，以及懸宕無着，除賠認，後仍以辭謝。

一、門戶火燭，關係最大。凡大門，定於辰開酉閉，閉後封鎖，鎖匙即交執總收入帳房，候明早辰分，再領匙開鎖。櫃內包房，禁止水、煙，閣典諸公皆宜小心，而司其事者更當細心提調照看。門户早晚關鎖，必須親驗。各友安寢吹燈，不可稍懈，臨卧再宜謹慎巡察。如果酉刻不歸典者，即行辭謝，朋庇者同辭，毋悔。勉之，慎之。

一、凡有諸公至親好友持票來典看貨，概不得徇情。惟看衣餙、貨物，尤不得空票借出。即有抵押，亦不得徇情。珠餙更防調換，多費唇舌。

一、典業同事，最易招非。凡看戲、看會，一概不准，無事亦不得出門閑遊。足不履外，身無物議。設有事上街，亦必告知司總，不得時刻進出，藉詞往外遊嬉，宜各自愛。

一、諸公回宅以三足年，回家耽擱六個月，逾期不到典，照扣辛酬；遲至四個月不到典者，即行辭謝。司總樓餙錢友，須先假案徽，俟回假交代下手，方可動身。餘在司總處告假，亦必假照徽州。

一、諸公或有親友來典探望，即日暮路遠，不許留宿典中。邇來人心不古，自行體諒。

一、辛工酒錢，按月支取，不得預支，其使用另有條則。

一、值竈雜更之人，務宜潔净，不可作踏柴米，謹慎火燭一切，勤儉是爲至要，無事不准出外看戲遊玩。

一、巡更最爲要緊，雖長設一人，難免久不生懈怠。每夜應派店友一位，輪流稽察。各友卧房燈未吹者，即喚其小心，候燈息後，再往他處細察，方爲詳慎。若何派查，司總者酌之。

一、典內毋許私蓄猪、鷄，以及鳥雀等類，各宜自愛。

一、典中上下諸人，概不許賭博、酗酒、爭鬧，以及東移西扯。過酉時，仍不歸典，不遵典規，一應作弊壞事，有一如斯，皆循辭例。

一、典中出貨，本典同人不得提貨，亦不得銷貨。假有不遵，任意提取貨物，借端銷貨者，即爲犯規，隨辭不恕。

立併約余時房，今將關分惠和典得己股分，並併得清房股分，合行出併與任房爲業，得受併錢壹仟九百七十乙千七百零四文。所有招牌、架本物件一概在內，自併之後，任憑以務字號爲始，接併開張，永無異言。上手分關老約，不批不繳，見日不用。從前坐本，均已交清。外欠賬目，亦經派訖。嗣後，倘有存銀，議定長年壹分行息，憑摺支取，不得透支。如能積蓄萬金，仍准湊本合業。恐口無憑，立此存照。

道光二十五年十一月　日，立併約余時房　押

　　　　　見併　清房　押
　　　　　　　　和房　押
　　　　　　　汪上賢　押
　　　　　代筆程庭植　押
　道光三十年，批：此約於惠和出替時交存許姓。
　　立併約余和房，今將關分惠和典得已股分，並併得清房股分，合行出併與任房爲業，得受併錢壹千九百七十乙千七百零四文。所有招牌、架本物件一概在内，自併之後，任憑以務字號爲始，接併開張，永無異言。上手分關老約，不批不繳，見日不用。從前坐本，均已交清。外欠賬目，亦經派訖。嗣後，倘有存銀，議定長年乙分行息，憑摺支取，不得透支。如能積蓄萬金，仍准湊本合業。恐口無憑，立此存照。
　　道光二十五年十一月　日，立併約余和房　押
　　　　　見併　清房　押
　　　　　　　　時房　押
　　　　　　　汪上賢　押
　　　　　代筆程庭植　押
　道光三十年，批：此約於惠和出替時交存許姓。
　　立併約余清房，今因惠和典賬均已算明，自情願將四股得一之架本、物件分作三股，將一股出併與任房爲業，得受併錢叁百三十三千三百卅三文，以立約之日爲始，任憑接併開張，嗣後，永無異言。恐口無憑，立此存照。
　　道光十五年六月初十日，立併約余清房　押
　　　　　見併張炳章　押
　　　　　　　余羽豐　押
　　　　　代筆程庭植　押
　道光三十年，批：此約於惠和出替時交存許姓。

庚戌年六月二十四開張大吉

　欽命浙江等處承宣布政使司布政使、加三級、紀録十二次汪爲嚴杜漏典，以裕國課事。照得典鋪向例每户輸税銀伍兩，於康熙十六年起，至康熙十九年爲始，每典共增徵銀壹拾伍兩。後奉恩詔，仍照舊例止徵銀伍兩，奉旨通行，欽遵在案。今據龍游縣詳請給發典户許惇大印帖到司，合行給發。

爲此，帖給本典收執。所有應輸稅銀，務要争先上納。倘有地棍、兵丁借端騷擾，以及贓私質當，該地方官藉此需索株連，并違例借貸，許該典户即赴本司衙門告理。敢有朋充隱漏，并無帖擅開者，即係私當。或被首告，訪聞定行按律究治，决不寬宥。如有歇業頂補，即赴司繳换毋違。須至帖者。

計開：

衢州府龍游縣典商，住在城地方，原籍徽州府歙縣人。

右帖給典商許惇大號。

准此。

道光三十年陸月十六日，給。（印）

帖　藩字第二百七十一號。

立出頂典契人余彩昭、程綱之，緣昔年余姓請帖開張龍游城内河西街惠和典，於丙午年間，乃聘程姓合開。今兩姓資本不敷，自願託中立議出頂與許用元先生名下開張。所有在架衣飾、銅錫各貨，盤見架本連貰利，共計大足錢叁萬四千柒百零三千捌百三十五文；又包架、櫃台、生財傢伙、裝修等項一應在内，議定計足大錢柒百五十千文，總共計足大錢叁萬五千四百五十三千八百三十五文。又小貰計足大錢九百八十三千零二十七文，印手計足大錢四十三千文，字號禮計足大錢十弍千九百文。其錢當即面中結算，照數一併收訖，不另立收字。自頂之後，任憑换帖，擇吉開張。契中凡有未及各條，另有議單開載可憑，兩姓内外人等俱無異説。典中所該各款，自行前往理直。倘有重出當票、舛錯等情，在典生端滋擾，亦係出頂人自行理直，均不涉受頂人之事。恐口無憑，立此頂契，永遠大發存照。

道光三十年六月　日，立頂契人余彩昭　程綱之

憑中余書青　程蔭書　程易田　叔公達
汪仰瞻　余世翰　程綏章　汪赓虞　汪慶星　程錫祺　鮑青之　王越坡
程德川　馬敬邦　余忠　方衛科　張庭華　許成全　余定　傅大旋　程霈恩　程照亭　汪麗霞

代筆鄭解堂　汪上賢　虞文美

——[清]許氏：《清同治歙縣巖鎮夏官第許氏輯録道光許惇大號典規文約簿册》，載王振忠主編《徽州民間珍稀文獻集成》第四册，復旦大學出版社，2018年，第64—81頁

清代後期徽商的典當行規——《典業須知》

《典業須知》目錄

《典業須知》【錄】序　敦品　保名　其二　其三　勤務　節用　務實　遠慮　其二　其三　其四　虛懷　防誤　鍊技　細心　惜福　扼要　體仁　防弊　擇交　貽福　達觀　知足　諄囑六字　出外謀生當守五戒　典中各缺慎言擇要　典規擇要　典內竹枝詞計拾四首

《典業須知》錄序　浙江新安惟善堂識

吾家習典業,至予數傳矣,自愧碌碌庸才,虛延歲月。茲承友人邀辦惟善堂事,於身閒靜坐時追思往昔,寡過未能,欲蓋前愆,思補乏術,因擬典業糟蹋情由,彙成一冊,以勸將來。不敢自以爲是,質諸同人,僉以爲可,並願堂中助資刊印,分送各典,使習業後輩人人案頭藏置一本,得暇熟玩,或當有觀感興起者,則此冊未始無小補云爾。

敦品

竊我新安一府六邑,十室九商,經營四出,俗有"無徽不成市"之語,殆以此歟!況復人情萃厚,鄉誼尤敦,因親帶友,培植義篤,蹈規循矩,取信場面。兼之酌定三年一歸,平日並無作輟,人之所取,蓋因此也。所以學生帶出習業,薦亦甚易,用者亦貪,喜其幼齡遠出,婚娶方歸,刻苦勤勞,盡心於事,人因是益見重矣。今者人心不古,半皆遊手好閒,不知事重,甘心敗事,不顧聲名,好者見累于歹人。覩此情形,殊深隱痛。因望諸同人齊心密訪,倘遇不肖者出,會館出場驅逐,俾賢愚勿混,一振規模。

保名

吾鄉風俗,學生出門,或隔七八年,或越十數年,待其習業成就,歸家婚娶。還思弱歲告別之時,爲父母者無限離愁,依依難捨。此情此狀,不堪描摹。即至音問傳來,枝棲安適,高堂懸念乃得稍舒懷。父母愛子之心,子可一日忘乎?爲子者,須時時以親望子之心爲心,守家教,順師長,睦同班,遇事勤苦穩重,氣寬量大。肯吃虧就是便宜,肯巴結就是本事。視人事如己事,是自始至終,清清楚楚,不用人煩心。久之,人固加重,自家亦造出本領。父母聞知,且欣且慰,即親朋戚黨,亦極意贊揚。有女之家,託友委求,目爲佳子弟焉,選擇佳偶,亦甚易易。及歸家之日,倚間者歡欣而迎,親友亦來探望,一時各各答拜,恭敬非常,實爲父母增光者也。若不肯習好,不安本分,不知謀業之難,得一枝棲非易,自己以爲家中衣食豐足,不在乎此。一朝失業歸家,父母赧然不容,勢必投奔戚好,究復誰憐？搥胸追悔,有業不學,歸來受辱,走出無路,家門難入。或親族見之不忍,做好做歹,轉勸父母收留。若再想習業,薦引無人。能痛改前過者,湊或積資本,開設滾當,架人局開設小押;其次小販肩挑,強糊其口。甚有改悔,惡習漸長,朽木難雕,家聲玷盡矣。嗚呼！此皆人子也,落地之時,愛如掌上之珠,望其長大成人,出人之上,誰料至此不肖乎！願爾後生習業,精益求精,萬勿半途而廢,免賣回鄉之名,以玷辱慰父母也,斯爲孝子矣。

其二

吾鄉俗語"當鋪學生尿壺錫",謂無他改,乃棄物也。凡在典學生,務概守分,得能一生始終到老,就是真福。若不守典規,竟無出頭之日,何也？另改他業,勢所不能。只因從初習慣成自然,關門自大慣,一派充壯慣,目看排場慣,耳聽闊氣慣,吃慣、穿慣、懶慣、用慣,高樓大廈登慣,粗工打雜使慣。如改他業,嘴頭呆鈍,全無應酬,不曉場面,不知世故。居處不能遂心,使令又不遂心,吃不遂心,穿不遂心。又無本事,不能得大俸金,用不遂心,有多少委曲於心,以致難改他業。若或強而圖之,無非東不成、西不就,誤此一生,是誰過耶？勸爾後生,急早回頭多是路,切莫船到江心補漏遲。

其三

爾等須知,謀一典業,大非容易,真如登天之難。務宜守分,莫負薦者。無故不可出門,倘遇正事要行,必須告諸內席,事畢早歸。不可輕入茶坊酒肆,不可結伴同遊。尤防物議,自壞聲名。

勤務

凡子弟之賢否,基於勤怠奢儉。晨起先於他人,閒暇無事,檢點各件,是謂能勤。惟勤生儉,惟儉愈勤,則衣服一切自然不嫌樸陋,勤非一味操作也。

至日中本分要事幹畢，或觀正書，或閱《陰騭文》《典業須知》《應酬尺牘》等書，或學字臨帖，或照醫書修鍊膏丹，以行方便，不獨能漸學出本事，亦修身養性之基也。如自甘懶惰，遇事退後，然習染漸深，將典規失守，致誤大端。進典甚難，安知出典之甚易哉？吁，可危也，可畏也。其三思之。

節用

典中學生補用之後，就有出息。年幼無知，見來路之易，去路轉多。須合人人立簿，登記出入，月終查察，莫使養成驕心。衣食求美，棄舊愛新，種種糟蹋，勢所不免，不得不慎。少年之人，不經約束而成者有幾人耶？三年出一狀元，三年未必出一經記。故有好學生，人皆愛如至寶，因難得故也，即以狀元觀之可也。勸爾後生，人人都要學好，自己多少榮耀，父母多少光輝。榮辱兩途，宜早醒悟。

務實

每見有一種少年人，胸無才識，交運太早，一二事偶爾僥倖，早居然做出得志氣象，口出大言，自誇精能無匹，而目中無人矣。然骨格輕佻，畢竟未有不敗者。俗云："做到老，學不了。"怎種鄉愚，實自不知好歹耳！蓋做人之道，須存心忠厚，行事謙和，始可致福。切莫賣乖弄巧，多是多非。或有機（蜜）[密]，不可傳播于外；書信往來，亦不可豫及大事，可免一生口實。

遠慮

有一等人，未娶親前，家中又不望他家計。身邊稍有積蓄，不無講究，穿吃本分，伙食之外，兼添私饌，以爲可用之不盡，未嘗思及娶親生子，日用浩繁。豈知父母年老家居，臨所望兒子能以思前顧後，庶殘年有（輩）[備]。古語云："順風須逆風。在馬上時，當防失足。"每步進場，或有一千，用出衹可七百。以此拘定不鬆，日計不足，月計有餘，後日創基立業，門楣大振，未可量也。

其二

世間惟重銀錢，囊橐充盈，人皆看重。莫謂年壯來路甚易，任意揮霍。倘若一朝失業，落寞家園，求他最難。人之有錢，猶魚之有水，手無積蓄，貸于親朋,本利難償。年復一年,自身難了,連累兒孫。不如善于節省者,畢生安適也。

其三

大丈夫處世,何用求人? 幼而學,壯而行,惟勤惟儉,自食其力,何得俯首求人也? 然當在平日節省耳! 銀錢入手,真非容易,用去當易行來難,不可輕忽之。先(拾)[哲]云"惜衣惜食,非但惜財兼惜福;求名求利,終須求己莫求人"數語,當謹記之。

其四

況吾等離鄉背井,別親抛妻,迢遥千里,所爲何事? 無非糊口養家。既是因此而來,銀錢應當看重,不可輕易浪費。不要出門一里,忘記家裏。願諸君子,凡穿一衣,食一味,當思家中父母能有是否,方敢自衣自食。鮮衣美食,人所共愛,亦要福分消受。若是勉强爲之,須防折盡平生之福。莫効輕薄兒,務在講究,擺空架子,好穿好吃,好嫖好賭,好吸洋烟,好交損友。看得東家銀錢,認作己物,忘了本來面目。不念父母養育之恩,雖家徒四壁,兩手空空,還要大搖大擺,裝出大老官身段,棄盡典業規模,誠實樣子。遇此等下流之人,切莫交他敬他,只宜遠他避他,自全聲名,無致受累。願同人自愛焉。

虛懷

爾等趁此少年,認真習學本事,替東家出力,報効東夥,兩皆有益。不可過意高傲,不可自大驕人,不可心存自是而以他人都非。大凡責人者明,責己者暗,常將責人之心責己,恕己之心恕人,自然心氣和平。諸君惟知各典供俸關聖帝君,未知前人"忠義"二字之意,正要後之人不忘此二字也。食人之禄,忠人之事。同事須明大義,可痛癢相關,疾病相顧,親如昆弟,始終如一,可保永好。則同事聚首一生,可免口角爭端,祗在各人心中常存一個"忍"字。張公【藝】九世同居,祗是一個"忍"字存心耳!

防誤

少年初出習業,凡事宜勤,心要細。遇事爭先,莫退人後,未知者不(防)

［妫］勤問。晨起洒掃，見字紙，隨手檢入字簍。地下拾錢，仍歸經手盆上，切莫貪小便宜，不顧名望，貽悔將來。所尤當經心者，凡遇尋包，櫃内接進取票，必先登掛號，然後上樓尋包。務先將取票記明字號，萬千百號頭，某姓當本若干，件數多少，細心對準，方可抽出，切莫粗心大意。倘或舛錯，櫃上忙中隨手發出，例干兩造對賠。賠償之後，櫃外來人猶未滿意，吃虧極矣。或櫃上留心看出，難免責罰，務必細心對準無訛，卒不吃賠累之苦，此從謹慎來也。且尋包務必用梯，或遇脚跟借力，宜揀粗衣、吃得苦起者聊借一踏。切莫不分好歹，糟蹋貨物。尋出之貨，包洞塞好，恐攤落地。一經攤亂，非但難尋，櫃上追貨，且受責罵。貨覓不著，隨即通知大者挪尋。忙中尤恐前後錯誤，或誤來人正事，趕快兩益也。

鍊技

學生晨起，添硯水，磨墨，整理帳棹、廢紙、斷繩，埽地尋灰。各事做畢，一要齊在櫃内，謹候開門，見票尋貨。若起落人後，一事未理，典長見之，必加斥責。再，櫃上收下銀洋，抹淨蓋印，必先學看，辨其色面花紋之正否，聽其聲音之好否。真假之分别，認真習學，自然看出而益精矣。晚上學摇取票，結取總，復當出，但算盤、書字、銀洋件件要精，五者缺一，吃虧非小。況典業之中，進出之大，人皆謂大行大業，見聞多廣，天然出色，事事皆能。若不能如此，被人物議，背後嘲笑，混充場面，摇擺人前，顧影自思，亦知愧否？

細心

早晨歸包，務必認真，不可將就，虚行做事。現今存箱包多，架上務要整齊，銅、錫等物，須得擺好，不可損傷，切莫貪懶。勤力惜物，可獲延身。倘若貪懶，糟蹋人家貨物，天損陰德。包徜有牌落地，務望認真追查掛好。地下小票，隨手檢入字簍。每逢包房，概設字簍以便放，且歸回樓，必須看明某字千百號頭，歸于原處。切勿貪懶，因其頂倉費事，隨意亂歸，以了門面。取票復到，忘記何處，誤事不小。凡掛牌等事，務要細心認真，對準小票號頭、當本件數，不可亂掛。一或錯誤，因錯誤賠累非輕。

惜福

凡捲包，必須留心，估值看價，為將來陞櫃地步。衣物上手，務要心存天良,當進之貨,視如己物。遇好綢衣,細心翻褶,當襯紙者,用紙襯好;當包紙者,務用紙包,切切莫糟蹋。無論取去滿出,一無風漬,方見諸君存心厚道,忠恕待人,獲福無量。櫃上解草索麻皮錢串,均可答用,莫嫌費手,暗中擲棄。須知物力維艱,在東家雖不計此,而自傷陰德甚大。存箱紙或有極破而不可再用,遇有包小好包者,將此破紙包之,亦是惜福之道。久存此心,天必順之。至于鏢牌,宜惜鏢花,非惜花也,惜字耳!務必細心收拾入爐。各處字簍,朔、望掃包樓時,隨將字簍帶下,檢入字爐。且滿貨賣客,向有舊章,衣不解帶,提衣不讓,典規皆同。凡遇器皿、銅、錫等項,不可損壞,或原來有盤蓋、千頭等物,務必尋齊配好,此亦心存忠厚之道。若遇衣客遺下物件,檢必歸必還,切莫貪小,致敗名節,務宜慎之。再者,棧房之米穀,極易狼藉,職司其事,宜常勤掃,須知一粒之成,亦關農力。

扼要

　　凡寫帳缺,極重之任,非兒戲也。宜于早起,端整當(簿)[簿],隨將付出當票過數明白,並要留心票上年月字號無錯,隨手填好日子。每逢初一,最宜留心,尤恐誤用上月之票。無事切莫走開,耐坐少過。倘遇要事,央人代庖,須知責任非輕。若遇粗心,見帳上無人,坐下代寫,夾張重出,日子寫錯,關係非輕,望加意焉。

體仁

　　凡陞櫃缺,初臨場面,切宜仔細,可免錯誤。寬厚待人,且多主顧。見婦女,勿輕戲言;遇童兒,更要週到。櫃上發貨,包內小票,務概模出,鄉人無知,最多糟蹋。倘能存心敬惜字紙,勝於求福名山。若是鄉間路途遙遠,取贖少帶錢文,為數無幾。紅熟紫錢,何方幫用?自留買物,未見大虧。再或缺少數文,周全處亦是方便。在我所虧無幾,省人周折,都是善事。如遇侮金、銅冲當等情,可恕即恕。及至鳴之地保,警其將來,亦一善處之法。櫃外鬧事,不執意經官,厚道待人,陰德遺與兒孫也。

防弊

　　諸君在典,倘遇急需,切莫將自己衣物當在本典。做相好者,名分攸關,嫌疑宜避。一般認利,不若當於他典,以杜(傍)[謗]言。

擇交

奉勸諸公,切莫濫交。東家將本生利,當不容情,人所共知。情當一端,大痴於己;滿下貼包,責有攸歸。朋友原在五倫之一,急難通融有之,情當切不可也。我等典業生意,須要謹慎有餘,方配典業式樣。倘若另換花色,尤恐有始難終。若與人交,須擇有道之朋,絕彼無益之友。字義諸字皆正,惟有"朋"字不正。人在時中,往來無非朋友,爾有我有,此所謂之朋友。今日你東,明日我西。一到時衰運敗,昔日熱鬧浮朋,而今安在哉?所以"朋"字之不正如此,亟世間不欲結交朋友乎?曰要知人擇善而交可也。有能説我之短,教我之長,急難相扶,始終如一,此所謂是我知心,是我真友。除此之外,皆謂之"浮友"可也。

貽福

人到中年,或因子嗣艱難,追怨典業習不得者,往往有子。余曰:"有子弟者,宜習典業。前人定有法度,益於子弟處多。或謂典業習不得者,因自未知其得過人處耳,皆由幼年貪懶,糟蹋人家貨物,不惜字紙,縱性欺人,自仗門檻高,遇事有東家出場,送官處治,俱走上風,因此而驕,故意糟蹋。天之報應而絕其後,或由此乎?如能忠厚存心,愛惜人物,敬重字紙,穿吃各樣,種種愛惜。屢見吃當飯者,孫曾數代,謹事一東,亦多也。如金君厚堂,太先生之嗣,君字少堂,於咸豐乙卯科舉,入於浙江裔籍。此豈非愛惜人物,存心忠厚,天之報施不爽乎?"

達觀

語云:"衣落當房,錢落賭場。"不知愛惜,糟蹋最多。在此場中,最易造孽。爾等後生,現習典業,身居大廈之中,日在銀錢叢裏,豐衣食足,誰曉艱難?大凡典業,過處全在包房。踏進包房,盡是孽地,孽根從幼所積,幼小無知故也。凡習典業者,無好收場,無好結果,何故也?只因眼界看大,習以爲常,視人家當進貨物如同草芥,輕棄字紙,隨心所欲,不知物力維艱,不知來路非易,孽根漸積。日久年深,祖德表盡,根本全棄,以致有妖年者,有終老無子者。迨至醒悟,追悔已遲。惟望後之君子,責在包房,做一日事,盡一日心。見物惜物,見字惜字,不辭勞苦,勤於檢點。出了包房,過就無分,所謂

"衙門裹面好修行",是好作福之地,切莫弄巧貪安,自爲得志,糟蹋過甚,天理難容。願我同人,勤修所職。現在之福,不可不惜;將來之福,不可不培。惜福延年,家門吉慶。《太上》曰:"禍福無門,惟人自召。"能如是存心,天必賜汝以福耳!

知足

凡人處得意之境,就要想到失意之時。譬如戲場上,没有敲不歇之鑼鼓,没有穿得盡之衣冠。有生旦,有净丑;有熱鬧,就有凄凉。净丑就是生旦的對頭,凄凉就是熱鬧的結果。仕途上最多净忍,(官)[宦]海中易得凄凉。通達事理之人,須要在熱鬧之中收鑼鼓罷,不可到凄凉境上解帶除冠。這幾句道耳之言,不可不記在心上,銘記爲望。

諄囑六字

望爾牢記在心,存於行篋,不時敬讀一遍,終身受益不淺。

一曰勤。勤則有功,做事須向人前,不可偷懶,古語有云:"少壯不努力,老大徒傷悲。"但不可與人賭力鬭狠,有傷身體。須知身體髮膚,受之父母,不敢毁傷。

二曰謹。謹則事事小心,不敢(忘)[妄]爲,從此加工,可以寡尤寡悔。凡做學生,切勿染近來習氣。近日,後生群居終日,言不及義,爾須痛戒。切勿成群結伍,沾染習氣。當知學生不做出頭,將來衣食無路。既學此行,須要學得精熟。聖人云:"三人行,必有我師焉。擇其善者而從之,其不善者而改之。"譬如同樓兩學生,一個是勤謹習好之人,爾即事事傚之,與其親近,爾亦可習好;一個是頑皮不學好之人,爾須刻刻遠之,不可與其相處,恐染習氣,且防被其引誘。總之,善人宜親,惡人宜遠。惡人宜遠他敬他,免得他惱你,此"謹"字寫不完的道理。

三曰廉。廉則不貪,可以守分安身。凡與人銀錢來往,絲毫釐忽,不能苟且。做學生辛資,是爾應分之錢,此外皆是人家之錢,憑他累百盈千,爾不過爲他經手,一毫不能苟且。凡傳遞銀洋,須要當時過數,恐有差錯,切勿隨意。

四曰儉。儉可以養廉。金陵爲繁華之地,近日學生習氣,專以好喫好穿爲務,銀錢不知艱難。喫慣用慣,手内無錢,自必向人借貸。屢借無還,甚至借貸無門，則偷竊之事勢有不能不做。父母生爾一身，須知爲父母爭光。做出下流事來，父母聽見羞愧，自己終身名節已壞，到那時回頭，悔之已晚。不若粗布衣，菜飯飽，積得幾文，寄歸家內，一以慰父母之心，一以免自己浪用。

五曰謙。謙則受益無窮。凡做學生，則典中自執事以次，皆係爾之前輩，行坐起居，以師禮待之。遇事請教前輩，而你能虛心請教，則人自然肯教。你學得本領，係你終身受用，人偷不去，人騙不去。無論有祖業，無祖業，祗要自己有本領，將來就可立身揚名。

六曰和。和則外侮不來。須知君子和而不同，小人同而不和。朱註云："和者，無乖戾之心；同者，有阿比之意。"凡與人往來，出言吐語，必要柔聲下氣。人即有怨于你，見你滿面和氣，那人心裏縱有嫌猜，已可冰消瓦解。

夫人生在世，能得替父母爭氣，立志成人，必要事事謹慎，飲食起居，皆要有節。凡有益於身心者，則敏勉爲之；無益於身心者，則痛戒不爲。人年弱冠時，爲出泥之笋，培植得好，則脩竹成林；培植不好，則成爲廢物。

出外謀生當守五戒

第一，戒性情。性情宜溫柔，待人和氣，則事事討便宜，人亦肯與你交好，受益匪淺。

第二，戒嬉游。嬉則廢正事，且多花錢，放蕩心性；游則荒蕩，近小人，爲君子所不齒。

第三，戒懶惰。終日悠悠忽忽，不肯操習正事，則一生成爲廢財，到老不成器，晚矣。

第四，戒好勝。凡好勇鬥狠，有傷身體，皆不可爲。且言語之間，均不能好勝。言語好勝，最易喫虧耳。

第五，戒濫交。朋友爲五倫之一，人固不能無友，益友、損友，心中須要看得明白。友直、友諒、友多聞，益矣；友便僻、友善柔、友辯佞，損矣。又云："無友不如己者。"

守此"五戒"，是個全人，一生安身立命，皆在於此。今次出門，迥與前次不同，今次成人受室，一切皆學大人之所爲。典中出息雖無多，以"節省"二字守之，自然綽綽有餘。年頭歲底，不得寄空信回家，銀錢一毫不可與人苟且。此生意第一件最要緊，餘無他囑，仔細思之，日夜記之。

典中各缺慎言擇要

夫典東承受先人之業者，當思祖德之勤勞，嘗念父躬之克老。孜孜岌岌，以成其事；兢兢業業，以勵其志。前人創之維難，後人守之不易。常懷此念，永保其身，方不失貽謀裕後也。而驕奢淫佚，暴殄天物，花柳聚賭，遊蕩烏烟，斷不可染。須交有益之朋，杜絕無益之友，方成高上其志也。且爾既爲典東矣，典例亦要寬厚，雖不過豐，亦不可刻薄。當思夥計之勞，不可不存厚道。思我雖有財力而無人力者，事難成全，而夥計雖有人力而無財力者，亦難生計。所以兩心相念，合而爲一，方能共濟其事。況夥計一人生意，舉家仰望，衣之食之，皆賴於此。倘然衣食難敷，家中老幼啼飢嗷寒，而伊愁腸百結，於生意即減去精神也。所以，總要中和之道，待人存厚，方爲貴也。能存厚道待人，天必祐之，以福賜爾子孫，將此業多開數代，即報復耳，豈不樂哉？

夫人生在世，富貴窮通，各有其時，各有命定，非人力所能強求。雖然亦要存心栽培，總以心田爲主。嘗存己所不欲勿施於人之心，舉天下之事，再無過不去之理。若專務強霸，奸刁詐僞，刻薄欺人，目前雖僥倖苟免，終久定有抵施天道之巧，可不畏歟？今因貧寒而爲夥計，亦須存乎良心；東家屢萬銀錢，開張鋪面，亦思生財之道；延請夥計，每月俸金，尚有許多出息滋助，亦思買同事之心。當思我一人生意，而（閣）〔閣〕家老幼皆不受凍餒，此乃衣食父母，豈能怠慢者哉！況東人又不要恭惟，祗要各人克盡厥職即是耳。倘遇無知世道之東，專以順我爲董事，自必日延上席，則東人雖受暗虧，然水落石出，自問何顏以對厚東？其代東承理道首缺，千萬不可存僥倖苟就之心，不問己身才能勝任與否，即含糊從事，而允當斯缺，謬乎已極，【豈】不貽笑？上愧祖先，殊可羞致，無自容之地。是以知爲東串業不易者，不得濫邀寵用而承領執事一缺也。至於典務，生意最要者在於櫃上。諸公生意之大小、平安與爭端，皆由此起，乃一大關鍵者也。所來者，均是生意，大小不齊，人之大概，亦不可因小而暴怒欺凌。凡有大生意，其價不合，言談總要週道，生意經亦不能省，十分將就，不成毋怪也。仍有粗莽之輩，一言不合，暴怒橫加，兩不相讓，爭端而起，每有微末之事，至成訟案。在夥計只得解辭餘他事，而東人（陪）〔賠〕累官司，花費銀錢，此所謂以怨報（得）〔德〕也。可不慎哉？

執事者，須要擇其老誠（特）〔持〕重、磊落光明之輩，方可托寄重任。但此缺最繁，事無鉅細，皆所應管。倘他人之過失，即自己之失察，且是衆同人之表率，一動衆目昭彰，故有其身正不令而行之責。外面見之淡然無事，而心故有許多駕馭，且要立法嚴明。典內同人數十，稽察難週，況人心不一，性情各別，立法嚴明，衆所最服。即不敢作妄爲之非，免却許多煩惱，此所謂得人者昌也。

司樓，須擇老誠練達、見識有爲之人，因有收貨專司之責，乃衆學生之領袖，教化子弟，最關緊要。凡典中內缺，即此兩缺爲最大也。每日當下之衣件、皮貨大宗，均要檢閱值否，不可聽櫃上有情當。倘有不值者，該削本若干，亦須警其下次。各事亦要平穩，不可由自己喜怒而爲。捲包諸位，有不識之件，敬請教導，亦須盡心教授。衆學生皆要拘管，每日上樓巡察數次，恐學生有皮頑、偷懶等事。蓋學生年幼，童性未除，初經習學，生賴師資，所有做錯事件，明白告知，警其下次。若其不改，然後晚飯後無事，平氣仔細教導，將逐日事件一一示知，伊亦自知其過。再加薄責，亦無怨詞。俾得改過自新，不致仍蹈前轍也。

管首餙，亦要識得珠寶之真假，價值之若干。所當下之金銀首餙，須逐件過目，恐櫃友未曾看出，將假作真。且櫃外之匪徒甚多，仍有銀匠專做假貨來當。如一次看出，即關照通櫃，堤防下次。倘若看不出，而櫃友又不知，源源而來，收之不盡，直至滿貨之時看出，而假物業經收當，其延禍不淺矣。

掌頭，櫃外之大缺也，通櫃友之首領，息櫃外之爭端，干係頗重。其眼色之高，見識之廣，固不待言。他人有當不下之貨，須要請教該添幾何，須將生意就成爲是。或有棍徒尋釁滋擾，或口角爭端，須要照應，言語之間，或平和將就以了其事，免得小不忍而亂大謀。總要先顧大局，不可以存非我己事而不問之心，揔以（閣）[閤]典大局爲念，所以同人敬重我也。

同櫃諸友，第一要顧生意爲最，性氣仍要和平，不可揀精擇肥，大小皆是生意。況當典櫃台乃是非所在，不如外人之意者多，口角爭端，在所不免。當此口角，不可認以爲真，要知與外人不過片刻之聚，立時分散，何必用血氣之勇而不相能？即讓一句，亦就了事。言語平和些，亦可不爭。假有小錢不多者，其來人路遠，又何（方）[妨]揀些以成其事？此所謂得方便處行方便，亦獲福之一道也。假若不然，芥子之微，弄得不了，典中望下不去，必須經官，而後帶累東家花費銀錢，同事大衆不安。彼時却悔當初，已無及矣。慎之，慎之。

管錢，勤筆勉思，不可粗率。先記帳，後發錢，此乃要緊之法。再要知此錢乃東人請委看守，出入稽查，並非我之己錢。即自己之用，亦須量入爲出。若將眼界看大，奢華用去，如何縻補？東人一朝盤查，豈不敗露？即與生意大有關礙，不可不慎也。

凡副樓、副事二缺，大典有之，此乃中缺之類。幫扶照應各事，已若副樓。倘有許多事件，相幫照應，樓上尋包，曬皮貨，乃出貨許多事件。若副事則在內相幫，照應各事，看守銀錢賬房而已，無他事也。

凡寫當票，最要細心。雖然中缺，亦是所關非小。倘若粗心大意，將當票用出雙張，此乃累及東人大事，官事詞訟，害無底山。若將花色寫錯，口舌爭端，賠累銀錢，自己固不待言，仍累經手，豈可忍乎哉？

捲包，先要查點件數，次看貨色，值與不值。恐有不值，不可粗率造次，須要請問管樓先生，貼本與否，與你無涉也。再要練眼色，是何名目，真假是何辦法。學出本事，預備上櫃之用，豈可終身捲包乎？至於皮貨，有布包，內須襯紙，怕走風蟲蛀。取時若有蟲蛀傷，非但賠錢，口舌不免。即便此貨滿下，衣客看價不起，此即東人之虧折也。又有顏色，綢綾女衣，其滾條之處及領口，均要刮麵糊而成，領口總有頭油，當時不顯，每至霉天，即行發出。若不用紙隔好，（發）［髮］（班）［斑］盡現，取當之人，定不肯依，豈不又多口舌？而滿下亦看不起價，此亦東人之虧折也。或顏色衣裳，應用紙包者，亦不可省。若吝惜紙張小費，而風漬事大，每見顏色之衣，遇有風（班）［斑］，減價二三兩之數，豈非因小而失大乎？總之，視人物於己物。俗云："惜衣惜食，不但惜財兼惜福。"此之謂也。

學生初進典，第一要勤，不可懶惰。至於習學，無論何等事件，見人如何做法，我即效之。凡典中之事甚多，難以枚舉，盡要人教導，那有許多精神？總是見人所做，我效而成。只得留心用意，即爲好學之人矣。仍要見景生情，不可痴呆。見人所作，我即相幫，人心喜悅，自肯教導。仍要聽人教訓，不可回嘴強辨，冷人之心。他不教我，而我學無成也。晚飯後無事，用心先學草字，學得能寫，將來缺升寫帳，我之膽即不怯也。日間有暇之時，要學捲包，先學單件捲起，漸漸加增，此皆分內應効之事，做一行即要學一行。總之，學得本領，件件皆能，此即是生意人之飯碗也。晚間暇時，再將算盤請前輩指教，須要自己用心。算盤乃人之根本，此斷不可不操練精熟也。算盤、草字皆熟，然後習正字，再有往來書札，亦要學在心上，用字亦要週詳。將來書信來往，總要自己而寫，何能轉托他人？況字乃人之外表，總要有規矩。

飛舞猖狂，不成字體。旁人見之，口雖不言，而心中有議論也。當鋪夥計，稱爲呆物，言談世務，分毫末有，所以改業而不行。每見把持不堅之輩，一朝失業，閑居困守，別樣生意又不能做，本業又難覓，縮頭狼狽，呼救無門，皆前不肯學所至也。必須將本業各件習學理熟，能上櫃做生意，方算學成。若半瓶醋之中班，一朝歇手，苦不堪言矣。

厨房上竈，殺生害命，頗不忍心。雖然既充此事，不能無此爲，亦當思其疼楚。雖是天生供人所食之，而痛楚與人無異，心存慈念，各思其道也。但此非富戶家可比，若無故殺生者，其不多害性命。倘有事不殺生者，斷不行也，亦不過戒其少殺而已矣。

凡下竈，須要敬重五穀，不可遭遇。要知農爲國本，食乃民生，粒米皆須愛惜。有剩下粥飯，或和於衆喫，或自己熱食。爾能敬惜，天必祐之。每見挑漿水者，將上面清水煎去，其底盡是粥飯，上天垂鑒，必然震（恕）[怒]。但爾只圖目前多賣幾文，全不顧無窮之孽，天之報施，定然餓死。可不畏歟？

打更司務，日間睡以中飯爲度，即行起來，協同打雜做事，不能置身事外。夜間照應門戶，各房燈火，細心吹滅。收更要遲，打盹、睡覺最忌也。

典規擇要 凡創典業，自必精明練達，毋待贅言。今因暇座無聊，鄙言粗陋，略舉一端，以備採擇。

一、典印騎縫，内刻篆字，其旁花紋内，須刻"只印當票，不作別用"，此八個字斷不可少。須知此印長存櫃内，而衆同人良莠不齊，須（仿）[防]其作他處之用。倘若滋生事端，害非輕淺。

一、刷出之當票，或存厨内，或用箱成，須要關鎖。已印過之當票，須收管事先生房内，或存首餙房内，須要可靠之人經管。每日出若干，收回若干，均要記數，一張不能少，此亦關乎大事也。

一、燈籠除除夕之外，一概不准上樓，此干係甚重，不可不察。如有要緊事件及霉天暴雨，堤防屋漏。夜間點燈籠，上樓照看，均要正樓一同照察，不可圖安樂而不問。倘有錯誤，害無底矣。

一、典中大門，宜晚飯九點鐘即行上鎖。櫃友如洗澡，或與友人談心，須與看門者說知，以便守門慢鎖。倘不說知，又不早回，鎖在門外，須要追究耳！

一、典中諸同人，無事不得出門閑蕩，以荒正事。倘有朋友議論他事，典中現有客座，可談可曲。倘竟不然，亦須在管事處申明。

一、典中不準吸烏烟，察出，立辭不貸。或在外面，亦然。

一、諸同事不准在本典當衣物件，察出，立辭。

一、每逢出貨，其已滿之貨，須原包下樓。不准在樓上私自折看，將自己衣件挑換等情，察出，立辭。

一、典中賭具不准進門，雖正月初間，亦不准賭錢。

一、每逢佳節，每桌酒四斤，不准多添。因酒能亂性，亦能壯肚膽，不可飲多。

一、諸同人毋許在外遊蕩，不准花柳。如其察出，即行辭解。凡典中弊端，難以舉枚，總（只）[之]，事在人爲。若有弊端，寔是有心之錯，彼此通同者，均皆辭解。

一、諸同人恐有濟促，又值家中大事需用者，可與執事商量，暫借濟用，陸續歸還，均無不可。若有私自挪用，無人過付，即爲之虧空也。

一、學生不准出門，如家中有要事，須告明管樓先生，告假半日或一日，須着司務送去，伊家中着人送來，不得私自單走。

一、學生或有小恙，該與（珍）[診]視，亦須與司務同去同來，不得逗遛他事。

一、學生每月出息若干，交與管樓先生記賬收管。該要添置衣履，亦當告知管樓先生，應辦者在辦，不急需者，不得亂用。

一、諸同人每年告假兩個月，回家看視，不得逾限之外。

一、櫃友不得狥情信當，若經估不值，應削本，多寡無辭。

一、樓上衣貨，不得私自借穿，察出，立辭。

一、應出已滿之貨，不得照貫消提，聽衣客憑價估值，不得嫌多還少，與衣客口角相争，殊非正人之道也。

一、典號不得與人借用，倘同人與外人往來，銀錢票據，不得私用典號。一經察出，追悔無辭。

一、諸同人以和爲貴，能讓一言，即可無事。況同鍋吃飯，亦有前緣，何能依自己之性情？想此如搭船一般，切莫認真。人生在世，無不散之筵席也。更祈思之，倘不兩下相讓，争端而起，破口揮拳，成何體統？追究其源，則均係兩人不是也。

一、諸同人皆要飲水思源，當初薦生意之時，何等情面！承朋友之情，極力保舉，方有今日。該如何報德之處，亦當銘感不忘，斷不可溫飽而忘其初。倘再有虧空犯典規之事，累及經手，丟工夫，賠銀錢說話，此皆稱所作所爲，於心何忍？即成狗堍不若也。顏面攸關，不可不察。慎之，慎之。

一、厨房厨子，作葷素菜，典中本有一定數目。每日每頓，該錢多少，必須管伙食者時時察看，不可聽其尋錢，終日草草了事。在櫃友尚可自買菜吃，在小管則不能，聽其老菜根，無油無鹽，啞口終生，無處告訴，全憑執事覺察是也。

典內竹枝詞 計拾四首

自出書房進典門，搬包查當代管盆；典中也有先生管，各樣條規要恪遵。
先生即是管樓人，指教嚴明最認真；莫要自輕常打罵，諸凡事情要留神。
號頭花色看分明，設有差訛過不輕；典中賠賞都有例，任他親戚不狥情。
匆忙時刻要留心，漏號尤宜仔細尋；打到對同俱看出，莫云遺漏却無憑。
代查失票有錢文，積少成多照股分；莫把銀錢看容易，還須半折半當葷。
收門以後有餘閒，縱有餘閒莫要頑；學算學書皆有益，勿教提筆向人難。
愛穿須要費多錢，粗布衣裳便可穿；試想銀錢容易否，恐錢用盡費用旋。
一事精通百事能，歲金漸漸可加增；果然勤謹無差錯，不待多年即可陞。
查當新陞到捲包，此時却比小管高；莫將舊伴輕看待，喝出呼來作小妖。
曉起堆包不可遲，開門又到捲包時；樓翁縱有包含量，過失還須自己知。
按月纔能起俸金，銀錢可見是難尋；除添衣服無多用，莫務浮華枉費心。
內缺全憑立品高，樓中貨物重絲毫；些須要小俱違例，縱會彌縫咎莫逃。
有已成方有幼年，陞提總想在人前；不拘內外俱爛熟，另眼相看勢必然。
諸公莫自誤聲名，有壞聲名人便輕；高不成來低不就，將來難以自爲情。

——[清]佚名：《典業須知》，清抄本

第三節　絲綢棉布業規約

清光緒三十年六月黟縣怡和堂等立集資合設瑞和布匹生理合同議墨

立合同議墨同鄉人怡和堂、順生和、萬瑞庭、倪錫章，緣我等意氣相投，誼慕管、鮑高風,集資經營,希冀陶朱致富,今在九江府西關外正街合設瑞和布疋生理,公議四皓同心,妥入各股資本,怡和堂入正本曹平二四紋伍伯兩正,順生和入正本曹平二四紋陸伯兩正,萬瑞庭入正本曹平二四紋伍伯兩正,倪錫章入正本曹平二四紋肆伯兩正,共計合成正本曹平二四紋貳仟兩正。自今之後,我等同仁毋得各懷己見,亦無閒言異説,必須竭力而辦。店規章程列左,永爲定議。每逢歲首,眼同清攏,獲利照本瓜分。如絀,照本公派。但願生意日升月恒,子孫世守基業,則我等大有厚望榮光焉。恐口無憑,立此合同議墨壹樣四張,各執壹張,永遠存據。

光緒三十年六月初八日,立合同議墨人怡和堂　押

　　　　　　　　　　順生和　押

　　　　　　　　　　萬瑞庭　押

　　　　　　　　　　倪錫章　押

公議規章列左:

一、議各股本銀,週年壹分官利。每逢歲首,分入各賬,聽憑拔用,不準年內預支。

一、議各股同仁,不準在本店移借懸拖。倘有此情,即由經手賠償,併無狥情。

一、議每年清攏,贏餘除二八提紅酬勞,諸夥辛俸公分,以勵衆志,餘利必須候至三年後捴結,以拾叁股折賬兩股,作爲堆金,壹股酬勞經手,永爲定章。餘利分入各股,任憑拔支。如若存店,週年作壹分弍厘行息,此例。

一、議公立執事人,以尊責成,所有夥工人等,無論親疎内外,任憑量材授職。不稱職者,聽便斥退,同股毋得異説。

以上四條,公同妥議,以期杜弊興利,各宜遵守。違者,即行斥退,毋得狥情。

——封越健主編:《中國社會科學院經濟研究所藏徽州文書類編·散件文書》第三冊,社會科學文獻出版社,2017年,第42頁

清代佚名徽商撰《布經》

配布總論

夫配布生業也,而有道焉。端坐正容,澄心靜念,按四時而取用,由學習

以精明。當知清晨精氣充足，謹防午後眼力昏迷。察坐處之明晦，知移步之改形。高者宜取，然不可苛求；低者宜棄，又不可過棄。審緩急之通變，度四時之權宜。八方之路道各殊，人類之機心難測。惟是歷久而廣見多聞，始能臨時而分門別類。心定神安，優劣自判。所謂泰山崩於前而目不瞬，淫聲聞於耳而心不移。勿狐疑而不決，勿自是而執迷。勿氣傲而心高，勿因惡而棄美。一號之内，陞者切宜看真，降者務須再覆。所忌者或靜或動，所防者或暗或明。上眼是，換眼非；今是，明日非；一己是，眾人非。是猶將之不謀而陣，兵之未練而戰，其取敗也必矣。辨明路道，認定紗線。毋使太過，毋致不及。本中庸之常道，驗目力之無差，神而明之，存乎其人也。至若識偏偶之布色，執而高談，何異管中之窺豹，井底中觀天。學者舉一隅不以三隅反，是以不復教矣。凡在師長，譬之大匠，能與人規矩，不能使人以巧，惟在自己心領神會耳。

看白布訣

凡看白布，先要看箴門密扎，花色光秀，紗線細緊爲上，尺實沉重爲次。經緯紗線，細要細勻，粗要粗勻。門面取其闊，尺稍取其長，上下邊道取其齊，灣兜稍頁不稀鬆。内外八面，子眼一樣細緊，方爲好布。若門面狹，尺稍短，紗線鬆樸一段粗者不取。又有紗線苗而太寡；又有箴齒上手密、下手稀者；有踪頭線壞而跳紗多者；有經緯細不勻，内粗外細者；有經緯黃白相兼，内黃外白者；經緯新陳黃白祺花者；有經緯黃白鰻鱺叚者；有紗出農忙時，粗毛而鬆樸者；有落箕霜黃花核而屑瘢者。臨刷時，或遇狂風烈日，麵漿未曾刷去，淋膠布有硬而毛糙者；或天氣陰濕，遇雨復收并浸，在浴船過夜，布有軟而樸劫者。以上低布，情弊不一，具中棄取，務須分別不爽也。古云："一箴二紗三（識）［織］手。"布好者，必要好（識）［織］手，好棉花，紡好紗，（識）［織］就收。買布疋者，必留心於斯耳！低布染深色，無任其粗樸鬆軟，必要取箴門緊扎者方可。若箴門單薄，或染深色如捫青之類，布必毛軟，無身分骨氣，不堪取也。

指明東路鐵錠、木椗訣

夫看東路鐵錠紗線，即葉榭、莊行、南橋是也，内有白净劫樸，上眼好看，下缸變而毛鬆。北路紗線即馬橋千步涇、陳家行是也，紗線略壯，箴門闊大，不入格眼,下缸變緊。紗線即阮巷何家橋、孫家橋是也,線紗秀而苗,篦門單而薄,易入格眼,取染深色,經石踹光,紗線即變曲矣。有一種鐵錠,漿紗不用刷帚,故紗線毛軟鬆,配號者亦當細辨之。其木椗布與看鐵錠布大同小異,無非取細緊光結爲主。

門庄買布要訣

入手先評輕重。 凡庄上看布,必以先評輕重,較之重則足實,輕則苗寡。

斜看經緯均勻。 經緯有粗細,燈下閱之,正看不真,斜看則明。

門面尺稍如式。 篦門尺稍長,紗線細結,可稱上號。

子眼細緊光明。 頂號興布,必如此式。

上下邊道齊整。 好織手方能左右投梭,一無參差。

方稱大號布魁。

指明布中一切條款

凡布內條款,必宜逐一明白,使學者知紗線好歉之根由,胸中了悟。如教書字法,先逐筆逐畫講明切究,然後合籠來論字體,必能精寫矣。其中或有遺漏,註未盡善者,候高明較正。

經:直者爲經。

緯:橫者爲緯。

篦:如箆樣,取緊密爲上,以紗線念砠爲滿篦,每砠五十根。

細:經緯紗俱要勻細光結爲上。

緊:緯紗織得足緊密。

勻:經緯紗樣平墊,無粗細爲勻。

硬:紗線結實、細緊爲硬,非漿濃刷糙爲硬。

軟:有刷得熟落而軟,有漿清而軟,有篦稀而軟,有紗線嬌毛而軟,須要辨要明,不可認誤。

重:經紗八兩,緯紗七兩,稱爲對經對緯,大約十四兩爲則。

闊:門面九寸七八分。

長:官尺二丈一二尺。

粗:紡時手中出紗粗。

夯:架子大,紗線粗,漿濃重,蠢。

樸：紡紗時，手中捻不緊則虛空，此如空心蘿蔔，或孩童學紡織紗，即刷得好布，無甚美。

稀：織時不肯上足緯紗，又或遇天氣高燥所至，較之鬆又不及多矣。

鬆：緯紗打不足，比稀少勝。

毛：紡紗時，手中出得不結，又未刷光，或遇天氣乍晴乍雨，刷時多收放所至。

扁：紡紗時不緊，一經刷得帚即扁也。

稀箆：緯紗，一段密，一段稀，經紗排得稀，子眼不圓，扁眼是也。

老箆：用之已久，箆齒歪斜。

新箆：布必毛軟，有似扛毛布有長眼。

軟箆：竹性不堅，故齒軟以進出不齊。

跛箆：緯紗上下手高低不平直。

長眼：緯紗打不上。

壞箆：用之已久，箆齒已壞損，出布逐段不光，且有破傷。

子眼：圓緊方爲好布，鬆爲次，長眼爲下。

羅眼：即方眼，又呼爲"葛布眼"。

結實：棉花彈得熟，紡紗全在兩指捻得緊，放出要匀，自然結實，刷遇天和更好。

光秀：天氣滋潤則刷得熟，毛頭去淨則光秀矣。

圓線：出紗，紡車多搖一轉則圓。

輕苗：紗線不緊，以至寡苗僥薄。

聚雜：經緯兩紗，粗細出于各手，或買紗經織。

刷糙：布才刷，遇狂風烈日聚乾，而扛帚未清。

刷樸：如今日天晴，打點刷布，紗已落漿，來朝忽天雨難刷，浸在浴船內。再待來日，紗線樸矣。

扛毛：新刷帚鋒芒太利，或扛又過甚，以至紗線毛軟，即笋殼毛也。

糙緊：紗將刷熟未乾，或遇烈日高燥，或遇狂風吹糙。然緯紗打得足，下缸必變好。

刷落：刷得熟也，必遇天色溫和滋潤，緩緩刷乾。

硬搶：刷得生，早收故也。

帶殼：未曾刷熟落，仍帶殼也。

濃漿：因用麵太多，刷不清凝滯，上看似足實，下缸稀鬆。

清漿：漿清即刷，紗帶軟，子眼清爽，紗線熟脫，刷得透也。

生漿：麵漿未熟。

刮漿：布織成尺許，用竹刀以原漿刮上，即用無多，布已反覺原密，必要認清。

漿紗：不用刷帚，故粗糙，毛鬆而弗光秀，其紗線看去帶呆。

柏漿：搖漿。

煮紗：以紗下鍋煮之，來日再漿。

春紗：春日和暖，紗線必好。若留到黃霉，漿必泛，紗線有變之意患。

熱紗：夏天，紗線必乾燥不潤。

秋紗：遇西風起麵朴，紗線必變光結。

寒紗：冬天，紗線毛糙者多，光結者少。

忙紗：初夏農忙，或織或歇，必至逐段逐樣，其紗線多毛糙。

補漿。

困漿：紗已落漿，連日陰雨，存浴船內不起，以至紗線毛軟帶臭。

油紗：織時用菜油塗篦，有黃跡，猪油白跡。

經不勻：經紗非一手紡，故有粗細。

緯不勻：緯紗非一手紡，故有粗細。

綜頭破：織時以緯投過經紗，上下不齊，故有跳紗空路。

蛤蟆腿：緯紗不條直，不勻净，或篦齒不齊。

頭子多：每紗式十五根為半砠，以上式十砠為上，此言經紗是也。

熱落漿：漿水未冷，即將紗放入浴船，以至毛軟。

三腳車：用木椗，一手紡出三根，故多鬆朴粗劣不堪。

起機，了機，停機，接機，暗機，裏外，跳紗，黃叚，碁花，緊襇，扇面，緊邊，寬邊，斷邊，破邊，寬丸，上下手，麵糊頭，大灣兜，小灣兜，鋸子邊，筒管脚，香袋鼻頭，草鞋耳朵。

字號看白布總論

凡開字號，接看白布，朋友全在，要取為人正直、一無私心，布內精微，無不詳細，方可交財重託。蓋看白布一人，乃字號之棟梁也，譬如朝中用人，有宰相重任之稱，運籌帷幄之中，決勝千里之外。不可誤用奸邪，以傷國本。所以看白布一業，原屬清高之事，自有重權。東家託此大任，配號毋得容情，稍存私意，該與則與，照號配布。行情漲，即多買；行情將落，則宜少收。蓋字號生意，賺錢折本都在漲落之間。其中，因時用事，為東家者，不知全在看布之人也。布有漲落，切不可將布配低。今有一等朋友，吃虧買來，欲補其買價，反將高號配低。字號賣壞招牌，斷出若輩。故必認得真，把得正，庶無憂矣。看白布比不得看光布，看光懷私，石工必說；看白懷私，庄客不私言，何也？看白布，本人原不要錢物，庄客及行家欲將布㮳收，私行餽送，其何敢言？看布人因其交際，應退者收之，并將每疋字號陞高打印，捻出其人手内。故不比看光布者，秉公棄取，方免石工人匪議。如此情弊，關係非輕。但朋友務須盡職，既此叨重俸，自當存心忠厚，何可貪想外財？負其託而誤其事也。

看白布總訣

凡看白布，必須認清路道，紗線或刷經，或漿紗，或鐵錠，或木梃，好者細緊光標，次者粗鬆胻樸。好者細中緊，緊中光，光中標緻，此乃至高上號；次者粗而鬆，鬆而胻，胻而樸，又帶毛，此乃至低之下號也。執此理以看白布，可立主意配號矣。夫刷紗之布，取光結，不取毛軟；取箃門緊（札）[扎]，不取稀鬆，此為刷紗認法。若漿紗布，取細緊，不能取光結，而其布好買，因内中並無木梃，概是鐵錠者多，看者可以放心。只要認明紗線，不必多疑。鐵錠紗線，取其緊，不可取鬆；取粗，不可取樸；取緊中光，不可取粗中胻。至於木梃紗，取細結而緊，取標緻而光。單配木梃紗線，不覺其低；若配鐵錠紗内，則木梃紗有不及矣。

認刷紗病處併木梃、鐵錠分解

凡細緊光棕之布，一半在紗線，一半在刷經之功。何謂刷經？將經紗用麵漿漿了，放在路上，二人扶着竹帚刷乾，然後上織，用緯紗織成，故此為刷經布也。刷時，天氣陰涼，其紗線自然細緊光標。否則，或赤日，或大風，綫紗易乾，必然鬆朴。若遇天雨連日，恐紗線浸壞，候天晴方可刷得。此經織成之布，紗線則變，胹洋毛軟，實為至低，並無好處。然有織手知其紗線不好，加意織緊，特來混賣。有等看白布者，不知内中緣由，只認得織緊，不認紗線刷壞，反作好布買之。豈知入目有似好布，下缸必變，發石踹來，轉成一片氈，不分經緯，此則臨刷時天雨（擔）[耽]擱布也。夫刷經布，内中有鐵錠紗，此種布極好，細緊光標為正路。紗線下缸不鬆，踹來紗線不變，吃得石頭起，愈踏愈好。因此，人人皆愛木梃紗。有一種脚車紗，一摇有三根紗，手内不能捻緊，其紗線軟不結，下缸必泛，比鐵錠不上，而其布反比鐵錠標緻。取木梃者，多買來配號，賣與人，反比鐵錠有利息，只算得賣時運耳。買者無復身分，看者宜辨明分晰於斯耳！

指明漿紗、水紗二布分解

漿紗布出在西路，不用刷，只掛在竹頭上，用手上漿捼乾，故有毛頭起，外面鬆，内裏緊。雖不能比刷經光亮服貼，然刷經者次，還有裏外面張，高低不一，而漿紗却無裏外，并無木椗紗雜其中。不過，織手差些，邊道不齊者多，但價目相巧，可以買得。至於水紗布，今出在南潯，原係出稀布地方。邇來新改小篾，此種布有人不識，錯認半東路布、木椗布買，看法全要取小篾，不宜取大篾，不要身分，重實染淺色，可以混做半東路買去。東、西二路布，俱見不得日色，而此種布反要曬得乾，則紗線緊結好看。若不曬，即毛軟，此正所謂水紗布也。

刷經布路道大略

莊行、葉榭、虹橋、停林週圍地方，此路布篾門紗線，各色俱全者多。倘有別路道布放在内，亦搭不上，看者不必多疑。張澤、松隱、旺裡潘、陶澤、楊家店、張家堰，此路布秀者多，可以配淺色最妙。惟洙涇布極難買，庄客惡極。東邊出刷經布，西邊出漿紗布，看者必要留心，不可大意。

以上各路道，俱是正路紗線，爲上等之布，織手好，刷得透，一機多則四五疋，故極細緊光標。二等路道，閔行、烏呢涇、青村港、周家衖、蔡家橋、頭橋、二橋，比各路布，亦算正路，可買，比莊家行不上。惟唐北路道雖多，却嫌粗些，不能配淺色。有貪賤者，多買此路布，而從上海起，左近地方，如石家港各鄉極多，不能細述。葉家行，要州三官堂，增孝亭秦家宅，下沙施家宅、趙家樓週圍地方，所出之布，大篾門、大架子者多，可以做深色。但此四處路道近年都行鑣市，或遇篾布行情高昂，亦有改小篾者，所嫌篾稀，切不可取也。此路織手刷不透，一機極少十疋，多則十餘疋，故不能刷到，以至粗糙。次路道，從新場起，各路内只木椗布多，不甚好，亦聽各人取法。凡次等字號買此種布，做淺色，若深色，（爲）〔唯〕恐紗線不結。

半東路大略布言

南翔白鶴江，青（蒲）〔浦〕紫地、蟠龍、徐涇、小淶、紀王廟、朱家角、泗涇、七寶、陳坊橋、辛庄左近地方等處布，原來京客路道，只嫌門面小，紗線高低不一，而價目恐其亦不正。鬼市只算水客生意，買者極混雜。目今各字號布店，水客亦在其地買矣。至西路而楓涇、平湖、吕巷、新倉、廣成、嘉善等處，此乃出漿紗綫路道布，以前東路、西路各處處有好布，處處有低布，亦聽各人，取法不一。但毛布、光布取法合而為一，惟白布取法各有不同也。

收門庄要訣

一防接機，二防麵糊頭，三防短布，四防破邊，五防笑機，六防壞箆。但(九)[久]看布庄者，全要口談。話路好，面皮須老；能用智，方可收買。忠厚呆板者，不能收也。如布上庄好，言語安定，鄉人一片和氣接待，拿布上手，先要撇脱。看得快，先爭上前者，必是興利之人，明要多半號，一號與他買成。否則，持布別賣，餘皆看樣走散。故必須見景生情，隨機應變，看内中有無能者，可以殺落半號或一號，以補前面布價。倘不能殺落，亦不可執一而行，蓋鄉人極惡，見人衆布多，越高聲亂叫。看布者立定主意，不可心慌手亂。若是興布，喝價要響，使人皆知庄上不惜重價收買好布。至於分發庄錢，還要認清其人，從頭發起。種種發清，刻防錯誤。

凡配字號布，眼精比不得收門庄手勢。要習其體格，疋疋認真，先取紗綫，不可自無主意。若事字號配布，扒中號者多，宜將號頭紗綫認清為主，箆門、紗綫俱好者丢，捫青略秀者丢，翠藍粗樸者丢，月白至低者退回。凡有退布，極要留心。倘去得不宜退，防有庄客復將退布拿來混配，不可大意，原要剔出退回，使庄客、鄉友極心服，然後庶不敢再來圖混也。

一、紗綫，布之根本也。若紗綫不好，其布斷無足取。

一、箆門，取緊不取稀。稀者，箆單之故也。

一、布要秀結，若秀而箆不緊，亦無用也。

一、配捫青、雙藍取法，全要箆門密、紗綫緊，結大架子為紗，然捫青、雙藍極嫌布者何也？其布必要下棧，霉去其細紗，然後方可發缸加染。又捫青必用綠礬吃透，故做深色必須紗綫緊。

一、配翠藍、京藍，全要取綫子細緊、架子重些。若扣單，亦不妨。

一、配月白、漂白雜色布，即鬆樸些，亦可配。至於買白布，再不能提清，必有高低上下不一。上號取做捫青、雙藍，中號取做京藍、翠藍，下號取做月白，再低者取漂白。此亦聽各號之路數，用起不能如一也。

看毛頭大略總要

凡開字號，所望者惟染坊，内可以取利無窮也。而其原全在於看布朋友隨機應變，不可執自己意見，妄聽人言。要看本家生意多寡，亦要看天色及缸水高低。如其布色仿佛，即當收下，切勿誤退。若究打缸加梢，亦該知原頭出水，此乃各人活變，不但東家生意好，而缸上亦極心服，庶幾相與有成。若執意定定不收，定定照樣，殊不知千缸千水，斷不能一樣，尤恐損壞本家生意。況缸上人蠢者多而好者少，見交不收，暗加一二梢，本家亦不知，乃者布人之故也。故在看布，豈無退之理？捴要退之有方，或遇缸水灰性輕重，或遇天色寒熱不均，有等至低病布，理該退還，宜將病處細細説與缸上人知，不可藏在腹内。倘色道通和可去，而看布者必欲頂真，則染坊傷本無疑，本家必歸罪於看布之人。所以，看毛頭取法，一要好靛，二要管缸人，三要看布識貨，不屈退。倘上將靛梢楊而缸水壞，必須看布朋友提調，方可管承此事。

青藍布看法

凡京藍，取其紫紅受踏者，收白邊毛灰澆紅者。退解曰取紫紅者，究且腳深之故也。踏即成功，就變紫，顏色愈看愈精神。其不可取寡紅者，何也？蓋寡紅腳子淺，缸上偷工之故，且又楊靛。但寡紅布孜時原好看，踏來必變寡紅顏色。倘此等，切不可收，一防缸水死傷灰眼。或有静灰性重，管缸人無手段，錯認缸水。倘有此等布出，即要盼咐掌作人問其緣故。若不究傷灰眼色，誤退打缸，而缸上人不知緣由拿來，必下酸缸，再加梢，愈梢愈不好，即變白皮色。不但靛本多用，日後發踏亦難，愈踏愈軟，子眼内不能發亮，此乃看傷灰布訣也。而復灰缸，救法必要用熱酒水泡糟下缸，一轉要停一二日，再梢方可無事。夫傷灰布因子眼内灰性吃緊，不能梢上眼色，宜用麩水酸出灰性來，方可加梢，但此雖好亦不好也。

一、防毛灰。蓋毛灰有四等：管缸人缸水拿不準，定有毛灰；或天陰久雨，其布浸在家，有毛灰；或天氣寒不均，缸水有變，亦有毛灰；看布人不識貨誤退，而缸上人拿去打缸多次，亦有毛灰。果係缸内有真毛灰出，必要熱水泡糟，取缸内眼色，不可大意。

一、防缸水失灰。染來眼色，名曰"蝦紅"，雖看極鮮明，然有此等布出，應即與掌作人言。急救缸水，必要下灰漿，取出眼色，再下糟緩緩養成，方可無事。若不言，缸水死而無救矣。

一、防有花布。或有脚灰性重輕，或有新缸不潔净，或有久雨浸在家，總總必有花布，應與掌作人言爲要。

一、防花邊布。此乃拉邊者不拍開，以至有花邊，應與拉邊者言之。

凡看雙藍，取其沉重紅鮮艷明亮收，毛邊不妨，白邊花搭身輕脚重者退，藍頭鑫，即起花答。

凡看京藍，取其平正紅艷者收，花答毛灰者退。

凡看紅掤，取其紫寔紅艷活泛者收，花答黑僥者退。

凡看黑掤，必須其烏黑活泛，其紗線內礬要擺得清爽，取在手內，似覺和軟者，收。礬擺不清，即子眼內糊塗而石工踏米不發亮，皆係作內之人省力故也。若遇此者，退。

看翠藍、月白秘言

凡看寶藍，取其平直清翠者收，灰癟、青塊、掃帚、花白、點風者退。脚重起白細點，此係缸內枯脚多也，糟殼粘布上亦如此，只是帶油紗故耳。解曰：淺色極難做，不比青藍顏色，只要缸水拿得穩，却無難事。惟淺色全仗天色晴朗，上好缸水，亦要管缸人手叚高爲妙，其毫不能省力偸工。倘有一件手脚不到處，其布必做壞難救。但青藍布染壞，可以加深，惟淺色布只要取明翠鮮艷，不能加缸。若要染深，其色不艷，不但靛本多用，而布且無賣手。今有朋友不知內中緣故，只言顏色不艷，與缸人言，豈知罪不可專責之，缸上人亦要漂裹工夫，不在乎顏色深淺。自灰碱起，至水缸上，毫不能省力欠工。灰頭要瀉清，無灰癟，甑上要蒸得透，無由紗甑，頭上不可露出。布無氣水癟，碱漂得透，無水癟。批漿批得透，無柳條癟。脚缸灰重，必用潤，癟缸失灰，必有青癟。月白起得早，如田鷄癟。大凡各樣顏色，手脚俱到，而顏色必然鮮明。若顏色自己入得眼，而客可無嫌比也。目下開字號，只盼咐看顏色要好，而漂頭一事，却不提起。不知漂頭不看，而缸上人再不堅心，必欠工夫，出布顏色不鮮，以漂頭爲推托，故此必要看漂頭，使缸上人不能偸工而無辭也。若漂頭有灰碱癟漂不到，退去再漂，毫無錯誤。不看漂頭，染來有癟點，其布無救矣。捣之，淺翠加京藍，其癟點必須在，皆因在漂裏之病也。

看法條列

一、漂頭白，全要取結白，細看去，射入眼目，惟常帶隱綠頭起，不要癟跡,白净爲主。至於黃白,乃出水不清,不可取也。鹼重則碎布,灰輕不發,硬蒸不透,起油紗,皆因作內人省力之故也。或有灰癍,其癍必有昏色不明亮;或有鹼癍,其癍必黃色;或有水癍,必黑潤色,俱要退去再漂爲妙。有癍點,正看不能看出,必要將身斜方看得出。看漂頭不忽略,缸上人自然經心也。

一、取明翠,切不可取暗翠,而明翠缸上人不能偷,上脚子宜淺不宜深,缸上養得飽滿,顏色要一下成功,自然明翠鮮豔,一無嫌比。至若暗翠,乃至低顏色,或有灰鹼用得少,漂不白;或有缸上人欠工;或脚子太做深,以至染坊出黑暗,顏色不能明亮翠色。夫京藍色道,照前取法,只要出水加深,自然紅艷。若脚子深,出水淺,必然昏暗黑色也。

一、月白要取亮裏翠色,細看射入眼目,踹來自然明亮,不可取寡白色及暗藍色。凡月白不在乎顏色深,全要缸上人手段。各色布退玄可以打缸,惟月白不能加缸也。若打缸,其顏色必深,不明亮。至於不打缸下水,擺退必有白觔起,全要一下成功爲妙。然有一等黃紗,做月白者極不好看,此必自己心照,不可屈退。

一、淺色翠藍,色比月白多一梢,亦要一下成功。若退玄打缸,而顏色亦昏也,取法如前。

染坊總訣

凡染各樣顏色布疋,以及各項,捴列於左:

每法缸,用人五個。淺色,每人一日約做五十疋;捫疋,約梢三十疋;飯食,每人一日約四分;作場,每發三兩;用糟,約每擔四錢之數,一百觔約裝四埕;用糠,約每擔五六分之間;用石灰,約每百觔合九兌銀一錢五分;用鹼,有幾號:馬台鹼,力大者,每一作布五百,約用式千觔,應州鹼,馬槽式,每塊六七千觔;草子每作用四十觔,石灰每作用式十五觔;用靛,五六十觔爲則;溫州及蘭溪靛用小簍,峒山靛用大簍,輕重不均,建寧靛及江西靛用桶,鄉靛用船裝,洋靛用籮,除皮水八觔。

十八:加長京青,染價每疋八分,匠工每疋四厘,扒脚四,爽約共好缸水十梢,其缸水每梢合染銀五厘,脚水每梢二厘,其染銀合元絲九三兌,靛銀元絲八八兌。

十三:加長雙藍,染價六分四厘,匠工三厘半,扒脚三,爽約八梢。

十八：九寸京藍，染價八分五厘，匠工四厘，扒脚三，爽約八梢。
十五：九寸雙藍，染價七分，匠工四厘，扒脚四，爽約八梢。
十七：斜套雙藍，染價五分二厘，匠工三厘，扒脚三，爽約八梢。
十七：扣京青，染價五分四厘，作工三厘，扒脚四，爽約八梢。
十五：扣雙藍，染價三分六厘，作工二厘，扒脚三，爽約六梢。
十二：扣京藍，染價三分，作工一厘八毫，不用扒脚。
十五：九寸寶藍，價二分四厘，作工二厘半，二爽二鮮，做缸四疋。
斜紋袍，寶藍同。
扣寶藍，染價一分六厘，作工一厘七毫，兩爽兩鮮，做缸六疋。
六：扣月白，染價一分，作工一厘二毫，爽，下河。
五：飛月白，染價八厘，作工八毫，一爽，下河。

以上作賬，把大松雙合折，每疋約用好靛斤半以上，淺色合扐扣寶，作賬，每約用好靛十兩。

染各樣雜色每百疋該用顏料數目

京紅：南棓八斤、蘇木六十斤、白礬三斤、廣灰半斤。
棕色：川棓七斤、蘇木十八斤、白礬三斤、青礬四兩、廣灰半斤。
紫檀：川棓七斤、蘇木十八斤、白礬三斤、青礬四兩、廣灰半斤。
醬色：川棓七斤、蘇木十八斤、白礬三斤、青礬三斤半、廣灰半斤。
鐵色：川棓七斤、蘇木十八斤、白礬三斤、青礬四斤半、廣灰半斤。
秋色：川棓三斤、蘇木三斤、白礬八斤、青礬式斤半、廣灰半斤。
沉香：川棓四斤、槐米卅三斤、白礬八斤、青礬五斤、廣灰半斤。
水綠：月白脚地，黃柏廿五斤。
中明：川棓四斤、槐米卅斤、白礬八斤、青礬式斤、廣灰半斤。
豆綠：深寶藍脚地，槐米廿五斤、白礬七斤、廣灰半斤。
圓眼：川棓三斤、槐米廿五斤、白礬八斤、青礬式斤、廣灰半斤。
柳綠：深月白地，槐米廿五斤、白礬七斤、廣灰半斤。
茶葉綠：川棓三斤、槐米卅斤、白礬八斤、青礬三斤、廣灰缸汁。
墨綠：真青脚地，槐米廿五斤、川棓四斤、白礬五斤、青礬四斤。
官綠：寶石藍脚地，槐米廿五斤、白礬七斤、廣灰。
油綠：翠藍脚地，槐米卅斤、白礬八斤、青礬五斤、廣灰。

瓜緑：緑月白脚地，槐米廿五斤、白礬。
京緑：雙藍脚地，槐米卅斤、川榕三斤、白礬十弍斤。
明緑：月白脚地，槐米廿五斤、川榕三斤、白礬三斤、廣灰。
竹緑：深月白脚地，黄柏廿五斤。
鵝黄：黄柏十五斤。
金黄：蘆米卅斤、白礬七斤、廣灰水。
密黄：槐米廿五斤、白礬六斤。
杏黄：姜黄九斤、蘇木四斤、白礬五斤。
明黄：姜黄十斤。
牛羖：川榕八斤、青礬九斤。
鼠毛：象斗三斤、青礬六斤。
古銅：川榕五斤、蘆米四斤、槐米三斤、青礬三斤、廣灰。
蕃黄：槐米廿斤、白礬五斤。
砳墨：川榕四斤、青礬五斤。
鴨緑。
血牙：蘆米三斤、蘇木一斤。
松花：黄柏廿五斤、槐米十五斤、缸汁。
秧色：黄柏廿斤、缸汁。
栗殼：象斗弍十斤、青礬三斤、廣灰。
鷹背：川榕壹斤十弍兩、青礬弍斤四兩。
羊羖：川榕壹斤半、青礬弍斤。
檀香：黄柏六斤、斛皮八斤。
青蓮：淺月白脚地，蘇木八斤、青礬五斤。
殼色：斛皮八斤。
駝羖：川榕四斤、青礬弍斤、斛皮八斤、廣灰。
藕合：魚肚白脚地，蘇木八斤、白礬五斤。
荷花：黄柏十五斤。
荔枝：川榕七斤、蘇木廿斤、白礬三斤、青礬三斤半。
沙石：蘇木八斤、黄柏六斤、蘆花、象斗八斤、青礬弍斤。
野花：魚肚白脚地，蘇木六斤、白礬五斤。
玫瑰紫：蘇木卅斤、白礬四斤、稻柴灰水。

燕尾青：寶石藍脚地，蘇木九斤、白礬五斤。

阡張灰：川棓一斤四兩、青礬一斤。

真硃墨：好墨卅錠、硯硃半斤。

東方亮：淺色，缸汁參水做。

魚肚白：缸水汁參水做。

蒲桃青：深翠藍脚地，蘇木九斤、白礬五斤。

蝦子色：魚肚白脚地，蘇木五斤、白礬六斤。

海棠紅：川紅花五斤、烏梅十弍斤、生炭灰一斗五升。

大紅：川紅花弍伯斤、姜黄十兩、烏梅十五斤、生炭灰七斗，四工。

雙紅：川紅花壹伯斤、姜黄八兩、烏梅十五斤、生炭灰五斗，四工。

桃紅：川紅花壹伯斤、姜黄五兩、烏梅十五斤、生炭灰四斗，四工。

銀紅：川紅花廿五斤、烏梅十弍斤、生炭灰弍斗。

水紅：川紅花廿斤、烏梅九斤、生炭灰五升。

亮紅：川紅花十五斤、烏梅六斤、生炭灰一斗。

膠青：京膠五斤。

黑捫：川棓五斤、青礬七斤、蘆木四斤、槐米四斤、梅皮卅斤、麻油四兩。

紅捫：川棓四斤半、青礬六斤、蘆木弍斤、槐米三斤、梅皮八斤、麻油一兩五錢。

茄花：川棓弍斤、青礬一斤半。

紫花：冬笋泥拾五斤。

秋瑰：黄柏拾五斤、缸汁。

米色：斛皮八斤、象斗三斤。

芻漂東路：廣灰四斤、明碱五斤。

芻漂西路：廣灰四斤半、明碱六斤。

芻漂平湖：廣灰五斤、明碱七斤。

漂白東路：廣灰六斤、明碱六斤。

漂白西路：廣灰七斤、明碱七斤。

漂白平湖：廣灰七斤、明碱八斤。

裝閃花，每套五厘笋，五色裝花七十五，血牙、魚白、松花、銀紅，以上五色者好。五色閃花六，京紅、官緑、月白、金黄、銀紅，以上五色者好。

門市染標扣顏色染價每疋照碼六折字號染價大約依此碼五折

黑光捫，一錢五分；光油綠，七分；光紫檀，六分；光鷹背，五分；
光青捫，一錢五分五厘；光京紅，六分；光秋香，六分；光雙藍，一分；
光青蓮，參紅花一錢七分，參水紅七分；光京青，一錢五分；光中明，六分；
光水紅，八分；光紅捫，一錢式分；光蒲藍，八分；光天藍，七分；
光翠藍，六分；光赤藍，七分；加踹捫，四分；光京藍，八分；
光海藍，八分；光寶藍，六分；光湖藍，七分；光京綠，五分式厘；
漂蒲藍，八分；光月白，五分；光海青，九分；光魚白，四分五厘；
光墨青，五分；光棕色，六分；光月藍，五分五厘；光金黃，五分；
加毛捫，二分；藍印花，六分；漂毛羢，二分；光蒲青，一錢五分；
光官綠，五分五厘；光軟藍，七分；光古銅，六分；大海青，六分；
光京綠，六分；光羊羢，四分；光銀紅，九分；光石青，七分；
光鼠毛，四分；光佛青，六分五厘；光松花，六分；漂寶藍，四分；
光醬色，六分；光血牙，六分；光駝羢，三分；光沉香，六分；
光鵝黃，五厘；毛漂白，二分；漂翠藍，四分；光漂白，四分；
紅印花，六分；漂月白，三分；石青花，一錢；大青印花，一錢四分；
沉香色，四分；駝羢，五分；桃紅，六錢七分；銀紅，七分；
木紅，四分；蕃黃，四分；真青，一錢九分；雙藍，八分；
翠藍，三分五厘；寶藍，三錢五分半；大紅，三錢；水紅，六分；
油綠，四分；月藍，二分；棕色，四分；明黃，三分；
魚白，二分；石青，八分；印白，六分；蒲藍，六分；
官綠，四分；淺翠，三分五厘；芻漂，乙分；蔥白，三分；
雙紅，二錢二分；月白，二分；光紅，一錢二分。

江西出靛道路地名

贛州府贛縣。好次不一。東關河內：安遠，上好；長（陵）[寧]，次；會昌，好次不一；信豐，好粗次不一，細不勻；（鄂）[雩]都，好次不一；龍南，好次不一；瑞金。次。西關河內：上猶，好次不一；崇義，好次不一；盡山，好次不一；桂東，上好；古亭。好次不一。（韋）[袁]州：萬載縣，好；盧溪。好次不一。吉安府：次粗藍寡，灰重上下；萬陽山，頂粗，灰重；龍泉，俱粗，不能算好，因靛紫寶，仍有可取；官白，好次不一；水小，好次不一；永新，灰重藍寡；安福，次多好少；寧州。好者甚少。贛州:高樓,土藍上好;新昌,好亦不多,可用。其贛州西關河內,處處有低山,故兼有田藍,答打下地,所以差些;東關河俱是山藍。

各樣顏色道路地名

蘇木:第一好出柴山,第二好出吕宋,第三好出羊脚骨,第四好出暹羅。

槐米:第一好出瑞州,陳者爲佳。

黄柏:第一好出四川,又名"燻柏"。

紅花:第一好出温州;第二好出河南,結子花出於金村者好;第三好出河南;第四好出湖廣青山;第五好【出】陝西;第六好出四川;第七好【出】山東,最次。

青礬:山東者好,河南者次,其礬顏色要老黄,要明亮者,要青色者,軟粒頭者要大者好。

鹼:要買糧船上帶來的鹼,是開河出者,名"造子鹼",其價賤時,平秤只合三錢五六七分一擔。此鹼要化開做水,鹼四十斤可化一擔。方塊頭者好,次之圓者,蘆席簍者不好。

梧子:名出於四川,卤頭厚,顏色要紅活,陳者爲佳。南邊亦有梧子,所謂"南梧"也,染雜色用之。

梅皮:出於温州,卤頭厚者好,薄者不好,顏色紫實。

各路靛

洋桶靛,福建桶靛,江西桶靛小簍子,贛州桶靛,六合靛,湖廣桶靛小桶子,蘭溪簍靛,嘉定青浦鄉靛,南京靛,梅裡太湖鄉靛,臺灣靛,温州靛,桐山靛。

看光布總論

凡開字號,接看白光布朋友極難。蓋看光布一事,原不是勉强做的。如朋友手段高强,必然重俸。若不重則不能遂朋友之心,若既重俸而朋友實無手段,徒負虛名,又何以隨東家之意?自古道爲君、爲臣不易,此事亦然。故爲東家者,必要知其根由,察甚歷練。眼力、手段果高妙,必須重俸金,方爲美局。但看光布之位,名曰"五逆生意"。凡石工小人,反覆不常,或見布究上,(鬼)[詭]計百出,或行停工,或私送禮物,破其生意,或倩人暗裏讒言。在東家宜諒朋友所行,究其明白,重責倡首之人,其字號自然日盛矣。蓋朋友只爲東家代天行事,若東家疑貳,爲朋友者豈能盡心竭力耶?當知看布朋友愛者少而怨者多,故爲是非衙門、五逆生意也。

看光布秘言

凡看光布,比不得看毛頭布。蓋毛頭布或有屈退,缸上人不致多言。看光者則不然,凡屬踹布人,原是不知道理一班粗蠢之人,接待不可太剛,亦不可太柔,應答間剛柔相濟,必使不(恕)[怒]而威,不言而信。拿布上手,必須自立意,一要櫈子好,二要石頭好,三要踹手好。其中,參以權宜,用通變之道,好者即收,次者可囑加上,低者退回。賞罰必明,自然心服。倘石工有人言語,惟以看認爲主,不可貪圖小利,則聲名永遠而生意日新月盛矣。

凡看光布,要春、夏、秋、冬四季水頭,此乃前人之要訣。其中或有取重水,或取對水,或取鬆水,此三者聽人取法也。重水全要取,究其毛櫈加工之布。今有初習朋友,取重水,却不知水頭,只究發亮。不知布要發亮極易,只須削踹法便是,此乃正屬大病,必致發霉。若要取重水而不究毛櫈加上出光,則縐破者多。又不究緊脚頭,而重水布則變死水布矣,此乃看重水之弊病也。夫上好布取重水布却難成功,倘水頭拿不穩,則防霉點、防縐破、防石工,將鬼布混投,故取重水布難踹亦難看,不得不穩。認真好踹手,一日只踹八疋。若踹手低者,要防他起不良之心,有鬼布放在內,或用鹼水配上,或用米湯水配上,或做死水布在內,或用豆腐水配上,或做鹽水配上,捴捴小人見識,看布者必當時時留心。

一、看重水,全要用手裏工夫,取寶色,究紗線,發亮如日出青天,毫無昏色,愈看愈精神,其布筭爲上等,而可無發霉之慮。若重水無功,拿上手必沉重,細看猶如陰天一般,外面光,內裏黑,必上霉無疑。要知看重水別無他道,只取白亮,乃無窮之妙也。

一、取對水,乃公私兩利之說,亦要拿得穩。既認對水,不可又取重水,以致石工人不服。但踹對水不比踹重水,好踹手一日踹十式疋,雖比重水布不上,而各樣鬼不能放在其內,故看布亦省力,可以放心看去。

一、取鬆水布,乃初學朋友及老年人,水頭拿不穩,眼目不明亮,恐有發霉縐破之憂,故不敢取重水及對水也。蓋鬆水布極易看,然不分高低上下,此爲混場看法,再無賣手。凡看布,正、二、三月,必要究水頭,踹得乾。至於四、五、六、七月,亦要究水頭,踹得乾。但大熱炎天,人心一樣,看布者亦宜體諒，只宜取對水，不取重水。至八、九、十月，稍有西風起，水頭重些，不妨可以究工矣。十一、十二月，天寒冰凍，其紗線必脆，恐縐破者多，水頭不可太重。蓋冷天水頭踹來必硬，取對水可去得矣。但看光布有等，青藍變爲黑漆，色不紅紫；翠變深暗，色不翠艷；月白變爲黃銅，色不鮮明，此爲死削踹認法。有一等油紗布，不可誤認爲鬆水布，蓋鬆水布毛頭必起水光，其顏色一樣，此爲鬆水認法也。至若油紗布，必起白毛，而且軟手指擦其內，中有亮毛起，此爲油紗布也。此二等必要分辨明白。又有一等粗紗布，不可誤認爲死水布，踹來難得發亮如死水布，相反之間，拿上手雖沉重，細看還有正色，而紗線必重，不可誤認死水布□□□□□□□□□缸上人染壞，踹來其形正像鬆水無功，此等不可誤退却，與踹布人無涉，愈踹愈不好，後來必變黑。語云："踹布之人不要愁，去了中間踹兩頭。"一要究正面張，二要究小面張，三要究枕頭，然正面張在前三把上，小面張在後五把上，此爲正面八把踹法。有枕頭者，而面張必走，故不許用枕頭也。

一、踹光布，縐破者多，何也？此有二說：一要看布究其毛椿加上，二要踹布手段高，三要椿子好，月月要修。踹破一事，概出自低手，而看布者不知（綠）[緣]由。凡有破布，必寫賬與色頭扣算，故低踹手月月破布，恐其扣除必透支工銀，連累好踹手無銀支，以至好踹手去而低踹手在，則破者皆從此而不免。凡看字號者，亦宜體諒，或有活縐破可以去得，亦當收。如有破碎甚者，或罰二三分一定，則色頭省力，石工不致透支，而低踹手自然去，而高踹手來，破布之病永無矣。

一、看光布，縐破（名）[各]件，亦有各樣分辨，或有鷄毛縐、灣邊縐、蟹殼縐，有死縐，有活縐，捴捴不一。鷄毛縐因毛椿欠工，乃踹布者上划床怯，力未崩得開也。又有白布緊襬，致成抽斤縐，故有二說。若灣邊縐，要好踹手則無此病，遇低踹手，不識踹必有縐。蟹殼縐者，乃小號布，紗線鬆而箆單，踹手不知用重水配上，故爾有縐。死縐看得出，若修必破，宜與他說明重罰。活縐則吩咐修好，如明縐而破者，則不取矣。

一、看捫青，取法不比看水頭，蓋捫青全要曬得乾。若取硬者，可微配紫些。水放濕地上，布則硬，究其毛椿，內踹出光，必要擦皮，把把套出，自然油亮。若取軟，只曬乾，不配水，照前踹法，倘有黑毛起，則是毛頭不乾。但水頭不可用擦皮，惟捫青全要擦皮，又起油亮，又無縐碱之患也。凡看重水捫青，須取子眼結殼，脚頭相對面張，前後俱要究其通稍一樣者收。

一、油亮挷青,細看子眼結殼,而反面又明,通稍白毛如環脚,即油布也,一夜如重水皮覆。

一、看碱水,挷青亮如青石,細看反面,白毛根根筆直,即鹽水布也,必要罰石工。

一、看時要訣,主意拿穩,不必多言,不可生火,惟以眼光射在布子眼內,好即收,次則帶,不好即退。萬物狐疑,凡石工進來,叫他毋許囉唕,只好言慰騙之。

一、看各色秘訣,捴要子眼亮而邊道清也。

一、看黑挷,重水不拘,惟以結亮爲上,毛昏者退。

一、看紅挷,要取鬆水明亮者收,黑色者退。

一、看寶藍、月白,惟發曠如菱殼響是也。

一、看雙藍,惟對水爲上,所忌重水,恐其霉也。

各樣退法

齒牙不亮,邊道不清,或鬆重水陰邊,面張不套,紗線不分,短皮及面張脫節,短皮半把子補水,無功退布,短皮不收。長毛成片,一處亮,一處不亮,長短皮、蠟未踹化等件,俱要退。又要匝水,或鬆重水等,或邊水紅黑挷,須丕深灰鬆,顏色艷而兼好踹。

寶藍、翠藍、月白,俱要灰鬆,兼要漂得好,即起亮發曠。

短皮須不及面張,亦要平正,寧收無上者,莫收退不修,如此則鬼布稍少矣。

凡布生霉,乃補水之故也。

挷青補水,亮處如黑色芝麻,大點子是也。雙藍霉,或丕不乾,亦要霉,死水、重水俱霉,故此等顏色爲最。

看光布歌訣

凡看光布秘訣,須看水頭輕重,其中奧妙要辨清,切莫狐疑不定。鬆水毛而軟,重水暗無光。踹乾水頭兩相當,自然毫光發亮,外光內毛,休取毛裏放光,可收水頭,須按時月,霉渗天氣,取乾三、四、五、八數間,非比尋常觀看。解曰:凡看各樣水頭,必須取其脚頭相對、面張熟亮,前三把全究脚頭加工,後四把取其平整、雲頭稍頁,切莫收斷節。陰邊麻不收,黑色即重水,暗而無究,過夜必泛,此乃死水布也。重水帶亮者,相其子眼發亮、外有白毛,即重水踹,泛看天色可收。若起寶色,即真重水踹乾也。又雜色、桃紅、銀紅等,三、四、五、八數月,只宜取對水多,究脚頭工程,究補水,免其霉點。鹽水布亮如明鏡,而反面白毛根根盤緊,必要寫賬重罰。

又歌訣曰

光布如鏡不染塵,只要水【爽】認得真。鬆水無工亦自亮,子眼黑【手】不分明。重水須知明如鏡,細看反面分烏雲。

石工踹布法

凡石工踹布,或有背地踹,或有抽套踹,或有削提踹,或有擦皮踹,或有擦紙踹。蓋背踹因有灣邊縐者不能踹,只得用背踹法。但背踹法極難,新學手不敢背踹,故縐破者抽套踹乃正踹法,踹得透,必有寶色。提削踹法乃偷工踹也,容易發亮,重水不能踹乾,則外面亮、內裏黑,又縐破者多,不可取也。用擦皮、擦紙踹者,因人不識貨,故將此法欺之,并害他生意,其布必然上霉也。

看手、踹手及橃子、石頭四事捴訣

凡看光藍布者,年少初學不敢看,老來眼力昏迷亦不敢看。踹布人年少不敢踹,老來無力又不敢踹。橃子軟者用不得,恐其軟,老者又用不得,恐破碎,故要取不老不嫩。又新橃子其性未定,踹來布不明亮;舊橃子又必有空隙,故要取半新半舊者方可用。石頭新者,不能踹光布,只好踹半踹而已,恐石粉落布上。又防縐破,要踹過半年方可。踹光布,舊石頭踹來,布必軟,且無寶色,亦要取半新半舊方可用也。

五逆生意

自古以來,士、農、工、商,各屬一業。布生意,惟有白布生意清高,自宜習學。至看光布一事,俸金雖重,乃是非衙門,却好亦不好也。既叨重任,不得不認真究工。豈知招怨石工,貨不能出,而東家不悅。稍爲寬容,布又不好,東家又不悅,此乃至難之事。蓋石工原不知禮義,究工太甚,(鬼)[詭]計百出,或停上不踹,或私送禮物,讒言流謗,甚至離間賓至,一俟東家辭出,輕則辱罵,重則謀害,於無人之處,被石工打傷者,亦往往而有。捴捴情節,不堪筆述,故以"五逆生意"名之耳。

——[清]佚名:《布經》,清抄本

第四節　古橋暨建築裝飾材料等行業規約

清道光二十九年正月徽商胡洪資、洪律符等立漢口恒生油行桐油行業合同

　　立合同胡洪資、洪律符,今合開立洪恒生桐油行業,胡洪資出本油平油例色實紋壹萬叁千兩,洪律符出本油平油例色實紋柒千兩,共成貳萬兩。其本銀每月壹分弍厘利息,其利息半年出支一次,每年六月、十二月兩次出支,各按本收利,行內賬目,年終結算,得有餘利,照本均分。自議之後,均各協力經營,于公有濟。所有條規開列于左。惟願從斯永相和好,彼此有成,日盛月新,是所甚幸。立此合同一樣弍紙,各執一紙存照。
　　一、議行帖合項存公。
　　一、議同事諸公,如有存私狥情舞弊、嫖賭嬉遊等事,查出,即行辭出,不得容情縱隱。
　　一、議行內同事諸公,三年一歸,以預支客俸半年爲則。
　　一、議行內諸公,囤貨置貨,不得拖欠行銀。管銀者亦不得移懸行本,皆係己資方可。
　　道光弍拾九年正月　日,立合同胡洪資　押
　　　　　　　　　　　　　　　洪律符　押
　　　　　　　　　　　　憑中徐玉昆　押
　　　　　　　　　　　　　　江俊章　押
　　　　　　　　　　　　　　鄭丹如　押
　　　　　　　　　　　　　　胡裕庭　押
　　　　　　　　　　　　　　洪奉璋　押
　　於道光三十年十二月　日憑中繳訖。

——散件文書,原件藏安徽師範大學圖書館

清道光三十年十二月徽商洪律符立漢口恒生油行桐油行業併退合同

立併退字洪律符，緣因向與胡洪資翁意氣相投，於道光二十九年正月在漢鎮新馬頭復合開恒生油行，胡洪資翁出本銀壹萬叁仟兩，洪律符出本銀柒仟兩，共成本銀式萬兩。當立有合同二紙，各執一紙爲據，自道光二十九年起至道光三十年年終止。洪律符名下共得本利銀，俱已核收明白，一併清楚。今因年老，收手回里，照應不便，並承幫銀式仟兩正，當日收訖。所立合同，均各憑中繳訖，自願央中寫立併替字，儘併與胡洪資翁名下，聽憑開張。其有洪律符名下恒生行牌帖、傢俱等等，憑中作銀肆百兩，當即親手收訖，此係兩相情願，並無勉強、作難等情。自退之後，此行與洪律符毫無干涉。自此，洪與胡割藤分手，永遠無得異言。恐口無憑，立此併退字爲據。

道光三十年十二月　日，立併退字人洪律符　押

——散件文書，原件藏安徽師範大學圖書館

清光緒五年五月祁門縣重修祁西歷口利濟橋各班石匠承約暨規則

【五月】十七日，雨。各班石匠立約成事。旌德鮑宏告、王雙喜，太平薛社貴、葉功大，婺源鮑錦雲、鮑躞華，祁門程順全、陳樹林等，作四股分承，各立一約。

立承約人邑石匠，今承到祁西歷口利濟橋局建造石橋一度，作四股分承，身等承造一股，先行打石，計方論價，建造起卷，自食點工。其錢文，打石則在山交貨收錢，點工則按工支取，不得預先挪扯錢文，以致半塗生端異説。所有打石、點工價錢及一切規則，逐一開列於後，日後毋得異言。恐口無憑，立此承約存照。

一、洞石要二面放陽，裝訛平正，以二尺闊起數。如欠一寸不用，一寸兩錐，做細成功，每方計價錢九十千文。

一、洞石接縫，背上以五分至一寸爲率，不得空多，填塞散石。上下水洞，口面造起，再量照洞石扣算。

一、不子鞋尖、布袋口石，裝訛平正，以一尺七寸起數，一寸兩錐，做細成功，每方計價錢三十八千文。

一、橋面石塥，一寸三錐，做細成功，每方計價錢式十千文。其橋面石作七路安排，中間橫石，路心六尺闊，與壓邊石格外加厚，長短、廣狹，均要一樣。

一、洞石及各石，必先做細，熨帖上架時，砑縫一二分小修。如臨時修改，耽擱多工，身自認工帳。

一、建造起卷，自食點工，每工計工食錢式百六十五文，用炭、菜蔬、點火油、茶葉各項，一併在內。

一、打石，將本橋所存老石查清，儘先配用，欠闕多少，如數採取。倘不先劃算，多打無用，收數後，俱任憑。

一、退還，扣除工價。

一、鞋尖內，每層俱要安放長大撐石，不得草率貽誤。

一、量石悉遵裁尺，石價工錢，兌付洋錢，按照時市扣算。

一、橋務工程浩大，必期堅固久遠。倘打石不如所議尺寸，及建造卷洞有不合式，聽憑另承他人，毋得異說。

一、工多日久，務必始終如一，不得無故耽擱，致誤日期。

一、起卷，大神福，每洞每人折酒席錢式百文，尖橋照樣。

一、小神福，興工一次，安眠牛塗一次，安鐵蜈蚣一次，鞋尖，共四次，每次每人折錢六十文。

——［清］汪春江：《清光緒祁門歷口利濟橋局局董日記》，
載王振忠主編《徽州民間珍稀文獻集成》第三冊，
復旦大學出版社，2018年，第387—390頁

清光緒二十一年四月祁門縣祁西歷口利濟橋局勸捐重建歷口利濟橋啟

勸捐重建歷口利濟橋啟

蓋聞鼉梁特起，高分半月之輝；雁齒勻排，上應七星之列。誠以結遙情於萬里，羈旅堪憐；而免病涉於一方，往來尤便。祁西歷口，上通潯、漢，下接蘇、杭，境當四達之衝，地限一津之隔。人將涉而印否，臨流總是魂銷；客欲往而仍留，行險能無頂滅？乾隆元默之歲，始疊石為橋，當日嘉稱"集福"。厥後被毀奔洪，旋於嘉慶丁巳醵金復修，更名"利濟"。迄光緒紀元之四年，嗟彼蛟水，斷我虹腰，於是同人黽勉，從公叩戶，遍呼將伯。歷四五載之經

營，方占坦履；集萬餘金之鉅費，用壯舊觀。作始於己卯之夏，蕆事於壬午之冬。竊謂霜華滿地，樂聞雞叫而行來；不圖水潦稽天，又逐鯨波而逝去。此甲申六月初三日，奇變突罹，於意外成功，枉告於從前也。金鰲何處漫誇，如帶長流；烏鵲不填空羨，凌虛明鏡。雖略彴暫橫秋水，一時鮮揭厲之歌；而奔湍倏長春潮，兩岸雜筌筬之曲。茲者議復鳩工，力慚蚊負。第以善念，皆同期不惜傾囊之助；衆擎易舉，敢謬邀驅石之神。伏願輸將，雨集八功水，晝夜常清；能教歡動，涓流三生福，須臾齊種。此際綠楊臥月，慨念捐犀助築之為；他時朱雀斜曛，請看駟馬高車而過。

光緒二十一年余月，祁西歷口利濟橋局同人謹啟。

（潘寧錄，卞利校）

——[清]祁西歷口利濟橋局輯：《重建利濟石橋徵信錄》，清光緒二十四年刊本

清光緒二十五年十二月祁門縣祁西歷口《重建利濟石橋徵信錄·凡例》

凡例

一、錄列捐資，徵其入也。首漢鎮與茶商，以倡議復建自業茶於潯、漢者始也；次各都各村，資有多寡，子孫思繼其祖父，不忘本也；由城及鄉都之不隸於西鄉者，惟十五都有伙助，他都未嘗勸募，從略焉。

一、各村捐資，列名祠祀，雖數少必先明敬祖之意；次衆善名目，以多寡為先後；又次婦女姓氏，示有別也。其行派、長幼未能分別，覽者諒之。

一、度支帳目，徵其出也。時閱五載，數逾萬千，雖司計有人，始終非出一手。局簿條分縷晰，因頁數繁多，只錄各項總款，刊簿勒碑。其細微不無遺漏，區區之心，期無愧云爾。

一、義渡、茶庵，實斯橋之源流。前人捐資，買受田租地坦，稅立義渡名目，詳載於後。此次河面沖闊，橋較前加長，又買受吳姓地，以展河西過橋之路，其步數、契價皆詳支帳。

一、觀音廟向在橋西左邊，繼在橋上，今建於河西橋頭，深都汪君明烈讓出廟後地，拓補大路，并豎列樂輸石碑，橫貳尺，直三丈五尺，不肯過稅，義不容沒。

一、曾文正公祠，原係嘉、道年間舜溪汪君儲文、中泉馮君時霑共輸地九拾四步，係霜字貳百四十三號、貳百四十五號建造。公局為十七八九都會集

之所,不肯過稅,誠爲義舉。咸豐初,粵寇焚燬,同人懼日久失墜,且感文正公駐軍戡定之德,因建祠於斯焉。

一、西塘通江右大路,每逢夏潦,非略彴可支。道光年間,中泉馮君可幹捐資倡始,并邀聚勸捐,曾造石橋,已經起捲,未畢工,遭大水衝塌。光緒初,因利濟橋餘資復建,接濟將成,又被水災淹輒。今續造石腳,橋尖架木,以通行旅。舊冬經始,今冬告成,其木石工帳,分別開支。

一、徵文考獻,冀垂久遠。徵於前庶信於後,後之視今,未必不猶今之視昔。徼天之福,兩工告成,當思善後之計。擬因捐資餘存,就義渡近橋地造店屋,迭年微收租息,以備文正公祠修葺之資,以儲利濟橋上埽理及收撿字紙之費。

己亥嘉平月,同人謹識。

（潘寧錄,卞利校）

——[清]祁西歷口利濟橋局輯:《重建利濟石橋徵信錄》,清光緒二十四年刊本

清光緒二十九年黟縣募修漁亭石橋啟

募修漁亭石橋啟

竊以改木梁爲石梁,原期槃固;聯永濟與普濟,必溯由來。惟昔有好行其德之賢,豈今無踵美於前之舉？既嗟醻壞,應事興修。邑東南漁亭鎮,地當七省通衢,水值百溪總匯,曩以橫流之故,曾建徒杠;繼緣利涉之資,聿更華柱。虹腰左迤,楊善人甃之於先;雁齒右排,孫明府培之於後。儼東新、西新之並峙,洎上便、下便之交稱。乃因暴漲爲災,旋致長霓復墮。有胡通議擬古陶朱,爰出巨資,更籌良計,合二以爲一。仰蕩蕩之爭趨,先易而後難;瞻峨峨之益聳,從此鯨波永靖。熙來攘往,亡曳輪濡軌之虞。其如鳳紀迭更,朝圮夕傾,漸負笈擔簦之慮。經百廿年之久,謂宜舍舊而圖度三十丈之長。欲得維新如願,舉廢修墜,貴在工堅;量高測深,將毋費鉅。然以今方昔,誠知獨力之難;而由少積多,尚冀衆擎之易。所望愛施在抱,樂善爲懷。凡我仕商,量予伙助廉泉一勺;新使君犀帶,早捐義粟千鍾。諸君子狐裘同集,要使濟川有賴,僉傾心而誦仁政之平,庶幾憑險無憂,咸駐足而企德流之遠。謹啟。

漁亭爲數省往來通衢，河道寬廣數十丈，舊有小洲砥中流，分河水而爲二，兩岸皆有橋跨渡中洲。西岸架木爲之，其東則有石橋名"永濟"，久圮。乾隆二十四年，邑人楊君捐金二千數百兩，爲之倡建，復之。二十七年，知縣事孫公維龍捐俸，並勸邑紳士樂輸，於西岸亦建石橋，名之曰"普濟"，與永濟並峙。五十三年，蛟水發，中洲廬舍漂沒，兩橋亦圮壞。西遞胡君學梓重修之，接二橋爲一橋，總名"漁亭橋"。歷今近百二十年，中更兵燹，石欄十圮八九，行人稍不慎，則傾跌隨之，甚有殞命者。竊思建橋所以利涉，今雖未至病涉而傾跌，時聞亦庶幾與病涉等。緣是重謀興建，庀材鳩工，費用不貲，特請踴躍輸將，助成善舉。庶楊、胡二君倡美於前，諸君子繼美於後，以垂芳於悠久。幸甚，幸甚！

光緒二十九年癸卯春，黟東南漁亭同人公具。

（潘寧錄，卞利校）

——［清］歐陽國纂修：《重修漁亭石橋徵信錄》，清宣統三年刊本

清光緒三十一年黟縣重修漁亭石橋請縣憲給示稟稿、橋記暨規條

興工請縣憲給示稟稿乙巳年五月二十五日進稟

具稟：前署貴池縣訓導余攀榮，孔目銜、附貢生姚國宜，優廩生余毓元，世襲雲騎尉汪鐸，監生何悅，監生汪章焕，監生舒穆，監生甯震，從九余大振，從九吳國福，從九吳國泰，監生孫戀，從九余禧祥，監生蘇枚蓀等爲興修橋梁，工大事繁，籲賞示禁，督率有資事。緣漁亭爲黟邑門户，舟車交通，商賈輻輳，爲七省通衢之要區。居民夾岸而居，中隔於河，約計長有三十餘丈，前人不惜鉅資，建造石橋一道，以便往來行人。第年遠代湮，雨浸風蝕，日形圮壞，若不大加修葺，岌岌乎有倒塌之勢！於是闔鎮集議，並邀職等共商，四處勸募，三載跋涉，始克略有端倪。兹諏八月十六上吉，先行開局舉辦，傭工興修。惟是工程浩大，非一朝一夕之間可能蕆事。而且工徒蟻集，難保無勤惰之分；物件蜂屯，又恐垂穿窬之涎。職等竭勞盡瘁，既已籌畫於幾先；而杜漸防微，又不得不圖維於事後。幸值憲臺福莅，常以利濟爲心，側聞《溱洧》濟人，鄭大夫乘輿遺愛；洛陽遣吏，蔡大守至誠感神。與人爲善，想亦大君子所樂聞。爰是謹擬條則，伏乞俯賞立禁。煌煌憲諭，諄誡綦嚴，不但烏合之徒、宵小之輩不敢生心，則督率之人有所攸資，亦且樂於從事，仁人之言其利溥

大工告成之日，則湛恩之汪濊將與川澤以均長矣。爲此，粘呈，環叩憲大父師鑒核，修葺橋梁，賞示嚴禁。公侯萬代，不勝禱祝之至。感激上禀。

五月二十六日，縣憲張批：如禀示禁，並候飭捕保協同稽察。

五月二十九日，縣憲張示：

欽加四品銜賞戴花翎即補府署理徽州府黟縣正堂、隨帶加一級張爲出示嚴禁事。據前署貴池縣訓導余攀榮等禀稱：漁亭爲黟邑門户，舟車交通，商賈輻輳，爲七省通衢之要區。居民夾岸而居，中隔於河，約長三十餘丈，前人不惜鉅資，建造石橋一道，以便往來行人。第年遠代湮，雨浸風蝕，日形圮壞，若不大加修葺，岌岌乎有倒塌之勢！於是閤鎮集議，並邀職等共商，四處勸募，三載跋涉，始克略有端倪。兹諏於八月十六上吉，先行開局舉辦，僱工興修。惟是工程浩大，非一朝一夕之間可能蔵事。而且工徒蟻聚，難保無勤惰之分；物料蜂屯，又恐垂穿窬之涎。職等竭勞盡瘁，既已籌畫於幾先；而杜漸防微，又不得不圖維於事後。側聞《溱洧》濟人，鄭大夫乘輿遺愛；洛陽遺吏，蔡大守至誠感神。與人爲善，想亦大君子所樂聞。爰是謹擬條則，伏乞俯賞立禁，使烏合之徒、宵小之輩不敢生心，而督率之人有所攸資，亦且樂於從事，仁人之言其利溥。大工告成之日，則湛恩之汪濊將與川澤以均長矣等情，並粘抄請禁各條到縣。據此，除批示並飭捕保稽查外，合行出示嚴禁。爲此，仰各匠工役以【及】附近居民人等知悉，爾等務各遵後開條規，毋稍違犯，致干提究不貸，凜之，切切。特示。

計開條規於後：

一、各匠工役，務各按規工作，不得藉端生事、酗酒、賭博，亦不得怠懶偷安，致糜費用。

一、公所木石物件，存儲在外，着落捕保隨時稽察。如遇偷竊，立即拿獲，送案究懲。

一、公所重地，閒雜人等不得無故誼譁滋鬧。

光緒三十一年五月二十九日示。

重修漁亭石橋碑記

漁亭橋，全黟石梁之巨擘也。初本兩橋，東曰"永濟"，西曰"通濟"，中央間以沙洲。旋因洪流暴發，沙洲衝刷殆盡，於是有合并之役。當時橋并而名未改，今仍兩存之，從其舊也。然一橋兩名，稱謂嫌於贅累，故通稱曰"漁亭橋"。黟之河流，至漁亭始能容舟楫而交通便，惟交通便，故漁亭爲邑之最大鄉鎮，且爲七省之通衢，而橋之關係特重。乾隆六十年間，永濟之工裁畢，通濟之工旋興，旋又有事於合并，孳孳不已，至再至三，將勿爲此歟！自乾隆至今，又歷百廿餘年矣。此百廿餘年中，雨之淋，日之炙，漁翁敲火，舟子曬罾，與夫行李往來，車馬之駢闐雜踏，其侵尋而剝蝕之者，將不止水滴之微。而咸、同之交，官、賊對壘，此橋常當攻守之衝，刀矛之擊撞，礮彈之突轟，震蕩搖撼，又有倍蓰於尋常者。其下爲舟楫所經，擦磨而過，更無一日之或無。然則橋欄之半就醳頹，橋跟之漸形滲漏，夫固勢有必然。夫其關係重大，既如彼情形，傾危又如此，興修、興修，曷容緩矣！予往來漁亭垂五十年，月必一再至，至停駐三五日或十餘日不等。每過此橋，不能無動於念，惟自顧綿薄，無能輸巨款以爲提倡。又迫於賤役，無暇朝夕從事於所謂橋工者，故往往欲建言而未敢。歲癸卯，本鎮十分銷與汪君綬卿創議興修，首先謀於余廣文、桂芬及予。予久懷此志，聞其言，極力慫惠，并擔任勸募。時則本鎮鋪戶認捐若干，本邑城鄉紳富商鋪又認捐若干，約計僅得半數，遂鳩工伐石從事矣。蓋慮美舉之中輟也，逾年，汪君出募，所短猶巨。又逾年，予偕余廣文、介姚孝子出募，計得的款若干，橋工遂僥倖蕆事。橋之修，廣狹、長短，一仍舊貫，惟橋心稍高，取便於溜水，此非古拙今巧，倘亦幸借鏡有資耳。是役也，自光緒癸卯年興工，至宣統庚戌年工竣，計捐款收入若干，支出若干，總其綱者汪綬卿君，董其工者歐陽衡甫、閭緣兩昆季，經理銀錢者十分銷。十分銷者，曰同福，曰鼎隆，曰元泰、元昌，曰義盛、義生、義達，曰永新、永泰昌、元茂，漁亭埠鹽業之分銷店也。所奇者，此十分銷，其居停，其商夥，不過偶然集合於此鎮，乃能同心協力，竟此巨工，此殆見義勇爲根於天性，故不覺聲之應而氣之求歟！抑予於此有感焉，黟山邑採石易石梁爲至多矣，然如漁亭橋未逾二百年而動衆勞役者四，蓋無有焉。或者石質之堅凝有所未逮，然此限此地，利之無可如何。以人事濟地利之窮，後之君子與有責焉！予喜夙願之得償，故樂爲濡毫而記其顛末如此。宣統三年季春月，姚國宜撰。

樂輸芳名

_{岩下}汪叙倫堂，捐馬欄塢山石。_{儋洪}謝瑞祥，捐選吉期。

_{起首建橋後裔}楊鵬飛，捐英洋拾元。_{同上}楊耀庭，捐英洋拾元。

_{本邑}李惠保堂，捐英洋壹千貳百元。_{太邑}蘇寶善堂，捐英洋壹千元。

  本鎮 本都

孫福生鹽棧，捐英洋伍百元。許文盛鹽棧，捐英洋叁百元。

元泰、元茂、元昌、義達、義生、曹永新、同福生、蘇鼎隆、義盛,合捐英洋壹千元。

蘭馨祥茶號,捐英洋壹百伍拾元。歐陽敦本堂,捐洋壹百伍拾元。

黃志道堂,捐英洋壹百貳拾元。永泰昌,捐英洋壹百拾元。

舒其有,捐英洋壹百元。汪寒記,捐英洋壹百元。

汪爲記,捐英洋壹百元。無名氏,捐英洋壹百元。

甘大茂,捐英洋壹百元。泰亨典,捐英洋壹百元。

源昌順,捐英洋壹百元。余魯卿,捐英洋壹百元。

余芳五,捐英洋壹百元。開開看,捐英洋捌拾元。

関德裕堂,捐英洋陸拾柒元。查永興,捐英洋陸拾元。

汪振聲,捐英洋陸拾元。舒克昌行,捐英洋伍拾元。

舒夢仙,捐英洋叁拾元。汪淦庭,捐英洋叁拾元。

汪懷卿,捐英洋叁拾元。源昌號,捐英洋叁拾元。

義源號,捐英洋叁拾元。韓彝倫堂,捐英洋叁拾元。

查道源,捐英洋叁拾元。查立大昌,捐英洋貳拾肆元。

胡仲芳行,捐英洋貳拾元。益達號,捐英洋貳拾元。

義和鴻記,捐英洋貳拾元。江廣大,捐英洋貳拾元。

余六物堂,捐英洋貳拾元。余含公會,捐英洋貳拾元。

謝貴德堂,捐英洋貳拾元。宋汪氏,捐英洋貳拾元。

汪質記,捐英洋貳拾元。葉文子舟,捐英洋貳拾元。

汪遷善,捐英洋貳拾元。汪仁裕,捐英洋貳拾元。

項葉氏,捐英洋拾元錢拾千文。瑞芝堂,捐英洋拾伍元。

仁壽堂,捐英洋拾叁元。王允隆,捐英洋拾貳元。

查永和,捐英洋拾貳元。江贊平,捐英洋拾元。

（潘寧錄,卞利校）

——[清]歐陽國纂修:《重修漁亭石橋徵信錄》,清宣統三年刊本

民國八年休寧縣重修峽溪石礄禁止行車簡章

興工請示保護

爲給示保護事。據公民夏慎大、金遵祖、汪錫采、吳長榮、吳嗣箴等聯名

十七人禀稱：吾休西郭外有峽溪石橋，適當七省通衢，非僅一方孔道。邑乘載此，建自前明嘉靖乙酉，脩於崇禎戊辰。歷年三百餘，水激沙衝，車摩筏刺，議脩者屢因乏款而寢清。宣統辛亥夏五暴決，山洪石浪，激戰虹腰，折其一洞，魚腹葬者十人。近賴前城廂自治所籌款利濟，秋冬水涸，架木爲梁，春夏流洪，易舟以渡，雖堪救急，終非久計。今橋之圮又日甚矣！壞者不脩，斷者難續，慎大等有鑒於斯，先經集議，決定刊布捐冊，於內外各埠，勸募重脩。今幸捐款略已籌有成數，因復議定，即於橋之東首設立重修峽溪橋事務所，并任定監理一員，會計兼辦庶務書記一員，專司其事。誠於民國四年元月一號興工建修，兼以該處河道從前本係灣曲而下，嗣因每年山洪暴漲，水勢充足，漸衝漸直，舊形盡失。彼岸則日漲日闊，此岸則日衝日狹。若不及此建復，不特橋梁易傷，且河道與城垣相距不遠，將來必至受損，尤宜思患豫防。慎大等爲慎重城垣及護惜橋梁起見，議一併動工，將彼岸漲滿之地開而通之，此岸衝坍之地填而築之，俾復舊觀而垂久遠。惟是工程浩大，非旦夕所能蕆事；工徒夥聚，致恐滋事誤公。人類不齊，更恐藉端阻撓，事關善舉。爲此，據寔禀明，環求賞示保護，并乞令飭本區警局，隨時分派巡警二名到場巡察，遇事維持保護，以維善舉而免阻撓等情。據此，除飭警局分派警察隨時到場巡察外，合行給示保護。爲此，示仰闔邑諸色人等一體知悉，峽溪石橋工程浩大，該紳等倡議重修，洵屬熱心公益，不辭賢勞。爾等久居桑梓，當思所以保護維持，以資輔助而促告成。如有不法工徒遇事把持，無知愚民藉端阻撓，一經查出，或被舉發，定行飭警提案，從嚴究辦，決不姑寬。其各凜遵毋違，切切。特示。

民國四年一月十八日，縣知事陳同楨。

爲布告事。據重修峽溪橋事務所函開：竊查河流狀況時有變遷，邑西郭外峽溪石橋，自清季蛟洪損壞，經紳等合力募貲興修，兼以該河上流水道東岸漸衝漸狹，西岸漸漲漸闊，并議待至橋工完竣，即行接續動工，平其西岸，補其東岸，以復舊觀而保橋梁及臨(行)[河]城垣。迭經請示，保護在案。今橋工既已告竣，所有河道自應查照原議，相繼修復，以期一勞永逸。但西岸新漲洲地荒廢者固多，其經人力墾熟升科，輾轉賣買者亦復不少。現據工程師勘明，應疏界叚內，此項新墾及原有熟地面積約共二十畝。若不請示曉諭該業主等，限其到橋工事務所報明呈契，由所查照契載原價，發給收領，將稅推由橋會，按年辦納，不特各業主等契業兩空，且恐稅賦虛懸無着，諸多窒礙。用特函請鑒核,賞給布告,定限曉諭。該河西岸應行疏濬,洲地業主等依限檢契,到所驗明,按照原價償還,並推稅過户辦納。倘過期仍未檢到,准即先行動工疏濬,隨時補驗補給。如有棍徒藉端阻撓,希圖破壞公益,并求准即送案究辦,以全善舉而免延誤等情到縣。據此,合亟布告。爲此,布仰該河西岸應行疏濬洲地業主人等一體知悉,爾等須知,該所各紳所擬《疏濬河道辦法》,係爲保護橋梁及臨河城垣起見,事關收用公益地,爲國家法令所特許。自布告之日起,爾等務儘十五日內,將原買該業契據檢齊,送由該所驗明,以便照契收買,給價過户,動工疏濬。如果過期仍未檢送,并准該所先行動工,隨後再行補驗補給,以免延誤。倘有棍徒藉端阻撓,希圖破壞公益,一經查明,或被指稟定,即提案訊明,按法懲辦不貸。其各遵照毋違,切切。此布。

民國六年十月三十一日,縣知事劉榮椿。

竣工請示布禁

爲抄粘簡章,勒石布禁事。案准重修峽溪礄事務所所董夏函開:竊查敝所經理礄工現已告竣,爲防患起見,特於礄之兩端空隙地址添築房屋各一所,租人居住,兼司打掃看守,按年酌給傭工,以資津貼,議擬永禁行過人力車輛,以免礄石損傷。另列簡章數條,請予核准立案,俾期永遠遵守。爲此,備函專達,請煩查照立案,給示勒石,以垂久遠而維公益等由,並粘簡章到署,准此。合亟抄粘簡章,勒石布禁。爲此,布仰該礄往來人等一體知悉,須知該所議禁行過人力車輛,係爲保護礄梁、藉免損傷起見,自布告後,如有人力車輛行經此礄,務遵定章,分別扛載辦理。倘敢違背定章,任意推行,破壞公益,准該守礄人隨時鳴同警保,稟送到署,以憑訊明罰辦。其各遵照毋違,切切。此布。

民國八年十一月廿七日,縣知事陸澄亮。

今將議擬《峽溪石礄禁止行車簡章》臚列於後。

計開:

一、本礄工程浩大,道當衝要,永禁推行車輛,以資永固。本簡章即本此旨議訂。

一、凡遠近裝貨及坐人車輛,行經此礄,須依後列兩項規定。

(甲)由車夫將貨物、車輛一併扛載過礄;

(乙)由守礄人幫助車夫,將車並貨物扛載過礄。

一、依前條乙項辦法，須由守磧人幫助扛載貨物、車輛時，車夫須按每部車給與守磧人力資二十文，貨物不論多少，不另給貲。如車夫有二人同行，或託有他人幫助，得依甲項辦法，將車輛等項自行扛載過磧，無須守磧人幫助，守磧人不得強攬幫助。如違，准由車夫、行人送官訊辦。

一、車夫扛載車輛過磧，須守磧人幫助，守磧人不得推諉，或於定章應得力貲以外，更向車夫需索財物，准車夫、行人送官訊辦。

一、過往車夫如不遵守章程，恃強拉車過磧，守磧人得將車輛勒令停止推行，勸告遵辦。如仍不遵，送官罰究辦。

一、本簡章如有未盡事宜，得由磧會用時制宜，另行議訂，請縣核准施行。

（潘寧録，下利校）

——［民國］汪受卿等輯：《重修休寧縣峽溪石磧徵信録》，民國排印本

民國八年休寧縣募修峽溪石磧啟

募修峽溪石磧啟

善舉之待爲者多矣，而修橋爲尤要。《溱洧》病涉，鄭惠未宏；川澤失司，陳亡可決。故修造橋梁，古詳於《月令》，今列爲路政，治安所繫，可漠視哉！吾休西郭外有峽溪橋，適當七省要衝，非僅一方孔道。邑乘載此，建自前明嘉靖乙酉，修於崇禎戊辰。歷年三百餘，水激沙衝，車摩筏刺，損傷漸圮，議修者屢乏款而寢清。宣統辛亥夏五暴決，山洪石浪，激戰虹腰，折其一洞，魚腹葬者十人。前城廂自治所諸君藁目惻念，提議修葺，刊布捐冊，於長江各埠諸同鄉，冀廣勸募。適鄂軍起義，事遂閣置。近賴城自治所籌款利濟，秋冬水涸，架木爲梁；春夏流洪，易舟以渡。雖堪救急，終非久計。今橋之圮又日甚矣！填河驅石，莫寬秦鞭；擲地成虹，何來唐杖？一衣帶水，阻若望洋，行者興嗟，都人滋愧。夫事難於創造而易於墮壞，昔人能爲其難，今人不能爲其易，是吾人負前人也；今人不爲其易，後人更莫爲其難，是吾人更累後人也。鄙人等瞻前顧後，拳服久矣！近經集議，僉決重修，各竭簿綿，認捐發起。斯橋工費，前經城自治所請汪君受卿臨勘，據述：斷橋以西一線石罅，五洞延連，礧礧互倚，一動群傾，壞者不修，斷者難續，橋欄、橋面殘破鮮完，尤須全換，合計工費約需五萬金左右。汪君熟諳橋工，前督修漁亭橋，丕著成

效。今所估述，殆無差越。俟籌款有成，仍請汪君專督工程。但任事有人，點金無術，所望諸大善士發大悲憫，擲尉遲帖，輸于頓錢，俾叢衆簣以爲山，免患一河之阻水。此後咸歌利涉，不特洋洋鴻譽與水俱長，而且作善降祥，堂卜鱣魚，門開駟馬，可爲諸君子預祝。倘有高籌碩畫，足裨橋工者，亦祈針示無隱，自當唯善是拜。謹啟。

(潘寧録，下利校)

——[民國]汪受卿等輯：《重修休寧縣峽溪石磺徵信録》，民國排印本

第五節　挑夫、車業等行業規約

清康熙四十四年七月休寧縣藤溪王永貞等立江蘇宜興重開元有車店議墨

宜興重開元有店議【墨】

立合同議墨王永貞、王錫蕃、王尚玉、王□□□□□□有店車業，以前連年虧本，不能持守。竊念創業維艱，不忍將已成之業替與外姓。今兄弟、叔侄公議，七股均做，每股出本銀式伯兩，每年壹分八厘生息。嗣後，輪流交管，盈虧照股均認，無得藉端推委。其入股正本，不得私自擅支，買賣各宜盡心，不得損公利己。俸金按月支給，概不預支。事係各相情願，務要同心竭力，以圖復興，則店業自然日新月盛，永遠昌大矣。所有以前一切帳目，老店另行清理，與新店無涉。各人名下入股本銀，另立《財源帳簿》，開載爲據。恐後無憑，立此合同一樣三張，各執一張存照。

一、議管帳者，得餘利拔贈加一。

一、議頂首傢伙，遞年九折。

一、議大房式股，二房兩股，三房兩股。

一、議元有號內，公做壹股，共成七股。

合同壹樣三張。

康熙四十四年七月　日，立合議王永貞　王錫蕃　王尚玉　王麗章

　　　　　見議崔一元　金吉瞻　陳元載

——[清]佚名：《元至正二年至乾隆二十八年王氏文約契膳録簿》，清抄本

清康熙五十二年十月休寧縣藤溪陳元宰等承江蘇宜興王元有號車業虧本清債之崔宅銀議附畢聚泰租元有車約據

崔宅銀議

立議墨親友陳元宰、陳大勳、程玉文、胡廷尊等，今因王元有號店虧本□歇，所欠崔宅本銀伍百肆拾兩，無所抵償，僅存車、磨、牛隻各項頂首，現租與畢聚泰號開車生理，每年得租銀陸拾餘兩，其銀三年內已經抵還，鹽、豆各債清訖。至于崔宅之銀，並無措置，以致唇舌。我等忝屬親友，誼難坐視，代爲勸釋，所該本銀五百四拾兩，目今既不能還，議加利銀式伯陸拾兩，共計本利捌百兩，俟三年後，將畢聚泰號租金陸拾四兩式錢悉付崔宅收取。倘有更張，另行再議。此係兩相情允，並無異説。立此議墨四紙，各執存照。

計開：王元有號所欠崔宅借票兩紙，銀清之日再繳。併照。

康熙五十式年十月　日，立議陳元宰　陳大勳　程玉文　胡廷尊

　　　　　依議崔一元　崔君明　王尚玉　王寳武　王麗章

畢聚泰租元有車約據

立分租約畢聚泰，今該王元有號，除房租外，應付寳武名下車租三股之一，計貳拾壹兩零。其銀見票支付，不得混支。此照。

康熙五十式年閏五月　日，立分租約畢聚泰　押

——[清]佚名：《元至正二年至乾隆二十八年王氏文約契謄録簿》，清抄本

清光緒黟縣籍商人呈控潛山縣七社扁擔會議約稟帖暨告示

照抄知單議約稟帖告示稿

具知單：衙前鎮七社人等，原我地田少人多，貧苦者多靠挑馱爲生活之計，是以我等邀勸同類之人，約於十月初一日齊至關聖廟，酌議花錢若干，起（區）[扁]擔之會。凡往英、霍、六安、石牌、安慶等處挑運來去雜貨等項，以及茯苓所有挑抬力價，每處至每處，大家公同商酌，一則我地挑抬之錢不致外方人得，二則貧苦竭力之人不致束手受困。凡我同人，務宜踴躍向前，不宜縮後，每名各帶米半升、錢若干。嗣後，難以入禁，勿謂言之不早也。

光緒廿一年九月二十七日，七社公具。

具知單：衙前七社人等，緣我地人烟稠密，貧苦者半以挑馱爲生涯。向有老議，量地遠近，酌派力錢，均以制錢交兌。茲恐老議廢弛，爰約同人，復申前議，條規列後。

開計：

一、議衙前至水吼嶺，粗貨十八兩秤，每百斤派力錢，抬者二十五，挑者力足錢式百文；由水吼嶺至衙前，十六兩秤，抬者力足錢七百五十文，挑者派力足錢式百文。

一、議由衙鎮至潛城，十六兩秤，每伯斤議力足錢五百【文】；至石牌，每伯斤派力錢七百文；至黃泥港，每伯斤派力錢六百文；至磨子潭，力足錢七百【文】；至英山縣，每伯斤力足錢壹千式百文；至六安州，派力足錢乙千五百文，挑油者，加錢一百文，議不除伙；至安慶府，每仟斤力足錢壹仟式百文；至宿松陳家嶺，每伯斤派力足錢壹仟四百文。

一、議至徐家橋，每伯斤派力足錢乙千四百文。

一、議各處力錢，均以制錢交兌。如有狗情私收禁錢，公同處罰。

一、議承挑者不能舞弊，走失貨物。如有此弊，着本挑者、抬者賠出重罰。

一、議所有進出貨物，無論何處人夫，一體搬運。茲因約議不無花銷，派定七社內每擔抽大錢廿文，每抬抽大錢卅文；境外每挑抽大錢卅文，每抬抽大錢四十文。其所抽之費，由領議者結算，抽費期於明年清明日停止。

光緒廿一年十月初二日，七社公具。

立議合衙鎮鋪户人等，緣我等貿易潛北，凡南北各路雜貨必須挑抬，始便通商，其脚力身工，計斤扣錢，向有定例，毋許增減。今因該地挑抬人等請憑地方議加力錢，並阻境外挑抬，實有不便。是以公同商酌，請憑合地議定《搬運貨物力錢條規》，逐一列後。

計開：

一、自省城至衙鎮，每百斤力典足錢乙千式百文。

一、自石牌至衙鎮，每百斤力典足錢柒百文。

一、自黃泥港至鎮，每百斤力典足錢伍百文。

一、自縣城至鎮，每百斤力典足錢伍百文。挑油者，加錢一百文。

一、自水吼嶺至鎮，挑者十六兩秤，每百斤力典足錢一百五十文；抬者十八兩秤,每百斤力典足錢式百文。

一、自霍邑磨子潭至鎮,每百斤力典足錢六百五十文。

一、自六安州至鎮,每百斤力典足錢乙千伍百文。挑油者,每百斤加錢一百文。

一、自英山至鎮,每百斤力典足錢壹仟文。

一、自宿邑陳家嶺至鎮,每百斤力典足錢乙千一百五十文。

一、議各店應付挑抬力錢,均以净典兌付。倘有貨物,須照典錢扣價,毋許高昂,亦不得私行加減。倘有此弊,公同處罰。

一、議承挑者,無論何處之人,貨物倘有遺漏,公同追究。

一、議承挑者,倘有藉端滋事,公同理論。至一切花費,照老議攤派,不得遺累經手之人。

以上所議各條,實爲公平起見。自議之後,我等恪遵,以昭畫一,庶以後永免争端,永無更改。立此議約爲據。

光緒廿一年十月初七日,立議合新安鋪户汪永隆

　　　　　　　　汪廣元　同仁堂　培元堂
　　　　　　　　汪道生　黄義茂　汪泰生
　　　　　　　　大春和　汪祥隆　長春堂

憑紳　○儲蓉塘　金榮高　朱錦堂　儲書相　蕭成龍
　　　○儲春和　○王聯科　金享之　儲秉璋　方身修
　　　方享丘　○儲廷植　○儲聘章　儲宜春　儲曉湖
　　　儲榮枝　程含章　○儲鼎臣　儲章甫　汪石渠
　　　○謝訏謨　○劉正安　朱從仁　胡叶吉　程從之　程子文

以上打圈八人未作押,其餘之人均作押了。

立議新安鋪户人等,情因我幫貿易衕鎮,往來貨物挑抬者向係各鋪擇取老成之人,力錢多寡,量地遠近,歷年於兹相安無異。突於十月初二日,有儲雍元、方德全、程寶賢、儲振基鳩合衆人,倡立私議,增加力錢,併阻境外之人不得挑抬,及有膽敢抽厘等弊。我等恐因多事,旋憑書院理處,伊仍恃衆不遵。是以公同酌議,請示禀官,所有花銷,照股攤派,不得貽累經手之人。議條列後:

一、議所需之錢,照二十七股攤派:永隆拾四股六厘,廣元拾股四厘,同仁壹股,道生、泰生、長春、義茂、培元、祥隆、大春和共壹股。

一、議具禀人吳東函、汪禮平、汪焕章。
一、議斂費人胡襄衡、汪廷魁、汪永有。

光緒廿一年十月十四日,遵議　同仁　培元　長春　永隆
　　　　　　　　　　　　　　道生　義茂　大春和　廣元
　　　　　　　　　　　　　　泰生　祥隆

為藉議挾遵,縷懇彈壓,以靖地方事。緣生等自祖在本鎮開店生理,百餘年來,貨物流通,無分疆域界。前月,突有近鎮之痞棍△△△△等,意存壟斷,鳩衆立議,一切到鎮之貨,不准境外人挑運,并敢自加力錢,擅抽厘金,勒生遵照。而且四處張貼知單、議條,迫憑紳保理質,反肆猖狂,致令各鋪十餘日不敢進貨。似此加力抽厘,區分疆界,不惟絕生等謀生之路,勢必釀成禍端。恭惟總爺久任分防,民情洞悉。為此,縷呈底細,并將△等懸掛議條呈核,懇即飭兵彈壓,并賜移詳,以靖地方,以安商賈,是為德便。上禀。此禀未用,從改。

十月廿三日呈詞

為糾衆藐法,結黨欺異,懇恩示遵,以安商賈事。生等原藉徽郡黟邑,來至貴治下北鄉衙前鎮開店生理,歷有年久,生意往來無異。由省垣及陸地運貨,並石牌鎮轉撥竹筏,裝至治北水吼嶺堆存客棧,由棧隨時僱夫挑送各店,以免遺失,由來久矣。不意今九月間,有近鎮儲雍元、方(得)[德]全等朋梟欺異糾黨,於衙鎮關聖廟內議起扁擔會。凡水吼嶺、衙前鎮二處貨物,必由伊等撥人搬運,不能攙越外人,並私抽厘金,膽敢議規條、知單四出。生揭呈核,候邀洞鑒。生係異地,無奈伊何,於這月初席請紳舉人儲兆芹、文生方享丘、地保金享之等,向伊理論。伊恃黨大兇橫,形同化外,均莫伊何。竊思水吼嶺至衙前均係陸地,路隔五十里許,若貨准伊挑運,路隔甚遠,又無總頭。倘有遺失,坑累何追？仁憲愛民,均屬一體。不求賞示究懲,截搶之禍必在瞬息間矣。惟迫無奈何,只得粘呈伊等諭單,縷情迫叩大父師台電核作主,賞示安良,以靖地方,以通商賈,公侯萬代。沾恩上禀。

以上所呈情形,周父台言,而水吼嶺之貨物,由本嶺人挑送；而衙前之貨物,由衙鎮搬送,不能阻撓,兼且儲、方二人何為夫頭？又無老議,何能強挑此貨？比時言過賞示安碑。至二更之時,有房差到我幫,將所呈原詞帶到。我幫比言此件公事,火速送稿出示,決不可拖久也。

十月廿三日禀

具禀：監生汪禮平、從九汪焕章等爲藉議挾違，縷懇彈壓，以安商賈事。緣生等自祖在本鎮開店，百餘年來，貨物流通，聽店擇取人夫，無分疆域。前月突有近鎮儲雍元、方德全等鳩合大衆，創立議條，一切到鎮之貨，不准境外人挑運，并敢自加力錢，擅抽厘金，挾生等遵照。而且四處張貼知單，迫生憑紳保理質。伊反猖狂，致令各鋪不敢進貨。似此加力抽厘，區分疆界，不惟絕生等謀生之路，勢必釀成禍端。恭惟總爺久任分防，民情洞悉。爲此，縷懇呈底細，并將儲雍元等懸掛議條呈核，懇即飭兵彈壓，并賜移詳，以靖地方，以安商賈，是爲德便。上禀。

欽加二品特授安徽潛山營天堂汛總司張爲示諭定章事。照得本年十月廿八日，據衙前鋪戶及挑抬人等面稱，無論境內境外，一體通商情形，本總司查所屬潛山縣汛地係通衢要道，惟衙前汛内首鎮，該鋪戶在各處搬運貨物，該鋪無分遠近，擇取老成人搬運。倘力人遺漏貨物，該鋪比即禀報衙門，從重究辦。是以會同紳士，公同酌議，按程給價，永定章程。自示之後，各宜恪遵，無得滋生事端。此示。

一、議水吼嶺至汛，十八兩秤，抬每百斤力足錢式百廿五文，每件百多斤另抬。

一、議水吼嶺至汛，十六兩秤，每百斤力足錢一百七十五文。

一、議縣城至汛，每百斤力足錢五百文。挑油者，加足錢一百文。

一、議安省至汛，每百斤力足錢壹千式百文。

一、議黄泥港至汛，每百斤力足錢六百文。

一、議石牌至汛，每百斤力足錢七百文。

一、議宿松陳家嶺至汛，每百斤力足錢壹千一百文。

一、議磨子潭至汛，每百斤力足錢六百五十文。

示力錢，均用式八净典交兑，毋分遠近，均照舊章，願望爾等恪遵。如敢故違抗，照詳移縣錄申通詳各大憲，嚴加究辦，莫怪本總司不仁，實憑神靈鑒察，毫不爲私也。各宜凛遵毋違。特示。切切。

右仰通知。

光緒廿一年十月廿八日。

告示。

實貼永隆店曉諭。

賞戴花翎四品銜特授安慶府潛山縣正堂、加四級、紀錄十次、記大功一次周准給示禁,以安商賈事。據衙前鎮黟邑鋪户監生汪永隆,監生汪廣元、汪道生、長春生等呈稱:生等原藉徽郡黟邑,來至治北衙前鎮開店生理,歷年往來無異,由省垣及各陸地運貨,並石牌鎮轉撥竹筏,裝至水吼嶺,堆存客棧,由棧隨時僱夫挑送各店,以免遺失,由來久矣。不意今九月間,有儲雍(然)[元]、方德全等朋梟欺異,凡水吼嶺、衙前鎮貨物,必由伊等撥人搬運,不能攙越外人,並私議抽厘規條,意在包攬把持。生等隨邀同該處紳民並各鋪户,申明各處挑(運)[抬]力價,懇賞示禁等情到縣。據此,除批示外,合行給示曉諭。爲此,示仰衙前、水吼嶺各處地方脚夫人等知悉,嗣後,務須遵照向章脚力價值,妥爲搬運,毋得藉端加增需索。該鋪户亦不得意外刻扣減少。至承挑之人,必須老成。如有遺漏、損壞情事,著落承挑之人賠償。自示之後,倘敢故違,仍前藉端阻撓,以及從中包攬把持,一經鋪户指名稟控,定即提案究懲不貸。其各凜遵無違,切切。特示。

光緒廿一年十一月初一日示。

告示。

實貼衙前鎮曉諭。

——[清]佚名:《清光緒潛山黟商〈照抄知單議約稟帖告示稿〉》,載王振忠主編《徽州民間珍稀文獻集成》第一册,復旦大學出版社,2018年,第481—507頁

第六節　糧油食品暨屠沽雜貨等行業規約

清康熙五年二月徽州某縣李益吾等立各出本銀開張屠沽雜貨生理合同

立合同人李益吾、李蘭若、李公起、思齊、李小蘇,今在本市中街店内開張屠沽雜貨生理,面議各出九五足色銀貳拾兩整,其銀議定每年貳分肆厘行息。置備貨物,同心協力。運籌生意,不得怠惰。務宜早起夜眠,撿點貨物,無許侵私肥己。如違,見一罰十。倘出門置貨及交易等項,照實報明銀兩數目訂簿,不得私開假帳,希圖肥己,查出公罰。如有濫費等情,及生端惹事,坐落自理,與店無涉。其管店之人,拈鬮爲率,逐年按期清算。盤帳

之日,獲得餘利,每百兩内拔出貳拾兩,以酬管店之勞。凡各人辛力,按期支付,不得狥情過支。如有過支,即扣其本。盤帳之日,預先盟神歃血,以表無私。自立之後,各圖昌大。至于蘭若所有店底及傢伙,另簿開載,議定每兩每年貳分貳厘筭還租銀無詞。今欲有憑,立此合同一樣肆張,各執壹張存照。

康熙伍年二月念陸日,立合同人李益吾 押

　　　　　　　　　李蘭若 押

　　　　　　　　　李公起 押　思齊 押

　　　　　　　　　李小蘇 押

　　　　　　　　中見李平伯 押

　　　　　　　　　李器之 押

——封越健主編:《中國社會科學院經濟研究所藏徽州文書類編·散件文書》第三册,社會科學文獻出版社,2017年,第5頁

清光緒二十九年正月黟縣汪篤如等立蕪湖西門外保和隆南貨店生意合同

立合同人汪篤如、胡燮記、胡仰期、胡贊堯、胡綺珊、汪式邦、王英甫,公議在蕪湖西門外合創保和隆南貨店生意。今我等連衆志乎黟水,管、鮑風流;布名字於鳩江,蘭芳永奠。惟願誼業世守,甘苦同心,(競競)[兢兢]相承,實所厚望。兹胡贊堯付出正本銀貳千兩,胡仰期付出正本銀壹千兩,胡綺珊付出正本銀壹千兩,胡燮記付出正本銀貳千兩,汪式邦付出正本銀壹千兩,汪篤如付出正本銀壹千兩,王英甫付出正本銀貳千兩,以上共計蕪平二七銀壹萬兩整,統藉經手王英甫開張交易。訂議新創場面,總須安穩遠樹,不貪爲寶,以圖持久。店中每屆會計之年,倘有盈餘,自當照本均分。若遇虧折年份,尤當照本派認。所有一切規章,一秉至公,妥議臚列於後。今欲有憑,立此存據。

一、議各股東概行不得擅薦同事。縱使至親至戚,亦不得濫行舉薦,以誤店事。若遇濟幹意優,店中合用之人,應聽執事者量材取用,以收得人之効,不可因限廢材。

一、議事在創始,以三年後爲期,遞行會計,不得先行拔用銀兩。若有餘利,各股酌留其半存店,不論多寡,均作週年壹分行息,仍者拔存,各聽其便,候子母平等之後,餘紅聽意拔存。

一、議正本與副本相等,副本存店,每年作壹分行息。若數出正本以外,無論餘數多寡,週年議八厘行息,並不得巧立名目,以資獵取而違衆議。

一、議各股正本,作週年壹分弍厘行息,待三年後聽意拔存。

一、議每年新正估攤,各東每家抄寄《清細紅單》一册,店中另立共樣《紅單》《攤簿》各一册,以憑核實而昭慎重。

一、議每屆會計之年,除開銷使用、正副本拆息、各客賬目等項不計外,實在餘紅,於十成內提出弍成,壹成歸執事等二三人分得,仍一成聽執事者,量衆同事材力分給,以資鼓勵。

一、議店中同事所做小伙,除西邊汾酒、石膏等貨外,店中所銷之件,不得同做。

一、議各股東倘已薦才德之人在店出力,若其中道變節,沾染外務,不論親故同事,一律却退。

一、議新正估攤,舊賬未清欠尾,不論多寡,不作實銀。

一、議如遇會計之年,餘利應聽各東拔繳,平常均不得拔繳分文。倘有狗情違議,坐執事者是問。

一、議店中節規及透支等項細目不及載入,另立《店内細事章程》一册,存店核查施行。

光緒弍拾玖年正月　日,立合同人胡贊堯_{長孫貴涯} 押

　　　　　　　　胡仰期　押

　　　　　　　　胡綺珊　押

　　　　　　　　胡爕記_{妻胡孫氏}　押

　　　　　　　　汪式邦　押

　　　　　　　　汪篤如　押

　　　　　　　　王英甫　押

　　　　　秉筆中見人王壽祺　押

——封越健主編:《中國社會科學院經濟研究所藏徽州文書類編·散件文書》第三册,社會科學文獻出版社,2017年,第41頁

第七節　綜合類暨行業不詳類行業規約

明弘治十三年十二月祁門縣九都吳文英與休寧縣十二都汪盈共造店鋪合同

　　祁門縣九都吳文英同休寧縣十二都汪盈，共買店基及造店房并廁所、猪欄，共用銀五十兩正，議作五分爲率，文英邊三分，用銀卅兩；汪盈邊二分，用銀廿兩。此鋪係汪盈開張買賣，每年共議文銀租賃三兩二錢三分，文英邊該銀二兩，汪盈邊該銀一兩二錢三分。此鋪聽（曾）〔從〕汪盈永遠開張，其店基稅糧收在文英户内，照依五分均納。所有日後翻蓋及泥鍋一應等項，並是汪盈承管，則不累及文英。自立合同之後，各照合同管業，二家即無異説。今恐無憑，立此合同，各收乙張爲照者。

　　再批：店基契字是文英收。

　　弘治十三年十二月　　日，立合同吳文英　汪盈
　　　　　　　　　　　　中見朱仕隆　法慶
　　　　　　　　　　　　代筆僧人法廣

——《明萬曆汪氏合同簿》，原件藏南京大學歷史學院資料室，編號000027

清康熙四十一年十二月徽州某縣汪琅友等立祖遺於潛縣印渚埠汪茂源店業交與汪芝山管理合議①

　　立合議汪琅友、汪用侯，今爲祖遺於潛印渚埠汪茂源老店業，邇因家用浩大，連年虧折，所有轉領客本，亦半消耗。當此碩菓僅存，殊切臨深履薄，因思祖父創業艱難，豈忍一朝棄置。但琅友自幼業儒，不諳生意，用侯見店局面，自願另圖。今兄弟合議，惟芝山任事多年，熟知店務，遵父盤帳，願將此店業交與芝山管理。自管之後，必須矢公矢慎，以圖恢復。自今立議之後，凡一應家給，各自取辦，不致干涉。店中若有虧折，兄弟均認，斷不獨累任事之人。倘托天福蔭，生意順手，客本清還之日，再有餘資，則遵父批照店

---
① 據原書標題并依本書體例略有改動，下同。

規,酬勞任事之人外,三股均分,無得生情異説。今恐無憑,立此合議存照。

議内添一領字。再批押。

康熙四十一年十二月　日,立合議汪琅友　押

　　　　　　　　　　　　汪用侯　押

　　　　見議族叔汪兼三

　　　　依口代書兄汪侶璜　押

——封越健主編:《中國社會科學院經濟研究所藏徽州文書類編・散件文書》第二册,社會科學文獻出版社,2017年,第477頁

清康熙四十九年正月徽州某縣汪家琳等立清理於潛縣印渚店業議墨

立議墨家琳、家瑞、家瓚,爲遵奉嚴命,清理於潛印渚店業,以全和誼事。竊惟古人九世同居,千古流傳。迨後世風日薄,同室操戈,比比可鑒。在今相安無事,原無煩於遠慮。第將來支給有多寡之不均,嫁娶有遲蚤之不等。若待異日,倘有參差之論,又不若值今和睦之日,遵高堂之命,而預爲綢繆也。自吾父親,上鮮兄弟,遲生吾輩,兼理家外,付托非人。兼之嫁姻、喪葬浩費接踵,致資本空乏,貸本經營。奈支用漸繁,日以虧耗,於康熙四十一年冬,盤各項消筭之外,仍虧空客本貳伯陸拾兩,店業蓋一縷之危矣。當此碩菓僅存,同切臨深履薄,因奉高堂之命、兄弟之委,盤交家瑞管理,琳、瓚各行他圖。於次年加貸客本叁伯金,數年頗爲順遂。今四十八年冬,盤僅欠九十餘兩,不能填滿,惟望將來稍待充足,再行清晰。第今子侄日衆,婚姻在即,若復如前,不另商議,非所以保全之策也。況後輩長成,須另圖企足之地,使其習學有賴。今遵嚴命,家瑞逐一盤交,兄弟各秉至誠,面相酌議,悉交家琳承受,瑞、瓚各行他圖。所有各項客本,悉載盤估,併虧空九十餘兩,俱家琳承店認償,不涉瑞、瓚之事,各相情願,兩無翻悔。惟願自今以往守成創業,各能奮發有爲,共期光前裕後,以慰高堂之望,是所同冀也。凛遵嚴命,立此議墨一樣三張,所有議條開列于後,各執一張,永遠存照。

一、議存店貨物、本領,悉載盤估,兹不再贅。惟内三款店屋價伍拾兩,今將四十二年田價伍拾兩補筭其數,其屋價併禮衆分該及換五股之二,存供父母支給,毋得異議。

一、議盤後,楓樹塘田價米平九三色壹百伍拾兩,折天平壹伯四拾兩,遵

父命,每貼叁拾兩,餘存伍拾兩,存供父母支給,毋得異議。

一、議家庭門戶交際,仍暫着家琳承管支應,俟各人成立、分晰產業之日,再行分管。其各家私己往來,不與衆事共論。

一、議琳、瑞、瓚存本,自四十二年起至今,每年俱有支用,不復扣筭,仍炤四十一年盤帳原數開筭。因瓚存少,琳、瑞願將本名下各拔拾兩,貼其生息支給。

一、議家琳存本六十六兩七錢四分,加分叁拾兩,除貼拾兩,仍共存捌拾陸兩柒錢四分;家瑞存本伍拾式兩八錢三分,今加分叁拾兩,除貼拾兩,仍共存本柒拾貳兩捌錢叁分;家瓚存本貳拾兩肆錢貳分,加分叁拾兩,琳、瑞共貼貳拾兩,共存柒拾兩肆錢式分。瑞、瓚以上存本,俱存店生息,以立議之日爲始,每週年貳分申筭,逐月支回家用,不得違議拔取,亦不得過期遲延也。

其消坈風水,今因開試,不可復用,故另買栗木塢山業併喪費共百餘金,議將前存屋價并禮衆該分及楓樹塘買價此二項抵除,不入衆貯。

康熙四十九年正月　日,立議墨家琳　押

家瑞　押

家瓚　押

見議姑夫朱庭有　押

——封越健主編:《中國社會科學院經濟研究所藏徽州文書類編·散件文書》第二册,社會科學文獻出版社,2017年,第479頁

清康熙五十七年九月徽州某縣朱庭有等勸諭内侄汪琅友等於潛縣印埠店業仗義幫貼認領本銀合同議墨

立合同議墨朱庭有、戴昉周,今有内侄汪琅友、芝山、用侯兄弟三人,于康熙四十九年遵奉父命,分晰於潛印埠店業,内開用侯撥存本銀柒拾兩零四錢乙分五厘,立議式分生息。今據琅友、芝山開帳,自四十九年起至五十七年止,用侯所該本利逐年拔取,已經清訖,並無存剩。又據用侯收帳内,只肯除筭本銀叁拾兩,其餘支者,願乃兄仗義幫貼,抹除不筭。而琅友、芝山又正在生意虧折,屬有餘資幫貼。兩邊事情,各有難處。因思前議墨内,立事之初,業有仗義貼補。今日筭帳之時,仍須援此以屬乃兄,庶可以完全始終。某等忝居内戚,勉相勸諭,今依用侯收帳除筭,仍存本銀肆拾兩正,原坐兩兄名下分領,議定每年交利拾貳兩。今自康熙伍十八年爲始,琅友認領本銀式

拾兩，每年交利陸兩；芝山認領本銀式拾兩，每年交利陸兩。其銀每年按季支付家給。在琅友、芝山，不得推辭短少；在用侯，亦不得生端多索。自議之後，各自經營，各毋瑣瑣。至於店業，則遵舅兄手書，分撥抵還客本，毋容異議。今立合同議墨一樣三張，各執一張，永遠存照。

  康熙伍十七年九月　　日，立議朱庭有　押
        戴昉周　押
       允議汪琅友　押
        汪芝山　押
        汪用侯　押
       見議張子仁　押
        汪乾大　押

——封越健主編：《中國社會科學院經濟研究所藏徽州文書類編·散件文書》第二冊，社會科學文獻出版社，2017年，第481—482頁

清康熙五十八年正月徽州某縣汪家琳等立分析於潛縣印渚埠店業並常山鹽倉及其他各業議墨合同

  立議墨合同汪家琳、汪家瑞，今因承父於潛印渚埠店業，併新開常山鹽倉，俱係借本經營，同心協力。不期連年生意艱難，支用浩大，本額虧缺，勢難復合，故不得不立議分晰。所有原額客本，理應逐宗開明，各自承認償還，毋得彼此推諉。至於所當義元叔土庫壹所、廚屋空地一半，原當價壹百壹拾兩；又買井門汪之蕙等土名道院基上田園基地貳拾肆步；又買裕保土名岩龍住基基地貳拾叁步併地上舊屋壹所，俱應對半管業，毋得異說。此係兄弟秉公推誠，共立議墨，各書壹張，互執存照。

  一、借張勝號本叁百兩，又該利四十五兩；勝號鹽課捌拾兩，爾賢存本貳拾兩，坐落於潛店業，抵償該家琳承認，不涉家瑞之事。押

  一、借張藍玉翁本銀叁百兩，又該利四十五兩；借宋惟公本壹百兩，欠利三年，該四十五兩；吳久號鹽價貳拾貳兩，吳宅兆姑利銀肆拾兩，吳珠姐本銀貳拾兩，坐落常山鹽倉抵償，該家瑞承認，不涉家琳之事。押

  康熙五十八年正月　　日，立議墨合同汪家琳　押
           汪家瑞　押

秉公無中。

——封越健主編:《中國社會科學院經濟研究所藏徽州文書類編·散件文書》第二冊,社會科學文獻出版社,2017年,第483頁

清乾隆四十一年正月休寧縣屯溪胡君明同侄胡璧立盤算萬和館店業議據

立議據伯君明同侄璧,原休邑屯溪萬和館店屋家伙一業,閹分余與璧父林萬二人名下,乾隆二十二年閹書爲憑。余與璧父復併家合開,歷今無異。三十一年,痛弟璧父病逝,店內生意照舊合開如故。余今年邁,丁衆有惓於勤,璧亦成立,正可持家。爰將家中田地、産業,憑親房族衆妥議,各鬮已悉。茲店亦洇親友公盤公筭,店內所欠各宅銀本與所買韓姓屋業,并買汪姓基地墻圍,其數相符,坐落余長男拔名下,抵還其各欠,不得累及璧。其屋業基地,璧亦不得覬覦。其店三面公議,仍議與余開張。其内現貨并家伙等項,以及公共借出銀本并所賒店賬,俱結作資本,合分到璧名下九七色銀伍百兩,坐店生息,不得推辭。每年包璧利銀叁拾伍兩,其店屋招牌合璧一半,每年包九七租銀壹百貳拾兩正,以十年爲滿,其租并銀利逐年清還,不得拖欠異説。如有拖欠,聽璧歸本另召,兩無異言。今欲有憑,立此議據一樣兩紙,各執一紙,永遠大發存照。

再批:其萬和館店屋條糧,二各均納。又照,其屋倘大修重造,二各均派;小修,開店人獨認。押

四十七年三月廿二日,將議據内合璧店本伍伯【兩】并利允超手,一併付訖。

乾隆四十一年正月　日,立公議伯君明　押

　　　　　　　　同侄璧　押

　　　　　憑中見弟君選　押

　　　　　　　　禄三　押

　　　　　　　程芳五　押

　　　　　代書胡笑甫　押

——封越健主編:《中國社會科學院經濟研究所藏徽州文書類編·散件文書》第二冊,社會科學文獻出版社,2017年,第484—485頁

清嘉慶十七年三月黟縣十都豐登江良棟等立江陰縣周庄鎮店業議規議墨合同

　　立議墨良棟同侄徽焕等，緣因振銘公創造江陰周庄鎮時成店業後，於乾隆三十貳年開張萬成號，後又於嘉慶六年開張宇成號，歷今多載，所獲餘利併置田業不少。邇年以來，支用浩大，三店所存資本，俱已用去八九，而又兼之内外會項扯空，所該客債約三千餘金，難以開銷，不能轉運。兹特商議，將以田業變易銀兩，復爲清理店務。其各股用空者，歷年如數歸（賞）[償]，而一年支用亦派定，分文不許透支。若過其數，在管事經手者賠（賞）[償]。況先人之創業艱難，辛苦備嘗，已非一朝。爲子孫者，可不體先人之志意而謹守此業哉？自今以後，務宜同心同德，克勤克儉，庶乎上可以紹先志，下可以垂久遠，立此議墨一樣兩張，各執一張，永遠存照。

所有議規開列於後：

一、議各股用空者，坐其歸（賞）[償]。不（賞）[償]者，則以支用銀除筭。

一、議兩立兩家支用一店，遞年拔出銀八十兩均分。如透支，在經手者賠（賞）[償]。倘店生意不能獲利，則拔出四十兩均分。

一、議店中老掛捴，概行停止。若有再掛，坐經手者賠（賞）[償]。

一、議店中各人己會與本店無涉，不得在店支銀應付。

一、議自議之後，店中永遠不許助會。

一、議店中前所助之會，不能轉運者，務爲停止。

一、議本家子侄在店司事者，俸金照舊議，不許多支。

一、議夥計俸金，不可透支。如違，坐經手者自認。

一、議店中不許嬉戲併棋一概在内。

一、議店中所有客情來往，各宜體諒。

嘉慶十七年三月　日，立議墨良棟　押
　　　　　　　　　　良相　押
　　　　　　　　　　良模　押
　　　　　　　　　　良材　押
　　　　　　　　　　良橋　押
　　　　　　　　　　徽焕　押

　　　　　徽熺　押

　　　　　徽燧　押

　　　　　徽燦　押

　　　中見羅召亭　押

　　　　　金節文　押

　　　　　叔渭川　押

　　　　　韓貫堂　押

　　　　　羅翠庭　押

　　　　　程端河　押

　　　奉書徽燦　押

（陳雪明錄，卞利校）
——散件文書，原件藏安徽大學徽學研究中心特藏室

清嘉慶二十一年三月休寧縣屯溪胡允執同侄胡廷垣立轉讓萬和館店業合議據

　　立合議據伯允執同侄廷垣，緣屯溪大橋頭萬和館店業于嘉慶拾五年兩相立議，將店業交伯允執承開，議內載明廷垣已欠各借并會賬項，共計元銀貳仟零壹拾柒兩有零，俱伯允執代垣承認交還。今允執開過五年，生意澹薄，不能代還。因憑宗族議處，允執將萬和館店業并招牌俱合允執壹半，立契盡行便與廷垣爲業，契載價元銀壹仟兩正，坐抵代侄廷垣交還各項之賬，仍欠各項賬元銀壹仟零壹拾柒兩有零，仍係廷垣自行認還，不得累伯允執。其合允執店業一半，亦聽廷垣管業開張，允執日後不得增找洗業、取贖。至前合議墨據，二各繳銷。今欲有憑，立此合議一樣弍紙，各執一紙存照。

　　嘉慶弍拾壹年三月　日，立合議據伯允執　押

　　　　　　　同侄廷垣　押

　　　　　憑宗族家初　押

　　　　　　　我仁　押

　　　　　　　翟光　押

　　　　　　　儒聘　押

　　　　　　　炳如　押

聖成　押

冠一　押

贊虞　押

心燭　押

雲章　押

星彩　押

渭溪　押

——封越健主編:《中國社會科學院經濟研究所藏徽州文書類編・散件文書》第二册,社會科學文獻出版社,2017年,第486—487頁

第四章　書院、塾學、書屋暨科舉賓興規約

第一節　徽州府紫陽書院規約

明正德七年徽州府紫陽書院會規

朱子自贊曰："從容乎禮法之場，沈潛乎仁義之府。"是余蓋將有意焉，而力莫能與也。佩先師之格言，奉前烈之餘矩，唯闇然而日修，或庶幾乎？斯語夫所謂先師之格言、前烈之餘矩者，非其規歟？所謂"從容乎禮法之場，沈潛乎仁義之府"者，非其規歟？是朱子一生自少至老皆有規焉不離也。而《白鹿洞學規》則其爲教者五，皆使人靠實用功，不爲虛無空洞之學，誠萬古不易之準則也。昔熊世芳太守刊石書院屋壁，寓書姚江，請爲集序。姚江復書，謂朱子《白鹿條規》蓋懼初學之靡所持循而然，誠恐學者不得其要，而徒依擬仿像於形似之間以爲學，故私揭一"心"字，以爲諸生告。嗚呼！父子、君臣、夫婦、長幼、朋友五大端，堯以之傳舜，舜以之命契。循至夏、商、周，庠序、學校之設，壹皆以明人倫爲本，豈人倫都無着落，而惟以任此心爲得其要乎？夫依擬仿像，正任其心之病，姚江不以爲心病，而反以爲明倫之病，固已惑矣。及覽其序曰："心外無事，心外無理。博學者，學此也；審問者，問此也；慎思者，思此也；明辨者，辨此也；篤行者，行此也。"直以《中庸》五之字爲指心而言，是舉聖賢用功之目爲黑漆冥悟之機，其可乎？今首列《白鹿洞規》而附諸儒會約於後，姚江之復書及集序則皆去之，庶幾不誤夫後學也。志會規。

白鹿洞學規_{熊太守刊石東西講堂，今大書紫陽屋壁}

父子有親，君臣有義，夫婦有別，長幼有序，朋友有信。

右五教之目。堯、舜使契爲司徒，敬敷五教，即此是也。學者學此而已，其所以學之序亦有五焉，具列於左：

博學之，審問之，慎思之，明辨之，篤行之。

右爲學之序。學、問、思、辨四者，所以窮理也。若夫篤行之事，則自修

身以至於處事接物，亦各有要，具列於左：

言忠信，行篤敬。懲忿窒慾，遷善改過。

右修身之要。

正其誼，不謀其利；明其道，不計其功。

右處事之要。

己所不欲，勿施於人。行有不得，反求諸己。

右接物之要。

熹竊觀古昔聖賢所以教人爲學之意，莫非講明義理，以修其身，然後推以及人。非徒欲其務記，覽爲辭章，以釣聲名、取利禄而已。今之爲學者，既反是矣。然聖賢所以教人之法，具存於經，有志之士固當熟讀而問辨之。苟知理之當然而責其身以必然，則夫規矩禁防之具，豈待他人設之而後有所持循哉？近世於學有規，其待學者爲已淺矣，而其爲法又未必古人之意也。故今不復施於此堂，而特取凡聖賢所以教人爲學之大端，條列如右而揭之楣間，諸君相與講明遵守，而責之於身焉。則夫思慮云爲之際，其所以戒謹恐懼者，必有嚴於彼者矣。其有不然，而或出於禁防之外，則彼所謂規者，必將取之，固不得而略也。諸君其念之哉。

按，文公夫子主教白鹿洞書院時，特著此規，以示學者。國朝建立學校，遂以其意播爲臥碑之訓，每敕憲臣督學復申言之，而憲臣又各隨所宜紬繹敕諭，著示教條，揭於學宮，用爲勸懲。誠以是規乃天下後世教人不易之定法，匪獨當施於白鹿洞書院而已也。我郡伯熊公刻置東西講堂，以詔諸生，曾因錄之，冠於集首，庶同志者知所從事，於以副賢邦伯作人之盛心，使是規不託於空言也，顧不韙哉。

正德壬申，休寧後學程曾謹識。

——[清]施璜編，吳瞻泰、吳瞻淇增訂：《紫陽書院志》卷十五《會規》，清雍正三年刻本

明萬曆徽州府紫陽書院崇實會約

崇實會約

昔萬曆庚戌菊月，新安六邑大會，群集祁閶方氏祠。主教爲本庵方先生，_{諱學漸，字達川}，聚講數日，錫以教言。臨別，復以桐川《崇實會約》授六邑會

友。迄今紫陽、還古諸書院遵其成約，定爲章程。凡郡邑大夫臨會，以是圖呈覽，咸樂取則焉。謹節錄其條約，與紫陽申飭會約折衷而砥礪之，以紫陽前五則爲綱，以桐川十二則爲目，庶不詭白鹿、天寧遺教，且無忝"東南鄒魯"夙稱云。

　　會有統

　　道術行誼，群心嚮往者，共推而尊之曰"會宗"，主盟闡教，躬執牛耳。齒尊行優者，爲"會長"，紀綱庶事，爲諸友先。齒稍次於會長，行與才合者二人，爲"會正"。會長、會正之於會宗，同心一德，共成此學，罔或貳三。年富力強，幹韜足任者二人，爲"會贊"，綜理庶事，應酬來學，受命於會長，質成於會正，殫力任勞，勿辭委瑣。童子才敏者二人，爲"會通"，報事約友，惟是奔走爲兢兢，銷傲惰而鎔德性，亦命之矣。

　　會有期

　　每月二會，以初八、二十三爲期，巳而集，申而散。紫陽書院大會，定期九月，以十三日開講，十五日爲文公生旦，黎明釋菜，是日仍會講終日，十六日散。

　　會有儀

　　至日，會贊先設先師位於堂，上設香案。會友如期咸至，至者升堂，揖先師，次揖會宗，次揖會長以下。交實錄，於先師前就坐，待齊排班，向上四拜，分班揖，就坐。供講案，宣講義一章。就坐，歌一詩，少選。再進講，歌一詩，少選。查實錄，併家居善過賞罰訖，登考覈之紀。布席，飯訖，徹席復坐，質疑問難，議事辨禮。至申，揖先師，揖會宗，分班揖，歌詩而散。

　　紫陽書院，每日早起，會贊宣講義一章，會宗發明。畢，會長、會正等以次質疑問難。訖，童子歌詩，揖先師，分班揖，退就午膳。午後復會，宣講義一章。會宗發明，俱如前儀。

會有圖

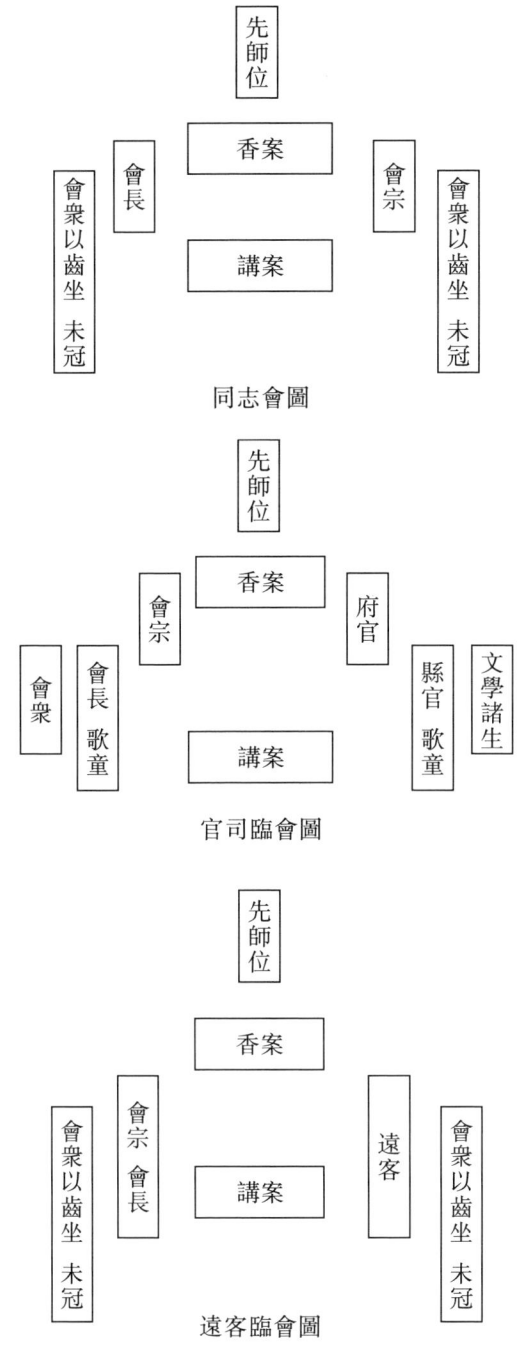

會有輔

夫友，友德而已矣。無論貧賤末流，苟志於道，與衆受之。若負重愆，飾僞而匿於會，與衆拒之。始以善入，終而易行，忠告善道。知其不可，與衆去之。

會有指

二氏角儒，儒道存；儒比二氏，儒道亡。夫不知內視其外，儒、佛之判，外若霄壤而謂內無二焉，可乎？宗吾儒，不當竄入二氏；宗二氏，何必竊附吾儒？淆三爲一，道之賊也，辯不可不早也。

會有錄

聖日新，賢日省。左紀事，右紀言。古先正何嘗一日不兢業也？凡會，各置一編，曰《崇賢錄》，日行何事，接何人，存何念，讀何書，吐何論，或善或不善，咸備錄之。曉夜披閱，獨覺醒然。會日呈堂，共睹可畏，此吾會吃緊切實功夫也。無錄，怠也；錄善而掩不善，欺也。怠則恥，欺則甚恥。

會有論

"六經"、四子、先正格言，關係樞管者，是爲吾道之筌蹄。每會，會宗預選一章，衍爲講義。會正分譔一章，會生有能自譔一章者，尤見用功之勤。會前二三日，謄發同會，參互較訂，期於精切明妥。會日進講，擇會生以次宣讀，聽者體貼，入身印正，心體必大有益，非以爲談柄也。

會有程

會日談叢，不有紀錄，一飛鳥之音耳。會罷歸，各紀所聞，日久成帙，覘所自得焉。學求諸心，證於事。孝、弟、忠、信、禮、義、廉、恥，隨物所觸，即求諸心。務盡心以應之，不失物，則此之謂"格物"，此致知之實功。學以稽古爲助，文學之士，"六經"、四子誦之久矣。即庸流末民，未嘗讀書，一入吾會，必將四子正文、先正格語，日程百餘字，誦令精熟，開明心徑，始能領教。

會有章

善興者，莫如詩。唐工法，宋工理，論文資法，論學尚理。各選康節、明道、晦菴諸先生之詩緊切易曉者數十章，諷誦咏歌，最能感觸其良心。先王制禮範身，齊家軌物，其爲用也甚大。關西之教，以禮爲先。今子弟憒不知禮，而賢智者又曰："禮非爲我輩設。"養成驕惰，蕩檢踰閑，其不爲無忌憚之小人也者幾希。宜取《文公家禮》，酌而行之，喪、祭爲急，婚次之，冠又次之。

會有戒

學貴下，傲心宜戒；中貴虛，滿心宜戒；功貴恒，怠心宜戒；入貴巽，躁心宜戒；養貴靜，蕩心宜戒；應貴直，機心宜戒；器貴宏，褊心宜戒；慾貴寡，貪心宜戒;用貴節,侈心宜戒;氣貴和,忿心宜戒;人貴同,忌心宜戒;識貴超,習心宜戒。守此"十二戒",可以語道矣。

——[清]施璜編,吴瞻泰、吴瞻淇增訂:《紫陽書院志》卷十五《會規》,清雍正三年刻本

清康熙八年九月徽州府紫陽書院講堂會約

紫陽講堂會約

徽國文公朱夫子,當淳熙辛丑歲,會講白鹿,著爲學規。迨慶元丙辰,主教天寧,其示學者誨言,猶夫《白鹿學規》宗旨也。然則學者學此而已,豈復有異規哉?世遠教弛,會講疏闊,士人執經帖括,志在梯榮,鮮有戾止名山,訪道講院,商究身心性命事者,山靈毓秀,將無鄒魯東南繼朱子而興者乎?爰訂六邑同人,歲值文公誕生之月,釋菜壇墠,講學三日,遵白鹿之規,本天寧之誨,總括以尊朱宗孔之大旨。十餘年來,諸同人斌斌麗澤,潛修如約。自後警違玩,勵方來,故申飭會約、儀注,令聞風來會者知所循企。

一、崇正學。務經明行修,宗尚周、程、張、朱之學,講論悉符於踐履,著述必本乎躬行。德孚閶閈,望重學林者,會長敦請貫院,闡印聖宗,以爲後學標準。如侈談二氏家言,爲三教歸一之説,及陽儒陰佛者,不得入會。

一、敦實行。必居家孝弟,言行謹信,廉節自守,爲鄉黨、親友所稱許者,方延入會。

一、謹士趨。凡瀆亂人倫,不矜名節,及爲利奔競公門,居間作証,語言無實,刀筆訟師,一切所爲,有妨名教,而欲登講堂爲名高、挾浮説以取勝者,勿令入會。

一、嚴始進。凡有志入會者,必須會中老成爲之介紹,預先告明會長,會長通知各邑會宗廉覈。果如所告,方延入會。至會期前一日,介紹引新友,具名帖,見諸邑會宗,然後同堂領教。

一、圖晚節。凡從前附名在會諸友,或有爲德不卒,敗名喪檢,内忝倫常,外辱壇坫,及在會不遵儀注,矛盾訕侮,散會後誇誕不經,欺誑流俗者,衆議不許復入,照舊規削除前名,仍追咎原介紹之友,紀録一過。

右首列四則,端始進也;後一則,戒鮮終也。其已入會之友,德業相勸,過失相規,另有會約、儀注,詳訂開載。

康熙己酉秋九月十三日，諸邑會長具白。

竊詳立規之意，所貴在人品真實，學術醇正，足以究身心性命之事，不在濫交游、侈人衆也。《麗澤·兌》："君子以朋友講習。"若匪朋匪友，何講何習乎？故紫陽立規甚嚴，會友必擇非過，峻其門庭。一則鑒名流濫集，廣通聲氣，後染無窮之禍；一則恐有類禪門，登壇説法，大亂吾道之真。所以寧甘澹泊，不慕勢力紛華；寧同志寥寥，不效名場鬧熱。璜自癸卯司會以來，硜硜守約，不敢妄請一人。其請而至者，必可爲後進師表，無忝會規者也。苟天未喪斯文，山靈毓秀，正學弘昭，有繼文公而嗣興，以應五百年之昌運者出焉，豈非在會諸君子所旦暮願見者乎？則此規也，洵爲紫陽之金科玉律也。後學施璜謹識。

——[清]施璜編，吴瞻泰、吴瞻淇增訂：《紫陽書院志》卷十五《會規》，清雍正三年刻本

清康熙徽州府紫陽書院規約

紫陽規約

歙常伯洪氏_{德常}，少受學於海門周先生之門，長而讀薛文清、高忠憲遺書，始慨然決志，尊紫陽之學。爰與汪月巖諸子思復興壇坫，講學勵行，原本舊規，參之己見，括陳六事，將以自勖並勖同人。高君彙旃采入《紫陽通志録》。

一、曰敦倫之學。《堯典》命官，敬敷五教。三代建學，首重明倫。古先帝王，諄諄誥誡。誠見上不陳常，即不可以成治；下不典行，即不可以爲人。千古之學，統學此者也。吾人出處有時，脩能無待。大倫既立，即不讀書，罔非謨訓。如其一行玷缺，有愧生平，縱文采動人，勳業振世，名教中亦安賴有若人哉？志學君子，欲治人而先自治者，宜何如其皇皇也。

一、曰擇善之方。大舜一生，取人爲善。第善在人，取之自我，非虚心聽受，往往當前失之。夫三人行，必有我師，况吾黨皆賢豪之選，每值會期，或証所得，或質所疑。或取《大全》《性理》諸書，以爲參稽；或舉古人嘉言懿行，以爲資楷，總要尋思當日用心落處。至於善則相勸，不善相規，各發聞過則喜之心，務期盡言，不以爲忌，庶可相與有成。不則群居終日，責善無聞，或會時念慮維新，退後作爲如故，則務爲標榜，專盗虚聲。身心性命，了無交

涉，是非實心向學，大失先儒立教之初意也。

一、曰執禮之本。《禮》以範身，爲斯須所不去。《易》曰："知崇禮、卑禮，以極卑爲事。"故自飲食居處、灑掃欬唾之間，皆有儀節。行之既久，與所謂極崇之知無殊。成性存，存而道義出焉，然其本不過曰無不敬而已。心一不敬，好惡無節，於外知誘，於内不能斂意歸神，返觀自省，禮本離而性真隱矣。顔子視聽言動，必嚴非禮，是即危微精一之傳。奈何命爲儒者，而動作無儀，致識者貽譏於相鼠哉。

一、曰存誠之功。求誠莫大於毋自欺。夫本以欺人而反以自欺者，蓋不欺其自即不能以欺人究之，人與自俱何可得而欺哉？苟能事事忠信，念念篤敬，不求見知於人，惟務自慊於己，日積月累，義精仁熟，自可動天地而質鬼神。同乎我者，固信吾誠；異乎我者，亦漸化其猜忌。此學者一生用力處，亦便是得力處，慎毋泛焉而不實求也。

一、曰寡過之法。自謂無過者，鄉愿也；過而不改者，下愚也；過不能無，而欲寡未能者，聖賢也。《易》著補過之訓，《書》垂不吝之文。孔曰"勿憚"，顔曰"庶幾"。聖經賢傳，諄切言之，要知過不在大。凡一言一動，稍有不慎，即爲過舉。必須於動念時，潛體密察，或一念未純，於理必須自知悔悟。搜剔入微，則根株可拔，而餘習潛消。夫德之不脩，過爲之累也。過滅則德醇矣，於以優入聖域也何有？

一、曰崇儉之效。禮奢寧儉，奢、儉之原，即義、利所由分，而舜、蹠人、禽所由判也。世不古處，皆由不儉而成。不儉則多營求，多營求則肆争競，孳孳靡已，悔吝隨焉。夫自一身言之，儉於視可以養目，儉於聽可以養耳，儉於口可以免禍，儉於思慮可以葆神。引而伸之，窮約者，儉足致饒；優渥者，儉能養德。守身、持家之道，莫切於此。挽叔季而還淳，矯侈靡而返朴，其將崇奢邪，抑崇儉邪？

——［清］施璜編，吴瞻泰、吴瞻淇增訂：《紫陽書院志》卷十五《會規》，清雍正三年刻本

清乾隆五十七年正月歙縣古紫陽書院規條

公議重興古紫陽書院規條

古紫陽書院之興，維揚諸君子所籌經費，計出萬全，事能永久，洵一時之

盛事。惟在初立章程，始基盡善；務俾功歸實用，費不虛糜，庶幾髦俊奮興，人文蔚起也。第有治人，無治法，事莫不然。今將同人酌定規條開載於後，愼毋遷就於目前，毋廢弛於異日，則相守勿替，規矩井然，養育人材，曷其有極？

一、考取肄業生童，乾隆辛亥年初立之時，係公請太守考試錄取，其中頗多不便之處，難以踵行。因於冬初恭逢學憲秦大人按臨科試，同人公議學憲爲斯文宗主，多士仰受甄陶，錄取更稱公允。且此院係紳士管理，其監院之事，雖奉兩淮運憲檄飭歙縣敎諭承辦，而敎官究係學憲專轄，亦應呈明立案。因於按臨之下，詳悉呈明拜請。嗣後，每逢歲試之年，由監院具文申請，照案施行，定爲三年甄別一次。隨蒙秦大人於科試錄取七學，一、二等生員及新進生員中，如額挑取肄業者五十名。又於未進童生備卷內，如額挑取肄業者三十名，並荷批示。學問之淺深，亦難據一日文藝之短長，據爲定論。如必拘定限期一槪申請，另行錄取，新舊互易，進退懸殊，轉失造就人材之本意。嗣後，除隨時出缺，卽聽山長、紳士於到課中選材酌補外，其屆歲試之年，倘無應請錄取之處，原可無事紛更，如所缺實多，亦應將堪以留院者仍留肄業。惟各縣所缺之額，由紳士於按臨時指明具呈，申請錄補，亦不必由該學申詳。如此辦理，更爲允協。事經創始，該敎諭職司監院，務期潔己奉公，實心經理，以期久而有效，毋負委任之意云云。秦大人垂靑多士，雅意栽培，所以爲鼓舞人才者至深且遠。嗣後，惟當敬謹遵照批示辦理，切勿另議更張，致生枝節。

一、學憲秦大人批示之意，重在無事紛更，其隨時出缺，卽聽山長、紳士於到課中選材酌用，立法最爲妥善。今定於到課生員中有能一連考三次超等，童生中有能一連考三次上卷者，卽拔入書院肄業。至各縣生童，現俱踴躍赴考，並可無虞缺額。其於學憲按臨指明具呈，申請錄取之處，亦可永遠停止，益符秦大人無事紛更、隨時鼓舞之德意。

一、秦大人所錄肄業人數，係生員五十名、童生三十名。今查生員中頗多續學之士，仍當推廣以育人材。生員議增三十名，共八十名；童生議增十名，共四十名。倘生童肄業人數已足，而仍有一連考三次超等上卷者，則立簿登記，於遇額缺空出時，按其課期之先後、名第之高下，依次補入。責在司事者細心查校，毋致混淆。

一、生童中有一連考三次超等上卷，因額缺已足，不得卽補，而情願入院肄業者,若竟不量給膏火,則寒士無以自存,必生退阻之心,殊失鼓舞之意。今議此等入院肄業之生童,照到課生童之例,每月給以一半膏火,候補缺之後,再行全給。但須司事者隨時稽查,必須實係在院肄業者,方准給發。倘任冒濫支給,一經查出,即按數令司事者賠償。

一、書院課期,每月二次,定期於初五、二十兩日,用"四書"文一篇、經文一篇、五言八韻排律詩一首,再於正課之外,定期於初六日考試詩古,均由院長出題,閱定甲乙發案。其案送監院學師鈐印,粘貼書院照牆。至肄業生童中,有不長於詩古,不願應試者,聽其自便,不必勉強。其考試詩古題目,亦不必拘定應試體裁。

一、延請院長,第一年送聘金二十四兩。次年如仍係舊院長,不必重送。每年脩金四百兩,薪水二百兩,節敬、生日四項共十四兩,川費往返共四十兩。管家犒賞,無論人數多寡,酌定每年二十四兩,分三次送交院長給發。午節送八兩,中秋節送八兩,散館之日送八兩。又開館之日及午節、中秋節,每人另給五錢。

一、肄業生童,每人每月膏火銀二兩,於初五、二十兩次課期給發,每次給一兩。若取入書院而不在院肄業,僅於課期到考者,膏火減半,每月一兩,亦分兩次課期給發,每次五錢。其初六日考試詩古之期,不發膏火、獎賞銀兩。

一、初五、二十課期,考取前列者,宜加獎賞。生員約於十人中,取超等二名、特等三名,超等前五名各給五錢,餘各三錢。其前五名中,有詩文出衆,經院長批示超超等者,再於常例獎賞之外加五錢,以示鼓舞。特等每名一錢。童生上卷,亦於十人中取五名,前五名各三錢,餘各一錢。上次獎賞之銀,即於下次課期給發。

一、考試詩古者,亦宜酌量獎勸。生員約於十人中取超等一、二名,特等二、三名,超等第一名給五錢,餘各三錢,特等每名一錢。童生上卷,亦約於十人中取三名,第一名給三錢,餘各一錢。每月皆於二十日課期給發。

一、肄業及到課生童膏火,一次不到,則降給一半膏火;一連二次不到,則罰去一月膏火;其一連三次不到者,即行除名。司事者設簿,按次登記,以便稽查。倘因有大事故不能到考者,又當別論。

一、每月初五、二十兩課,凡在書院肄業及到課生童,并未取入書院之人,而有願逢課期就試者,均概行給飯二餐,每次每人給銀六分,交司事者預備，早葷晚素。考試詩古之日，亦照例備辦。倘肄業人中有不應試詩古者，查明不給。其監院學師於課期亦應備飯，每次監院學師及家人一名、門斗一名、轎夫四名，共發銀八錢，亦交司事者辦理。務須妥協照料，毋得任厨役克減，致有菲薄及不堪適口諸弊。

一、每逢鄉試之年，凡取入書院之人，七、八、九三個月，雖不能在院應課，然書院所以儲材，科舉方期上達，應將七、八、九三個月膏火仍行照數給發，以作元卷，較之扣膏火而送卷資者，轉爲從厚，此爲鼓勵人才起見。如有冒領膏火而不赴鄉試者，查出除名，不准復入書院。

一、發七、八、九三個月膏火，以作鄉試元卷，乾隆壬子年初辦之例，係分別肄業、到課給發，肄業者給六兩，到課者給三兩。今公議平時應課雖有肄業、不肄業之分，至於鄉試，則同赴江甯應舉，初無二致，既爲鼓勵人才起見，應一體給以六兩，不必分別辦理，方爲平允。其額數之外，有考三次超等，雖未補缺而在院肄業者，亦一體照數給發。但當開館之初，不即入院肄業，至春後始行肄業，以圖冒領者，則不准給發。至未經補缺，又不在院肄業之人，平時既未便給以膏火，則鄉試亦未便給以元卷，自不得援以爲例。

一、取入書院之人，鄉試得中者，舉人贈賀儀十二兩，送其出院；副榜贈賀儀六兩，仍留院中；選拔照副榜之例，送與賀儀。惟願多士奮興，蒸蒸日盛。

一、監院學師，每年送酬金六十兩，又燈燭雜費銀十二兩，家人每年給銀八兩，門斗每年給銀六兩。

一、書院設司事二人，每人每年送勞金四十兩，又十二個月，各送飯食銀二十一兩六錢，遇閏加算。紙筆、燈燭各項雜費，每年共給銀一兩六錢。司事者有稽查、督率之責，二人總須一人在院住宿，不得委之司閽、僕役，致滋弊竇。再，司事者如係生員，每年既另設有勞金并飯食銀兩，亦不得復行應課，佔取膏火、獎賞之資。若經理不善，貽誤公事，即當辭出，毋得狥情。

一、試卷紙張、硃墨等項費用，每年以六十兩爲率，試卷須選潔白之紙，不得草率從事。

一、經費銀兩，由監院學師分四季申文請領，給學書紙筆之費，每年八兩。

一、司匭紳士，須用管賬一人，每年支勞金二十四兩。

一、書院門役一名，每年工食十二兩。厨役，水、火夫共四名，每年工食各八兩。

一、門役、厨役、水、火夫之外，用打雜夫役一名，每年工食八兩。所有院長住屋及書院中祠宇、廊院以及大門外月臺道路，皆責其打掃潔净，並供司事者就近差遣之用。其既散館後、未開館先，門役、打雜二人外，於水、火夫中酌留一人，均令在院住宿，按日每名給飯食銀三分。

一、梁下渡船二隻，爲南鄉生童赴院應課者所必由之路，應每年給與工食，兩隻共二十四千文。

以上八項銀兩，均按四季給發。

一、書院所有備辦課期供用之棹凳，及一切動用傢伙等件，毋許平時零星取用。每逢課期之後，司事者於次日即須查點收貯，不可任其散失。

一、書院所有備辦一切棹凳、器具，概不准人借用。即遇公事，亦不得通融出借，司事務須時刻稽查。倘有私行借出者，即告知司匣紳士辦理。

一、書院經費，每年分四季請領，司匣之紳士，按季於正月、四月、七月、十月，請監院學師備文鈐印，紳士並另具信，將文書封入信中，專足馳送揚州同鄉之總商，憑文請領。所有徽專赴揚足人，先付力金若干之外，到揚應找銀若干，即兑出封入信中，以便揚州接信後即行找付。其揚州領出經費送徽，酌定每次給力銀九四平紋八兩，折庫平紋六兩九錢六分，即由揚州於領出經費時扣發。又酌定司房請領報銷紙筆等費，每年共給九四平紋銀三十六兩，折庫平紋三十一兩四錢四分，分四次給發，每次九兩，亦由揚州於領出經費時按次扣給。司匣者即於每次收到經費時，照數開支。

一、設立書院，原爲陶冶人才起見，須延請學品兼優之院長，方足爲多士觀摩。若聽情吹薦、非衆所悦服者，必致有名無實。自應由紳士公同商請，不得藉爲周旋狥私之具。即地方公祖父母吹薦，亦須婉辭，斷不可稍有遷就。

一、在院肄業生童，當潛心攻苦。兩次正課之外，須請院長命題，作小課二次，方足以資啟迪之益。如有不作小課者，罰膏火五日，更不得出院嬉遊，所謂"百工居肆，以成其事"也，責在司事者留心稽查。如有日事嬉遊及在院不循規矩，聚談、玩愒者，即禀明院長，照會司匣紳士，查明扣除。或因有事回家，亦必告知司事，代爲禀明院長。告假每月不得過五日，到日即行禀銷，司事者設簿登記查核。如出五日之外，即按日扣除膏火。其有一季之内，藉端告假多日者，並告知院長，照會司匣紳士，查明除名。惟因大事故而告假者，又當別論。

一、課題祇定"四書"文一篇、經文一篇、排律詩一首，考試詩古或古文，或詩賦，亦止二題，均不爲多，理應不准給燭。但不在院肄業之生童，有本日自鄉間赴院者，不得不略爲通融，然亦須於辰刻到齋，初更交卷。倘過辰刻不到，司事稟明院長，即行扃門，不復等候。抑或至二更仍不交卷，司事亦即稟明院長，將卷撤去，不得任其延挨，致滋倩代之弊。倘有抄錄舊人文章者，一經查出，即行除名，不許復入書院。

一、凡遇課期，司事俟生童到齊，請監院學師標發封條，將門扃鎖，然後請院長出題考試，毋許私將試卷帶回家中。肄業之人，亦須在堂上作文，不得復入住房，司事者務將各處總門扃鎖。倘有不遵規矩者，稟明院長扣除。

一、書院課期，無論肄業、到課之人，總須親身領卷，毋得托人代領。司事於發卷之時，并須逐名識認。如有托人代領之弊，即告知監院學師，稟明院長，將不親到及代領之人一併扣除，不許復入書院。司事倘復徇情，一經查出，其冒領之膏火或並得有獎賞銀兩，均責令司事者賠償。

一、不在書院住宿之人，交卷後自應即行放出。但扃門考試，原期鄭重，若屢行開門，亦恐滋弊。今酌定每逢課期，祇准於申刻、酉刻開放二次，餘俟盡行交卷後，方許放出，并須詳悉查明開放之人，其卷果交與否，以杜弊竇。

一、肄業諸生，每人所住學舍一間，由司事者按照所編字號，依次安置，不得由諸生任意揀擇，亦不得另佔別房及多取床板、棹凳之類。其不在院肄業之人，尤不得任其鎖佔。凡平時及遇學憲按臨、府縣尊考試之期，皆不得招邀本家親戚至院居住，即同房亦所必禁。府考、院考之日，只許取入書院者按期赴課，其餘一概不收，以免人多冗雜。每年未開館之先、既散館之後，司事者亦應在院住宿，不得任聽閒人借住。即官長告借，亦不得通融。

一、上年肄業生童所住房舍，次年毋庸遷動。其本年新取入者，司事查明，隨其到院先後，妥爲安置，先儘毗連空間住滿，再行挨次給住。總不得聽其任意佔據房間，致啟擁擠不均之弊。

一、發給膏火，獎賞銀兩，給銀雖屬便捷，而平色高低輕重，日久恐滋弊竇。今定以銀易錢給發，永以爲例。責在司事者每次算明膏火、獎賞銀兩若干，其時大市錢價若干，開載清單，向司匭紳士領出銀兩，先期於殷實錢鋪換錢，存於鋪中，將刊定錢票，計若干人，每人給票一張，該若干張，於課期在書院中當面給發生童收受，票上註明半月膏火銀若干、該錢若干。如有膏火之外并應得獎賞者，又有例無膏火之人，而考取前列應得獎賞者，亦各於票上分別註明應得錢數，並用司事者印記，交生童持票，自向該鋪支取。唯是錢鋪發錢，往往有攙雜小錢之弊。今亦酌定較大市錢價，每銀一錢，讓去錢二文，與錢鋪言明不得攙雜，票上須註明"剔净大錢"字樣。如此辦理，在司事可免瓜李之嫌，錢鋪亦無所行其攙雜之弊。其生童雖覺有銀一錢少錢二文，然皆得通用之錢，且終年計之，所少亦復無多，較之平色吃虧，則大相逕庭矣。若司事者不於殷實錢鋪換錢，致有失脫，則所領銀兩即坐令司事賠償。生童向錢鋪取錢，若未能於臨時撿出小錢，事後亦不得復向司事、錢鋪理論。

一、司事每月所支銀兩，除登帳外，仍照錄出一紙，粘貼書院墻上，俾衆目觀看，咸使知所領之數與所支之數果否符合，既足以息浮游之言，亦可以清影射之弊。

一、書院供奉獻靖公、文公、祝永叔先生神位，每月應支香燭、紙銀三錢六分。

一、致祭文公，每年定期兩次，春季以三月十五日，秋季以九月十五日，皆於祭前先祭獻靖公、祝永叔先生。所有應用祭品，另册登明，每祭應支銀十七兩八分，敬謹恭辦，毋得草率從事。所有赴院與祭之紳士，及在院生童，每人給麵一碗，每碗給銀三分，交司事者備辦。

一、院長每年到館之始，供應三日，每日約以三兩爲率。其開館、散館、三節、生日辦席，須加意辦理。每次筵席，酌以三兩爲率。

一、書院設立公匣，責在鄉紳管理，并稽查一切利弊。司事之人按期於司匣處請發銀兩，每月之終，即將一月收支賬目登册，交司匣者收貯；一年之終，又將通年收支賬目造一總册，並交司匣者查核歸匣。司匣之紳士，再將領到經費本平若干、出平若干、本色若干、出色若干，及本身經手支用與發交司事支用之數，通年核算，逐條寫明，分別舊管、新收、現支、仍存四項實在數目，總造清册一樣三本，與衆紳士觀看，送監院學師鈐印，一存匣中，一備文送揚報銷，一寄揚存公稽核。司匣者務宜任勞任怨，固不可托辭推諉，亦不可曲意徇情，尤不可假胥吏之手，庶足以公襄盛舉，永遠遵行。

乾隆壬子孟春，歙程瑤田書。

（卞利錄，張艷紅校）
——碑銘，原碑現嵌於安徽省歙縣徽城鎮歙縣中學古紫陽書院中祠左側墻壁上

第二節　休寧縣還古書院規約

明崇禎二年十一月休寧縣還古書院規則

還古書院規則崇禎己巳冬月立,此向來舊規也,有額懸德鄰

此講道所也,先聖、先哲之神憑依焉。凡至者,常懷如在之心,則一器一物自不敢泄越,矧肯自蹈非禮乎？謹明其條約于左,願與合邑諸君子世守之。共十一則。

一、名公鉅宿,商明正學者,聽。
一、鄉紳大老,登臨問俗者,聽。
一、里役,候邑父母、師長觀風裡祀至者,聽。
一、文壇騷客,締社至者,聽。
一、親朋環集,飲以成禮者,聽。
一、內外培植竹木,不得毀傷。
一、新堊墻壁、門窗,不得污衊。
一、棹檹須用兩人共舉,不得躁張,以致壞及地磚,併不得遷移館外,以致混失。
一、名教中自有樂地,不得携妓恣謔,以為會館玷。
一、會文者,止許用棹檹併竃鍋,其餘碗碟等物,各自備用。
一、用物須當珍惜,隨行人役,唯各家主人體諒叮嚀,庶見公館一體之意。

後學任師濂茂倫、任師洛儀大同校。

——[清]施璜編:《還古書院志》卷十《會規》,清道光二十三年刻本

清康熙休寧縣還古書院會約暨會儀

會必有規,所以明條約、一衆志也。還古舊例,唯存"己巳十則",餘皆無從稽考。國朝汪星溪、楊瑞呈諸先生擴清講壇,洗除正、嘉以來致良知之宗旨,以為新安學會,肇自文公會講天寧山房,今書院會規不遵紫陽,可乎？況會友輔仁、修業進德不法朱子,其何以為法？故立還古會規、會儀,尌酌商

訂,一本《紫陽會規》遺意,使登還古之堂者知所持循。志會規。

還古會約

一、學先立志。須有必爲聖人之志,則工夫自不敢惰。日就月將,學思並進,歸併一處,則外誘不期屏而自屏,性命不期達而自達矣。

一、學貴心靜。靜者,勿二勿三之謂也。心外逐則擾,內斂則潛。未發之中,已發之和,大抵皆從靜入。千年聖學,緊關處在是,慎毋忽諸。

一、學以孔子爲宗。孔子十五志學,七十從心。其精進之妙,蓋有人不知而自知者,此千古學脈也。釋老之教,寂滅荒唐。攻乎異端,斯害也已。權謀術數,溺功利而泊本真。學孔子者,必不其然。

一、後學聽講,蓋爲講明安身立命之要,非騰口説騁辨給也。須靜坐席末,齋心諦聽。有疑,默自參求;未達,就於班内從容發問,是謂虛心求益,庶人己兩裨。

一、不得言朝廷得失。

一、不得言官府長短。

一、不許人陰私,不受膚訴禀揭。

一、朋友有過,只宜默規善道,慎毋於講堂中面斥。

一、閒談謔語,俱所當戒。

還古會儀

一、會期,每舉三日,每歲兩舉:春定于清明後三日,第四、五、六三日;秋定于中秋前三日,十一二三三日。

一、始會之日,司事者先期掃潔屋宇,鋪設椅櫈。清晨,設香案、燭臺、棹圍於先師孔夫子及文公朱夫子神座前,候諸友齊集唱班,行四拜禮。分班作揖,照齒列行,以次就坐。倘名分有礙者,就後班坐。如後至者,徑入班次,候講畢散班,補拜補揖。

一、邑父母及學師臨會,將至書院,道長率諸友於大門外恭迎,引上會堂,謁拜先師孔夫子暨文公朱夫子,行四拜禮。道長相見,揖禮;諸友相見,亦揖禮。邑父母暨學師東坐西向,道長暨會友西坐東向,肅静供茶,用點心。畢,司鼓者伐鼓三通,贊禮者唱班,向先師前肅揖,再揖,分班班揖,再揖。鳴講鼓,司鼓者伐鼓五下,宣"聖經",童子向先師前朗誦所講書,就坐,肅静,供茶。

請教邑父母、學師賜教，道長互相商質，司錄者静聽，紀錄明白。供茶，童子歌詩一章。歌畢，贊禮者復唱班，向先師前肅揖，再揖，分班班揖，再揖，道長謝揖。諸友供小飯，照前儀再講書一章，謝揖。送邑父母、學師於大門外，如常儀。每會只請一日，若邑父母肯再惠臨，照前供俟。

一、凡諸友赴會，司賓者陸續面登姓名於簿上，然後升堂謁聖。新進者，總用單帖，投一名刺於中。有先達與外郡邑客應答拜者，即於會次面送束相答。

一、會每日上、中午聚講二時，坐定供茶，佐以果餅。如老先生臨會，須備午飯，四餚、二菜，酒數行，飯聽用。邑父母及學師臨會，量加二品，豐約得中，庶爲可久。

一、各友僕從宜減，不可多帶，會中不能供給。更宜囑僕從於大門之外伺候，毋得輒入會堂擾混。

一、秋會，收租供給會費；春會，則各友自携會資并助祭費，多寡量力。其便道來觀望者，概不供給。

一、祭日，祭先師暨文公，及本邑先哲、倡建書院祝父母，釋菜祭品，照儀注備辦。祭畢叙宴，酒五巡、七巡，至九巡而止，圓揖而散。

一、凡十五歲以下童子來聽講者，例不供給。如有志聽講，須浼親友介紹，先具名帖，登名後，上堂拜聖，叙次而坐。如無介紹名帖而入者，例不供給。

一、方術、閑遊、滑稽等輩厠入，例不供給。

一、向來現在器皿，不得欠缺，失即置補，壞即修理，毋致委荒。

一、守院人，惟用古城僕從爲宜，務試其誠實，方可盡承守之責，而無失所之患。每歲定酬工食三兩陸錢，如逢閏月年，則加勞一錢五分。倘失所物件，則議賠。不盡心守宿，則量其輕重議罰。

——[清]施璜編：《還古書院志》卷十《會規》，清道光二十三年刻本

清乾隆休寧縣還古書院公議條規

署休寧縣正堂、加十級、紀錄十次鈕爲恭呈公據，籲請存案，賞示勒石，以垂永遠事。案據貢、監生員任良會、吳定杰、張葆淳、張鳳綸、閔嘉福、任杰、趙徵紉、劉源滙、任承照、俞炳麟、吳盛德、吕紹萊、汪時雍、張鳳詔、任桂生、吕浩慶、陳子鶴等抱呈，高陞呈稱：生等三都地方，有還古書院，始自前

明,迄今數百年,春、秋講學,歷久相沿。因地段坐落古城山,均係本都人經理。乾隆年間,霞溪汪樵溪、茗洲吳約廬並黃、趙兩姓,續復捐銀置田,買入還古户內,添補書院祭祀、修整之需。當將田產交與還古司事收管,召佃收租,向係黃、趙兩姓勸捐,即交兩姓經辦,數十餘年無異。今伊子侄外貿,本年五月,將承辦租賬及原捐田產契憑,盡行交出長司還古公事同人。生等邀集公議,定立善後章程,輪流交接,以冀永守。第念同會諸人遠近不一,倘將契憑紛紛遞交,一有遺漏,關係匪輕。若不公同籲存冰案,非但難垂久遠,且恐積久弊生,祀事因以廢弛。籌維再四,與其貽誤而後悔噬臍,莫如審慎而先嚴假手。綢繆未雨,衆志僉孚。爲此,謹將《公議條規》一紙,並汪、吳兩姓原捐田契、僉税票據及黃、趙兩姓經手續置田產契、僉税票據,統共二十九紙粘呈,環叩俯如所請,恩准存案,給示勒石,以昭愼重,以垂久遠,望光上禀等情。並據九都三圖生員汪豐玉等具禀,均經明白批示,並將税糧飭令册書提入三都十圖上十甲還古書院户完納。及一切契憑發給禮房永貯外,合行給示曉諭。爲此,示仰還古書院文會及樂輸之家、輪管司事人等知悉,凡前後捐入還古書院田地、產業,現經任良會等所議章程,均屬妥善。嗣後,輪流管辦之人,務須照議秉公經理,不得狥私推越,以及覷覦異議,致啟廢弛之漸。其春、秋講學、祭祀,照舊辦理,而修葺事宜,亦須隨時公同察辦,毋執私見,庶明公允。倘有隆儒重道、續捐田產者,其契憑亦須照舊呈案,行見培植垂遠,人文蔚起,本縣有厚望焉。

特示。

計開條規及田產字號、税畝、土名列後。

公議條規

吾邑還古書院會講,由來已久。前人設立章程,本屬善美,其置田收租,以備會用修理之費,向係黃姓司管,業經數十餘年。今其後人均欲外貿,不能承管,田契、租簿自願交出,賬結尾欠,陸續歸款。但會雖屬闔邑公事,而地段坐落三都,自古迄今,均係三都人辦理,因將契租交入本都文會。凡我同人,不可不更起以振之,另立章程,秉公辦理,以實心行實事,何患不濟?經費雖云不足,而每歲現有租穀數十石,尚可有爲。誠遵其法而行,未必不垂永遠。謹將善後規條臚列於左:

一、議書院糧賦。前明原捐產業,其中則田税六畝二分三厘,下則山地税十五畝二分,每年額完官戥銀二兩零六分、米一升七合五勺,惟還古書院户始自前明，向寄城東北隅一圖邵姓完納。乾隆年間，捐置田産，共計田塘稅二十一畝六分八厘三毫六絲一忽，每年額完官戥銀二兩一錢九分七厘、米一升八合五勺，向寄三都五圖十甲黃姓完納。細按舊規，似未能盡昭畫一。查書院地段，坐落三都十圖，應行公同呈請飭該圖書將兩項額完銀、米清數提歸三都十圖十甲，入還古本戶内完納，以免歧舛。其完糧之期，上忙定於清明前三日，下忙定於中秋前三日。司年者照數掃完，掣串歸匣，不得蒂欠。

一、議續捐田産。已將買入還古書院契、僉各據共二十九紙彙呈存案貯庫，仍有各號來腳根契、簽稅各據共十二紙，公同塗銷，並賬簿字據封存公匣，以備檢查。

一、黃姓交出租穀，理應共議一人承管，但在會殷實者既不肯接，而寒士又多未便，故不若挨次輪管，以昭至公。

一、收租，議存古城山寺。因同會諸人住址不一，佃户交租，東尋西訪，正恐易滋拖欠之弊。定一聚處，使各佃知所交納。

一、收租，議以秋講前五日收清。秋講之日，稽察租數，眼同入倉封鎖。倘有強佃抗欠，公同呈請究追，以裕會用。

一、春講之日，不論穀價低昂，司會者早約買主伺候，同會諸人，齊集倉邊，眼同量穀若干，核對入倉數目，稽籌銀數，不得賒放。

一、會内租穀，每年額交若干，因公費所需，豐歉統計，每年按照租批，核實全收。倘司會者怠玩狥情，令其自行賠足。

一、會内應用事費，所有賬目，逐一開明。設有未能指實浮開之處，及贏餘銀兩不能即時交出，上交下接之時，不得狥情畏勢，通同作弊，私相授受承管。

一、黃姓交出賬上，有結欠銀二百餘兩，同會者追念伊家勸捐有功，且承辦向有成效，故於交出之時，除補還昔年漏支各款，實欠銀二百兩整，令其另立批據，分年歸款。今議輪交接管，每逢交出之時，均宜逐款清交。有餘銀兩，亦於當時即行照數清交，不得援照黃姓陸續歸款之例，希圖拖宕。

一、曬穀人工、收穀物件及貯穀地方，均係寺僧照管，會内應貼完籮篙工錢，公議每石酌給制錢一百文，按石核籌，於收齊入倉之日公同照給。司會監收者，每日貼中飯一次，酌支制錢七十文，十日爲率。

一、黃姓欠項，公議本年先繳洋錢三十元，以應會内公用。餘者，五年後再分年清交。

一、會内輪值司年者，或因事遠行及出任在外，聽從本家另行託人代理，不得藉詞推諉越交。

一、會內田產、印契、歸户稅票，公同呈請立案，附卷存房。其字號、土名、稅畝，另行請示勒碑，備述原由，俾觀者一覽便知，永垂久遠。

一、議輪管司年者，按照會簿內入會次序，一新一舊，配搭挨管。除將在會名姓照抄粘呈備查外，餘悉遵照新議。

輪管司事姓名：

任良會　吳定杰　趙　瑛　俞德覽　張鳳書　任元堅　張葆淳　閔嘉福　張鳳藻　任彥博　任　杰　任聖銓　任　鑑　金瑞生　吳大鐸　張本烝　吳逢年　張鳳綸　陳　埔　劉源匯　任承照　金芝生　吳日鏞　吳日銳　葉修汲　吳啟純　吕紹萊　任效濬　吳盛德　任桂生　汪時雍　張鳳詔　陳子鶴　陳鳳佐　吕上齡　吕浩慶

汪豐玉等抄呈還古書院續置田產字號、稅畝、土名（以下略）。

——[清]施璜編：《還古書院志》卷二十一《公議條規》，清道光二十三年刻本

清道光二十三年三月休寧縣還古書院重議規條

重議規條列後

一、院宇自今修後，定於每年收租之時，司年者預約工匠檢漏、通溝，三五年間，通行翻蓋添瓦，并詳看各處，細加修葺，以免霉爛而圖永久。

一、院產、契憑，已於道光二十年呈案勒石。後有樂輸者，經辦之人必須置買良田，至有成數，率循舊規，呈案貯房，請示勒石。倘有捐輸田畝者，尤屬妥善，總以附近爲宜，易於查管。

一、院內租穀，除支用外，倘有贏餘，陸續置產，以裕經費而杜侵吞。

一、院產召租，只期經費有著，原無不准會內承種者，而會內承種之人，尤不得藉端短欠。如有侵公肥己者，查實，公同逐出，并將所欠按數呈追。

一、院內事務，司年者固有責成。倘有應公同商辦者，亦必各抒所見，和同酌議。不得藉端推諉，逡巡觀望，更不得懷私撓阻，故相抵牾。

一、院內報功祔祀，向定舊規，以樂輸千金者，公請中座配享祝公；五百及三百者，左右配享。至獨力重修者，工鉅費大，未便拘以成數，概請中座配享。

一、院志所以紀實，凡有修造、捐輸者，均於落成後公同查核，續刊入志。嘉慶乙亥重修後，延未纂輯、彙刊入志。今特查照補入，以彰前功，以風後起。嗣後，凡有修造、捐輸，務須遵照成規，隨時刊入，用垂不朽。

一、院內會課，向有經理之人，另設簿匭，綜核收支。今後□復會文，重整宏規，臨時再議。

道光二十三年三月　日，還古書院董事公定。

——[清]施璜編：《還古書院志》卷二十一《重議規條》，清道光二十三年刻本

第三節　其他徽州書院規約

清乾隆歙縣棠樾鮑氏宗族西疇書院儀禮

棠樾西疇書院儀禮

一、元旦黎明，守祠人燃香、點燭、啟門。辰刻，管年者令守祠人聚鼓樂，鳴鑼三次。派下子孫在家者，俱各盛服，鼓樂前導，至祠前聚齊。祠內擊鼓三通，衆入門升階，贊禮先入，立於東階上，唱："序立、鞠躬、伏、興、四拜、平身，焚楮錢。禮畢。"贊禮降，就位，四拜，族衆東西於堂上。未冠者雖分尊卑，亦同列於階下，相向二拜，拱揖而退，鎖外栅門。至晚，守祠人燃香，拴鎖內外門如初，管年者給樂人酒銀三分、鳴鑼人菓酒銀一分，俱先年稱定，至期給與。

一、初二日早，管年者令守祠人啟門、燃香，候南極觀道士至，引入中堂，行四拜禮。畢，送至該管之家，照舊規祗應。

一、初二日早飯後，命守祠人鳴鑼，凡誕子、新娶子弟，各具香楮，邀衆詣書院會叙展拜。畢，照舊規定銀書單，俱限初五日送書院交收。遲違一日者，罰銀三分。衆推子弟中能幹者四人，買辦酒殽、燈燭，以備送燈慶賞等用。除支用外，剩銀限正月二十日事完，即登簿，付管年者收查。

一、十三日下午，管事子弟會同管年者，將所辦酒殽等物陳設祠內，令守祠人鳴鑼。至黄昏，各接燈子弟具香楮，聚於祠中，聽候唱名，行四拜禮，讀祝，焚楮錢。畢，分列兩傍，照舊規秉公粘鬮，跪領酒菓，次第由中門鼓樂導送，各家不許攙越紊次。本年內，有續娶接燈者，不必粘鬮，俟正燈畢，依名

分、序齒先後，一同鼓樂導送。其各家迎送相待，豐儉隨宜，撐燈、鳴鼓樂人等，照舊規給發。

一、書院門內，俱不許放火銃、爆竹、煙花。違者，罰銀一錢。

一、各家打鑼、撐燈人等，俱列於兩廊，不許上堂喧嚷。

一、十三、十五、十七，俱照舊規賞燈，各依名分列坐，毋得紊亂爭嚷。未冠者，不許入坐。

一、接燈子弟，照舊供奉酒菜。不到者，罰銀三分。

一、十四、十六，好事者各自備酒殽賞燈。

一、該年管事者分班，每夜照點燈燭，各分子弟俱要相助，不許推調坐視。

一、管年者先於初五日，會衆議辦花燈、油燭。該收買者，遣人收買；該修整者，令人修整。收支銀兩，先記草賬，候二十日付衆查算登錄。

一、派下子孫，因事至書院，俱於中祠總行揖禮。

一、管事十二名，各分輪流，推其能者而代之，名不許易。

一、賞燈，毋許猜拳執殽、喧嚷歡呼。

祭禮

一、二月十五日迺登仕公誕辰，故每年二祭，春以二月十五日，秋以八月十五日舉行。管年者先期會衆，定買猪、羊，五日前買辦祭品，免臨期遲誤。

一、先期五日，僉配禮生，大約以立主次論，各分人數多寡，依後開。各分臨期推舉衣冠整肅、禮度優閒者，開名送書院填註。歷年既久，自然溥遍均平。

一、每祭，正獻一人，東祠分獻一人，每分輪推；西祠分獻一人，俱宣忠堂。通贊、執事約三十餘人，斯文約十餘人。二十里之內，無大故而不至者，罰銀五分公用。

思誠公分下二人。

思齊公分下二人或一人，元、亨、利、貞輪配。

思敬公分下二人。

文芳公分下二人或一人，文、行、忠、信輪配。

孟本公分下四人，昌公分下二人，安公分下二人。

士善公、東津公分下三人。

以上各分，如遇輪該正獻、分獻者，各減一人。

誠孝公、郢山公分下三人。

養和公分下二人。
豫齋公分下二人。
鈍菴公分下二人。
其省牲、監宰、陳設、監造等，大約十二三人，俱配本年管事者。
一、祭前三日，將正獻、分獻禮生人名書列粉牌，懸掛祠門，俾各知所司，并將規條内緊要者摘寫揭示，使衆通知遵守。
一、先期一日下午，俱至書院習禮。執事於書院門外少西，設省牲位，香案、紙燭、酒爵，正獻、引禮二人，執事一人，俱盛服，具鼓樂。引禮引正獻詣省牲□□。執事詣牲所省畢，詣正獻，曰："告充。"正獻舉爵奠酒焚楮，遂刑牲。執事□二盤，盛各毛血少許，付陳設，收于净所，乃布灰格而退。
一、監造、陳設，督同厨役人等依式整理祭品，務要豐潔，毋得苟且應事。
一、祭之日，五鼓，執事依圖陳設，聚鼓樂。昧爽，鼓初嚴，同至祀所；鼓再嚴，各具服；鼓三嚴，各供其事。三鼓已畢，助祭，後至者免入班，不許領胙；執事人等後至者，另議罰。
一、序立，各依世次爲班，不許紊亂。
一、年高不能拜伏者，立於西序監禮；年幼未冠者，立於西階觀禮。
一、助祭人等，俱要青衣整肅，冠履鮮明。褻衣素服，不許與祭。
一、遇二祭，派下子孫，有願請燭者，先期告於陳設。至期，以燭易之，註名於簿。誕子之日，分爲三等：一等出銀一兩，二等出銀六錢，三等出銀三錢，送祠置辦祭品。
一、當祭，不許婦婢抱領嬰孩入祠，以防污穢。
一、書院會叙，乃禮義相先之地。當祭，迺祖考陟降之時，各派子孫，俱要肅恭致敬，不許喧嘩忿爭，不許訕言嬉笑。助祭人等違者，罰銀三分；執事人等違者，罰銀五分，送祠公用。
一、元旦，元宵，春、秋二祭，但遇洞開中門，各派子孫出入，不許由中道。
一、祭畢，管分胙者至大門外，凡執事、禮生、助祭人等，俱發一小票，各自註名，并某執事，午刻時，票交祠領胙。
一、管分胙者，俟衆既退，將胙肉照規稱足，收票領給，務要分宰公平，毋得狥私招議。事畢，填註於録，以備查考。
一、受胙：每祭，宣忠堂送羊胙二斤，豬胙二斤，時菓二盤，壽桃三雙。正獻：受羊胙二斤，豬胙一斤，壽桃一雙；東、西分獻：羊胙各一斤，豬胙各一斤，壽桃各一雙；禮生：羊胙各半斤，猪胙各一斤，壽桃各一雙；助祭：猪胙各半斤；守祠、厨子、使用，猪肉各半斤。

一、春、秋祭品之餘，係管年、執事等分散，以償一年任事之勞。

一、禮生兼攝者，止受本胙，不得兼領。

一、僉派禮生，各分輪流均配，毋得恃強凌弱，徇私誹其所不欲。雖憑各分□報，亦當輪流週遍，毋得徇私，以致爭競。

一、書院中，除曬膳、營租利、置辦祭器等項外，不許借與一應人等曬曝各物、役用工作，及堆放凶具、木料、稻草并穢污之物。違者，罰銀一錢。

一、書院中，不許住宿貴客，不許僧道張掛祈禱、演戲還願。違者，罰銀一錢。亦不許安歇倡優、雜劇等人飲酒列席，款待腳夫。違者，罰銀二錢。

一、派下子孫，發身庠校、登科、及第、享年、誕子、族衆舉賀餕行、稱觴搬戲者，斯皆足以光耀宗祠，聽衆於書院內舉行，不在禁限。

一、書院中，或有士夫嘉賓燕集、投壺局戲者，不禁。此外，但有派下子孫三五成群，邀率在內圍棋、雙陸、鋪牌、鬬葉、蹴毬、習武、賭博穢污者，每事罰銀一錢。

一、書院中，除講讀鄉約、舉行冠禮、會文習儀外，但非族衆公舉，一應嬉戲等事，俱在所禁。臨事會衆，量輕重議罰。

一、祭品五棹，每棹膾一楪，係紅肉，共五楪，該肉二斤。

炙一楪，係炙劀，共五楪，該肉二斤。

魚一楪，熟，共五楪，該魚二斤，約銀三分五厘。

脯一楪，牛脯，共五楪，該牛二斤，約銀三分。

醢一楪，炒骨，共五楪，該骨二斤。

蔬菜、芹各一楪，共十五楪，約銀二分。

鹽二楪，共十楪，約銀二分。

菓三盤，棗二斤半，栗二斤半，胡桃二斤，共十五盤。秋祭用時新菓，約銀一錢。

壽桃二盤，計一百隻，約廿斤，共十盤，約銀一錢三分。

羹飯各一盂，計米五升，春熟，共各五盂，約銀三分五厘。

中祠加猪肝一盤，羊肝一盤，猪首一盤，鷄一盤，計二斤，約銀六分。

魚一盤，計二斤，約銀三分五厘，以上俱用熟。

猪二口，全一口，仍一口，除祭品外存分胙，羊一口，約五十斤，約銀八錢，紅燭二斤，內二兩一枝者五對，餘每枝一兩，大紙三百張，約銀六分，柴七分，花椒、大料、紅麴醬二分，香油三分，樂人二付，本村四人，每人三分；外村四人，每人三分五厘，刀手工三分，分胙工二分，厨子二日二人工八分，每肉半斤，酒四壺，內省牲一壺，省牲紙一分，帛一端一錢，炭炙肉用一分，祝板紙等二分，沉速香二分，洒掃人二日，銀六分六厘。

每祭約用銀五兩。

一、祭禮儀節：俟鼓聲畢。

通贊唱："執事者各司其事，陪祭者各就位，分祭者各就位，正獻就位。"引禮至，正獻、分獻前唱就位。

通贊唱："瘞毛血。"執事者二人升自東階，至中案下，捧毛血盤，降自西階，由中門出，置西廊下，俟望燎時入坎。

通贊唱："參神鞠躬，伏，興，四拜，平身，行降神禮。"中祠正獻引唱："詣盥洗所，盥手，帨手，詣香案前，跪，三上香，奠酒，酹酒，伏，興，平身，復位。"

通贊唱："奠帛行初獻禮。"正引唱："詣酒尊所。"司尊者舉冪酌酒，司帛、司爵各捧先行，正獻帛爵自門入，升東階，東西配司爵自東門入，及階，引唱："詣登仕公神位前，跪，奠帛。"執事者以帛跪進於右，興，跪，受於左，奠於案上。引唱："獻爵。"與奠帛同。引唱："詣讀祝位，跪。"

通贊唱："衆孫皆跪。"引唱："讀祝，祝跪讀於正獻之左。"通引齊唱："俯伏，興，平身。"

通贊唱："行分獻禮。"東西引唱："詣盥洗所，盥手，帨手。"詣酒樽所，司樽者舉冪酌酒，正獻引唱："詣東配神位前，跪，獻爵，俯伏，興，平身。"俟東西分獻及階，正引唱："詣西配神位前。"東引唱："詣東祠神位前。"西引唱："詣西祠神位前。"三引同唱："跪，獻爵，俯伏，興，平身。"引正獻、分獻以次降自西階，各就其位，各執事後從，各復其所。

通贊唱："鞠躬，伏，興，二拜，平身；行亞獻禮。"與初獻同止，進正獻一爵，不讀祝，不分獻。

通贊唱："鞠躬，伏，興，二拜，平身；行終獻禮。"與亞獻同。

通贊唱："鞠躬，伏，興，二拜，平身；飲福受胙。"引唱："詣飲福位。"執事二人，一執爵酒，一以盤取一羊肩，隨其後。引唱："跪，飲福酒。"執事以酒跪進於右，正獻飲之，以酒受執事於左。引唱："受福胙。"執事以胙盤跪進於右，正獻受之，以胙授執事於左，捧自中門而出。引唱："俯伏，興，平身，復位。"

通贊唱："鞠躬，伏，興，四拜，平身，徹饌。"執事五人升東階，徹各案殽，於兩傍出，降西階，各復其所。

通贊唱："送神鞠躬，伏，興，二拜，平身。"奠帛者捧帛，讀祝者捧祝，各詣燎所，帛祝捧自中道而出。引唱："望燎。"引正獻、分獻出，自西門南向。正引唱："登仕公神前帛一段，祝一道。"執事焚之，瘞毛血於坎。引唱："禮畢。"眾圓揖而退。

——[清]鮑光純等纂修：《重編棠樾鮑氏三族宗譜》卷一百八十三《棠樾西疇書院儀禮》，清乾隆二十五年一本堂刻本

清嘉慶十六年十一月黟縣公議碧陽書院規條

公議碧陽書院規條

黟有書院久矣，自元至今，屢興屢廢，皆創始之初立法未善也。嘉慶十三年，闔邑公建碧陽書院，至十六年告成。謹倣古紫陽書院成法，定為規條，由邑尊通詳各大憲，勒石院中，期永守勿替焉。

一、入院肄業生員，酌額四十名；童生，酌額二十名。其生員，每逢歲科兩考，學憲考取府學，黟縣一、二等送二名，黟縣學一等全送，新進送五名。其不滿額，以二等前列補足。其童生，由本學詳請學憲挑取，備卷二十名。

一、書院課期，每月二次，酌于初五、二十兩日。生員：課"四書"文一篇、經文一篇、五言八韻詩一首。童生："四書"文兩篇、五言六韻詩一首。正課之外，酌于十三日課試詩古，均由院長出題，閱定甲乙，送監院學師標印發案，實貼書院照牆。

一、在院肄業生童，每人月給膏火銀二兩。若取入正課而非在院肄業，但于課期到考者，只給一半。

一、凡未考取入院而情願赴院作課者，聽。

一、考取前列者，宜加獎賞。生員約于十人中，取超等二名、特等二名，超等前三名各給銀五錢，餘各三錢；特等一名給銀二錢，餘各一錢。童生于十人中取上卷二名，次取三名，上卷前三名各給銀三錢，餘各二錢；次取每名一錢。上次獎賞之銀，于下次課期給發。

一、課試詩古，亦宜酌量獎賞。生員于十人中取上卷二名，次取二名，亦照正課給賞，均于下次課期給發。

一、學憲挑取生童六十名，除有大故不能到課者，自當別論，其餘生童

中，有三課不到者，即行開缺。生員儘二等中未經挑送者補足。再有缺額，從附課連考超等五名前三次者挨補，童生以附課連考上取五名前三次者挨補。

一、生童中有一連考三次超等上卷五名者，因額缺已足，不得即補，而情願入院肄業者，若竟不量給膏火，則寒士無以自存，必生退阻之心，殊失鼓舞之意。今議此等入院肄業之生童，照到課生童之例，每月給以一半膏火，候補缺之後，再行全給。但須司事者隨時稽查，必須實係在院肄業者，方準給發。倘任冒濫支給，一經查出，即按數令司事者賠償。

一、正、附課生童，考居前列者，獎賞之銀，均于下次課期給發，必須本人親領，以杜冒濫之弊。小課生童，如果佳文林立，亦應憑文酌取，以示鼓勵。生員首卷，給銀二錢，餘一錢。童生邀取，給銀一錢。如作者不多且少佳文，不必定取。

一、正課，生童有連考超等上卷三名前三次者，無論肄業、到課，加給膏火一月。

一、每季請邑尊試課一次，名爲季考，綜覈生童勤惰，不到即行除名。倘實有事故，通知司事，預請告假。

一、在院肄業，當潛心攻苦。兩次正課之外，須請院長命題，作小課二次，定期十三、二十八，更不得出院游蕩。每日，責在司事者留心稽查。如終日遊閒及在院不循規矩，聚談、玩愒、嬉戲者，即禀明院長，照會各紳士，查明扣除。或因有事回家，亦必告知司事，禀明院長。告假每月不得過五日，到日即行禀銷，司事設簿，登記查核。如出五日之外，即按月扣除膏火。如濫行支給，即令司事者照數賠償。

一、凡正課日期，司事者務須黎明先請監院學師到院，標發封條，將門扃鎖，然後請院長出題考試，毋許私將試卷帶回家中。即在院肄業之人，亦須在堂上作文，不得復入住房，司事者務將各處總門扃鎖。倘有不遵規矩者，禀明院長扣除。其一切作課之人，總須親身領卷，毋許託人代領，致生弊端。如有並不親到，即併同代領之人一概扣除，不許復入書院。司事倘復狥情，一經查出，將冒領膏火同所得獎賞錢文，均責令司事賠償。

一、不在院住宿之人，交卷後應行放出。但扃門考試，原期鄭重，未便屢開，酌于申刻、酉刻開放二次，餘俟盡行交卷後，一齊放出。蓋功令不準給燭，過酉以後，不得久留，且便學師早回公署也。

一、每月初五、二十兩課，凡在書院肄業及到課生童，併未取入書院之人而有願逢課期就試者，概行給飯二餐，每次每人給銀八分，交司事者預備，早葷晚素。考試詩古之人，亦照例備辦。倘肄業人中有不應考試詩古者，查明不給。其監院學師于課期亦應備飯，每次監院學師及家人一名、門斗一名、轎夫四名，共給銀八錢，亦交司事者辦理。務須妥協照料，毋得任廚役尅減，致有菲薄及不堪適口諸弊。至考詩古之日，人數或不甚多，不必延請監院。

一、取入書院生員，每逢鄉試之年，無論在院肄業與到課者，概給七、八、九三個月膏火，俾充斧資。

一、取入書院之人，鄉試得中舉人，贈賀儀十二兩，送其出院；副榜，贈賀儀六兩，仍留院中；選拔，照副榜之例，送與賀銀。惟願多士奮興，蒸蒸日盛。

一、舉人會試，公車之費，每人贈銀五十兩。得中進士者，贈賀儀五十兩。

一、膏火本銀，雖據各典商具領在局，領取銀兩，按年交息，自可無虞流弊，但管公匭各紳士，仍宜查照每典鋪領本銀若干，每年應交利若干，造具一樣清冊三本，逐細註明，一呈縣案，一呈學師，一存公匭，以便每年分款動支，量入爲出。倘該典應交之利，有不及時兌繳，希圖遷延，即禀候邑尊辦理。

一、設立書院，原爲陶冶人才起見，須闔邑□□□□商請學品兼優、衆所悅服之院長，方足爲多士觀摩。若聽情吹薦，恐致有名無實。謹照古紫陽書院成規，毋得狥私。即本府縣吹薦，亦須婉辭，不可遷就。

一、延請院長，第一年送聘金二十四兩。如次年接延，不必重送。每年脩金三百兩，作三節分送；薪水一百六十兩，四季分送。節敬、生日，共十六兩。往返輿夫之費，共二十四兩。管家犒賞，無論人數多寡，共十八兩。廚夫，每年工食十兩。又開館、散館及端午、中秋兩節，每各賞銀五錢。

一、監院學師，每月共正課兩次，分請正、副輪值，每年共送酬金三十二兩。又燈燭費銀八兩，家人給銀六兩。學書，每年寫榜筆墨費銀六兩。門斗，每年銀六兩。

一、試卷紙張、硃墨等項，必須先期告知司匭紳士，開支備辦，務須潔白之紙，不得草率從事。

一、給發膏火，獎賞銀兩，未免平色高低輕重不一，日久恐生弊端。今定以銀易錢，永以爲例。責任司事者每次算明膏火、獎賞銀若干，先於殷實錢鋪兌換大錢，將院中刊定錢票，計若干人，每人給票一張，該若干張，於課期在院中當面給發，交各人持票，自向該鋪支取。惟是錢鋪發錢，往往有屑雜小錢之弊。今酌定與錢店言明，票註"剔净大錢"，不得屑和干禁。若司事者不於殷實錢鋪兌換，致有失脱，將所領銀兩責司事賠償。生童持票取錢，不於臨時檢出小錢向該鋪調換，事後亦不得復向司事、錢鋪理論。

一、書院致祭朱子，每年定期兩次，春季以三月十五日，秋季以九月十五日，并於祭後致祭衛道及崇教祠。所有應用祭品，另册登明，毋得草率從事。其赴書院與祭之紳士，及在院之生童，每人給麵一碗，計銀二分，交司事辦理。

一、書院借作公廨，最易損壞。如有前後任地方官長及過境大小官員，概不徇情，聽辦差人借作公館。

一、書院備辦桌凳、器具，概不準人借用，即遇公事，亦不得通融出借，司事務須時刻稽查。

一、肄業諸生，每人所住號舍一間，先由司事者編定字號，依次安置，不得由本人任意檢擇，亦不得另佔别房及多取牀版、桌凳之類。其不在院肄業之人，尤不得任其鎖佔。即值縣考之期，亦不得招邀本家親戚至院居住，雖同房亦所必禁。若親友中有訟事者，尤當别嫌，不得留院居住。每年未開館先、既散館後，司事者亦應在院住宿，不得任聽閒人住宿。

一、挑取生童，照依古紫陽書院例。歲考名額，以次年十一月散館爲止；科考名額，以次年六月半爲止。不因按臨前後遽行更換。

一、書院公舉二人司事，每人每年送勞金四十兩，又十二個月，各送飯食銀二十四兩，閏月另加。紙筆、燈燭各項雜費，每年共給銀一兩六錢。司事者有稽查、督率之責，二人總須一人在院住宿，不得委之司閽、僕役，致滋弊竇。再，司事者如係生員，每年既另設有勞金并飯食銀兩，若復行應課，不得佔取膏火，其獎賞亦照例給。倘經理不善，貽誤公事，即當辭出，毋得徇情。

一、上年肄業生童所住房舍，次年留者毋庸遷動。其本年新取入院，司事查明，隨其到院先後，妥爲安置，先儘毗連空間住滿，再行挨次給住。總不得聽其任意佔踞房間，致啟擁擠不均之弊。

一、書院設立公匭，責在紳士管理，並稽查一切利弊。司事之人按期於司匭處請發銀兩，每月之中，即將一月收支帳目註册，交司匭者收貯；一歲之終，又將一年收支帳目造一總册，並交司匭者查核。司匭者公同核算無異，統將收用數目總造清册一樣二本，與衆紳士觀看，仍送監院學師鈐印，一存匭中，一存司事。務宜任勞任怨，不得稍有偏徇。

一、司事每月所支用銀兩，除登簿外，仍照帳錄出一紙，粘貼書院牆上，俾衆目觀看，咸使知所領之銀數與所支之數果否符合，既足以息浮游之言，亦可以清影射之弊。

辛未十月酌增書院規條

一、致祭朱子，照《紫陽書院規條》辦理。其衛道、衍緒、崇教各祠祭品，酌用酒果，每次共給銀六兩，交司事酌辦。

一、書院設立公匣一具，隨時公舉殷實之家，公同查明，交收匣內，貯各典。領約俱經蓋印，且有冊在官，斷無他虞。各都公舉殷實公正紳士一人，不給辛俸，託司匣鑰，稽查銀錢收支總目，如有舛錯，即行糾正。四人共司一年，匣上加鎖四把，各佩一鑰。每值開匣，眼同稽查。其收支簿籍等匣，即存書院，以便司鑰查核。

一、分年司鑰，量地遠近。議定：一都、六都、七都、九都紳士共司一年，四都、五都、八都、十二都紳士共司一年，二都、三都、十都、十一都紳士共司一年。三年一週，照現在簽掣次序輪管，不得攙越。惟一都值年，派二人。

一、典鋪領銀已定，日後如有收款，所繳銀兩，本邑則儘本邑增設之典接領。如無增設，則于本邑各典派領。在外縣，則儘外典均派，亦照此例。其繳派銀兩，交司匣紳士公同估收、估發，更換領約，不得私相授受。

一、監院印卷硃油，酌增送銀四兩。

一、司事二人，原議每人薪水銀每月二兩。顧人品必其無弊，飯食應稍從豐，今每月酌加銀壹兩。

一、在院肄業生童，原議膏火外，今每月酌加銀四錢。其到課膏火，仍照原規給發。其鄉試所給七、八、九三個月膏火，照原例每月二兩，不得加增。

一、鄉試生監，不論曾否在院肄業，每名助盤費銀三兩，已自庚午科始，今酌增銀二兩。

一、收典息銀兩，分存在城各典，以便支用。贏餘之項，亦公同封貯，分存在城各典，以備意外支銷。

一、書院門役一名，每年工食銀十二兩。又開館前、散館後四個月，在院住宿看守，每月給飯食銀一兩二錢。廚役，水、火夫共四名，每名工食銀十兩。又開館前、散館後四個月，往來書院應役，每月各給飯食銀一兩二錢。

一、門役，廚役，水、火夫之外，用雜役一名，每年工食銀十兩。所有書院內各祠宇、廊院及大門外甬道、大路，皆令其打掃潔淨，並供司事者催息、催租各事差遣之用。看守役一名，每年工食銀八兩，所有書院内各祠宇香燈及門燈、路燈，皆令照應。至各處總門爲書院關鎖，尤當小心看守，不可專委門役一人，致多疎失。其雜役、看守役飯食，皆按月支給，每月各給銀一兩二錢。

嘉慶十六年歲次辛未十一月穀旦，闔邑紳士公立。

崇義方燮書。

——碑銘，原碑現嵌於安徽省黟縣碧陽鎮黟縣中學崇教祠墻壁上

清道光五年三月黟縣碧陽書院復舊章記碑

碧陽書院復舊章記

黟邑碧陽書院，嘉慶十六年前令吳君甸華謀於邑中人士，裒費建成，并以餘銀六萬兩分發鹽典商生息，計歲入息金三千六百，以爲延請山長脩金、生童住院膏火。而邑中之應鄉、會試者，於此中給以資斧。其他諸用，亦各條分縷析，預防流弊。蓋吳君與邑人共相商搉，請於上官而后刻石示後，其法至善也。逮吳君去黟數載，司事之爲合邑公舉者，變而爲各都輪管，歲易其人，舊章漸廢。昔則歲支有餘，至是轉爲不足，是皆事不畫一，日就因循。所以十餘年之間，冗費則日滋甚，而鄉、會試之資反無所出。過此以往，勢必於六萬金之中挹注矣。涓涓不塞，不亦大可慮哉？余權知黟事，既爲詳悉其事，復思欲節其流，先清其源。爰罷其輪管之説，訪邑諸生之老成公正者二人，專司書院之事。率由舊章，謹其出納，諸弊悉除。後之人果能自此相承弗替，庶幾可垂久遠矣。邑人請爲文記之，輒述其大略如此。烏虖！天下事之壞於不循舊章者，豈獨是書院也與哉？

道光五年三月，同知銜署黟縣事吕子珏記。

——碑銘，原碑現嵌於安徽省黟縣碧陽鎮黟縣中學崇教祠墻壁上

清咸豐祁門縣東山書院新立條規

新立條規

一、山長，照依舊章，由五鄉紳士公議敦請，每年以十月爲期，訂送關書。

一、延請山長，遞年應送脩脯。節壽、長使、膳夫、往來夫馬等項，悉由五鄉文約於四月、十月兩次分繳，不在書院開支。

一、每年司事之人，原應五鄉輪換。第盡易生手，未免事難備悉，今定以兩鄉鈐管。如今年立事之初，當派在城一人，以北鄉一人佐之。明年當派東鄉一人，以今年在城一人佐之。如此遞推，其人先由本鄉文約公舉，再由各鄉允議，不得濫廁，以致辦理不善。

一、每月生童大課，請邑尊親臨考棚點名，扃門考試。邑尊公出，請二位監院輪期代理，永以為例。生監訂於每月初二、初三日開課，童生訂於每月十六、十七日開課。惟二月初三日，各鄉生監分祀文昌聖誕，未能齊集，訂於初六、七日開課，童生仍於十六七日開課。每課限申刻交卷，不准給燭。違者，概不送閱。

一、在院生童小課，訂定每月初八日、二十四日為期，踰期毋得續補。

一、書院司事二人，每課隨同邑尊或監院，赴考棚登名發卷及散點心籌等事，場內辦飯壹棹，官董同席，兩葷兩蔬，連臘燭、點心、茶酒、水火及跟隨飯食，限用大錢壹千文，不得加增。

一、課日，禮房壹名，給飯食錢壹百文。茶房與書院膳夫同食，不另給錢。

一、學書寫案，每課給錢壹百文。

一、生員膏火拾叁名，內有府學壹名，每名年給錢拾陸千文，其起止日期，照依歲科兩考名次。自咸豐二年正月始，年半壹更，在院肄業者全給。若僅到課而不在院肄業，只給壹半，仍壹半遞推等第在前者序補。若連次三課不到，永遠扣除，亦遞推等第在前者序補。

一、府學生員膏火壹名，歸府學壹等至叁等前叁名者儘先按給。如叁等叁名以前無人，則歸與課連考超等四次五名前者升補。

一、縣學生員膏火拾貳名，按科歲壹等壹名至柒名序給，其五名歸各鄉。壹等捌名至叁等前叁名考取在前者，各鄉給予壹名。如某鄉叁等前叁名無人，則歸五鄉本無膏火，而到課考取超等四次五名前者升補。

一、童生膏火拾名，每名年給錢捌千文，照歲科府試案前列挑取。其起止日期，及在院肄業與不在院肄業而僅只到課各條例，俱仿照生員一律。

一、未有膏火之生監，有能連取叁次超等前五名者，獎給膏火壹半；如四次又取超等前五名，獎給膏火全數。其本有膏火者，課文接連三次不錄，扣除膏火壹半；四次不錄，膏火全扣不給。童生仿此。

一、在院生童外出，須告明司事人，登註日期，以憑查核。其有私出及每月在院僅止拾餘日者,則照到課而不住院之例,給發膏火壹半。

一、每課,生監超等拾貳名、特等貳拾名,童生上取拾陸名,次取叁拾貳名。

一、生監獎賞,超等第壹名,給銀五錢;貳名至第五名,每名給銀叁錢;陸名至特等第壹名,每名給銀貳錢;特等貳名至特等末名,每名給銀壹錢,均照見在市價,每銀壹錢折錢壹百柒拾五文。如錢價昂,則照昂價給錢;錢價低,仍照壹百柒拾五文給錢。

一、童生獎賞,上取第壹名,給銀貳錢五分;貳名至第五名,每名給銀壹錢五分;陸名至次取第壹名,每名給銀壹錢;貳名至次取末名,每名給銀五分柒釐貳毫,亦照市價折錢。日後錢價低昂,照依生監一律。

一、監院正、副老師,每年各送油硃銀玖兩陸錢,又送長使銀玖錢陸分。

一、生監超等前五名與童生上取前五名,兼有詩古可取,或面試默寫"五經"者,准於應得獎賞外,添給壹半。陸名以後,不在此例。

一、生童課卷,有錄舊雷同者,除經山長批明"雷同錄舊"字樣不錄外,或由司事查出,雖經錄取,不給獎賞。有膏火者,悉予扣除。

一、課日,生童每名給饅首四個,由發卷時給籌壹枝,向廚房繳籌領取。其饅首係照人數預辦,不得持籌出場,繳換錢文,以免場中珍廢物料。

一、司事式人脩脯,每年支錢捌拾捌千文,不得過支。

一、書院收支帳目,由本年司事者於次年開課前三日,邀請五鄉公同清算。

一、書院膳夫叁名,每年工食共給錢肆拾捌千文。

一、書院爲養育人才之所,只許肄業生童居住。如有不安本分之人托故逗留,由司事人稟請究逐。

一、文公祠春、秋二祭,請山長主祭,胙肆觔;在院肄業年長者肆人執事,胙各半觔,并祭儀、香燭、樂人等項,每祭用錢壹千文爲限。

一、前建書院,另構崇報祠壹間,因捐輸未成,久經閒閉。兹議以捐錢千兩以上者,將其木主送入正中左座供奉;五百兩以上者,右座供奉;貳百兩以上者,東西座供奉。後有續捐者,倣此。

一、崇報祠春、秋致祭,由司事預請城居入學最先者主祭,送胙貳觔;在院肄業年長者肆人執事,胙各壹觔,并祭儀、香燭、樂人等項,每祭用錢壹千貳百文爲限。

一、鄉試試資,書院向給每人銀捌錢外,鄭世昌所捐息錢,照人數攤分。

今鄭項併入書院,公議每屆鄉試試資,每人給銀貳兩肆錢,以爲定額。

一、鄉試試資,每位銀貳兩肆錢,約赴試柒拾人,每屆須銀壹百陸拾捌兩,約四年兩試,共須銀叁百叁拾陸兩,每年應提存銀捌拾肆兩積聚。鄉試之年,由司事慎托誠實可靠者帶往江甯分散。倘遇赴試人少,貲有贏餘,遺備下屆人多不敷之用。其帶銀往散者,除本身應得試貲外,酬銀貳兩肆錢,以專責成。又,送考書斗,賞給銀捌錢,均在此項內動用。

一、鄉試之年,生員七、八、九三個月膏火,或全或半,其人赴試,自應照全半之數按月分給。如不赴試,則將該生應得全半膏火罰停,分給赴試無膏火者,以示鼓勵。

一、會試盤川,每位送銀拾兩,約赴試叁人,每屆需銀叁拾兩,作四年兩試,共銀陸拾兩,每年提存銀拾五兩積聚。屆會試之年,由司事於赴試者起程前五日致送。倘會試人少,贏餘照鄉試辦理。

一、向來生童院、府、縣試,卷紙不精。今議歲科兩考,每貼禮房加辦紙料錢肆千文。

一、此項捐輸銀兩,專爲培養士子正用,衙署不得移用分毫,捐户亦不得藉言挪動。如有此情,五鄉舉發。

一、每年司事之人,既由本鄉文約公舉,又經各鄉允議,自必公正。惟事務紛繁,或有失於檢點之處,全賴城鄉捐户隨時查察,早爲區處,不得推諉徇情,以致經費有虧。

一、遞年公算帳目,上交下手。倘有虧缺,下手遽接。查出,坐接管人賠償。

——[清]唐治撰:《東山書院志略》,清咸豐二年刻本

第四節　塾學及書屋規約

清康熙十二年六月歙縣施璜撰塾講規約附塾講事宜

塾講規約小引

講者何？講學也。曷講乎爾？孔子曰:"學之不講,是吾憂也。"是知學之不可不講也。塾者何？講之地也。曷取乎塾？曰:"講學者多,塾師故即其地而講之也。"規者何？法也。約者何？期之也。曷期乎爾？期守其法

也。曷言乎守其法也？曰："講必有規，懼其久而渝焉，故必與之期之也。"是規也，其將約之塾中之人歟？抑不僅塾中之人歟？曰："既曰塾講，蓋約乎塾中人也。塾之外苟能奉斯約焉，斯亦講學者之至樂，然而不敢必也。"夫約之果能守吾規歟？曰："是未可知也。"未可知則曷爲約之？曰："未可知，是以約之也。其人而爲君子也者，吾與之約之，彼能守吾規焉；吾即不與之約之，彼亦未嘗不守吾規焉，則斯講之幸也。其人而非純乎君子也者，吾與之約之，彼懼人之議其後也而守吾規焉；吾或不與之約之，彼亦竟無所懼而遂佚吾規焉，則是約之不可以已也。其人而非君子也者，吾亦曷嘗日討其人，而申訓之以吾塾之規？吾與爾約之乎哉？君子曰：'若斯約者，斯無愧乎塾講也矣。'"

心齋張潮譔。

塾講規約 歙縣施璜虹玉著

梁溪高景逸先生云："真有志向學者，平日讀書靜坐，獨自做工夫，不得力，須從講會中鍛鍊。如馮少墟先生所說：'朋友會聚一番，精神收斂一番；講論一番，義理開發一番，方爲有益。'然則同人立志爲學，豈可離群索居，不與朋友講習哉？但朋友講習，又當各盡其道而一無所苟，方爲真實有益。"魏莊渠先生曰："後世口說身不行，却是把'講'字代'習'字。"錢啟新先生曰："匪朋匪友，何講何習？此不能盡其道而苟焉者也。若如朱子與呂尚書帖云：'朋友之交，責善所以盡吾誠，取善所以益吾德，非以相爲賜也。各盡其道而無所苟焉，則麗澤之益自有不能已者。'以是爲朋友講習之準，其進益豈淺鮮哉！"故今與同人共商至要講約九條，以明聯會講學之意，會日講其所習，散會習其所講，責善、取善又各盡朋友之道而一無所苟，斯可謂之真有志向學者矣。其"嚴始進""慎晚節"諸約，悉遵紫陽舊規，茲不敢贅也。

一、曰尚道德。今日同人聯會講學，須認是何意思。謂專以詩文相砥礪，以科第相期待，則猶是習俗作會，與曾子"以文會友，以友輔仁"之意甚相遠也。朱夫子曰："講學以會友，則道益明；取善以輔仁，則德日進。"明明提出"道德"二字，則知君子會友要以明道相砥礪，以進德相期待，方是孔門求仁之學。周濂溪先生曰："天地間，至尊者道，至貴者德，至難得者人，人而至難得者道德，有於身而已矣。"求人至難得者有於身，非師友則不可得也已。然則今日聯會講學，舍道德，復何求哉？且孔門求仁之學，無非教人爲人也。

羅一峰先生曰："學詩文而至，不過爲詩人、文人而已；學科舉而至，不過爲官人而已。若學道德而至，則可以爲聖人，可以爲賢人。舍聖人、賢人不爲，而徒爲詩人、文人、官人，是豈有志之士乎哉？"故願同人立志發憤，一意從事聖賢之學，以仁爲己任，以明道相砥礪，以進德相期待。苟道明德立，未嘗不可以爲詩、爲文、爲公卿大夫。即布衣不仕，亦可以爲後學師表。前輩倪道川、胡敬齋、陳剩夫諸先生可法也。如道不能明，德不能立，則雖做了揚雄、李白，未聞可以爲聖人；雖做了狀元、宰相，未見可以稱理學。又況科第未必得，詩文未必工，其與聖賢相去不大相遠矣乎？若能擺脫習俗，一意從事聖賢之學，則又未有道不能明、德不能立者也，是在同人立志之專篤耳。志定而後可與共學，故講約以"尚道德"爲第一。

二、曰定宗派。同人若志於道德，則功名富貴皆不足以累其心。然不先定宗派，立個學的，何繇至於聖賢之域？胡敬齋先生曰："入頭處最怕差，將來無救處；下手處又怕偏，將來偏到底。"故學者審宗定派，不可不急早商量。程、朱宗派只有孔、孟，後學宗派只有程、朱。宗程、朱即所以宗孔、孟，宗孔、孟即所以宗堯、舜、禹、湯、文、武、周公也。蓋孔、孟道統惟程、朱接續不差，孔、孟宗派惟程、朱指示親切。舍程、朱而欲學孔、孟，是猶舍階級而欲登泰岱也，難矣。向來學術之壞，其病在不宗程、朱。或課虛談寂，入於仙佛；或陽儒陰釋，偏於陸、王。今幸紫陽大會，六邑諸道長同心戮力，闡明程、朱之學。又幸朝廷功令森嚴，天下翕然宗朱，則兹塾講審宗定派斷當以程、朱爲學的，庶幾大中至正不至於差，亦不至於偏也。而朱夫子又集諸儒之大成，同人又幸生朱子桑梓之邦，則熟讀朱子之書，熟講朱子之學，自是同人本分內事。故講約以"定宗派"爲第二。

三、曰持敬。宗派既定，當思何以用功。程夫子曰："涵養須用敬，進學則在致知。"朱夫子曰："主敬以立其本，窮理以致其知，反躬以踐其實。"此程、朱教人用功之要也。而敬爲一心之主宰，萬事之根本，涵養省察，格物致知，種種工夫皆從此出，方有依據，則持敬工夫又學者用功之最緊要者也。故曰"敬"之一字，乃聖門第一義，聖學之綱領。千古聖賢傳授心法之要，莫切於此。紫陽諸道長闡明朱子之學，自淑淑人，無非持敬之心法。則今日塾講遵紫陽之規，崇朱子之教，安得不以持敬爲首務乎？至於持敬之方，朱子於《大學或問》、補《小學》處引伊川之"主一無適"與"整齊嚴肅"，又引謝上蔡之"常惺惺"與尹和靖之"其心收斂不容一物"，四樣方法總是一樣工夫，無非要人主一無適而已。程子以主一釋敬,以無適釋一説敬字工夫,可謂極其親切。同人果能實下工夫,推尋此心之動静而務主於一,則静有所養而客念不復作,動有所持而外誘不能奪。以之窮理,則理亦易明;以之反躬,則身無不恪,聖賢之道庶乎其可學矣。故講約以"持敬"爲第三。

四、曰繹註。持敬工夫既知用力,則此心常存,可以窮理。朱子曰:"天下之物,莫不有理,而其精藴則已具於聖人之書。故窮理之要,必在於讀書。然欲簡而易知、約而易守,則莫若《大學》《論語》《孟子》《中庸》。若理會得此四書,何書不可讀?何理不可曉?何事不可處?"故朝廷以此四書命題取士,而書院講學先講"四書"。然"四書"精藴乃孔、曾、思、孟之微言,道統在此,學脉亦在此。苟非程子表章,朱子集註"四書"何繇而明?後人何繇而讀?則《學庸章句》《或問》《論孟集註》,又朱子之苦心所以發明孔、曾、思、孟之微言,以續千載之道統、學脉者也。朱子云:"《集註》添一字不得,減一字不得,不多一個字,不少一個字。"又云:"若不用某許多工夫,亦看某底不出;不用聖賢許多工夫,亦看聖賢底不出。"則凡讀"四書"者,必須虚心平氣,熟讀朱註而精思之,庶幾"四書"精藴始可得而明也。宋、元以來,諸儒無一不潛心朱註,慨自德、靖以迄啟、禎,新説盛行,而遵朱讀註之學不講,以致聖學不明,人心日壞。紫陽諸道長深以爲憂,故有繹註、翼註之書,而梁溪高彙旃先生亦有"講書只消講註"之論。然則同人鄉塾講書,必要闡明朱註,使朱子註義莫逆於心,然後孔、曾、思、孟之微言始有入路。繇是而兼讀《小學》《近思録》《太極圖説》《通書》《西銘》諸書,繇是而循環理會"六經"以及《綱目》諸史,則天下之理皆可以一以貫之而無疑矣。同人其相與共勉之哉!故講約以"繹註"爲第四。

五、曰力行。薛文清有云:"學無别法,只是知一字行得一字,知一句行得一句。若只知得行不得,則雖讀聖賢之書,於我毫無益也。"故《大學》做格物致知工夫,即做誠意正心修身工夫;《論語》言博文,即繼之以約禮;《孟子》言盡心知性,即繼之以存心養性;《中庸》言擇善,即繼之以固執,此知行並進之工夫也。今同人既讀聖賢經書,講究義理,則當字字句句體貼到身上來,著實做踐履工夫。踐履亦無别法,只是依古聖賢成法做去,自念慮之微達事爲之著,無一不求合乎聖賢之成法,則所踐履者自然步步皆在規矩中,所讀經書方有著落,所講義理方得親切,而道德之歸也有日矣。然在今日,最切要者,"義利"二字要辨得分明。同人果能於義利關頭辨别得清,而於日用彝倫之間、應事接物之際，必求事事合義，而無一毫利心，則其踐履方見真實無偽。苟或不然，其心中必有歉然不自安之處，則要自責自訟，必求改之而後已。此孔子以學之不講爲憂，而先憂夫德之不修，又憂夫聞義不能徙、不善不能改者，其意正爲此耳。故講約以"力行"爲第五。

六、曰習六藝。學者既明義理，勵德行，又當兼習六藝、時務，以適於用。孔門身通六藝者七十二人，若非平日習其事，"通"之一字亦甚難言。胡文定公教蘇、湖二州之士，必兼時務，如治兵、治民、水利、算數等事，故士皆有實用。今之學者，大概虛談理道，專事雕鏤之文，而置六藝、時務於不講。及臨事應變，茫然不知不能，此朝廷所以有不得人之嘆，而世俗視讀書爲迂者，此也。茲願同人於窮經之暇，各隨自家聰明材質，專習一藝，或能兼通諸藝更佳。如禮、樂、射、御、書、數及曆象、兵刑、錢糧、治河之類，必精研習鍊，實實可以措諸事業，不徒空談其影響而已也，此皆經濟實學。凡我同人，已習者精而愈求其精，未習者宜及暇時研究，亦藏器待用之切務也。故講約以"習六藝"爲第六。

七、曰育英才。從來文行兼修、才德並懋之士，隨其所居之時位，皆可以維世道、正人心。而最有補於世道人心者，莫如育英才一事。孟子曰："樂得英才而教育之，三樂也。"張橫渠先生曰："育英才穎，封人之錫類。"聖賢之用心，何如是之遠大乎？蓋一家之政，非得英才之子弟，不能繼志而述事；國與天下，非得英才之臣，不能安上而養民；道統、學脉，非得英才之弟子，不能承先而傳後。故聖賢之生，無論出處，皆以教育英才爲心。雖人之氣禀不齊，英才難得，然隨在教育，亦可以因材而成就。即至暴戾、欺詐之人，聞吾孝、弟、忠、信之說，畢竟有所畏懼，而不至於大爲奸惡。自私自利之人，聞吾安貧樂道，有"天下不與"之說，畢竟有所感悟，而不至於利己害人。但患在我無實心以化導之耳。今同人相與講求聖人之學，或在家塾受徒，或就他鄉西席，皆當以教育英才爲己任。教育之法，聖賢經書甚詳，莫要於《小學》《大學》二書。朱子曰："《小學》書乃做人底樣子。"程子曰："《大學》，孔氏之遺書，古人爲學次第者，獨賴此篇之存。"同人若能勇革世習，不爲俗學奪志，悉遵《小學》《大學》之法，教訓童蒙，培植後進，其所以誘掖激厲，又能循循有序，如此功深日久，必能養就一番英才，可以傳聖人之學，而爲當世之大用者，善乎！周子之言曰："曷爲天下善？"曰："師。"又曰："師道立則善人多。"此實維持世道人心之切務，同人不可不相規相勉以底於有成者也。故講約以"育英才"爲第七。

八、曰務謙虛。朋友相聚講學，無非各求進益，絕不可矜悻自高，各逞己長。蓋義理無窮，何可自足？若稍自足，終無受益之地矣。故古之聖賢，只是一味謙虛，所以道德、學問、事業做到參贊天地，其心猶歉然未能也。今人不及古人，仔細想來，病痛總在不謙虛。故朋友彼此爭勝，德業俱涉矜誇，何能相與以有成？同人篤志聖賢之學，必要以驕矜爲切戒，以謙虛相勉勵。《書》曰："滿招損，謙受益。"故"謙"卦六爻皆吉，"咸"卦虛以受人，明乎！謙爲人道之所好，而虛爲人心和平之極也。孔門惟顏子善學聖人，曾子稱其以能問於不能，以多問於寡，有若無，實若虛，犯而不校，非謙虛之至而能若是乎？曾子深慕其爲人，故曰："昔者吾友嘗從事於斯矣。"同人學顏子之學，安得謙虛之友如顏子者，而與之言身心性命之事乎？故講約以"務謙虛"爲第八。

九、曰防間斷。今日大家發憤爲聖人之學，則必求至於聖人之域。顧聖人之域不能以遽至，則日用工夫不可頃刻間斷。胡敬齋先生曰："第一怕見道不真，第二怕工夫間斷。間斷則或作或輟，若存若亡，何能至於聖人之域？然間斷之病縣於學道之心不真。苟有必爲聖人之志，則一息尚存，此志不容少懈。故朱子於'至誠無息'章註云：'既無虛假，自無間斷。'大家常把'虛假'二字時時儆省，則雖欲間斷而不可得。此則顏子欲罷不能之候矣。且聖人之所以爲聖人者，亦只是個學而不厭、誨人不倦。不厭不倦，非無間斷而何？大家又把'厭倦'二字時時振奮，以求無一毫之間斷，則何患聖人之不可及哉！"然則今日聯會之初，先期有終，有終在於無間斷。故吾不以講會間斷爲慮，而以工夫間斷爲憂，同人萬不可悠悠忽忽、半途而廢也。《易》曰："天行健，君子以自強不息。"同人其夙興夜寐，自強不息哉！故講約以"防間斷"爲第九。

璜不敏，幸承師友不棄，侍講於紫陽、還古諸書院者已二十年，凡朱子所以教人爲學之方、進德之序，得聞於師友者，似略知其一二，但愧未能反躬實踐耳。今居家塾授徒，又承鄉鄰諸君子不我鄙棄，聊茲塾講，研求聖賢之學。故不揣愚陋，以平日所聞於師友者，述爲講約九條，與塾講諸同志共商。雖於聖賢之學無所發明，然能信此約而共勉焉，則亦庶乎進德修業之一助云。

康熙癸丑夏六月己亥，施璜謹識。

附塾講事宜

紫陽大會，闔郡有道先生在焉。今聯塾講，不過鄉黨同志，或近地塾師，或遠方朋友，皆是聞風戾止，不敢邀請一人。蓋以有志共學者，不邀自來，而聲氣不相應求之人，雖邀之不至也。然虛心求益，賢友惟恐其不多。故同人既商《塾講規約》以貞其志，又訂《塾講事宜》以定其則，庶幾求友有本，會友有益，則因相知以及未相知諸友，又不妨轉邀以廣通聲氣也。至於齒德俱尊、學問醇正者，則當敦請以爲師表，不在此例。總之，講會之盛，在品真學正，不在人多。但願同人勉力做實落工夫，則不負茲塾講一舉，而紫陽大會亦藉以有光矣。

一、同人樂聚，必得主人以爲領袖，則一應會務方有歸聚。然使每會惟此一人賢勞，衆心實覺不安，不如諸友輪司，方爲各盡其道。但每會數十人，只一人司會，亦難支應，且僮僕、器皿俱有不得如願者，必二三人商量贊助，方不覺勞，（木）[本]家亦不生厭，斯會庶幾可久。

一、講學必擇講堂，布講席大會，齊集紫陽書院。月會則宜在各鄉，或家塾，或祠堂，或衆廳，或山館，皆可。必要灑掃潔净，無閒雜人往來混擾則善，在司會者擇便先期預達，以俟諸友真臨。

一、講期，每年七次，俱以解館暇日爲定。蓋同人多塾師也，頻會恐妨館課，乘解館之暇爲講期，則不相礙。正月初七日爲期，三月清明節後四日爲期，五月初六、七月十八、八月十六、十月十五、十二月二十爲期。後會之期，前會別時預訂，屆期不必再約，或各以其便互約。其有他故不得赴者，預聞司會。會只一日，遠則先一日集，後一日散，近則卯刻集，酉刻散，風雨不移。其有他故不克講者，擇日補之，毋令遂缺一會。

一、會期先一日，司會者齋戒，設香案，安奉徽國文公朱子神位在講堂之上。會之日辰刻，會友到齊，行釋菜禮。畢，陳設經案，諸友齊集堂上，謁朱子，行一揖一躬禮，分班東西，相向一揖，就坐位以齒序，或分不可同列者，後一席。鳴講鼓，供書案，命童子宣"聖經"一章。諸友静坐片時，然後質疑問難，虛懷明辨。講畢，命童子歌詩一章，以爲開暢性靈之助。歌訖，撤書案，復向朱子行一揖一躬禮，分班班揖，少退。午後復講，禮亦如之。

一、先儒工夫，皆有日錄，所以兢兢業業，簡點自己過失也。同人應事多過，暗室多欺，若不置日錄簡點，則自己過失常苦不知。又只喜人稱獎，不喜人規諫，不惟不能改過，且多掩餙欺人，何繇得有進益？今願同人各置《日錄》一編，每日行何事，接何人，存何念，讀何書，善與不善，皆備書之，以自簡點。大抵到下筆書時，有不敢下筆、不好下筆者，皆爲人欲之私，必遏絕之。此日用第一切實工夫，不可畏難而生退避之心也。

一、每講必有課業，或講錄，或制藝，或同人問答，或詩歌，或策論，無所不可，總以發明平日所得。臨會呈衆就正，辨別所學之是非，其與工詞章以取利禄、誇多藝以樹才名者，不可同日而語。至於窗下用功，皆務爲爲己之學，毋得蹈襲欺人。會日呈衆公閱，又當虛心求益，毋得喜人道好，惡人指摘。即閱者，亦要細心精閱，辨其是非而救正之，毋得當面諛人而背後譏議，庶爲彼此受益。

一、會日供給，須尚節儉，戒奢侈。早食，小菜四碟；午食，只用蔬腐，不必設肉；下午，隨意點心；晚酌，四簋，二腥、二菜，不特殺酒數行，不用骰子行令，能歌者即席歌詩。若好事多設肴饌，客辭不享。會友無持齋佞佛者，不必別設素肴。至於果子、茶食，可有可無，茶即不拘多少，竟會乃已。每人會資五分，付司會徵收措辦。其會資須用紋銀，稍低，加色補足。若帶僕從，則量加會資，毋使司會賠費。倘有鄉鄰來聽講者，遠則携資三分，近則回家自便可也。

一、備簿一册，以登列到會者之姓氏、里居、會於某地某時、司會某人、所講何書、所歌何詩、何人有講錄，一一備書，以驗勤惰，并可諗會後之操履，爲將來之勸懲。

以上講會事宜，省浮費以養廉，省繁文以務實，易知易行，可久可大。願諸同人相與參酌而恪遵之。

跋

吾鄉故有紫陽書院，每歲于朱子壽日，六邑之士咸聚，拜祝之餘，講學而退。諸君子以是爲疎，于是更聯塾講，法誠善也。憶先子于會日作《塾講詩九章》，後以乙卯來邗，遂不獲復與斯講，時猶與施君虹玉往復辨論《西銘》《太極》之旨焉。夫吾鄉爲程、朱闕里，宜其講席之盛如此。聖天子重道崇儒，御書扁額，頒賜天下書院，吾鄉紫陽山亦其一也。諸君子際此昌時，咸能不負所學，不誠爲吾里之光哉！心齋張潮題。

——［清］施璜：《塾講規約》，載《叢書集成續編》第62册《社會科學類·學規》，台灣新文豐出版公司，1989年，第465—474頁

清乾隆歙縣沙溪凌氏宗族輔仁堂課文小約

輔仁堂課文小約

蓋聞採家丞之秋實，行欲喬皇；擷庶子之春華，文須爾雅。雞壇學古，螢囊並映月爭輝；雪案窮經，膏火共燃藜吐焰。桑家鐵硯，研穿志士之心；范氏瓷齏，嚼碎寒儒之口。古來英俊，誰見窺園？今日賢豪，疇非刺股？況直名區之方苴，適逢積學之多才。爰訂同人，共申文約。晨光乍啟，書聲繞遍重簷；暮藹方垂，文思超騰碧落。不知塵世事，瓣香常在尼山；力透聖賢關，講學惟宗洛水。更願日分程課，咸思擲地金聲；還期月賜品題，共合量才玉尺。人爭自勵，地益効靈。浮水面之大章，花翻桃浪；儲朝家之吉士，鳳翩梧崗。沁我詩脾，枝枝梅影；綴予硯眼，點點楊花。枕畔聽松濤，不待聞雞方起舞；蕉窗研珠露，正宜抽繭擬文心。户外槐陰，常看飛來鴈序；庭前石丈，頻思助汝他山。花榭間憑，依稀薇省；文臺遠眺，咫尺長安。無人不可會心，是處皆堪猛省。第功勤于始，既約法以三章；恐業惰于終，必申明夫五禁。或曉籌已報，猶居紙張梅花；或暮鼓方傳，遂憶布帘杏酪。或耽情于博變，文圃全荒；或留意于風華，牙籤久廢。或談風震耳，無非門外囂塵；或雄辨驚人，不及書中趣味。皆妨正務，盡屬非幾，最易縈情，所當絕念。正誼明道，必承忠烈之風；顯親揚名，允紹箕裘之業。將教澤偕雙溪並永，而文名與丹井常垂。用錄成規，略詳于左。永遵定例，勿爽其初。謹約。

——[清]凌應秋撰：《沙溪集略》卷六《輔仁堂課文小約》

清同治元年三月祁門縣石溪康永清祠派下街二祠立束心預儲塾學合約

立議束心預儲塾學合文，石溪康永清祠派下衢、逸式祠人等，緣高祖遷徙分派以來，世世芳名。切思十九世吾祖建立祠產，創業開基，標名選榜。自英泮之後，未有望焉。明末至今，數百載矣，思無博儒，出無塾學，讀書者亦未津貼，由因秩丁貧乏，而子弟以習舉業者寥落多年，門户亦難支持，甚致舉持乏人，良由塾學未立，財產未興。是以秩丁商議，立一塾學，繼相黃卷之際，執經問難，何愁無志？所以行之者，一也。事致以成，後必有望，故將祠內田租遞年除錢糧、標祀公用之外，扒田租式拾秤及祠，併各己欲以鼓勵，同立志者束心立文，一體登名註簿。又將本都三保經理自七伯七十九號起至八伯零壹號止，土名胡家坑，係五二派下先年賣與祠內契據，今查明認契，退來山陸股，歸與永清祠契買，亦歸塾學管業，設立塾學，(賠)[培]養人才。惟讀書者，選其賢才而舉之。其增貼之資，候五年之內生息，分作經、蒙式館，習讀經書者，初入蒙者，其各項條規，公議開載於後。自立合文之後，各宜遵守，毋得違文。如違文，聽憑執文鳴官究治。今欲有憑，立此合文一樣三紙，公存一紙，各收一紙存照。即批：五二派下退來胡家坑山六股，係經緯、栢安二祠已買契分。又照。

公議條規於後：

一、議習讀"四書"者，每名貼錢捌伯文，兼經舉業者，加四伯文；一初入蒙者，每名貼錢壹伯文，遞年加壹伯文。如能讀"四書"兼經者，照上貼給。此行不發。又照。

一、應試生童，縣考貼錢五伯文，每場加壹伯文；府考貼錢捌伯文，復試終場，仍議加倍；院考貼錢壹千文；入泮，賞花紅式千四伯文。又照。

一、入泮者，貼燈油穀拾五秤，遞年由首人經收發付，不得坐佃。如西遊，不給。又照。

一、議鄉試，貼錢捌千文。

一、議入經館，從師立意習業，每名貼錢六千文。又照。

今將各輸租數於後，土名註簿。

永清祠，輸出寔租式拾秤。

表公祠，輸出寔租拾叁秤十八斤九兩。

裕善祠，輸出寔租式秤〇七斤。

靜齋祠，輸出寔租肆秤〇四斤。

栢安祠，輸出寔租式秤〇九兩，又輸出大錢捌千文。

文輝祠，輸出寔租壹秤。

蘊石祠，輸出寔租式秤。

敬仁祠，輸出寔租壹秤〇四斤。

同治元年三月十八日，立議束心塾學合文康永清祠等。

秩下經手允庶　允例　上英　押　國富　押

　　　　　　上林　押　上清　押　上澤　押　振林

　　　　　　龍得　成意　上洋

　　　　　　榮榜　押　榮瑞　押　榮宗　押　榮福

嘉倍　押　嘉伸　押　嘉儈　押
　　起樑　押
中見親鄭勝雲　押
代筆秩下上烽　押
同治弍年榮瑞,輸出大錢肆千文;
　　　旗祠,輸出寔錢肆千文;
　　　榮宗,輸出寔錢肆千文;
　　　國富,輸出大錢弍千文;
　　　榮福,輸出大錢弍千文;
　　　高賢祠,輸出大錢捌千文;
　　　嘉儈,輸出大錢弍千文。
　　　　　　——散件文書,原件藏安徽大學徽學研究中心特藏室

清光緒十年三月婺源縣永禁霸收霸吞和私相典賣養源書屋膏火田碑

　　欽加同銜特授婺源縣正堂、加十級、紀錄十次吳爲給示勒石,永遠遵守事。據東鄉六都汪口封職俞光鑾呈稱:職少孤貧,成童後,貿易江西,辛勤積累,隨置田畝。因思承先裕後,勵學爲先,而勵學則儲田爲要,除存祀田慰先靈、微派田畝爲六子分析外,仍餘之田,另立户册完課,存爲後人膏火之資。爰立條規六本,俾六子各執一本,相期世守勿替。是慎於始者貴要其終,而望之深者尤慮之遠。惟恐日後弊生,或有不肖之子孫舉此田而私廢之,則勵學將墮於半途,而硯田莫貞於悠遠。爲此,叩恩賞給示,以禁私廢而杜私受等情到縣。據經批飭:儲田若干,另立係何户册完課,所立如何規條,着遵照指□,禀候給示去後。兹據俞光鑾粘呈儲田各户田畝條規前來,除批查閲粘單"儲田各户命名曰'培文',培養會文,廣進永昌,培裕養源等名目。條規首重完糧,頭年拔存租價,將上、下忙錢糧便於上忙一概完納"等語。其急公好義、尊君親上之心已見大概,而勵學培植後人之心並經收支用各節,無不盡美盡善,實堪嘉獎,應准立案給示,勒石永遠遵守。倘年深日久,或有不肖之子孫敢於霸收霸吞,私典私賣,抑或附近居民知情私相質買情事,准隨時禀由地方官,分別追還治罪掛示外,合行給示遵守。爲此,示仰俞光鑾之六子暨裔孫人等知悉,務各遵照條規,輪值經收管理。倘年深日久,或有

不肖之子孫敢於霸收霸吞，私典私賣，抑或附近居民知情私相質買情事，准即隨時赴縣具稟，以憑分別追還治罪。各宜凜遵毋違。特示。

右仰知悉。

光緒十年三月二十三日示。

告示。

實勒養源書屋曉諭。

——碑銘，原碑現嵌於婺源縣江灣鎮汪口村養源書屋前院牆壁上

第五節　科舉賓興入仕規約

清乾隆至嘉慶年間績溪縣城西周氏上京户規條

老配享續序

子孫不忘祖宗之德澤，而欲崇祀廟堂，則有配。冬烝春禴，牲殺器皿，不可無所自出也，則置田。凡族皆然，由來已久。顧配之立也，甯惟是捐貨置產，徒有崇祀之虛名，僅為口澤之小利已哉？必將使千百年後大之則獲贊襄之力，宏之則積栽培之功，而後其德深，其澤廣。若我族配享，立者二十二人，其德澤誠有足述者。憶自立配之始，謂吾宗止頒胙肉，曷可無饘食相輔而行也？乃酌配以與之，澤亦溥矣。越百餘年，寢廟重新，而配享，積累相資約得千金而上，一時巨家大賈雖竭力捐資，較之配享，無以復過此，豈徒有崇祀之虛名，無贊襄之實利乎？迨寢成而後，議欲復遵前制，我侄瑞鎰進曰："祠規尚在，未定配享，即頒包胙，不過小惠分人。闔族文運方隆，應舉選者南征北上，駸駸日增。先人尚未有財產以供資斧，曷著配享，更積數年，以為斯文一助夫？"瑞鎰服賈者也，而光明磊落，尚曉大義如是，況束髮受書有不踴躍從事乎？因而積租數年，更置田畝。嗣後，應舉選者頗沐先人餘澤，以為行李之資，是其栽培後裔非僅小惠未遍矣。夫以配享之立也，祖宗崇祀以之，子孫口澤以之，寢廟重新以之，而後嗣斯文之盛又以之，是一配而諸善畢備者，吾輩曷可忘也？爰為序。

乾隆五十四年正月立春後二日，二十六世裔孫長明撰。

重停老配享租息置產赴闈後序

光前乃以裕後，裕後益以光前。道相需而事原共濟，如淵泉焉，濬其流，彌以時其出；如巨木焉，培其本，愈以茂其枝，此自然之物理也。特昧昧者未之或覺，而悠悠者覺而不行耳！我族有老配享，原其始，蓋體敬愛尊親之意而興，非爲赴闈而設也。然其流澤則固前有補於造祠，而今且有裨於士子矣。緣祠春分、冬至兩祭，與祭者僅給豚胙，丁包未有聞也。自康熙十八年，煇祖昌符公等懷孝思之念，展繼述之情，各出己貲，聯一祖會，供木主二十二位於廟寢，標其名曰"配享"。置糧一兩八錢零，計租百餘秤，分班收貯。越兩祭日，敬修蘋藻，迎主於中堂而享祭焉。祭畢，祠給豚胙，配享發丁包，會內支派，受胙飲福。歷今百有餘歲，上祀下頒，並行罔替，所謂敬其祖宗而愛其子孫者，非其明驗與？至乾隆三十四年，重建宗祠，所收租息，捐祠公用，停胙十七載，共計租息約千金以上。是老配享之流澤，其資助於造祠，而光於前者，厥功不少，前序詳言之矣。迨祠宇告竣，老配享將遵舊規，收租頒胙，族叔瑞鎰倡此美舉，復停五年，另置田產，爲闔族赴闈盤費之需。夫惟赴闈者衆，乃望得雋者多，而吾績之所以不如於他邑者，大抵以資斧維艱耳。今者鎰叔倡之，族衆和之，踴躍從事，爰是公立合同，重停置產，更其糧戶曰"上京"，紀其實也。迄今五載已滿，新置田產約有租麥若干斗，租穀若干秤。自茲以往，每逢大比之秋，儘三年所收之息，量赴舉多寡之數，祖道而分贈焉。其有餘者，益以壯行色，即寒士亦不難勉爲勸駕，行見人文蔚起，科甲聯登，必有應運而興者。是老配享之流澤，其資助於闔族之士子，而垂於後者，其功又豈淺鮮哉？雖然煇竊有慮，嘗觀古人制度，意非不良，法非不備，然大都人存則政舉也，人亡則政息。苟繼此之任事不得其人，則挪移侵蝕之患生，不免有名而無實。尤其甚者，或竭三年之積，不足充一二人之腸也。然則守之勿失，行之無敝，永與祀事頒胙，敬愛尊親之意，相傳於無窮者，是固有賴於後人也夫。是重有望於後人也夫。

乾隆五十六年歲次辛亥十一月，二十九世孫廷煇謹識。

承先人澤以嘉惠後學，序言詳矣。而後序末段尤激切言之，雅欲使千百世後之子孫念厥先人，而死者可作，生者不愧，以共體善則歸親之意云爾。族叔煇撰後序成，命鏡作字，因附筆記于此。時辛亥長至日也。

老配享序跋後

先父與族諸父老襄理祠事，幾二十春秋，當舊配租息重停五載，置產立規,族太叔祖長明公、族兄廷煇前後爲之序。先父見而嘆曰:"前已詳其源,後更防其弊,無煩復贅一言矣。"父歿七年,將有祠譜、規條之刻,父老呼屏而進曰:"爾先人矢功矢慎,功在宗祊。其歿也,族人如失左右手,配享一條,不可以無序。"嗚呼!先父既謂無煩復贅一言,小子又何能更有言乎?抑後序"人存政舉"之說,不可不深長思也。族屬上體祖宗至意,鼓勵後學,凡赴南北闈者,以三年所入,酌其多寡,助厥資斧。屏憶先父總會計時,簿書入出,纖毫必悉,始終罔倦。每於族衆赴闈之先,必整衣冠,偕族父老踵門饋之贐,且各釀錢,行飲餞禮於廟,獎勵與勵勉交至。嗣是司事者,無不踴躍守公,而有志之士咸爭自濯勵,即今列庠序者,較祖廟重建之初已三倍而贏,而拔成均、登賢書、捷南宮者,又復聯翩雀起。此皆賴祖宗餘澤,亦振興文事之力也。二十年間,已有成效,矧將來之人文蔚起哉!惟願後此踵事子孫,推祖宗之至意,且無忘創始者之苦心,庶幾永久無弊,此"人存政舉"之說也。先父當寢廟告成,嘗與族父老酌祖宗規制,春、秋祀事,上自先人祭品,下迄子孫頒胙,定爲條例,彙譜以昭畫一。又族派既繁,深慮將來宗譜之修或至訛舛,乃先立譜,凡祔主於廟者,分其支派,注生歿、官爵、子嗣於其下,每歲分至前一日,俾司事者登記焉,此事之已舉者。又嘗欲於祖廟之左建濂溪書舍,上奉道國元公神主,以爲闔族子孫堂課之所,工方未興,此事之未舉者。

嘉慶十年七月朔日,二十九世裔孫樹屏謹跋。

上京戶規條列後

一、每年租息,不經祠首收,不入老配享收,公議三科新生同收,添新除舊,承辦爲例。

一、三年所積,酌存數金,備送中舉諸費,仍照入闈者多寡分送。中舉,每名送銀十六兩;中進士及翰林、鼎甲、拔貢、上京朝考者,俱照中舉例分送。

一、逢恩科,若公匣無餘積,動支三年所餘,兩科分給。

一、赴闈盤費,臨期賫贈,毋許預支。不赴闈者,不給。倘已領盤費,捏故不往者,將盤費追出,仍罰詣祖前跪香一炷。

一、收支賬,三年一結,各項清彙一單,實貼祠內,俾闔族皆知。所收穀麥,照祠例交帳,租穀每百勩交乾穀八十勩,麥分每斗交瓮麥十升半,租穀酒古塘發力開支公賬,其餘挑麥、曬工,俱不開支。每年收支,毋得收多報少,虛開款項。如有此情,查出,見一罰十,入衆公用。

一、衆辦公匣一個,所有契稅、墨據以及銀兩,俱貯公匣內。其公匣交殷實廉能者收管,毋得遺失。

一、重停老配享租息五年,收積置產,以立此戶,議起於長明公、紹濂公、廷輝公等,而瑞鎰公亦踴躍樂從者也。公等勤勞七八載,而後之文人被惠無窮矣。司事者每年秋收後,宜具香帛祀之,以誌善舉之不忘云。

一、田產列後:

月字五十七號,田稅五分九釐,土名古樓橋,佃人胡大妹住黃富村,原麥分一大斗半,租穀六大秤,今折硬麥二印斗九平升,硬租穀九十六觔。

貞字三百四十七號,田稅六分一釐,土名新堨間,佃人王志文住余溪口,硬麥分一大斗三大升,硬租穀五大秤。

貞字二百二十四號,田稅六分六釐三毫,土名河間洪內有水圳,原佃吳定住高村,今佃云喜,硬麥一大斗三大升七合半,硬租一百二十觔。

效字三千二百四十號,田稅一畝零八釐;三千一百九十號,塘稅三釐。土名黃柏塘,佃人葛明義住霞間,今佃啟旺,硬麥分二大斗半,硬租穀五大秤半。

傷字七百七十七號,田稅三分五釐;同號,塘稅五釐。土名小西門外,佃人章觀海住西山,今佃社順,麥、穀監分。

女字八百六十號,田稅四分八釐,土名高坑,佃人汪華順住上馬石,今佃德海,硬麥分二大斗,硬租穀八十觔。

才字五百二十七號,田稅三分三釐,土名金竹林,佃人汪觀祥住裡油村,硬麥分一大斗,硬租穀二平秤。

才字三百十三號,田稅一分九釐,土名王堨間,佃人陳觀長住靈山下,硬麥分半大斗,硬租穀一平秤。

慕字九百七十八號,田稅四分二釐六毫,土名查青,佃人章長喜住西門嶺,硬租穀二大秤半。

傷字一千四百七十八號,田稅一畝二分五釐;同號,塘稅一分四釐。土名瑤坦,佃人方三順、方竈生,住方家園,原麥分八大斗,原租穀八大秤,今折磨麥七印斗,硬租穀二百五十二觔。

慕字三百四十二號,田稅七釐九毫五系,土名妙安嶺,此號共稅一分五釐九毫,東至圳,西至山降,南至山,北至山。

慕字三百八十四號,田稅三分九釐五系,土名查林塘,佃人汪觀女住鷥鵞塘,原共麥分二大斗,共租穀八十觔,今麥、穀監分。

以上市八圖六甲新立周上京户，共糧六錢八分九釐正。

男字一千零十九號，田税一畝零五釐；一千二十四號，田税六分八釐四毫；一千四十五號，塘税一釐三毫。土名汪塘下，佃人汪來旺住古塘，原麥四大斗，租穀二百九十觔，今收麥四斗照分熟，硬租穀二百八十觔有租飯。

以上男字號田塘，係祠内香燈會産業。查會起於崇禎十五年，共四十七股，分作四班收租，奉香燈於祖前。自重建宗祠後，有長明公同侄坊公，願將祖遺并續買股法共十九股，立契批出。又問馨共批出十二股，俱入上京户收租，并本會乏嗣及買過數股，共有四十股，仍七股未批未買，名目列後，照舊例，每隔三年，第四年每股分去穀二十觔。

太運公、際昌公、紹昌公、必成公、廣懋公買友玉公、廷煇公買朝陽公、紹濂公買公，此會共糧一錢八分一釐，今併入上京户内，共糧八錢七分正。

——[清]周之屏等纂修：《梁安城西周氏宗譜》卷二十《祠各户田産·上京户》，清光緒三十一年木活字本

清道光績溪縣捐助賓興盤費規條

績溪捐助賓興盤費記

賓興之歲，大江南北，兩省之士皆試于金陵，而水陸兼程，道里之遠，徽州爲最。徽屬如歙縣、休寧，富甲通省，又有公捐鄉試經費，赴舉者最多，科名亦最盛。績溪於府屬獨爲磽瘠，士多寒素，艱於行李，就試者最少。非無積學宿儒，往往兀守里間，老于牖下。或遂謂地本無才，非通論也。

壬午，予謁選得兹邑。中翰胡君竹邨爲余言，其家居時，曾議仿休寧公捐經費，發典生息，後竟不果。今歲初冬，胡君乞假歸里，遍告紳士，重申前議，通邑翕然從之。不數月，得捐銀五千餘兩，呈請今太守馬漁山先生與余。其規條略仿休寧成案，以績溪磽瘠之區，累年未就之舉，一旦集事，固諸君子能與衆同欲，而人心風俗之厚，較之富庶之地爲尤難矣。諸君請記于余，余復之曰："績溪之人文，自此其日起矣乎？寒畯之士，得其資斧，應舉者必多，其科名之盛，詎出歙縣、休寧下哉？抑余更有望於諸君。徽州各縣俱有書院，惟績溪無有，亦以地瘠民貧，未遑創舉也。今以捐助賓興一役觀之，有志者，事竟成，是在諸君子志之而已。倡捐及輪捐姓氏，俱列碑陰，所以志樂善于無窮也。"

道光四年歲在甲申嘉平既望,賜進士出身、特授文林郎、知安徽徽州府績溪縣事、加五級、紀錄十次武進王日新撰。

序

國家取人之途,科舉特重,士有起家寒微,不數年致身通顯,時稱得人,皆由此途出。而或艱於道路、旅邸之費,致鮮赴舉,雖奇才宿學遭逢盛世,遇明眼主司,竟坐困矣。且精義固以致用,經術足於己以貧,故不應舉入官,則終無以及人。縱恬澹無求,於致用曷賴?不特此耳,凡學士先志因乏於試資,將怠於修業。英敏之才,志尚弗堅,中人以下,益無以加礪,皆有心人所爲悵然也。然則試費之助又曷可少哉?績溪之有是舉,曾於嘉慶二十三年倡始,既而未果。至道光四年,復興前議,三閱月,捐輸遂成。余適以是年署茲學篆,設局於學署之左書房,日與諸君子盤桓,僉議此事須存案於學。既呈學,遂案移邑令王明府懌坡先生通詳,且請爲記,勒石以示久遠,并列捐輸姓名於後。又以立案諸條存典,給發規例及所捐人里居,細註碑石,未能悉載,乃更刊簿,以備碑石所未詳。簿既成,復請言於余。余固嘆斯舉之爲,益於後人者無窮也,因摭其略云爾。

道光五年歲在乙酉正月,署績溪縣儒學教諭、潛川徐會烜撰。

目錄

案卷

規條

捐輸名氏銀數

呈學立案詞

呈爲捐銀存典生息,僅給鄉試盤費,懇牒通詳并乞存案事。績溪士子,半屬貧寒,每遇科場,艱於資斧,不克赴闈。邑中紳士,爰集衆議,啟告城鄉,捐銀生息,以給盤費。閤境幸皆踴躍,捐成曹平足紋伍千陸百肆拾兩,事已垂成,功期久遠。因倣休邑嘉慶年間捐給試費成案,將該項擇殷實之典,給領營運,衆議每月七厘起息,分別城鄉,按地鄰近,聯名具領。城內六典,共給領銀壹千捌百兩;各鄉四十八典,共給領銀叁千捌百肆拾兩。所有捐輸數目、名氏,另册附呈。一切規條,繕摺呈閱。但恐日久弊生,存銀各典難免虧欠,司事諸人難免侵挪。若非通詳立案,不能杜弊垂遠。爲此,抄(拈)[粘]

規條，並附呈捐册，伏乞老師台恩賜在學存案，并懇牒縣通詳立案，以杜弊端，以垂久遠。再者，嗣後，倘有續捐成數，再行續報上呈。

呈縣通詳詞

稟爲捐給試費，歸典生息，叩飭具領，賜詳立案事。緣績邑地瘠民貧，業儒者半多寒素，每逢鄉試，艱於資斧，不克赴闈。邑中紳士，爰集衆議，啟告城鄉，捐銀生息，以備科場年分給發盤費。現已捐得數千金，所有捐輸數目、名氏及一切規條由學申報。惟是該項務期久遠，非得殷實之家具領，恐被侵漁。查休邑嘉慶年間所捐試費，發典生息，因仿此例辦理，績溪典商，除將次歇業及資本細微者難於容放外，衆議擇殷實之典給領，分別城鄉，按照地址鄰近，五家以上聯名具領，互相稽察，免致虧欠。爲此，合將捐助試費原由先行稟明，伏乞憲大父師恩飭各典，通同具領，無任推諉，以垂久遠，闔邑戴德。再稟者，現在已捐之項，各處尚未交清，并懇示諭速繳，通詳立案。上稟。縣尊王批：士多俊傑，家率貧寒，艱于應舉，坐此沉淪者不少。今衆紳倡議公捐，發典生息，以幫下場盤纏。邑有好義之風，必多成名之士。衆紳士此舉，實屬法良意美。至各典之殷實與否，本縣見聞難周，該生等邀同衆紳議明，開摺另報。所有已捐未交之項，候給示催繳。

呈縣飭典領運詞

稟爲奉批呈明，叩飭領運，以給試費事。緣績溪士子鄉試資斧維艱，衆紳倡議捐助，共捐成曹平紋銀伍千陸百肆拾兩，生等以捐給試費、歸典生息等情呈稟在案。奉批：諭令邀集衆紳，將殷實之典議明，開摺另報。生等遵即集議，查明除將次歇業及資本細微之典難於容放外，各鄉殷實者計有四十八典，俱堪領運。而在城六典，生意較廣，運本較多，衆議城典各給領銀叁百兩，鄉典各給領銀八拾兩，按地鄰近，通同具領。城內典商同具一領，一都、十四都、十五都典商同具一領，二都、三都、四都典商同具一領，五都、六都典商同具一領，七都、八都典商同具一領，九都、十都典商同具一領，十一都、十二都、十三都典商同具一領，俾互相稽察。倘有歇典，即責令同領之典，將本營運，不致虧本欠利。爲此，開明殷實典名，粘單呈閱，伏乞憲大父師恩鑒批示，飭典通同具領，無任推諉，以垂久遠。切稟。

縣尊王批：候飭典承傳知各典赴局，照單通同具領營運。嗣後，生息銀兩，衆紳公舉誠實公正之人收貯，於鄉試之年分發。其各典領狀，亦即伊收藏，俾有責成，均不必官爲經理。單附。

第四章 書院、塾學、書屋暨科舉賓興規約

縣尊王札諭：各典具領，爲奉批呈明事。案據選拔廩生石炳文等具稟：士子鄉試，資斧維艱，衆紳倡議捐助，共曹平紋銀伍千陸百肆拾兩，衆議生息以給試費等情，並分別開單，具領銀數，叩飭照開單通同領運。據此，除批示外，合行飭傳。爲此，札仰典差即傳知後各典商，限即日內赴局具領，毋任諉延。特札。

計開各典名：

程川至城，程廣泰城，周允大城，胡咸豐城，章源大城，程怡怡城，程同盛一都楊溪，程怡盛一都楊溪，胡中和一都楊溪，程振盛十四都大石門，程信盛十五都霞川，許恒裕十五都墈頭，程恒泰二都蜀水，周廣吉二都拘頭，陳益大三都蜀馬，程和泰三都常嶺，程日茂四都大谷，程開泰四都大谷，程德裕四都小谷，馮裕和五都馮村，馮禮和五都馮村，馮仁和五都馮村，馮元亨五都濠寨，馮吉祥五都濠寨，程長春五都楊灘，程兆記六都坦頭，程時生六都坦頭，程栢茂六都坦頭，章萬和六都鎮頭，章義順六都鎮頭，曹永和七都旺川，曹又新七都旺川，曹聚新七都旺川，曹大生七都旺川，曹聚和七都旺川，曹永盛七都旺川，胡怡和八都宅坦，胡聚興八都宅坦，胡繼隆八都宅坦，胡盛有八都上莊，胡啟茂八都上莊，章正泰九都孔川，章萬源九都孔川，程義和九都孔川，余正和十都臨溪，程豫順十都臨溪，程恒興十一都胡里，周元豐十一都胡里，章永茂十二都瀛川，張恒泰十二都橫塍，章永裕十三都北村，張怡豐十三都石川，程和順十三都石川，吳田玉十三都洪溪橋。

以上城鄉共計五十四典，內有馮裕和堅執不領，馮仁和歇業未領，因另舉二都程兆泰、十都馮道和二典，亦尚殷實，給領營運。其曹姓六典，係伊萃升文會領去，給發各典。另具領狀一紙，城鄉共計領狀八紙，存貯公匣。

立案申詳督憲、禮部、撫憲、藩憲、學憲、臬憲、巡憲、府憲。

禮部行查呈縣轉詳報部文

署江南徽州府績溪縣徐爲行查事。奉本府牌開，奉憲台牌開：案於道光六年九月十五日，奉撫部院鄧憲行道光六年九月初七日准，禮部咨儀制。案呈：據戶部主事胡培翬，舉人張四維、胡文栢、葛英、拔貢生石炳文等呈爲捐銀生息，欽給試費，懇准立案，以垂久遠事。竊職等俱係安徽績溪縣籍，緣績溪縣僻處山中，土瘠民貧，業儒者端藉教讀營生，而離省會又遠，水陸兼程，每遇鄉試，艱于資斧，不能赴闈。謹愿之士因此無心上進，怠於舉業，其秀穎者或更誤用聰明，干預外事，深爲可惜。職等曾與紳耆倡議勸捐，存典生息，以給試費，於道光四年冬捐成紋銀五千餘兩，陸續發交城鄉五十四典領運，

並公議規條，呈稟府縣暨縣學在案，規條亦經刊刻遵行。但恐行之日久，司事侵挪，典商虧負，並或妄生異議，更改規條，以及奸胥藉端提用等弊，均所不免。職等思各省義倉、學田、書院膏火等項，多有咨部立案，載入府縣志書，以昭永久者。此舉便儒勵學，同屬桑梓公事。而職等或在京供職，或留京肄業，不克回籍呈請。爲此，另册抄錄案卷、規條，仰懇恩准立案，並行查原籍飭造銀數，並原議規條細册報部，俾可行之久遠，於士習文風皆有裨益云云，等因到縣。卑職前署縣王令未及具詳卸事，卑職抵任，接奉憲檄，並委員到縣守提，奉此。正在飭承造册具詳間，據廩生胡紹勳、邵伯成等呈稱：再陳捐數，叩恩立案併賜轉詳事。道光四年，拔貢生石炳文等以捐給試費，歸典生息，賜詳立案具稟。比蒙王前憲通詳在案，所有原捐銀五千六百四十兩，又續捐銀二百六十兩二錢，共計足曹平紋銀五千九百兩二錢。除在城六典共領過一千八百兩，在鄉四十八典共領過三千八百四十兩，仍剩銀二百六十兩二錢，現無殷典可以領運。衆議置買地字號土名夏官上卿屋業，計基地稅貳分肆釐捌毫貳絲陸忽，每年所得屋租，核與存典生息，亦略相符。兹奉大部行查，理合將原捐、續捐實數，并議定規條，據實陳明，伏乞恩准在縣立案，并賜轉詳以垂久遠，深爲恩便。據此，理合將各紳士原捐士子考費生息、本銀併原議規條，造具清册，同廩生胡紹勳等續報捐銀數目一併具文，詳請憲台鑒核詳咨，深爲公便。爲此，備由另繕册具申，伏乞照詳施行。須至詳者。

道光八年三月。

規條

一、閤邑共捐成本銀曹平足紋五千五百零三兩二錢，存典生息，以給鄉試盤費。因奇零不便分派，已故監生葛壬原捐銀一百兩，今復加捐銀一百三十六兩八錢，共本銀伍千陸百肆拾兩。公議城典六家運本較多，每典各領銀叁百兩；鄉典，擇其殷實者計四十八家，每典各領銀捌拾兩。所領本銀，俱係足曹平，銀色十足，毫無剋扣。每月柒釐行息，日後交付息銀，亦須足平足色，不得短少。

一、各典領銀，公議按照地址鄰近，聯名具領，互相稽察。如城內各典同具一領，一都、十四都、十五都同具一領，二都、三都、四都同具一領，五都、六都同具一領，七都、八都同具一領，九都、十都同具一領，十一都、十二都、十三都同具一領。倘同領內有歇業之典，即令接頂者承領。若無接頂者，即將領本分派同領各典，暫存生息，俟於鄰近地界內擇有殷典，再行撥出給領，總使本不虛懸，利無虧缺。至典商更代，須另換領狀，同領之人啟知董事，司事即行辦理，不得抑勒遲延。再者，歇典所領本銀，移撥出入，總責成同領之典經手，不必交與司事。倘典已歇業，而同領之典或有徇蔽，不通知大衆繳銀另撥，致本利無着，即令賠償。

一、董事於衆紳內擇其學問優長、齒望俱尊者，不拘城鄉，酌擬四人。遇有辦公不合之處，公請理論。

一、司事，定城四人、鄉四人，俱於科考一等前列內挨管，先期着門斗持董事名帖傳請。其有事故不到者，依次補請。科試後十日內，新舊交代，務將上次收支賬請董事眼同算清，再行接手。遇恩科，以歲考作科考，司事挨管交代，亦如之。

一、值年，在城六典輪流閹定，前後一典，經理一科，以次更代。後有新開者，亦添令輪值。至鄉典，離學頗遠，不派值年。

一、鄉試年分，五月內，司事另立本科《收支簿》一本，并預刷各典收串，交值年典司事內公議，一人執筆，於收串上填寫典名，及自某年某月起至某年某月止，應出息銀數目，司事、值年俱蓋用圖書。六月初，門斗催息銀一次，定於六月二十五前，各典將息銀送交值年，典內不得過期。違者，公同議罰，并遣人復催，罰認工食。各典交息，取去收串爲憑。值年典務將平色收足，再給收串。六月底，收齊息銀，并值年本典息銀交出，司事給予收串，眼同比足，作五十兩一封，仍交值年典解省給發。一切銀兩收支，總歸值年經手，平色不足，責在值年。非鄉試年分，概不支取息銀。司事不得侵挪，各典不得濫發。

一、鄉試正科，三年一次，息亦三年一收。如遇恩科，或隔一年，或係連科，收息年分不一，總以上科七月起至本科六月止，結算息銀多寡，除去雜費，共銀若干。以十分之九給與南北闈鄉試士子，以十分之一給與會試舉人。其鄉試到省，司事飭辦考門斗開清正科舉並録遺名單，先期造册，按照人數分派，約分若干。司事通知值年，將銀分定，出帖通衢，注明寓所，於八月初二日，司事對册給發。士子領費，即於《值年收支簿》內親自書名收銀若干，下署押字，必須親到，不許代領，以杜冒混。倘給發不公，責在司事與值年典。其會試銀兩，於六月底收息時，坐存值年典內。至十二月，按照起程人數分派，約分若干，司事通知值年，一同送給。倘有領銀而未到考者，仍將所領銀繳回，存值年典，以備公用。

一、赴北闈應試者，其家於六月內，向司事報明約計人數，坐存值年典處。一聞揭曉報到，即行送給。如未獲雋，俟硃卷寄回，司事見卷給發，亦令其家於《值年收支簿》內書名署押，以杜冒濫。至有由外處入京，先期未能預知者，即於會試項內撥給。若家內先期報知，而其人未經到考者，亦將所坐銀兩撥歸會試項下，通融辦理。

一、科場年分，所收息銀，務須照人數均勻派撥。倘有零星釐毫數目，不能分派，即行開除。

一、府、縣學恩拔、副歲、優廩、增附及附貢、附監，到省錄遺。入場未取者，均給盤費。倘有錄遺報名而不到者，概不給發。

一、由俊秀捐監者，入場觀光，與諸生固無區分。但必平日讀書，有志上進，方不負鼓勵之意。除曾經科舉有名、應過鄉試，錄遺未取，亦一體給發。其未經應鄉試者，必科舉有名，方准給發。若錄遺未取，毋庸給費。

一、捐輸原爲本籍文士貧者起見，若外籍一概給與，不特到考與否難於周知約數，且恐紛紛坐領本籍，分派無幾，與初意相違背，不得不立防限。除從前寄考京籍、商籍人數無多，俱行給發外，嗣後，倘有不在本籍居住者，毋庸給費。

一、鄉試年分，於十二月給發會試盤費後，司事值年將本科收息銀若干，士子到省，舉人起程，領盤費若干，支雜費若干，請董事查筭明白，謄入逐科《收支總簿》內。其本科《值年收支簿》亦存公匣，不得遺失，以便稽查。

一、立案存學簿書，公匣收貯學署。題封啟鑰，俱煩學師於鄉試年分奉送席禮，正、副兩學師各四兩。

一、局內《賬簿》，各典領本收息，一樣兩本，逐科收支結算。《總簿》一樣兩本，一存司事處，上首交下首；一存公匣，逐科交代，時將賬謄記核對，以防匿失之弊。再，逐科《值年收支簿》亦存公匣，務須點清。

一、製公匣一具，如大厨式，門上大刻"賓興會造"四字。厨內另造大小屉甲，以貯賬簿、領約等項。又立《小簿》一本，開列貯匣簿據各件，上首盤交下首。如無遺漏，下首八人自書名姓於"某年某月照數收訖"字樣，以專責成。其匣永存學署，先請董事封鎖，再請學師加封。

一、雜費。鄉試年分，門斗催息銀，給工食曹紋一兩。值年典解銀至省，路費、伙食並簿串、包銀紙張等項，共給銀二十四兩。司事到省發銀者，各給辛資二兩。不到省者，不給。在省辦考，門斗給工食一兩二錢。鄉試後，十二月筭賬，給飯食二兩。又下次科考後，新舊交代，接手筭賬，預坐給飯食三兩，存值年典。

一、此次捐輸，半有家貲不厚、勉力尚義者，原以鼓勵上進。倘存典後，刁徒猾吏藉公事為名，向典商提取應用，各典概不得給發。如違，罰令賠償。

一、此次捐銀頗速，倘家貲殷厚，未及來捐，或一時隨願捐輸，為數無多者，自後儘可續捐、加捐。但士子應試到省，無論其家貧富、已捐未捐，概給盤費，以均鼓勵。

一、嗣後續捐，仍須照此次成案，歸典生息，方可經久。不得發交別業之人領運，以杜侵虧。

一、此次往鄉勸捐、催捐，及在學坐局諸紳士，概不開支費用。日後續捐，仍照此辦理。

一、加捐、續捐，有在呈案以後、刻簿以前者，即依銀數及城鄉次第彙入。若簿刻既成以後，有加捐、續捐者，增列於碑及存公匱《總簿》之後。

一、現在續捐銀三百五十八兩二錢，內有銀十兩，係申詳報部後加捐，止列碑簿，內除八十八兩補前捐未交之數，仍二百七十兩二錢，據例歸典生息。但除公舉五十四典已經具領外，目前並無殷典可以領運，未便久懸。公議略為變通，置買土名夏官上卿地字二百七十七號基地壹分貳釐、二百七十六號路地壹釐、二百七十五號基地壹分壹釐捌毫貳絲陸忽，其稅割入賓興戶完納。每年應得屋租，按時值租數，責成值年典逐季收貯。遇鄉試年分，一總開支。

一、五都馮裕和典，即邑庠馮炳文字含英，所捐曹紋二十兩，屢催不繳；應領典銀八十兩，又執不領。屢經奉公傳諭，抗肆違言，自云派下日後即有赴科，伊亦不願領費，實屬自鄙，不得不將馮炳文不繳不領緣由特為揭明，以為後來阻撓公事者儆。

一、歇典分派暫存。收領式：立收領某典，今通同具領，內有某典歇業，繳出原領本銀若干兩，分派營運，本典分領得本銀若干兩，遵例生息。俟同領內有頂開、另開之典，再將本利撥出給領。立此收領為據。再批：同日分領得某典利銀若干，俟交息之日，一并繳出。又照。某年月日，立收領某典印。

倡捐

儒學教諭朱公佑，捐曹紋貳拾兩，涇縣人。

城鄉捐助名氏、銀數

葛壬公城，貳佰叁拾陸兩捌錢。

程亮采公四都錦谷，壹佰叁拾兩。

周廣煜公城，壹佰貳拾兩。

胡仕未公城、吳世榮公城、胡惇庸堂城、余文彬公城、張千業一都高梘、程履道四都小谷、毓英文會八都上川、胡親遜堂八都宅坦、程上穎公十一都仁里、章朝泰十二都瀛川，以上各百兩。

程景璘四都錦谷、胡日光十四都嶺霞，以上各陸拾兩。

胡振銘公城、胡振鉞公城、章雲越公城、汪瑞鼇公城、戴文達公一都東村、章宇平公六都下鎮頭、章顯成公六都下鎮頭、曹夢麟公七都旺川、胡叙倫堂九都大塘、汪敬序堂九都孔川、胡宗祠十二都龍川、胡善燃同、邵叙倫堂十三都紋川、張邦惠十四都大石門、俞漢良十四都虹塍頭，以上各伍拾兩。

鹿鳴文會一都楊溪，係胡文源、張士杰、姜紹霖、胡建辰、葛在鎔、葛履豐、葛朝俊、章正本八人均出，程玉慶公四都錦谷，石澈七都旺山、胡挺公八都宅坦、江元恒公十都茭塘，以上各肆拾兩。

曹相七都旺川，叁拾柒兩。

曹宗耀公七都旺川，叁拾伍兩。

胡匡憲公城、周槐堂城、汪道生一都郎家溪、周銘源二都凹頭、汪洪典公三都尚田、江世璠公六都老鼠墳、曹墀公七都旺川、胡廷儉公九都大塘、汪振霆公九都孔川、程天覬公十都蒲川、汪承啟堂十都輋顯、周思孝公十一都周川、程仰星公十一都仁里、章士公公十二都瀛川，以上各叁拾兩。

戴長元公一都東村、曹元禄公七都旺川、程觀元公光林十三都際下光年，以上各貳拾伍兩。

曹宗顯公七都旺川，貳拾肆兩。

胡秉欽城、胡瑞楨公城、周泰賢公城、周光公城、周廷英公城、周廣涵公城、周問馨公城、周宗燮城、方士旭公城、方永壽公城、汪近聖公三都尚田、程玉祝公四都錦谷、馮導岷五都濠寨、馮正中同、周之藻公六都庄岱上、胡啟榰九都大塘、汪士惡公九都孔川、吳茂業公九都高村、陳永遑公九都靈川、江元卯公十都茭塘、胡振揚公十都備川、王坌有公十一都中州、汪承烜公十三都半坑、胡璧公十四都嶺霞，以上各貳拾兩。

曹宗緒七都旺川、周啟櫃公十一都周川，以上各拾陸兩。

章公德城、章名遠公城、高會寅城、胡邦桁公一都人和門、汪明富公二都考溪、汪祝山三都尚田、陳開泰三都蜀馬、章道亨五都魚龍溪、程四箴公十一都仁里、程裕孝公十三都水村、許光清十五都磡頭，以上各拾伍兩。

周雲驊公城、周尚振公十一都周川、章定鑑公十二都瀛川，以上各拾貳兩。

胡如淮公城、胡啟錦公城、胡秉文城、周元士公城、周廷鈞公城、章能旺公城、章明德公城、章式鯤城、章煥文城、吳宗海城、舒紹載公城、舒泰公城、方承森公城、程成德堂城、汪作霖公城、馮成椿城、唐桐封公城、李廷梁公城、張義久公城、張邦錦一都王干、張邦定公同、張瑞華同、戴秉鈞一都東村、葛履盛一都楊溪、王深孫公二都下溪、王廷桂公同、黃印公二都龍叢、陳煥章二都蘭坑、汪光根公三都尚田、陳丙暉三都上村干、陳六吉堂三都蜀馬、程景熙公四都錦谷、程邦臨同、胡瑞雲四都高村、馮存耕堂五都濠寨、章之清公六都下鎮頭、曹維城公七都旺川、曹雲絢公同、曹徽模公同、曹用賓同、集賢文會七都旺山、胡文柯九都大塘、胡文炘同、胡文柏同、汪紹溱九都孔川、程士昱九都洪川、方斯慶公九都方家園、江元恢公十都茭塘、江大全同、江大渚同、江政照同、程松公十都蒲川、程遜公同、程世忠同、程斯謀公同、胡惇睦堂十都備川、章嘉鎮公十都臨川、胡忠誠堂十都上游、汪文會十都雄川、吳銀德十都趙川、姜達德堂十都高車、程徽山公十一都仁里、程鵠公同、程士英公同、程功也公同、程公路公同、程振公同、程友文公同、程正標同、程希煥同、王錦文公十一都汪村、周啟湯公十一都胡里、王寶善堂十一都中王、章尚蔭公十二都瀛川、汪啟耀公十二都楊木坑、高光謹公十二都橫塍、張秉金十三都石川、張秉權同、周博學公十四都大石門、周季學同、周松溪公同、程恒洢公十四都樓基、胡紹堂十四都七坑、胡志園公同、馮啟圍十四都二塘塢、汪文洲公十四都西坑頭、程萬瑞十四都際下、汪普安十五都水碓下、唐又烈公十五都暮霞，以上各拾兩。

馮斗瑛公城、舒啟恭城、胡嘉恒公二都西坑、汪啟運三都吳村、曹鴻軒七都旺川、胡啟棠九都大塘、章德本堂十二都瀛川、洪士有十三都石川、方積舜公十五都魚龍山，以上各捌兩。

周廣法公城、殷廷琦公十五都磡頭，以上各柒兩貳錢。

胡啟燧公九都大塘，柒兩。

胡振銓公城、胡銻公城、葛廷煊城、方之範公城、汪德炳公城、汪德喜公城、汪可繼公城、舒立燦城、余惠銑公一都北門外、汪明祐公二都考溪、程世魁四都錦谷、胡桂芳公十都上游、胡思位公同、汪叙倫堂十都雄川、鮑大梁十都上川、汪正言十一都梧村，以上各陸兩。

胡銘紳公城、胡懋儒公城、胡麟洲公城、胡培泰公城、周廷煇公城、周沛公城、周邦達公城、周大烈城、周承宣城、周元茂城、葛尚林城、葛磐宗城、章亮工城、章敬義堂城、吳伯烽公城、吳宗漢城、舒明新公城、舒序智城、許承菊公城、許振捷城、許良庭公城、方竹公城、方持載城、程謙德堂城、程正熙城、程廷寶公城、汪瑞錡城、張順椿公城、張天恂城、張伸公城、張德政城、張振綱城、唐元聚城、唐啟仲公城、唐朝瑜公城、李文彩城、李承德城、劉文貴公城、洪鎮堂城、程秉良城、葉蔚林城、方守謙一都北門外、任實德公同、張瑞齡一都王干、張樹培同、戴廷魁一都東村、戴文選同、戴廷標同、周廣大同、唐文彪同、唐獻龍同、張邦俊同、程萬根同、葉兆通一都金竹灣、李百壽一都際坑口、張邦麟公一都楊溪、葉天祚公同、胡季遵同、胡德順公一都大塘頭、程鼎鑑一都下坑、許在昇一都水救、胡巖福公一都麻鴨、黃大義公二都龍叢、陳紹啟公二都蘭坑、胡萬化公二都西坑、程嗣亮二都東村、葉宗廣同、黃佩玉二都中村、陳文衡公二都蜀水、胡惠公二都協石、汪照古公三都尚田、陳鳳齡三都上村干、陳大烈同、汪廷太公三都陳村、汪元江同、程大林三都程村、汪兆文三都山背、倪成林公三都長嶺、程聖鄰四都錦谷、程世昌公同、程瀍川同、舒俊公四都鳳窠、舒祥公四都鳳窠、舒可莊公同、舒明經公四都廟山下、章宇昇公六都下鎮頭、程昉捷同、周良玞公六都蓮花塘、汪炳蔚六都坦頭、汪宏緒同、唐如福公同、曹琪公七都旺川、曹昌言公同、曹徽詠公同、曹元爕公同、曹君德同、曹鼎同、曹賡南同、曹衍鋐同、曹田同、曹良杰同、曹思馨同、曹衍財同、石濚光公七都旺山、鮑關德公七都鮑家山、汪徽鉅八都余村、胡貞保公八都宅坦、胡文斐九都大塘、胡澤同、胡文炯同、汪敬致九都孔川、汪道四九都夾坎、吳周治公九都高村、吳道盛同、何冠有九都何川、程之廷九都洪川、江士鮒十都茭塘、王廷幹十都臨川、胡華芳公十都上游、汪天意公十都雄川、汪仁宇公同、汪梓壽公同、汪大貴公同、汪仗壽公同、汪德和堂同、汪世正公同、葉元喜十都舒村、胡榮宗十都龍塘鎮、程江濤公十一都仁里、程志興公同、程樹蓉同、王關祖公十一都廟頭、洪日增十一都梧村、周本迄公十一都周川、周襄同、周載鶴同、周承沅同、周承治同、周立鈺同、周應齊公十一都胡里、胡彥威公同、胡尚雲同、周社旺公十一都中王、胡輝齡十二都嶺裡、章良勳公十二都瀍川、章湖公同、章耀文公同、章士鉦同、邵德脩十三都紋川、方文寶十三都水村、章之憲公十三都湖村、章惇五公同、程士勉十三都古塘、歐陽光貴十三都上村、胡啟正十三都竹山、周廷仔公十四都大石門、周習學同、唐學錦同、姚明元同、姚文榜同、姚士煥同、鍾惟升同、章文十四都嶺霞、汪樂慶堂同、胡福孫公十四都七坑樓基、胡五孫公十四都七坑樓基、程恒博公十四都樓基、程恒厚公同、程恒滄公同、程恒茂公同、馮光法十四都二塘塢、胡紹達十四都黃甲村、胡紹敏同、胡成源同、舒瑞長公十四都西坑、章斯爌公十四都東圩、章熾昌十四都卓溪、程廷標十四都宅坦、許光煦公十五都磡頭、許光燾同、許德照公同、許殿武公同、許林永公同、許玉明同、許丙鑒同、許樹榮同、許光鶴同、胡雲礎公十五都霞水村、胡敬如公同、唐廷傑同、周善慶公十五都竹里、程天泰公十五都牛欄塢、胡繼公十五都上門，以上各五兩。

以上共捐曹紋五千九百十兩二錢。道光四年，計捐銀五千六百四十兩。五年後，續捐三百四十八兩二錢。但前簿已刊，內有捐而未交者八十八兩，共實收銀五千九百兩二錢。八年三月，徐邑尊具詳藩憲咨部立案。後又續捐銀十兩，實收之數，與原簿不符，且續捐尚多未刻。茲將原捐、續捐、實收銀數、姓名刊碑，簿亦依碑重刊，所有前簿，不足爲據。

——［清］徐會垣輯：《績溪捐助賓興盤費規條》，清道光刻本

引用和參考文獻

一、書院志暨會館、善堂、公所徵信録

C

《重建利濟石橋徵信録》（祁門縣），不分卷，［清］祁西歷口利濟橋局輯，清光緒二十四年刊本，藏安徽省圖書館。

《重建新安會館徵信録》（江甯縣），不分卷，［清］汪廷棟撰，清光緒三十二年刊本，藏安徽省圖書館。

《重修休寧縣峽溪石磜徵信録》（休寧縣），不分卷，［民國］汪受卿等輯，民國排印本，藏安徽省圖書館。

《重修漁亭石橋徵信録》（黟縣），不分卷，［清］歐陽國纂修，清宣統三年刊本，藏安徽省圖書館。

《重續歙縣會館録》（歙縣），不分卷，［清］徐上鏞輯，清道光十四年刻本，藏安徽省圖書館。

D

《東山書院志略》（祁門縣），［清］唐治撰，清咸豐二年刻本。

H

《漢口紫陽書院志略》（漢口），［清］董桂敷，清嘉慶十一年刻本。

《杭州徽商木業公所徵信録》（杭州），［清］江有孚，清宣統元年刻本，藏安徽省博物院。

《還古書院志》（休寧縣），［清］施璜編，清道光二十三年刻本。

《徽甯旅滬同鄉會第一屆報告書》（上海），民國十四年排印本，藏上海圖書館。

《徽甯旅滬同鄉會章程》（上海），民國排印本，載王振忠主編《徽州民間

珍稀文獻集成》第八册,復旦大學出版社,2018年。

《徽甯思恭堂徵信錄》(上海),上海徽甯思恭堂編,民國九年刻本,藏上海圖書館。

J

《京都績溪館錄》(北京),六卷,[清]程苹卿,清光緒刻本,複印本藏南開大學歷史學院卞利處。

《京都休寧會館公立規約等》(北京),不分卷,休寧會館編,民國排印本,藏安徽省圖書館。

S

《陝省安徽會館錄》(長安),五卷,[清]胡肇智輯錄、方延禧校讎,清同治六年刻本。

《蘇垣安徽會館志》(蘇州),上、下卷,[清]闞鳳樓撰,清光緒六年刻本。

X

《新安篤誼堂》(漢陽),不分卷,清光緒十三年刻本,藏上海圖書館。

《新安懷仁堂徵信錄》(仁和縣),[清]汪誠樸,清光緒三年刻本,藏黃山學院圖書館。

《新安思安堂徵信錄》(休寧縣),不分卷,民國九年刻本,藏上海圖書館。

《新安屯溪公濟局徵信錄》(休寧縣),清光緒二十二年刻本,藏安徽省圖書館。

《新安惟善堂徵信全錄》(杭州),不分卷,民國刊本,藏安徽省圖書館。

《新安義園徵信錄》(松江府),不分卷,清光緒刻本,藏上海圖書館。

Y

《遺愛堂徵信錄》(南昌府),[清]胡正仁撰,清道光刻本,藏安徽省圖書館。

Z

《紫陽書院志》(歙縣),[清]施璜編,吳瞻泰、吳瞻淇增訂,清雍正三年刻本。

二、原始文書簿籍(册)暨文書、文獻彙編

B

《布經》,[清]佚名,清抄本,藏安徽省圖書館。

C

《崇禎十年至康熙四十九年祝聖會簿》(休寧縣),抄本,藏南京大學歷史學院資料室,編號000055。

《酬世成績》,[民國]程秉鈞,複印抄本藏南開大學歷史學院卞利處。

《叢桂堂置産簿》(徽州某縣),清抄本,藏南京大學歷史學院資料室,編號000131。

D

《典業須知》,不分卷,[清]佚名,清抄本,藏美國哈佛大學哈佛燕京圖書館。

H

《環溪王履和堂養山會簿》(祁門縣),不分卷,清嘉慶刊本,藏安徽省圖書館。

《黃賓虹文集》,上海書畫出版社、浙江省博物館編,上海書畫出版社,1999年。

《徽州會社綜録》,上、下册,[清]佚名,清抄本,藏中國歷史研究院圖書館。

《徽州民間珍稀文獻集成》,三十册,王振忠主編,復旦大學出版社,

2018年。

《徽州千年契約文書》（宋·元·明編、清·民國編），王鈺欣、周紹泉主編，花山文藝出版社，1993年。

《徽州文書》，第三輯，劉伯山主編，廣西師範大學出版社，2009年。

《徽州文書》，第一輯，劉伯山主編，廣西師範大學出版社，2005年。

J

《績溪捐助賓興盤費規條》（績溪縣），不分卷，〔清〕徐會垣輯，清道光刻本。

《江湖繪圖路程》，〔清〕佚名，載王振忠主編《徽州民間珍稀文獻集成》第一冊，復旦大學出版社，2018年。

M

《明清徽商資料選編》，張海鵬、王廷元主編，黃山書社，1985年。

《明清徽州社會經濟資料叢編》，第二輯，中國社會科學院歷史研究所徽州文契整理組編，中國社會科學出版社，1990年。

《明清徽州社會經濟資料叢編》，第一集，安徽省博物館編，中國社會科學出版社，1988年。

N

《南京生意始末根由》，〔明〕張明方，藏中國歷史研究院圖書館。

Q

《清道光太子神會流水帳簿》（績溪縣），不分卷，作者不詳，清抄本，藏南京大學歷史學院資料室，編號000115。

《清光緒祁門歷口利濟橋局局董日記》，〔清〕汪春江，載王振忠主編《徽州民間珍稀文獻集成》第三冊，復旦大學出版社，2018年。

《清光緒潛山黟商〈照抄知單議約稟帖告示稿〉》，不分卷，〔清〕佚名，載王振忠主編《徽州民間珍稀文獻集成》第一冊，復旦大學出版社，2018年。

《清同治歙縣巖鎮夏官第許氏輯錄道光許惇大號典規文約簿冊》，〔清〕

許氏,載王振忠主編《徽州民間珍稀文獻集成》第四册,復旦大學出版社,2018年。

S

《商賈格言》,不分卷,[清]謝光燧,清刻本,藏安徽省圖書館。

《生意規略》(績溪縣),[清]胡某某,清抄本,藏南開大學歷史學院卞利處。

T

《同王姓交涉公事》(績溪縣),藏安徽省績溪縣胡里村胡開陽處。

X

《向杲孟陽公叙歷代祭祀》(歙縣),清抄本,載《徽州會社綜録》下册,藏中國歷史研究院圖書館。

Y

《元至正二年至乾隆二十八年王氏文約契謄録簿》,[清]佚名,清抄本,藏南京大學歷史學院資料室,編號000013。

Z

《中國歷代契約粹編》,上、中、下册,張傳璽主編,北京大學出版社,2014年。

《中國歷代契約會編考釋》,上、下册,張傳璽主編,北京大學出版社,1995年。

《中國社會科學院經濟研究所藏徽州文書類編·散件文書》,四册,封越健主編,社會科學文獻出版社,2017年。

《紫陽崇文會録》(杭州府),清康熙刻本,藏安徽省博物院。

三、地方志

C

《橙陽散志》,十二卷,[清]江登雲纂,清乾隆四十年刻本。

F

《豐南志》,十卷,[民國]吳吉祐纂,安徽省圖書館據稿本傳抄本。

H

《徽州府休寧縣都圖鄉村詳記》,佚名,清抄本,複印本藏南開大學歷史學院卞利處。

《徽州府志》,二十二卷,[明]何東序修、汪尚寧等纂,明嘉靖四十五年刻本。

《徽州府志》,十八卷,[清]丁廷楗、盧詢修,趙吉士纂,清康熙三十八年萬青閣刻本。

《徽州府志》,十二卷,[明]彭澤修、汪舜民纂,明弘治十五年刻本。

《徽州府志》,十六卷、首一卷,[清]馬步蟾纂修,清道光七年刻本。

J

《績溪縣志》,十二卷,[明]陳嘉策修、何棠等纂,明萬曆九年刻本。

《績溪縣志》,十二卷,[清]清愷修、席存泰纂,清嘉慶十五年刻本。

《績溪縣志》,十卷,[清]較陳錫修、章瑞鐘纂,清乾隆二十一年刻本。

Q

《祁門縣志》,八卷,[清]姚啟元修、張瑗等纂,清康熙二十二年刻本。

《祁門縣志》,三十六卷、首一卷,[清]王讓修、桂超萬纂,清道光七年刻本。

《祁門縣志》,三十六卷、首一卷,[清]周溶修、汪韻珊纂,清同治十二年刻本。

《祁門縣志》，四卷，[明]余士奇修、謝存仁纂，明萬曆十八年刻本。

《祁邑都圖》，不分卷，佚名，清抄本，複印本藏南開大學歷史學院卞利處。

S

《沙溪集略》，八卷，[清]凌應秋撰，安徽省圖書館傳抄本。

《善和鄉志》，八卷，[清]程文瀚纂，清光緒七年抄本。

《歙縣志》，十六卷，[民國]石國柱、樓文釗修，許承堯纂，民國二十六年鉛印本。

《歙志》，三十卷，[明]張濤修、謝陛纂，明萬曆三十七年刻本。

T

《潭濱雜志》，二卷，[清]黃克呂撰，清光緒二年木活字本。

W

《婺源縣志》，六卷，[明]馮炫纂修，明嘉靖十九年刻本。

《婺源縣志》，六十卷、首一卷，[清]吳鶚修、汪正元纂，清光緒九年刻本。

《婺源縣志》，七十卷、末一卷，[民國]葛韻芬等修、江峰青纂，民國十四年刻本。

《婺源縣志》，十二卷，[清]蔣燦纂修，清康熙三十三年刻本。

《婺源鄉土志》，七章，[清]董鍾琪、汪廷璋編，清光緒三十四年木活字本。

X

《新安志》，十卷、附錄一卷，[宋]羅願撰，宋淳熙二年纂，清光緒十四年刻本。

《休寧縣志》，八卷、首一卷，[明]李喬岱纂修，明萬曆三十五年刻本。

《休寧縣志》，八卷、首一卷，[清]廖騰煃修、汪晉徵纂，清康熙三十二年刻本。

《休寧縣志》，二十四卷、圖一卷，[清]何應松修、方崇鼎纂，清道光三年刻本。

Y

《巖鎮志草》，四卷，[清]佘華瑞纂，清雍正十二年纂，清乾隆刻本，安徽省圖書館傳抄本。

《黟縣三志》，十六卷、首一卷、末一卷，[清]謝永泰修、程鴻詔等纂，清同治十年刻本。

《黟縣四志》，十六卷、首一卷、末一卷，[民國]吳克俊、許復修，程壽保、舒斯笏纂，民國十二年黟縣藜照堂刻本。

《黟縣鄉土地理》，不分卷，[民國]胡存慶纂，民國十四年鉛印本。

《黟縣志》，十六卷、首一卷，[清]吳甸華修，程汝翼、俞正燮纂，清嘉慶十七年刻本。

四、譜牒

C

《重編棠樾鮑氏三族宗譜》（歙縣），二百卷、首一卷，[清]鮑光純等纂修，清乾隆二十五年一本堂刻本，藏上海圖書館。

L

《梁安城西周氏宗譜》（績溪縣），二十卷、首一卷、末一卷、附勘誤記一卷，[清]周之屏等纂修，清光緒三十一年木活字本，藏上海圖書館。

五、其他文獻

S

《塾講規約》，[清]施璜，載《叢書集成續編》第62冊《社會科學類·學規》，台灣新文豐出版公司，1989年。

後　記

　　2014年11月，由本人主持申報的2014年度國家社科基金重大項目《中國古代民間規約文獻集成》（批准號：14ZDB126）經過競標評審，榮幸獲准立項。次年3月，項目開題報告會如期在合肥舉行。安徽教育出版社編輯夏業梅女士得知消息後，主動聯繫我，并全程參加了開題報告會。之後，經過密切的交流、協商和聯繫，在安徽教育出版社時任總編輯張丹飛女士的鼎力支持下，夏業梅女士多次誠邀我商談項目成果出版事宜。在此過程中，我特地提出了可否先將民間規約遺存較爲豐富的徽州民間規約先行出版。這一提議，得到了張丹飛總編輯和夏業梅女士的積極回應。當時之所以考慮這一問題，主要是因爲重大項目時間斷限下限爲1840年以前，導致1840年至1949年間很多連續性較強、十分珍稀的徽州民間規約文獻無法收入《中國古代民間規約文獻集成》項目成果之中。

　　時間過得飛快，在東奔西走、北上南下到處收集、複製（含拍照）和抄錄中國古代各類民間規約文獻的同時，特別留意抄錄的徽州民間規約文獻也積纍到了百餘萬字。這期間，我的工作經歷了重要變動。2017年3月，我由安徽大學徽學研究中心調入南開大學歷史學院工作。2018年7月，我和安徽教育出版社簽訂了《徽州民間規約文獻精編》圖書出版合同。隨後，安徽教育出版社以此爲題申報了國家出版基金項目并獲批。

　　2019年，夏業梅女士因工作變動，本書轉由綜合編輯部江舟主任負責。2020年4月初，根據雙方約定的時間，《徽州民間規約文獻精編》全部交稿，分爲《村規民約卷》《會館、善堂、公所暨行業規約卷》《社會生活規約卷》和《宗族規約卷》四卷四個專題，同時向出版社提交了該書收錄的原始規約文獻圖片，以供責任編輯校對參考。

　　經過江舟主任和陶忠娣、付靜等編輯半年多的認真審讀與細心校對，《徽州民間規約文獻精編》即將付梓出版。

　　在《徽州民間規約文獻精編》行將面世之際，我謹對本書出版過程中付出心血和勞動的各位領導及各位編輯致以衷心的感謝！特別感謝現已升任時代出版傳媒股份有限公司出版業務部主任的張丹飛編審、安徽教育出版社綜合編輯部江舟主任,項目統籌李冰冰、陶忠娣、付靜,以及已調往合肥師範學院工作的夏業梅女士。正是她們的鼎力支持和嚴謹求實的敬業精神,纔使得本書得以立項并如期順利出版。

對參與本書各卷文獻收集整理與點校錄入工作的安徽大學社會與政治學院博士生導師沈昕教授、徐州醫科大學馬克思主義學院陳雪明博士,以及南開大學歷史學院博士生張致和、碩士生潘寧和萬桐同學等,我謹向他(她)們表示最誠摯的謝意!他(她)們在繁忙的教學科研工作或緊張的學業之餘,積極參與項目,并以高度負責的態度認真開展工作,不僅減輕了我的壓力和負擔,而且保證了本書的質量。我也從與他(她)們的合作中獲得了無窮的樂趣與不竭的動力。

還要特別感謝安徽省圖書館歷史文獻部石梅主任、復旦大學中國歷史地理研究所王振忠教授、江西師範大學廖華生博士、安徽大學徽學研究中心張小坡研究員、日本熊本大學伊藤正彦教授和楊縹博士!他們在幫助我借閱和複製徽州民間規約文獻等方面,提供了全方位的支持和熱情的服務。沒有他們的協助與支持,或許本書中很多珍稀的規約文獻將無法收錄。

在我主持繁重的項目資料收集整理和研究過程中,我的妻子、安徽大學圖書館戴聖芳館員承擔了全部家務。在此,謹向她致以真誠的感謝!

由於本人水平、時間和精力有限,加之受新冠病毒疫情的影響,本書在徽州民間規約文獻的收集、分類、錄入、點校、精選和終稿校對等方面,還存在很多不足甚至訛誤之處,懇請讀者予以批評指正,并冀望有機會再版時予以改正、補充和完善。

卞 利

2020 年 12 月 20 日

於南開大學中國社會史研究中心暨歷史學院